本成果受到中国人民大学2018年度
"建设世界一流大学（学科）和特色发展引导专项资金"专项经费的支持
该刊被中国知网、超星域出版平台全文收录

中国苏轼研究

（第十一辑）

中国人民大学文学院主办

冷成金　主编

学苑出版社

图书在版编目（CIP）数据

中国苏轼研究. 第十一辑 / 冷成金主编. --北京：学苑出版社，2019.6
　ISBN 978-7-5077-5770-5

Ⅰ.①中… Ⅱ.①冷… Ⅲ.①苏轼（1036—1101）-人物研究 ②苏轼（1036—1101）-古典文学研究 Ⅳ.①K825.6 ②I206.441

中国版本图书馆CIP数据核字（2019）第164470号

出 版 人：孟　白
特约编审：刘尚荣
责任编辑：孟　玮
出版发行：学苑出版社
社　　址：北京市丰台区南方庄2号院1号楼
邮政编码：100079
网　　址：www.book001.com
电子信箱：xueyuanpress@163.com
销售电话：010-67601101（营销部）、010-67603091（总编室）
印 刷 厂：北京虎彩文化传播有限公司
开本印张：787mm×1092mm　1/16开
印　　张：22.25
字　　数：360千字
版　　次：2019年6月第1版
印　　次：2019年6月第1次印刷
定　　价：122.00元

《中国苏轼研究》编辑委员会

主　　编　冷成金

秘　　书　董宇宇　包树望

编辑委员（按姓氏笔画为序）

　　　　　　王　洪　王水照　王维玉　内山精也［日本］

　　　　　　艾朗诺［美国］　叶嘉莹［加拿大］　由兴波

　　　　　　包树望　朱　刚　刘　石　刘尚荣　刘清泉

　　　　　　安熙珍［韩国］　杨松冀　杨胜宽　吴　真

　　　　　　邱俊鹏　冷成金　张　鸣　张　剑　张志烈

　　　　　　张振军［美国］　张爱东［新加坡］　张高评［中国台湾］

　　　　　　张海鸥　周裕锴　浅见洋二［日本］　柳晟俊［韩国］

　　　　　　饶学刚　徐　楠　诸葛忆兵　陶文鹏　康　震　董宇宇

　　　　　　程　磊　曾枣庄　曾祥波　潘殊闲

目 录

试论苏轼对宋代士人文化精神的高扬 ◇沈广斌/001
论苏轼儋州诗中的时空关系 ◇王博施/012
苏轼田园词对精神家园的构建 ◇梁博宇/021
论苏轼涉梦词中的悲剧意识 ◇余 恬/033
桃源、飞鸿、浊酒杯——东坡与渊明的千载对话 ◇张爱东/047
"白战体"与中国文学体物传统之建构 ◇任树民/057
论苏轼创作中"破体为文"的现象 ◇吴振华/069
苏轼《醉翁操》的文体归属
　　——兼论其与宋代古琴文化之关系 ◇徐 畅/089
《苏轼〈念奴娇·赤壁怀古〉新探》补证 ◇杨松冀/102
略论苏轼、陆游巴蜀地理情结的差异与意义 ◇马 强/114
从苏轼的历史人物评论看苏轼与王安石的分歧 ◇高云鹏/123
晁补之和苏轼的结识以及最初的文学交游 ◇潘守皎/139
苏轼"欲归"与"又恐"的矛盾心理 ◇王世焱/148
论苏轼黄州时期的"快哉"心态 ◇刘晓旭/160
苏轼谪居儋州之人文情怀探新
　　——《东坡志林》所载苏轼迁谪海南轶事读札 ◇李金坤/169

从《记游松风亭》谈苏轼人生理想的转变	◇成　千/182
苏轼的自然之思	◇刘　晗/193
三苏家庭教育内容与特点探析	◇刘清泉/204
东坡栽松史实探析	◇何　勇/217
《宋苏适墓志及其他》之价值	
——探索三苏坟之锁钥	◇乔建功　王文一/223
影印清光绪戊申至宣统己酉端方宝华盦重刊明成化本《东坡七集》前言	
	◇曾祥波/233
东坡本色与苏诗评点	◇樊庆彦/237
"艺"与"道"：南宋初中期的苏词接受	◇邓　静/254
"岛佛共坡仙"：苏轼接受的别样形态	
——以清代文人赵怀玉为例	◇蓝士英/274
论何绍基诗"逼肖苏诗"的艺术特征	◇兰石洪/283
苏轼、黄庭坚传世书迹的文献价值与文本意义	◇程圳生/297
充分认识东坡文化对海南旅游发展的意义	◇冷成金　刘梦晓/315
试论苏东坡的贵族精神及其当代价值	◇杨子怡/319
接过"苏学"概念，系统研究发展	
——读王水照先生《走近"苏海"——苏轼研究的几点反思》	
	◇李公羽/331
开放发展的苏轼研究	◇方永江/341

试论苏轼对宋代士人文化精神的高扬

◇沈广斌[*]

宋代文化是以士大夫阶层为主体的文化，而苏轼则是宋代士大夫文人的典型。他不仅在文学上取得了极高的成就，而且在宋代思想文化的演进中也占有一席之地。苏轼的文艺成就不仅是文艺内部矛盾运动的结果，更与宋代学术思想文化有着深刻的联系。苏轼诗文所蕴含的文化内涵是极其丰富的，对此学者已有论及。我们认为，从诗史来看，苏诗不仅能够"从心所欲地表现自己广博而丰富的才能，不自我限制，在宋诗中是规模最大的"[1]270，而且在涵盖面和思想深刻性上更具一种不可复制的典型性。从宋代士人文化构建的角度来看，苏轼的诗文创作正是顺应了宋代文化构建的大趋势，具备了深厚的文化意蕴，鲜明地体现出宋代士人在主体精神方面的追求。

一、性命之学的文学构建

马克思认为："每一历史时代的经济生产以及必然由此产生的社会结构，是该时代政治和精神的历史的基础。"[2]232 宋代虽然版图远逊汉唐，但文化的兴盛达到了一个新的高度。对此，日本人内藤湖南就曾提出宋代"近世说"[3]，关注到唐宋社会的转型问题。王国维指出："天水一朝人智之活动与文化之多方面，前之汉唐，后之元明，皆所不逮也。"[4]70 陈寅恪也指出："华夏民族之文化，历数千载之演进，造极于赵宋之世。"[5]245 邓广铭甚至提出宋代文化的"空前绝后"说。[6] 以上所论都肯定了宋代社会、文化所达到的历史高度。

---

* 作者简介：沈广斌，山东农业大学公共管理学院副教授。
项目名称：山东省社会科学规划项目阶段成果（编号：19CZWJ10）；山东农业大学"十三五"第一批教改项目阶段成果（编号：X2017110）。

宋代整体文化水平较高，科举制度兴盛，各级学校完备，印刷出版业等也大力发展。[7]61—69 唐宋文化的转型和宋代文化的繁盛，为宋代学术思想的繁荣奠定了坚实的基础。

宋代儒、释、道三家思想都得到了充分的发展与融合，这种发展融合的过程也正是宋学构建的过程。"三教合一"和宋学构建已成为宋代思想文化之大势。唐宋之际的社会文化转型在北宋的表征就是儒学的复兴和宋学的建立。重构新儒学在宋代相当长的时间里成为宋代士大夫最为紧迫的时代课题。这个课题从宋初就成为士人思想中的主旋律，在这方面，从石介、孙复、胡瑗到后来的范仲淹、欧阳修都做出了不少努力。这种思想上的积累、量变在仁、神之际达到了质变，宋学的主题由义理之学衍变成性理之学，宋学也由草创走向繁荣。[8]219 而这一时段正是宋调确立时期，正如陈植锷所说："以仁宗嘉祐时期作为宋诗复古与创新的分界线，正好与宋学从草创到繁荣的阶段划分相一致。"[8]429 宋学的转变与宋调的确立绝不仅仅是一种时间上的巧合，而是有着内在逻辑上的关联，陈氏的论断也恰恰从思想的维度证实了这种关联，他说："抓住性命之学这一核心问题来统合儒、释、道三家，不仅是入宋之后禅门僧人的主张，而且也是宋儒的共同努力的方向。"[8]396 这段话不仅揭示出了宋学的新质就在于对性命之学的新的阐释，而且指出这种阐释是儒、释、道三家的共同课题。自从王安石首倡性命道德之说，一时间宋代士大夫非性命之学不谈，而且以此为基础兼取三家：在学术思想上援佛入儒，借鉴其心性论，发掘原儒经典中的儒家性命论，以构筑宋学；在现实生活中，以道修身，禅补儒家之失，以释修心，破除执妄、追求心安解脱，最终求得安身立命之所。

实际上，对性命之学的关注并非是理学家的专利，以苏、黄为代表的文人士大夫，以文学家的方式来完成对时代课题的阐释和对新的文人品格和思想准则的构建。这种努力"动于中"则为宋学的性命之思，"形于言"则为宋代文学带来新内涵，儒学复兴、思想动员与诗文革新互为表里，为宋代文学的兴盛奠定了思想基础。苏轼思想的主流是儒学，虽然他对佛老也有批评，但还是保持一种温和的态度，走了一条以儒家思想为主体、融合佛老的道路。苏轼就是以文人士大夫代表的身份出现在宋文学史和文化史之中的，在宋代的文人士大夫群体中，苏轼融通三教的方式和实绩尤为突出，其诗文与三家思想的发展与融合密切相关。

秦观最早在《答傅彬老简》中提道："苏氏之道，最深于性命自得之际；

其次则器足以任重，识足以致远；至于议论文章，乃其与世周旋，至粗者也。阁下论苏氏而其说止于文章，意欲尊苏氏，适卑之耳。"[9] 981 秦观批评了以傅彬老为代表的一些人对苏学品格的错误看法，肯定了苏学在性命之学上的造诣。这绝非苏门弟子的溢美之词，而是对其学术的客观评价。自得是传统学术之要诀，《孟子》《庄子》都多次提及。如庄子认为："物皆自得之耳"（《齐物论注》），"性命不得不然"（《骈拇注》），庄子的"自得"强调了性命的自足。孟子说："君子深造之以道，欲其自得之也。"（《孟子·离娄下》）朱熹释此语曰："盖是自家既自得之，则所以资藉之者深，取之无穷，用之不竭，只管取，只管有，滚滚地出来无穷。自家资他，他又资给自家。如掘地在下，藉上面源头水来注满。若源头深，则源源来不竭；若浅时，则易竭矣。又如富人大宝藏，里面只管取，只管有。"[10] 1344 朱子所释"自得"揭示出了体道为学的豁然开朗的状态。苏轼深契性命之学、自得之要，故能"深于性命自得之际"。

何为"深于性命自得之际"？先来看苏轼之道。秦观将苏氏之道划为性命、器识、议论文章三部分，所重显然是"性命自得"。朱刚在论述"苏氏之道"的三个层面时，认为苏轼的性命自得"是自我修养的结果，'苏氏之道'，根本上是一种人生哲学。它论证了世界万物皆有自然之理（道），也论证了人有认识此理并循理而动的天赋（性），它只是要求人主动去这样做，去'存性'，去'穷理尽性以至于命'，达到'性命自得'"[11] 146。张毅则认为苏轼之"道"有两个层次："在物者为自然之妙理，事物发展变化之规律，可通过积学穷理而得之。在我者为'不可见，不可言，不可取，不可去'之'真我'，属主体内在的真常心性，只有靠治心养气去把握。"[12] 137 苏轼之道的人生哲学本质和两个层面并不矛盾，后者正是前者的具现。"道"体现于人身上就是"性"，"性"即人性中的"道"，想要循道而行，人就必须达到与自性的统一，并在实践中运用道。苏氏之"深于性命自得之际"意在说明人们要以"道"为参照使万物自得性命，使事物各自的价值都得以呈现。"性命自得"表现在文化上，就是认同事物存在的多样性，并且在多样性中达到整体性。苏轼在《东坡易传》（卷八）中把事物的差异性看作事物的本质，他说："物之不齐，物之情也。故吉凶者，势之所不免也。"[13] 328 他甚至将"睽"看成事物的存在方式。王安石作《三经新义》钳制思想，以政治划一来抹杀思想文化的多样性。苏轼对此做法非常不满，曾在《答张文潜县丞书》中说："文字之衰，未有如今日者也。其源实出于王氏。王氏之文，未必不善也，而患在于好使人同己。

自孔子不能使人同，颜渊之仁，子路之勇，不能以相移。而王氏欲以其学同天下！地之美者，同于生物，不同于所生。惟荒瘠斥卤之地，弥望皆黄茅白苇，此则王氏之同也。"[14]1427 苏轼此语透彻，鞭辟入里，深中新学要害。此语指出，钳制舆论，统一思想，就必然导致黄茅白苇，导致思想的贫瘠。在《送人序》中苏轼更是指出了俗学之害。[14]325 可以说，"性命自得"不仅是苏轼哲学和人生观的核心，更是其文化理想的核心。"理想人格的设计与现实生存的考虑，作为彼此制约着的一对矛盾，始终左右着千百年来关于道德性情和文学品格的价值建构。"[15]91 苏轼对"性命自得"的追求展现出了其以修文的实践建构文化理想和文学品格的努力。

朱熹在论苏氏蜀学时指出："苏氏之学，上谈性命，下述政理，其所言者，非特屈、宋、唐、景而已。"[16] 朱子指出苏轼所言与屈、宋、唐、景等传统文人的不同，意在批判苏学之弊，却从侧面揭示出苏学思想内涵的丰富深刻。"政理"显示出苏学的现实关怀，而"性命"则体现出苏学的特质。这种内涵和特质也正是苏轼诗文所呈现给世人的。

二、以道自任的议论展现

唐季五代以来，战乱频仍，民生凋敝；文化衰败、儒学式微，甚至出现了冯道这样历事五朝的所谓的"名臣"，传统社会的价值体系彻底瓦解，士人陷入生存和精神的双重危机。因此，宋太祖在立国之初就确立了"惧以生慎，慎以生俭，俭以生慈，慈以生和，和以生文"[17]3 的国策，并且立下"不得杀士大夫及上书言事之人"[18]187 的祖训。这种偃武修文的政策影响了有宋一代。在佑文政策的影响下，各级学校兴建，科举全面繁荣，引发了宋代世俗地主的知识化运动。北宋的科举不仅科目、开科次数、取士数量激增，而且大量录取布衣寒门之士，使士大夫阶层的构成发生了很大变化。赵宋又重用儒者治国，士大夫待遇普遍优厚，文人的地位较之以往有了很大提高。这些举措奠定了宋代文官政治的阶级基础，激发了士人的参政意识和主体性，造成了君王与士大夫共治天下的政治格局。再加上范仲淹、欧阳修等人的提倡，宋代士风发生了大的改变，士大夫皆能以道自任。宋儒还具备了集官僚、文士、学者三位于一身的复杂身份和政事、文学、经术综合的知识结构。新的士人阶层和士人品格的塑成，促进了宋代儒学的发展。

宋人的议论精神还与宋代现实政治有关。北宋士人阶层也确实面临着历史文化和社会现实这两大课题。在政治现实上，北宋国力衰弱，边患频仍，宋王朝只能奉行强干弱枝、守内虚外的政策求得苟安，大有积重难返之势。改革弊端，富国强兵成为北宋最大的现实需要。在思想文化上，经历了唐季五代的社会动荡，斯文消耗殆尽，社会的思想和价值处于真空的状态。复兴儒学成为亟待解决的重大问题。两大课题使北宋士人大都具有强烈的社会责任感和文化使命感，积极入世，体现出强烈的忧患意识，处处表现出议论精神。如欧阳修《镇阳读书》诗云："开口揽时事，议论争煌煌。"[19]14 曾巩云："议论古今治乱得失贤不肖，必考诸道，不少贬以合世。"[20]798 程颐亦云："以天下自任，论议褒贬，无所规避。"[21]343 士人大都表现出以天下为己任的精神，可以说"议论争煌煌"成为北宋时代精神的最好总结。议论必然带来对理的重视、发掘，正如李泽厚所说："宋人重'理'，几乎是一大特色，无论对哲学、政治、诗歌、艺术以及自然事物都如此。"[22]242 宋人在社会生活、现实政治、历史文化各个领域都贯穿了这种充满理性的议论精神。议论既是治学手段，更是义理之学的代称。"议论"二字，道出了北宋士人的理性精神。

这种精神也自然而然地渗透到了诗文创作中。徐复观说："宋承五代浩劫，在文化中发生了广大的理性反省，希望把漂浮沦没的人生价值重新树立起来，以再建人自身的地位。……宋代文人较唐代文人是更为理性的，在生活上是较为严肃的。理性的特性是要追问一个所以然的，必会发而为议论，以理性去处理感情，在感情中透出理性，于是唐诗主情，宋诗主意、多议论，在这里应当找到根。"[23]66 徐氏所论揭示出唐宋文人思维方式的差异，以及宋诗重理性、多议论的根源所在。以梅尧臣、欧阳修为代表的新变派诗歌以及王安石诗中的议论化，正是这种议论精神在前期宋诗中的体现。这种议论精神不仅表现在对社会政事的直接关注上，而且表现在咏史怀古诗中。这些都体现出前中期宋学对宋诗的影响，宋诗的议论化取得了初步成功。陈植锷认为："（宋诗）的主要贡献不在破坏了自《诗三百》以来中国古代诗歌以形象思维见长的创作方式，代之以抽象的议论，而在于既保留了自《诗经》以来诗歌重在形象思维的艺术规律，又发挥了本时代的宋学议论精神。"[8]439 宋诗的议论就在于能将宋学的精神与诗歌传统融合出新。

这种融合在苏轼处体现得尤其明显。陈善说："本朝文章亦三变，荆公以经术，东坡以议论，程氏以性理，三者要各自立门户，不相蹈袭。"[24]346 此论道出了苏氏之学长于议论的特点。不唯学术，苏轼的诗文亦是以议论富理见长。韩经太认为，苏轼诗能够"将'感于哀乐，缘事而发'的诗歌传统与'格物致知''发明本心'的宋学精神有机地统一了起来。故而专涉理路而仍诗味无穷"[25]40。此论从宋学与宋诗关系的角度，指出了苏诗议论的成功之处。苏轼诗的议论正是宋学议论精神在诗学领域的体现。

　　在苏轼现存的两千七百多首诗中，以议论为主导的诗占据了绝大部分。从其所涉及的内容来看，苏诗的议论包括宇宙自然、社会政治、人生世事和历史、治学、文艺等等。苏轼不仅善于将议论与诗歌意象相结合，使议论"清空如话"，而且能够做到"带情韵以行"，使诗之议论说理与创作主体浓重的情感相结合，由诗意催生出哲理、韵味，诗理与情韵融合并至，创作出成功的理趣诗。还有一些纯入论宗、涉理路的诗，"刻意消解唐诗情景交融的平衡结构"[26]89，亦能以理取胜。唐人铸就了情、景二元交融平衡的意象范式。苏轼不仅接武前贤，而且能够踵事增华、开拓创新。苏诗学唐而能变唐，既汲取唐诗意象的优长，又发展了宋诗"主议论"的特点，将议论与意象塑造相结合，创造出融议论、意象、哲理为一体的理趣诗。横向地看，苏轼以议论入诗取得了较高的成就，正如郭朋所说："无论题材体制还是创作旨趣都远远超过了欧、王，更为特别的是，他又于议论之外突进一关，常常把庸常事理提升到诗性哲理的层次，加强了诗歌理趣的特点。"[27]103苏轼改变了传统诗学的观物方式，将议论与写景、抒情、叙事联系在一起，塑造出独特的"东坡体"。

三、士人主体精神的高扬

　　三教融通和宋学的建立，空前地突出了人的主体精神。如张载曰："为天地立心,为生民立命,为往圣继绝学,为万世开太平。"[28]408这是对天人关系——人与天地参的自主自觉,把人的主体性提高到一个空前未有的高度。王水照说："宋学作为一种新儒学，其探究的一个主要命题，是人在自然天地之间、社会人伦关系之中的地位和使命，重视人'与天地参'的自主自觉性。"[29]18这样就从哲学上把伦理主体性提到了一个空前的高度。哲学的突破带来了宋人精神世界的巨变，"宋人遨游于精神领域，习惯于把包括自己在内的人类主体，置于广袤的宇宙之间，寻找生存的价值和生命的意义"[29]22。宋儒纷纷以儒学为主融合佛道,力图重建传统文化本体。中唐到北宋的文化转型,实际上体现出这一时期士人在探求文化本体上的思考。苏轼诗文的文化内蕴是与中唐以来的文化探索一脉相承的。

苏轼的诗文突出体现了一种自我主体意识。许总认为苏诗的景物描写"是一种以自我为中心的'有我之境',表现出强烈的主体意识对审美客体的直接介入","苏诗之所以不同于唐诗而又发展了欧阳修以来的宋诗的根本原因,就在于诗人主体精神的高扬与强化"。[30] 211 "有我之境"正是诗人主体性在诗中的体现。诗人改变了以往诗歌中的观物方式,观之以吾,带来了诗人主体意识和主体形象的凸显。如《和李太白并叙》诗云:"寄卧虚寂堂,月明浸疏竹。泠然洗我心,欲饮不可掬。流光发永叹,自昔非余独。"[31] 1232 诗人以水喻月,又以月拟人,月浸疏竹洗我心,正是诗人的自我意识在流动。又如《梅花二首》以梅花自托写出自我:"春来幽谷水潺潺,的皪梅花草棘间。一夜东风吹石裂,半随飞雪渡关山。""何人把酒慰深幽?开自无聊落更愁。幸有清溪三百曲,不辞相送到黄州。"[31] 1026—1027 前诗人为花而赋,写梅花明艳立于草间却遭风雨吹散,由梅兴感,举物写心衬出诗人沉痛的心境;后诗花自言而属于人,梅花无聊自开,得遇知音,愿随着流水相送到黄州。诗中之"我"已经与梅花合二为一,眼前之花正是心中之花。又如《寓居定惠院之东,杂花满山,有海棠一株,土人不知贵也》也突出体现了苏轼的自我意识:"江城地瘴蕃草木,只有名花苦幽独。嫣然一笑竹篱间,桃李漫山总粗俗。也知造物有深意,故遣佳人在空谷。自然富贵出天姿,不待金盘荐华屋。朱唇得酒晕生脸,翠袖卷纱红映肉。林深雾暗晓光迟,日暖风轻春睡足。雨中有泪亦凄怆,月下无人更清淑。先生食饱无一事,散步逍遥自扪腹。不问人家与僧舍,拄杖敲门看修竹。忽逢绝艳照衰朽,叹息无言揩病目。陋邦何处得此花,无乃好事移西蜀。寸根千里不易到,衔子飞来定鸿鹄。天涯流落俱可念,为饮一尊歌此曲。明朝酒醒还独来,雪落纷纷那忍触。"[31] 1036—1037 定惠院东有海棠"每岁盛开",苏轼"必携客置酒"[14] 2257,兴尽乃返。诗前十四句写海棠,首先用拟人手法对海棠的绝艳高标作了淋漓酣畅的描写,"朱唇翠袖""雨中月下"等句既似写花,又似写人,诗人以海棠自比,笔歌墨舞,兴会淋漓;从"先生食饱无一事"起兴发感慨,联想到自己与海棠都是自西蜀移至黄州,遂生"天涯流落俱可念"之叹,可谓神来之笔。纪昀以为此诗"纯以海棠自寓,风姿高秀,兴象微深"[31] 1037。又如《海棠》:"东风袅袅泛崇光,香雾空潆月转廊。只恐夜深花睡去，更烧高烛照红妆。"[31]1187 首句写白天的海棠，高洁美丽；次写夜间海棠，香雾氤氲；三、四句则从李义山"客散酒醒深夜后，更持红烛赏残花"化出，而造语更工。"深恐花儿睡去"不仅是以花拟人，更是以人比花，人花合为一体。诗中所惜不仅是现实之花，更是自己心中之花。又如《湖桥》："朱栏画柱照湖明，白葛乌纱曳履行。桥下龟鱼晚无数，识君拄杖过桥声。"[31]667 前二句实写，朱栏画柱照于水中，与明亮的湖面相映生辉，池主人行于桥上；三、四句写龟鱼闻声而出，自得其乐，以人鱼和谐之景写出诗人闲逸的心境。据安熙珍统计，苏轼诗中的"我"出现了一千三百多次，"吾"出现了三百余次，频率之高,前所未有。安氏还认为，苏轼诗中的自我"不只是一个具有悲喜感情的自己，而且也是一个理性的'我'，甚至是一个客观的对象"[32]37。此论看到了苏诗的深层文化内涵。苏轼诗大体都或多或少地体现出了诗人浓厚的自我意识，这种自我意识实际上是诗人的理性精神、主体精神。

　　从文化上看，苏轼诗文所蕴含的主体精神，实质上是士大夫克服"交叉压力"和"角色的波动"的文学化表现。阎步克认为，中国古代的士大夫既是官僚又是学士，具有"二重角色"；这也赋予了他们双重的使命——济世重任和文化责任。士人同时涉入"文化系统和政治系统"，其文化身份与政治身份虽然能够浑融，但根本上存在一种"内在紧张"，使自己易于陷入"交叉压力"和"角色波动"之中。这种压力和波动的外显就是仕隐、出处的两难。而这种两难境地，是文化传统中的学士文人所面临的特有问题。而且传统文士大都"融知识、道义与美于一体，视人格完成、文化创造和社会责任为一事"，扮演着"守夜人"的角色。[33]2、497、506 阎氏从士人的双重性、复杂性身份分析士大夫的政治生命状态，也为文学研究提供了可资借鉴的视角，其所说的情况在宋代尤为明显。一方面，宋代士人大都是官员、学士、文人三位一体，社会责任、文化创造和人格完成的任务与矛盾在宋人身上更加集中；另一方面，由于宋学的建构，宋代文学与儒学彻底走向分野。南朝宋范晔《后汉书》首立《文苑传》，标志着儒林与文苑两大传统的分立。两大传统有着不同的承载，在宋代中期出现了变化。张毅在分析庆历年间的政治改革和诗文革新时说："自王安石变法失败后，士大夫阶层的理性意识多集中在对人生或人性的反省思考方面。正是在这个问题上，文学家与理学家存在着深刻的分歧，于是文学与儒家别为二途。"[12]112 这种分析是深刻的。文学与儒学的分途不在于思考命题的变换,而在于关注方式的差异,这也正是宋代文学创作的理性意识的根源。从宋代人文精神的进程来看,苏轼"实为既将文苑传统上升为儒林传统,同时又力拒儒林传统文苑传统混同于理学传统之中介人物"[34]74,此语道出了苏轼在宋代思想文化史上的地位。而将文苑传统上升为儒林传统,意味着以修文的实践来凸显士大夫的主体地位,建立起人作为类存在的终极价值。

以此种意义来审视,苏轼诗文就不仅是"于物理上亦有看得著处",而是代表了文学与儒学别为二途后,文人、学士在天人、性命问题上以文艺的形式所作出的探索与努力。苏轼在追求个体安适的同时,并未忘记士大夫的社会身份。这意味着苏轼要更多地承担文化传续和价值构建的责任。苏轼说:"天之生是人也,将使任天下之重"[14]344,"不耕而食,不蚕而衣,君子不以为愧者,所职大也"[14]46,在给李方叔的信中亦言道:"以此知人决不徒出,不有益于今,必有觉于后,决不碌碌与草木同腐也。"[14]1581"所职大也"体现出他对士大夫的职责有着清醒的认识;而"决不碌碌与草木同腐"则表达了一种强烈的使命感。他与欧阳修之间的关系也决定了这一点。苏轼称赞欧阳修"斯文有传,学者有师"[14]1937,欧阳修去世后,苏轼主盟文坛,世人视苏轼为"可以与于斯文者"[14]1979,而苏轼亦以此自任。苏轼以文学的方式对士人主体精神的张显获得了后世的认可。"在审美领域中,是苏轼首先把人从与自然合一的状态中独立出来,把人看作自然的支配者,对于封建社会后期人的主体意识的变化起到了开风气之先的作用"[35]400以修文的实践、审美的方式来挺立士大夫的自我意识和主体精神是苏轼诗文的贡献,也是苏轼倍受后世推崇的原因。

结 语

综上所述,苏轼对于宋代士人和宋代文化的意义就在于以自己富有创见的人生实践,实现了士大夫的最高人格境界,将自己的生命实践提升到普遍性、一般性的人生高度,得出自身关于"性命自得"的结论。正如朱靖华先生指出:"所可贵者,苏轼乃是一个生活的强者和清醒的主体意识者,他是以其鲜明的个性为基点来批判地接受传统,并以自己独特的处世经验来理解传统的,他绝不照本宣科、亦步亦趋,故他能在追求传统、归依传统的过程中,有意识地探寻着宇宙自然的本源,体认着世事纷纭的奥妙和认知着自身生命存在的价值,以建立起自我的人生标准和生活方式。"[36]510加之苏轼本性自然,任真适性，这种天性使得苏轼生来就具有一种对自由与自然的追求意识。苏轼深知自己的自然本性与诗性人格，不仅将自己进行文学创作比作候鸟自鸣，而且对同样性本自然的陶渊明极为推崇。苏轼说："可见、可言、可取、可去者，皆人也，非我也。不可见、不可言、不可取、不可去者，真我也。"[14]179 所谓"不可见、不可言、不可取、不可去者"，乃是真我，也即主体之真。苏轼这种本性自然、任天而动的性情和诗性人格，也为其主体精神的高扬提供了条件。总之，苏轼是以主体理性精神熔铸三教的典型。他吸收了儒家注重现实的一面，道家自然通脱的一面，佛家感悟人生的一面，又摈弃了儒家的功利、道家的化入自然与佛家的弃世等消极因素，做到了自己构成自己，融会三家，创造出新的生活方式。苏轼以自己的生命实践和修文实践，树立起宋人的主体精神与主体意识，实现了对士大夫精神的高扬，并对后世文人士大夫的思想与创作产生了深远影响。

注　释

[1]［日］吉川幸次郎《中国诗史》，章培恒等译，复旦大学出版社2001年版。

[2]［德］马克思、恩格斯《马克思恩格斯选集》卷一，人民出版社1972年版。

[3]［日］内山精也《传媒与真相：苏轼及其周围士大夫的文学／日本宋学研究六人集》，朱刚等译，上海古籍出版社2005年版。

[4]王国维《宋代金石之学》，参见《王国维遗书》第五册《静安文集续编》，上海书店1983年版。

[5]陈寅恪《邓广铭〈宋史职官志考证〉序》，参见《金明馆丛稿二编》，上海古籍出版社1980年版。

[6]邓广铭《谈谈有关宋史研究的几个问题》，参见《社会科学战线》1986年第2期。

[7]姚瀛艇《宋代文化史》，河南大学出版社1992年版。

[8]陈植锷《北宋文化史述论》，中国社会科学出版社1986年版。

[9]〔宋〕秦观《淮海集》，上海古籍出版社2000年版。

[10]〔宋〕朱熹《朱子语类》，中华书局1986年版。

[11]朱刚《唐宋四大家的道论与文学》，东方出版社1997年版。

[12]张毅《宋代文学思想史》，中华书局1995年版。

[13]〔宋〕苏轼著，龙吟点评《东坡易传》，吉林文史出版社2002年版。

[14]〔宋〕苏轼著，孔凡礼点校《苏轼文集》，中华书局1986年版。

[15] 韩经太《理学文化与文学思潮》,中华书局1997年版。

[16]〔宋〕朱熹《答吕伯恭》之五,参见《晦庵先生朱文公集》卷三十三,《四部丛刊》初编。

[17]〔清〕王夫之《宋论》,中华书局1964年版。

[18] 曾枣庄、刘琳主编《全宋文》卷七,巴蜀书社1988年版。

[19]〔宋〕欧阳修《居士集》卷二,参见《欧阳修全集》上册,中国书店1986年版。

[20] 林希《曾巩墓志》,陈杏珍、晁继周校点《曾巩集》附录一,中华书局1984年版。

[21]〔宋〕朱熹《伊川先生年谱》,参见《河南程氏遗书》附录,王孝鱼校点《二程集》,中华书局1981年版。

[22] 李泽厚《中国古代思想史论》,生活·读书·新知三联书店2008年版。

[23] 徐复观《中国文学论集续编》,(台北)学生书局1981年版。

[24] 陈善《扪虱新话》卷五,参见四川大学中文系唐宋文学研究室编《苏轼研究资料汇编》上编,中华书局1994版。

[25] 韩经太《宋代诗歌史论》,吉林教育出版社1995年版。

[26] 周裕锴《宋代诗学通论》,巴蜀书社1997年版。

[27] 郭朋《诗心与文道》,北京语言大学出版社2003年版。

[28]〔宋〕张载《张载集·近思录拾遗》,中华书局1978年版。

[29] 王水照《宋代文学通论》,河南大学出版社1997版。

[30] 许总《宋诗:以新变再造辉煌》,广西师范大学出版社1999年版。

[31]〔宋〕苏轼著,孔凡礼点校《苏轼诗集》,中华书局1982年版。

[32][韩]安熙珍《苏轼诗歌的至境——自然》,参见《文学遗产》1997年第3期。

[33] 阎步克《士大夫政治演生史稿》,北京大学出版社1996年版。

[34] 胡晓明《中国诗学之精神》,江西人民出版社2001年版。

[35] 冷成金《苏轼的哲学观与文艺观》,学苑出版社2003年版。

[36] 朱靖华《朱靖华古典文学论集》,吉林文史出版社2003年版。

论苏轼儋州诗中的时空关系

◇王博施[*]

诗歌作为诗人心灵的外化形式，正如人要依存于具体时空一样，诗歌内部也存在着相应的时空关系，这种关系在诗歌中的呈现过程正是诗人内心精神的展开，并由此建立起独特的审美机制及价值感。中国古代诗歌的时空关系可以概括为化时间为空间的结合方式，是中国天人合一的思维方式和"执着而超越"的文化精神共同作用的结果。"这种时空关系，也使得蕴涵在时间中的生命意识向蕴涵在空间中的秩序观念趋近，从而建立起生命的价值感。"[1]143苏轼晚年被贬于儋州，此时他的生命渐趋衰老，而又被迫渡海离开权力中心来到天涯，时间只寓示着生命的完结，空间的秩序感又被打破，苏轼处于前所未有的时空疏离和价值空虚当中，如何为自己的心灵情感找到可以依傍的归宿成为贬居儋州的苏轼的当务之急。而贬居生活的不自由一方面限制了他采取事功方式来建立价值，一方面却又让其能够更加专注地面对自己的心灵情感、对过往人生进行思索，通过诗歌创作的方式探询、建立自己的心灵归宿，而正是这种尝试让苏轼为后人留下了一个新的人格境界的高度，所以对晚年苏轼的心灵探析必须从其时空关系危机的产生与消解这个层面上进行解读。苏轼的儋州诗中充满着复杂而新颖的对时空关系的探索。

一、空间作为时间的归宿

苏轼在到达海南之前已经预知到了自己将要面临的时空危机与价值危机，并对此在思想、精神上尝试建立解决方案，《吾谪海南子由雷州……》就是其渡海前的一篇"宣言"："九疑联绵属衡湘，苍梧独在天一方。孤城吹角烟树里，落月未落江苍茫。幽人抚枕坐叹息，我行忽至舜所藏。江边父老能说子，白

---

[*] 作者简介：王博施，中国人民大学文学院博士研究生。

须红颜如君长。莫嫌琼雷隔云海,圣恩尚许遥相望。平生学道真实意,岂与穷达俱存亡。天其以我为箕子,要使此意留要荒。他年谁作舆地志,海南万里真吾乡。"[2] 2243 诗首联就打破完整的空间秩序感,作为儒家圣君的舜的埋葬之地却在天一方,对价值的疑问兀然兴起。紧接着二联在苍茫江水与烟树里进行价值追询,得出了"平生学道真实意,岂与穷达俱存亡。天其以我为箕子,要使此意留要荒"的结论,对"穷达"这种现实处境用"学道"即价值建构的方式进行超越的同时,再通过以箕子为代表的历史文化精神对要荒这一空间重新赋予秩序感,也就是说要将海南纳入苏轼的秩序观、价值观当中,将其建构为自己的精神归宿。贯通时间的价值精神通过他年的舆地志中得以彰显,作为吾乡的海南也就落实为其归宿,生命的短暂因有具体空间的着落而建构了价值、走向了永恒,地理上的偏僻因为生命的实践而经历时间的磨洗形成了新的秩序。苏轼通过对价值的追询与建构,在空间中寻求时间的归宿,而"时间的情感化是华夏文艺和儒家美学的一个根本特征"[3] 61,寻找时间的归宿就成为寻找情感的归宿,这必然导致对当下生活的重视与空间场景的心灵化、境界化,苏轼的儋州诗就是在这一总纲之下的生命实践。

苏轼要将海南营造为自己生命归宿的意愿在《新居》一诗中尽显无遗:"朝阳入北林,竹树散疏影。短篱寻丈间,寄我无穷境。旧居无一席,逐客犹遭屏。结茅得兹地,翳翳村巷永。数朝风雨凉,畦菊发新颖。俯仰可卒岁,何必谋二顷。"[2] 2312 该诗的创作背景是在绍圣四年(1097),"先生安置昌化。初僦官屋以庇风雨,有司犹谓不可。则买地筑室,昌化士人畚土运甓以助之,为屋三间"[4] 1126。苏轼的生存空间被外在的境遇不断挤压,由惠州而至儋州,再被逐出官屋,但苏轼始终保有着乐观的态度和富有建设性的精神,新居的落成既是其外在空间归宿,更寓示着他内心精神家园的建立意愿。全诗的每一联都是将时间摄入空间的结构,朝阳进入北林,树与影的谐和情境寓示着自然而然的生活方式,短篱寻丈的空间可以承载无穷境。旧居的情况则反衬出新居的安稳,时间在这里由惶恐走向了安定。结茅的兹地成为翳翳村巷,成为永恒的依托,指向的是未来与本真的生活。往日的风风雨雨的生命因为有上述的兹地的承接而能发新颖,生命的过去、现在、未来在这里连接到了一起,并指向更高层次的人生境界。最后又回到了当下具体的生活中,俯仰的心境成为卒岁的方式,因为已经建立起了心灵的归宿,达到了人格的自足,就不需要再向外索求更多了。全诗通过将时间收摄入空间的方式,将现实时空与艺术时空巧妙连接，达成了对现实境遇的审美超越，表现的是苏轼建构心灵归宿的强烈渴望。在诗中因为时间的存在，使具体空间场景的海南、新居、短篱等走向了虚灵，这种虚灵的极致就化为心灵境界，打破了具象的局限，进而走向了无限，化为了诗的意蕴。反过来时间又因空间的存在，变得可供把握，具体的生活方式成为时间的存在形式，促使人以诗为媒介达成审美的超越。

　　苏轼寻找生命归宿的方式还体现在对现实生活的执着，这种执着是在探询中、超越中的执着，是对生命内涵的询绎，是在关注、重视生活的前提下升华具体的生活方式，并通过这种方式把握本真的生活，这一心理过程在诗中就展现为在时间中开拓空间的形式。如《观棋》："五老峰前，白鹤遗址。长松荫庭，风日清美。我时独游，不逢一士。谁欤棋者，户外屦二。不闻人声，时闻落子。纹枰坐对，谁究此味。空钩意钓，岂在鲂鲤。小儿近道，剥啄信指。胜固欣然，败亦可喜。优哉游哉，聊复尔耳。"[2] 2310 引言中提到苏轼并不解棋，试着学习过但仍然不懂，只是看着自己儿子与儋守张中下棋，但还是能"竟日不以为厌也"。这是源于苏轼对生活本身执着，抱着一种审美的态度来寻找、享受生活本身的美好，他的这种执着是导向超越的。诗开头四句就提供了一个美好的自然情境，诗人在这种美好的情境中独游，是对自然的亲切感悟，也是心态的外化,同时在独游中也感受到了不满足与孤独的怅然。随着其游走，诗进一步展开，听不到人声，但是听到下棋声，展现的是对人际交流的渴望。与下棋的人交流下棋的趣味，自己的儿子与之下棋，构成了一幅闲居下棋图。而随着棋局的展开，又突破了具体棋局中的胜负，破除了对具体生活形式的执着，从而走向了对生活内涵的体悟，最终归于优哉游哉的生活态度。全诗随着时间的推移不断开拓具体的空间，其动力是对生活的执着，但其建构方式却是在不断否定与超越这种执着中展开的，从追求自然的美好、人与人的交流、下棋的娱乐，最终还是归于内心的自足，也只有内心充盈才能在现实生活形式中得到满足。苏轼这种对现实生活细节的执着而超越的精神还体现在《谪居三适三首》等诗中，在时间对空间的不断开拓中询绎内心的自足。

　　空间作为时间的归宿除了上述将时间收摄入空间、时间不断开拓空间的方式外，更多的情况下时间与空间是冥然合一的，并不能截然分出主次关系。如果说将时间收摄入空间的方式是一种追求意愿的心理体现，时间不断开拓空间的方式是一种执着而超越的精神显现，那么这种反映在诗中的时空的调和就是诗人内心平静安宁的表现。《次韵子由三首·东亭》就是这种时空合一的范例:"仙山佛国本同归,世路玄关两背驰。到处不妨闲卜筑,流年自可数期颐。遥知小槛临廛市,定有新松长棘茨。谁道茅檐劣容膝,海天风雨看纷披。"[2]2267 本诗开篇入理,是对纷繁复杂的世事与思想在根本上进行判断,其区别的根本标准就是向心灵内部去求还是外部世界去求,除此而外的形式上或许有差别,但最终都会指向同一归处的。在这种通透的见解之下再去审视具体的时空境遇,时间的"流年"、空间的"到处"都不再成为束缚其心灵自由的障碍,"自可""不妨"就是这种心灵自由态度的表现,在闲卜筑、数期颐中时间与空间泯灭了行迹。颈联则在人事与自然中把握空间与时间的存在规律,既然空间与时间是可以遥知、定有的,那么对于时间的流逝与空间的失衡还有什么可忧惧的呢?而最终象征心灵归宿的仅能容膝的东亭却可以掌控象征无限时空变换的纷披的海天风雨,时空在心灵的统摄之下合而为一,不分彼此。

苏轼的儋州生活经过愿望设想、执着探询而归于平静超越,时空的疏离危机最终以通过价值建构将空间纳入秩序,再将空间化作时间的归宿方式得到解决。而现实中的苏轼最终也并没有终老于儋州,他还有机会离开这个被他认为会是生命终结的边荒,时间在这里继续流淌向未知,空间随之变换,再度不可把握。如何认定这段将要过去的儋州岁月,苏轼在《六月二十日夜渡海》中进行了说明:"参横斗转欲三更,苦雨终风也解晴。云散月明谁点缀,天容海色本澄清。空余鲁叟乘桴意,粗识轩辕奏乐声。九死南荒吾不恨,兹游奇绝冠平生。"[2]2366 诗的首联由时间带动空间的变化,指向的是坚韧的生命态度对苦难生活的超越,是对具体现实境况的把握与理解,一个"欲"字开启了时间的进程,而心灵情感也由此流淌向新的层次。颔联则超越了具体时空境遇的偶然性,为时间的变化找到了归宿,就是"天容海色本澄清",人生的本质就是如此,指向的是终极意义上的时间前进的方向。颈联则通过对宇宙自然的领悟走向历史文化,"鲁叟乘桴意"是指孔子"道不行,乘桴浮于海,从我者,其由与"[5]120(《论语·公冶长》),"轩辕奏乐声"是指"圣也者,达于情而遂于命也。天机不张而五官皆备。此之谓天乐,无言而心说"[6]159(《庄子·外篇·天运》)。儒道的精神在这里得到融会,指向的都是对外在境遇的超越和内心的自足,自然道理经过历史人事的再一次论证,彰显出无穷的深邃感,带给其强烈的道德自觉和文化自信。尾联在上述一番领悟笼罩下,回到对儋州这一段境遇的认识上,时间上的九死、空间上的南荒因为心灵境界的提高都可以不恨,更进一步是儋州的生活成为他一生心灵境界的新的高峰,为其人生写上浓墨重彩的一笔,以此作为其生命的着落,生命才能焕发出光彩。将时间纳入空间,空间归于心灵境界,苏轼不仅仅掌控了这段儋州的艰苦岁月,完成了他来之前所设定的预期,更是将其化入整个人生的高度,建构了不朽的价值支撑,为不同境遇下的人提供一个心灵的旨归,也将儋州纳入文化空间的秩序当中。

二、时空危机与悲剧意识

虽然苏轼在儋州时期有意地通过价值建构、归于心理的方式来缓解时空疏离危机所带来的忧惧,但是这并不能改变其年迈衰老、被贬南荒的现状,更不能完全消解人生存在必然具有的时间忧患,苏轼能做的只是改变对待这种忧患的态度,追求内心的平和,但伴随着内心境界的提高,对时空危机的理解也就更加深邃,平和的心境下蕴藏的是更深沉的悲剧感,而这种悲剧感也正成为其进行价值追询、提高人生境界的不竭动力。苏轼就是在不断地与时空疏离危机的抗争中进行创作的,所以表现时空疏离危机带来的悲剧意识的诗作是其儋州诗作的另一组成部分,只有了解这一部分,才能真正全面理解其儋州诗作的文化深度,也正因为这一部分的存在,其找到作为时间归宿的空间的作品才能如此震撼人的心灵。

时间是单向性的,一旦逝去就变得不可把握,所以虽然有的时候空间能成为时间的归宿,但有的时候却又恰恰相反,时间成为否定空间的因素。其《去岁与子野游逍遥堂……》就是这种情况:"往岁追欢地,寒窗梦不成。笑谈惊半夜,风雨暗长檠。鸡唱山椒晓,钟鸣霜外声。只今那复见,仿佛似三生。"[2]2309首联前半句显示曾经生命与欢乐是统一的,即时空相调和的,但是随着岁往,时间的流逝,能够承载时间的空间也消失了。颈联和颔联虽然描写的是其与子野秉烛夜谈直至白昼的美好情景,但惊半夜、暗长檠、鸡唱、钟鸣无不在暗示时间的流淌,美好的情景不能常驻,而对空间情景的否定必然导致价值的空虚,所以尾联的三生的比喻就是在无法把握没有归宿的时间的生命悲剧意识基础上的价值悲剧意识的兴起,对此生的价值意义的全盘否定,在全诗的时间流淌中并没有提供一个空间的归宿。本诗作于绍圣五年（1098），吴子野自雷州渡海来见苏轼，苏轼忆及去年相聚的情景作此诗相赠，[7]1291 了解此诗的创作背景可以知道该诗的内涵并不如表面那样简单，表面上看该诗表现为以时间否定空间的方式来消解价值建构，但是他以此诗赠一个正在相聚的人，背后蕴涵的不正是对当下生活的珍惜吗？时间一去不复返，所以更加要把握当下，正是在保有这种强烈的悲剧意识的条件下，才能发出这种感想。虽然找不到人生的终极意义，但是也并不代表要放弃对人生终极意义的追询，在人与时间的对立中，人必然成为失败者，但人的精神正是在不断的失败中闪烁着光辉的！

苏轼要为时间建构归宿的努力有时也是失败的，所建构的空间并不能完全承载时间的进程，反倒更加引起其内心的凄惶，但这种失败的努力并非没有意义，它更加生动地展示了其复杂矛盾的内心真实状态，这种凄惶的悲剧感也鞭策其进一步进行对归宿的追询。《倦夜》一诗就是此种类型的范例："倦枕厌长夜，小窗终未明。孤村一犬吠，残月几人行。衰鬓久已白，旅怀空自清。荒园有络纬，虚织竟何成。"[2]2324 首联说明时间的流逝不仅仅是昼夜不息一去不复返的，有时还是残酷而缓慢的，消磨着人的生命，审问着人的精神。颔联提供了孤村犬吠、残月人行的情景，人在茫茫的时间之中无所依傍，显得孤独而渺小，追询价值与意义却没有答案，所提供的情景并不能为时间提供归宿，反倒在时间面前显得如此苍白而无力。时间在颈联中进一步前行，催促着生命的衰老，架空了漂泊人生的价值与意义。络纬即莎鸡，是一种昆虫，在夏秋的夜间振羽作声，这种声音如纺线，因此俗称络丝娘、纺织娘，但是这只是一种声音而不是真正的纺织，并不能建立价值，而荒园的意象又意味着价值的虚无，该诗从对时间的思考最后归落到"荒园有络纬"的情境中，显然没有价值、甚至否定价值的场景不能为时间提供归宿，只能让诗人心中泛起强烈的价值悲剧意识。虽然在该诗中苏轼并没有找到一个可以作为心灵归宿的答案，但是这种价值悲剧意识的兴起却能促保其精神不会走向平庸及堕落。苏轼在儋州的生活就是无数次像这样在夜不能寐、不能安的场景下反思自己的人生，追询人生价值与意义的真实，这一次的尝试是他走向超越、人格境界提升的坚实的一步。

还有时，苏轼在建构时间归宿的过程中找到了能够承载的空间，但因为这个客观的空间一旦同永恒的时间相承接，就走向了开放与无限，两者都变得不能把握，从中映照出人的有限与渺小。《次韵子由赠吴子野先生二绝句》

其二："江令苍苔围故宅，谢家语燕集华堂。先生笑说江南事，只有青山绕建康。"[2] 2354 诗的前两句将故宅与华堂作为历史文化的归宿，试图在这一归宿中探询价值与意义。第三句将以江南事为代表的历史铺陈开来，以时间来审度历史事件中的价值。第四句语意一转，原来江南的浮华历史并不能成为时间的归宿，建构起价值，能够成为历史归宿的只有客观永恒的自然，相伴其走向无限。但这一归宿虽然找到了,对于只有有限生命的人而言却无法把握，时空和谐了，天人的疏离却令诗人升起强烈的生命悲剧意识。另一方面在时空的客观无限面前，既有的历史价值都被清空，反倒促使人的精神走向开放与自由，江南浮华征战的历史在时空面前既然被淘尽了，那么一时的功名荣辱是否值得人患喜患忧呢？在儋州也就未必不能建立新的价值，何必一定要在权力中心，在江南这些具有历史文化之地呢？人的内在亲证使人必须建立价值，悲剧意识作为净化和保障机制，时空的客观无限与永恒则使人在价值虚无中导向价值建构的可能。

　　时间否定空间，空间不足以承载时间的进程，以及虽然时空相调和，但因为走向无限和永恒，使人最终无法把握，是时空疏离危机的三种主要表现形式，是苏轼心灵动态的另一个侧面，深刻反映了其在儋州时的老年危机及政治价值危机。伴随着这三种形式，最终都会兴起强烈的悲剧意识，并且在诗中没有得到弥合与超越，但却会成为其人格境界提升的不竭动力，时刻督促着他建构价值和珍惜生命。也只有在理解这层意义的基础上，才能全面深刻地理解苏轼那些解决了时空疏离危机、为时间找到了空间归宿的诗是在一个怎样的高度上成立的。总之苏轼的人生是始终在不断探询的人生，他通过诗歌的创作试图将无限的时空纳入自己的胸怀及境界当中，儋州时期因为处于其人生的晚期，再加之所处的地域远离政治文化中心，其对于时空疏离的危机的感受与应对的起点尤其高。

三、和陶诗中的双重时空

　　苏轼儋州诗还有一种特殊的形式就是和陶诗，这种和诗的形式是在当下时空下试图重现原诗的时空，并对其在体认基础上进行超越，所以和诗中具有双重时空，是对历史文化进行价值追询的尝试。和陶诗的创作是其有意为之的结果，其贬至惠州的次年作《和陶归园田居六首》其序曰："始，余在广陵和渊明《饮酒二十首》，今复为此，要当尽和其诗乃已耳。"[2]2103 和陶成为其晚年贬谪岭海时期的一项有计划的创作实践，是其生命实践的一种诗学尝试，在和陶诗中孕育着贬谪放离、身处老境的苏轼的精神高度。通过和陶诗的创作，其试图打通历史时空的距离，以陶渊明为榜样，贴近他的呼吸气脉、精神气质，仿效他的心理运作机制，进而冥然合一，在文化心理层面上汇合，以此来对现实境遇进行超越，铸就强大稳定的心理本体。

苏轼的和陶诗在每一韵的押和上都是对陶诗该句的一种回应，通过这种方式与其精神进行对话，随着和诗的展开，古今时间的距离在这里好像泯灭了，留下的只有生命的价值与意义，最终着落为苏轼的心理境界，所以说和陶诗是在双重时空中展开的。我们来比较一下陶渊明原诗与苏轼和诗的时空同步的过程，以《和陶杂诗十一首》其一为例："人生无根蒂，飘如陌上尘。分散逐风转，此已非常身。落地为兄弟，何必骨肉亲！得欢当作乐，斗酒聚比邻。盛年不重来，一日难再晨。及时当勉励，岁月不待人。"[8]115（原诗）"斜日照孤隙，始知空有尘。微风动众窍，谁信我忘身。一笑问儿子，与汝定何亲。从我来海南，幽绝无四邻。耿耿如缺月，独与长庚晨。此道固应尔，不当怨尤人。"[2]2272（和诗）第一联陶诗将人生找不到归宿的状况比喻为陌上尘，和诗在斜日照孤隙的场景中返观心灵的本真，照见的是对价值的审视，在亲切的体悟中对人生如尘的境况表示赞同理解。第二联陶诗表现在风尘转逐中生命的异化，自我的失去，而和诗对此进行审美超越，要忘掉被功名利禄缠绕而异化的生命，回归生命的本真。第三联陶诗是对人情人性的彰显，相亲相爱就是人的应然状态，不需要待外在的血缘等条件才能达成，和诗一方面承接上联在忘掉了外在的身份后，对与儿子之间的关系进行重新审视；一方面又是对原诗的一种具象化理解，将陶诗彰显的理念给生命实践化。第四联陶诗承接上联，在体认人情人性美好的基础上享受当下的生活，和诗则有些发牢骚的味道，现实境遇对人情人性舒展的戕害，在和诗的对比中兴起的悲剧意识，时空的疏离感增巨。第五联陶诗在乐中生悲，在生活美好的体认基础上兴起更加强烈的生命悲剧意识，和诗则在知道陶渊明的生命已经如他诗中所说不能再晨，永久失去了的基础上，令还活着的苏轼更加真切地感受到生命的当下与存在以及不完美，但在悲剧意识中却兴起了更加强烈地对生命执着的感受，就犹如耿耿缺月。第六联陶诗以"勉励"的生活态度对悲剧意识进行超越，而和诗既体认了陶诗"勉励"的生活态度，又对当下海南孤寂的生活境遇进行超越，得出了对本真生活和心灵的坚守以及对坚守此所必然面临的困苦的坦然接受，在对道德本体的体认中走向生命的自足，而不再依傍于外在的条件。全诗起于对陶诗精神的深刻体认，但因为加入了苏轼自身的生命体验，所以最终对陶诗又形成了超越。和诗的形式把握住陶诗精神的流转脉络，而这一时间流转最后内化为苏轼的思想流程，并归于心理本体，所以和陶的形式具有的双重时空性都是指向超越的，其诗歌展开过程中的化时间为空间的模式即是对古今时空距离在精神层面的超越，也是对现实时空境遇通过文化心理进行超越。

以和陶为契机，苏轼对历史文化进行探询，最终选择陶渊明作为典范，将其人格精神内化为自身的人格境界，并以此来涵容超越现实的境遇。这种选择是其思想和生命成熟的标志，也与宋人重视感性生活、归于内心的倾向是分不开的。当然，岭海时期开始尽和陶诗，也是其贬谪生活的不自由造成的结果。摒弃外在事功的途径来建构价值，以陶渊明为范本构建自己的心理本体作为心灵归宿，和陶诗正表现了其深知痛苦却绝不放弃价值追询的精神，无疑这种尝试是成功的，不仅开掘建立了陶渊明的典范意义，更为自己在岭海时期的贬谪生活建立了新的文化高度。难怪苏轼在追忆自己平生功业时，要提到黄州、惠州、儋州。现实境遇上的不自由正是精神上超越的最好契机，而这种超越所建立的是文化的丰碑！

注　释

[1] 冷成金《论化时间为空间的诗词之美》，参见《中国人民大学学报》2011年第4期。
[2]〔清〕王文诰辑注，孔凡礼点校《苏轼诗集》，中华书局1982年版。
[3] 李泽厚《华夏美学·美学四讲》，生活·读书·新知三联书店2008年版。
[4]《苏辙集》，中华书局1990年版。
[5] 冷成金《论语的精神》，上海古籍出版社2016年版。
[6] 杨柳桥《庄子译注》，上海古籍出版社2007年版。
[7] 孔凡礼《苏轼年谱》，中华书局1998年版。
[8] 逯钦立校注《陶渊明集》，中华书局1979年版。

苏轼田园词对精神家园的构建
◇梁博宇*

对于传统的中国文人而言，精神家园始终是重要的追询对象。构建精神家园，既是对心灵的陶冶和慰藉，更是自我建立价值的过程。而田园这一意象，则是对精神家园最直接的表现形式。田园意象经陶渊明发现、盛唐诸家发扬，逐渐形成了一种成熟的诗歌体裁，其后历代作者繁多。但在词这种新的诗体中，田园意象却在较长一段时间内并未出现。以词写田园者，苏轼是第一人。

关于田园词的概念，有必要预先加以界定。周锡馥指出，"凡只是模山范水，点染烟霞，而绝不涉及农事与田园者，不能归进田园诗的范围。"[1]此理于词亦然。以此标准评判，在今天可确定为苏轼所作的三百三十一首词中，共有二十二首为田园词。在苏轼创作田园词以前，山水词虽屡有面世，但田园词却为绝无。而后来继承田园词创作传统的辛弃疾、范成大等人，距苏轼生活的年代已近百年之久。可以说，苏轼以自己的创作实践扩大了词的表现范围，并为后来词家提供了一种新的题材。遗憾的是，目前学界对田园词的研究，基本只局限于辛弃疾的田园词。在中国期刊全文数据库检索关键词"田园词"，二十三条结果全部以辛弃疾的创作为研究对象，仅两篇涉及苏辛对比，并无集中研究苏轼田园词的成果。事实上，苏轼的田园词创作在数量上虽然不及辛弃疾，但在思想深度上却犹有过之。即使不论苏轼导风气之先的功绩，仅观其田园词对精神家园的构建理路，亦颇有可深究之处。

与苏轼在其他方面的创作类似，苏轼的田园词也经历了一个随人格境界深化而发展的过程。因此，可将苏轼的田园词分为三类加以研究：未至田园而起田园之思；身在田园而感田园之情；内化田园而成田园之心。三者既有

---

* 作者简介：梁博宇，中国人民大学文学院硕士研究生。

时间上的先后顺序，亦有境界上的浅深之别。

一、未至田园而起田园之思

苏轼的词人生涯始于治平元年（1064），终于元符三年（1100），共约三十六年时间。通观苏轼一生的词作风格，熙宁八年（1075）是一个明确的转折点。此前，苏词风格基本继承了晏、欧传统，以清丽雍容为主，但情感深度尚未超越前人；自熙宁八年后，词境陡开，词作的密度、质量都与此前不可同日而语，也正式形成了前人未有的独特风格。苏轼词风于此转变的原因很多，此文不做赘述。但最重要的原因之一，就是苏轼于是年离开自己治理三年的杭州，改知山东密州。

杭州是南方重镇，农业、商业皆十分繁盛，文人往来频繁，热衷题咏酬唱。苏轼于彼既可远离党争的漩涡，心境平和；又可与朋友送往迎来，频繁交游。杭州在苏轼心中的地位，从其诗、词、文创作中皆可见一斑。观其诗，有"平生所乐在江南，老死欲葬杭与苏"[2] 304 之言；观其词，有"蜀客到江南，长忆吴山好。吴蜀风流自古同，归去应须早"[3] 52（《卜算子·蜀客到江南》）之句。可以说，苏轼已视杭州为第二故乡，对其眷恋非凡。杭州的山水风物、好友良朋，成了苏轼外在的归依。

政治因素在此也值得一提。苏轼最初是因与新党争论激烈，难以与之抗衡，不得不自请外放。但到杭州后，他充分利用手中的权力，尽量避免推行新法中可能使百姓蒙受灾难的部分，在政治上仍致力于对抗新法。苏轼在此时期不是没有观察过田园，他在熙宁六年（1073）、七年（1074）先后视察润州、秀州、富阳、新城等地，写下了《山村五绝》等诗篇。这些诗的写作目的，并非体悟田园，而是叹民生之多艰，进而抨击新法。与新党如火如荼的斗争，让苏轼的内心始终保持着充实的状态，而无须自我建立精神家园来填充心灵。

外在和内在的充盈、交游和政治的忙碌，让苏轼在杭州很少兴起悲情。但熙宁八年，苏轼在杭州任满，远赴密州时，他的心境发生了改变。三年的外任生涯，并没有动摇新党的执政地位，新法之弊即使在杭州也没能被完全避免。因此，苏轼在途中就已"区区长鲜欢"[3] 134（《沁园春·孤馆灯青》）。而密州又是"海畔居民饮咸苦"[2] 372（《次韵章传道喜雨》）之地，经济、交通、文化皆较杭州远为不及，且"始至之日，岁比不登"[4] 351（《超然台记》），民生状况十分恶劣。就连身为知州的苏轼自己，竟也"斋厨索然，不堪其忧"[4]4（《后杞菊赋》），杭州时期富足稳定的生活不复存在。强烈的今昔对比，使苏轼的心灵受到震撼，兴起强烈的悲剧意识。过去在杭州的浮华图景皆被撕开，取而代之的是与萧索落寞之环境的直接接触、与不可掌握之命运的激烈碰撞。而此时政坛的动荡，更加深了苏轼心中的空漠感：王安石先罢相复拜相，但已失去此前的权势，新党陷入内斗之中，朝政混乱，法令频更。苏轼此前一心与之抗衡的对手，实质上已经瓦解了。新法的失败已成定局，但民生却并未因此而有所好转。苏轼长期以来坚持的政治立场，就这样失去了意义。内在和外在的空虚，让苏轼在初至密州的一段时期陷入了低沉的心境。处于这种心境下的苏轼，一方面选择了直面生活的悲剧性，在诗词创作中抒发苦闷的感情；另一方面努力向外部寻求归依，试图通过寻找价值来超越眼前的痛苦，而他建构价值的媒介之一就是田园。

从苏轼现有的诗、文、词来看，他在杭州时期是没有认真体悟田园的，也没有对田园的价值进行探索。而到密州后，始料未及的现实让他主观上对自己的人生经历提出质疑，并常发"归田计已决"[2]361（《除夜病中赠段屯田》）、"旧隐赋归哉"[2]370（《出城送客不及步至溪上二首其一》）之思；密州的旱情，又在客观上促使他走入农村，主持祈雨祭祀活动。对田园的主动接近和被动接受，共同支持了苏轼此阶段田园诗、田园词的创作活动。其中，《蝶恋花·密州上元》既是苏轼田园词创作的开端，也是他初至密州时心境的写照：

  灯火钱塘三五夜。明月如霜，照见人如画。帐底吹笙香吐麝。此般风味应无价。
  寂寞山城人老也。击鼓吹箫，乍入农桑社。火冷灯稀霜露下。昏昏雪意云垂野。[3]140

此词上片写昔日杭州上元繁华景致，下片写如今密州上元"火冷灯稀"，盛衰对比间，流露出强烈的悲剧意识。苏轼在此并没有去超越这种悲剧意识，而是将目光跳出城市，进入了"农桑社"，试图在陌生的环境中寻找一个寄托心灵的空间。但即使是这样的空间，也免不了充斥着"昏昏雪意"，并未真正包容心灵，作者也未能在此找到更高一层的价值。

与苏轼同一时期的田园诗对比，不难发现其田园词的特殊之处：田园诗如《次韵章传道喜雨》《出城送客不及步至溪上二首》，情绪明快，语言平实，已经表现出对田园的向往。但对于宋人来说，诗作为一种正式文体，其功能首先在于言理，主要用于表达思想。而最真实、细密的感情，更多被寄寓在词中，苏轼也不例外。《蝶恋花·密州上元》中低沉、徘徊的情感轨迹，才是苏轼此时心绪的真实写照。依《苏轼词编年校注》编次，苏轼初至密州之三词分别为《蝶恋花·密州上元》《江城子·乙卯正月二十日夜记梦》与《雨中花慢·今岁花时深院》，悲凉孤寂之情显然可见。但正是由于经历了这一短暂的低谷，在此时期对生命的悲感有了更深刻的体悟，苏轼的人格境界才得以提升。从这个角度而言，这短暂的低谷又是自我超越的前奏。

在《蝶恋花·密州上元》中流露出的田园之思，本质上是一种厌倦官场斗争、宦游漂泊的归隐之情，而非对田园的真正喜爱和接受，否则也不会将眼中的"农桑社"视作"火冷灯稀""昏昏雪意"之景了。而逐渐萌生的归隐之情，与苏轼依然强烈的事功精神，本质上又存在严重的冲突。事实上，此时期苏诗中对田园的向往也与现实功业存在着密切的关系。"今年好风雪，会见麦千堆"（《出城送客不及步至溪上二首》）其一、"庶将积润扫遗蠥，收拾丰岁还明主"（《次韵章传道喜雨》），都是将农事生产与政治成绩、国家命运联系在一起。"我笑陶渊明，种秫二顷半"[2]373（《和顿教授见寄用除夜韵》），更说明他对陶渊明式的田园情结尚无深刻理解。《蝶恋花·密州上元》中的"乍入农桑社"，可以看作是一种对田园的初探、一种从外部建构精神家园的尝试。然而，外在的田园虽然在一定程度上可以寄托心灵、消解悲感，但毕竟是待于外物，只能暂时改变心境，而不能真正意义上的提升境界。不亲身走入田园、感悟田园，也是不能真正地理解田园的。

二、身在田园而感田园之情

苏轼在密州任职的后期，积极地调整了自己的心态，由低落走向超然，并提出了"以见余之无所往而不乐者，盖游于物之外也"[4]351（《超然台记》）的"乐"观念。游于物外，是一种通过跳出原本视角、寻觅更高层次的价值，从而超越悲感的精神行为；但要建立坚实的精神家园，不仅要以价值的建立为路径，还要以丰富的人生体验为基础。苏轼在《蝶恋花·密州上元》中表现出的对田园的初探，正是经历了亲身的体悟、漫长的思索后，才演化为对精神家园的构建。

熙宁十年（1077）四月，苏轼调任徐州。彼时徐州亦气候干旱，农业凋敝，"高田生黄埃，下田生苍耳"[2]438（《和李邦直沂山祈雨有应》）。苏轼像在密州时一样，深入乡村，参加了当地的祈雨、谢雨活动。然而，将苏轼两个时期的创作对比，可以看出苏轼对田园接受程度的明显变化。苏轼在密州时期的创作中，有时也表达归田之思，但只是从外部观察田园，而未与田园产生精神上的共鸣，是以田园词的创作浅尝辄止。但在徐州时期，已逐步培养起"超然"心境的苏轼开始将自己的精神与田园进行融合，田园不再只是农村的诗化表达或传统的诗歌意象，而是从心而发地体悟并热爱的对象。形于词作之中，则以作于元丰元年（1078）的《浣溪沙·徐门石潭谢雨道上作五首》为代表：

照日深红暖见鱼，连溪绿暗晚藏乌。黄童白叟聚睢盱。
麋鹿逢人虽未惯，猿猱闻鼓不须呼。归家说与采桑姑。

旋抹红妆看使君，三三五五棘篱门。相挨踏破茜罗裙。
老幼扶携收麦社，乌鸢翔舞赛神村。道逢醉叟卧黄昏。

麻叶层层檾叶光，谁家煮茧一村香。隔篱娇语络丝娘。
垂白杖藜抬醉眼，捋青捣䴬软饥肠。问言豆叶几时黄。

簌簌衣巾落枣花，村南村北响缲车。牛衣古柳卖黄瓜。
酒困路长惟欲睡，日高人渴漫思茶。敲门试问野人家。

软草平莎过雨新，轻沙走马路无尘。何时收拾耦耕身。
日暖桑麻光似泼，风来蒿艾气如薰。使君元是此中人。[3]230

五首词虽视角各异，却可以从中窥见苏轼逐步走入田园、亲近田园的心理轨迹。试依次观之：其一犹是在田园外部观察，但视角中的生物、景致，已不再是此前"火冷灯稀"的冷寂状态，而是充满动感与活力。人本应作为自然的一部分而存在，与自然的亲和才是人的应然状态，而田园生活则是最贴近自然的生活方式。承认田园生活的价值，意味着在心灵回归本然的路径上迈出了重要的一步。其二开始写对村人的贴近观察，具体描写谢雨活动中村民的一举一动。苏轼在生涯前期，事功精神强烈，观察、描写农村时，往往意在与政治挂钩，通过民生之乐苦反映政治之优劣，如《山村五绝》其二："烟雨濛濛鸡犬声，有生何处不安宁。但教黄犊无人佩，布谷何劳也劝耕。"[2]263 这样的视角，虽然有助于在诗歌中建立价值、抒发感慨，却与田园和农民的生活本质拉开了距离。此时的苏轼则将目光投向一般村民，选取了村社谢雨这一具体生活片段加以歌唱。其三则更进一步，不再局限于特定的农村事件，而是深入村民日常的田园生活。养蚕、煮茧，本是最普通的田园生活场景，但此前的文人，包括苏轼自身，都只是以诗作为描述它们的对象，而非用更适合"言情"的词进行歌唱。苏轼在此将其纳入词的表现范围内，重在体现情感与田园的交融。于是，在其四中，苏轼转而写自己在田园的一日经历、亲身见闻。此前苏轼屡次在诗词中发田园之思，但那更多是一种慰藉心灵的手段，田园不过恰好是一个传统的、适用于表达厌倦官场生活的意象罢了；而此时他自己漫游村庄、敲门讨茶，无意中体验了田园生活，在内心深处则正式开始了对田园的回归。其五将视角重新拉远，表面上是写结束一日的行程、临别时不舍回顾，实际上却是心灵回归田园的宣言："使君元是此中人"，标志着田园不再是一个陌生的、遥远的寄托，而是一个亲切的、触手可及的环境，是精神家园的具象化。进入田园，不是为了寻找心灵的慰藉，而是为了向心灵本然状态回归。这个过程并不涉及悲剧意识的兴起与超越，其实质是心灵与田园逐步融合的过程。

苏轼在密州、徐州时期，虽然走入了农村，但并未亲身体验过陶渊明式的躬耕生活。而"乌台诗案"后，苏轼贬居黄州，穷乏不能自给，不得不躬耕东坡。在此时期的诗歌《东坡八首》中，可以窥见其"端来拾瓦砾，岁旱土不膏""崎岖草棘中，欲刮一寸毛"的艰苦生活。与密州时期相似，这些诗歌描述是苏轼的客观生活状态，表达的则是安贫不移的情操。其中一些表述，很容易在陶诗中找到影子，如《东坡八首》其一与陶渊明《归园田居》其三便蹊径仿佛，这属于文人情怀的继承。至于苏轼此时期的精神世界，则更多体现在他的词作中。

《江城子·梦中了了醉中醒》是苏词唯一具体描写"躬耕"的词作，其中表现出的心境与《东坡八首》大不相同：

苏轼田园词对精神家园的构建

陶渊明以正月五日游斜川，临流班坐，顾瞻南阜，爱曾城之独秀，乃作斜川诗，至今使人想见其处。元丰壬戌之春，余躬耕于东坡，筑雪堂居之，南挹四望亭之后丘，西控北山之微泉，慨然而叹，此亦斜川之游也。乃作长短句，以《江城子》歌之。

梦中了了醉中醒。只渊明，是前生。走遍人间，依旧却躬耕。昨夜东坡春雨足，乌鹊喜，报新晴。

雪堂西畔暗泉鸣。北山倾，小溪横。南望亭丘，孤秀耸曾城。都是斜川当日景，吾老矣，寄余龄。[3]352

在密州时期的《和顿教授见寄用除夜韵》中，苏轼曾嘲笑陶渊明"妇言既不用，还有责子叹"，对陶渊明的人生态度不以为然。而此时贬谪黄州，躬耕陇亩，既对陶渊明的辛苦有了最直接、最切身的体会，也引发了对田园的重新思考，故有"只渊明，是前生"之语。苏轼在此首先要面对的问题，是理想化的田园与现实的田园之间的落差。绝大多数田园诗的大家，都没有亲身经历过躬耕生活，他们笔下的田园融入了自己诗化的想象，而非田园的本来面貌。黄州躬耕的经历，把这层诗性的面纱撕去了。那么，失去了诗性修饰、代之以艰苦操劳的田园生活，还是值得追求的吗？苏轼对此问题的解决方式是，在真正的田园生活中找到价值："走遍人间，依旧却躬耕"，单纯的耕作不能创造精神价值，没有经历艰辛生活洗礼的田园诗也是不具有真正厚度的。只有"走遍人间"，经历了宦海沉浮和陇亩躬耕，对两种生活皆有体验后，才能对田园有最深沉的体悟，从而建立价值。那么田园生活的价值何在？就在于彻底的家园感。暗泉、北山、小溪，都是未经人工雕琢的自然景致。在这种环境中，摒弃官场中的竞争之心，进行最基本的生产劳动，以诗酒和思考自娱，则人的心灵也必然随之返归自然。结句"都是斜川当日景，吾老矣，寄余龄"，既是深情感慨，又是家园感最直接、明确的呈现。

苏轼精神上的"超然"，已在密州时期初步成型，在徐州、黄州时期，则在此基础上不断自我超越。如果说苏轼在徐州是从心灵层面进入了田园，那么在黄州时期就是身心一同真切地体悟了田园，心灵家园也由此得到了完全的构建。在黄州，田园从意象变成了实体，从想象变成了实感，苏轼得以在

较短时间内做到理解陶渊明的心境,并在此基础上超越了陶渊明,这在《哨遍·为米折腰》一词中得到了表现:

> 陶渊明赋《归去来》,有其词而无其声。余治东坡,筑雪堂于上。人俱笑其陋,独鄱阳董毅夫过而悦之,有卜邻之意。乃取《归去来》词,稍加檃括,使就声律,以遗毅夫。使家童歌之,时相从于东坡,释耒而和之,扣牛角而为之节,不亦乐乎?

> 为米折腰,因酒弃家,口体交相累。归去来,谁不遣君归?觉从前皆非,今是。露未晞,征夫指予归路,门前笑语喧童稚。嗟旧菊都荒,新松暗老,吾年今已如此。但小窗容膝闭柴扉。策杖看孤云暮鸿飞。云出无心,鸟倦知还,本非有意。
>
> 噫!归去来兮。我今忘我兼忘世。亲戚无浪语,琴书中有真味。步翠麓崎岖,泛溪窈窕,涓涓暗谷流春水。观草木欣荣,幽人自感,吾生行且休矣。念寓形宇内复几时。不自觉皇皇欲何之?委吾心、去留谁计。神仙知在何处?富贵非吾志。但知临水登山啸咏,自引壶觞自醉。此生天命更何疑。且乘流,遇坎还止。[3] 388

此词为苏轼化陶渊明《归去来兮辞》意而成,却在相当的程度上超越了前人。在文人精神家园的构建这方面,陶渊明是一位先导者,他率先找到了田园这一精神归宿,并在田园生活中充分地体悟人生、开启境界。但陶渊明"性本爱丘山",出仕为官不过是"耕植不足以自给"之故,归隐田园时并没有强烈的内心冲突,反而"载欣载奔"。弃官归隐这一事件,对于陶渊明来说并不是悲剧性的,而是对本心的归依,因此很难从中产生超越性的思考。陶渊明又身处晋宋之间,正值文坛风气转变之时,模山范水之风盛行,文人普遍将"物"与"我"两分开来,注重主客观的区别。因此,陶渊明的田园情结仍然是较为表层的,有开拓之功而仍待后人之继。苏轼则不然,宋代文人事功精神极度强烈,苏轼也曾有"江山如此不归山""我谢江神岂得已"[2] 177(《游金山寺》)的壮语,明确表示在未成就令自己满意的功业之前拒绝归隐。也正因如此,因获罪而归隐、因穷困而躬耕的苏轼,不能不对眼前的悲剧性处境进行体悟和咀嚼,再把悲剧情怀化作人格提升的内在动力。经过对悲剧性的超越而产生的田园之爱，比陶渊明的田园情结更加纯粹而深刻。而宋代学人普遍的理性思维，让苏轼在体察物理方面也比陶渊明走得更深更远，更能达到物我浑融的境界。

所以，在《哨遍·为米折腰》一词中，陶渊明只是兴发诗情的引线，《归去来兮辞》也只是支撑其间的框架。词中与陶文似同实异之处，才是苏轼所要表达的真意。苏轼首先以"为米折腰，因酒弃家"对自己充满进取精神的前半生进行了总结和否定。这种否定并非针对现实功业，而是针对仅为追求功业而"折腰"，忽略内心真实情感的行为。否定一种价值之后，必须建立新的价值，否则人就会在虚空中失去人生的意义。于是，苏轼给出了"归"这一解决途径：既是归于外在的田园，也是归于心灵的家园。内心的"归"并不是外界环境使然，而是人自身的决定。摒弃过往的浮华生活及追求，回到倚杖看云、诗酒琴书的本真生活的过程，也是精神家园建构的过程。"我今忘我兼忘世"，与陶渊明简单的"息交以绝游"亦有本质差别。苏轼强调的物我两忘，不是对现实命运的排斥，而是对世间规律的整体体悟与接受。当人与自然规律能够和谐地融为一体，生命的边界就会消融，进而包容一切，热爱一切。苏轼在同一时期开始写作的《东坡易传》中，也反复强调这一观念。在新的境界的观照下，"吾生行且休矣"也就与陶渊明的"感吾生之行休"有了不同的高度。后者是面对死亡必然而表现出的顺应态度，是消极的，导向的是价值的虚无；前者则是面对生命有限性而激发的生活热情，是积极的，导向的是价值的崛立。"且乘流，遇坎还止"，则是价值建立完成后的人生态度：可进可退，可仕可隐，任意无待。这样，苏轼就由此前的未至田园而思考田园，过渡到了身处田园而体悟田园的境界。

黄州时期是苏轼田园词创作的丰收期，其田园词中有半数以上作于黄州。躬耕陇亩的生活状态固然是其客观因素，但更重要的原因是，苏轼在主观上基本完成了对精神家园的构建，生成了博大的宇宙情怀。在此阶段的田园词中，可以看到苏轼自身与田园的和谐同调，如"相随到处绿蓑衣，斜风细雨不须归"[3]370（《浣溪沙·西塞山边白鹭飞》）、"青蒻黄箬裳衣，红酒白鱼暮归"[3]380（《调笑令·渔父》）、"轻舟短棹任斜横，醒后不知何处"[3]376（《渔父》）、"解鞍欹枕绿杨桥,杜宇一声春晓"[3]360（《西江月·照野弥弥浅浪》）、"殷勤昨夜三更雨，又得浮生一日凉"[3]474（《鹧鸪天·林断山明竹隐墙》）等。田园与精神家园在此合二为一，彼此相融，使苏轼不再需要向外寻找寄托的对象,田园已经成了他的"心安处"。

三、内化田园而成田园之心

元丰七年(1084),苏轼离开黄州,迁汝州团练副使,不久又知登州。重新开始政治生涯的同时,苏轼也永远离开了黄州东坡的田园。从苏轼的作品和传记来看,离开黄州后,苏轼再也没有过躬耕陇亩的经历。身在田园之时,触目所及皆田园之景,有利于对自然的体悟和对心灵家园的回归。而离开田园、涉足官场之后,如何常葆自然之心、坚守心灵家园,则成了值得重视的问题。

而事实上,苏轼离开黄州后,也确实再次卷入了新旧党争的漩涡之中,因反对哲宗的一味"绍圣"和旧党的过激举措而不容于朝,遭到哲宗的疏远和政敌的打压。朝廷环境令人失望,政治理想不能实现,浓烈的悲剧感随之产生。此时,苏轼再次选择了以田园之思超越悲感。但与初至密州之时不同的是,此时的苏轼已经历过黄州生涯的洗礼,精神家园的建构已基本完成。当需要通过田园消解悲剧意识时,他的精神取向不是向外寻找依托,而是向内寻求自证。试以《如梦令·寄黄州杨使君二首》其一为例:

为向东坡传语,人在玉堂深处。别后有谁来?雪压小桥无路。归去,归去。江上一犁春雨。[3]583

苏轼在早年受挫时,往往求助于想象中的、印象化的田园;而有了黄州时期的经历后,苏轼实际上已经超越了传统的田园概念,也不再需要一方实际存在的田园,而是将田园内化于心,招之即来。"向东坡传语",其实就是向自己的内心发起询问。"玉堂"即东坡雪堂,苏轼离开黄州后,雪堂的命运不得而知,但词中的所谓"玉堂"并非实写,而是自己精神家园的代称,因此说"雪压小桥无路"——心中的田园是自己构建起来的,而非外在的归依对象。此时的苏轼,已经进入了一种无待于外的状态。所谓"归去",并不是指回归东坡的田园,而是回归自己的情本体,在精神家园中找到彻底的依靠。"江上一犁春雨",就是这种回归的结果,开启了人生的境界,也超越了一般性的田园情结。

与此同时，苏轼同时也解决了田园情结和事功精神的冲突——苏轼早年曾在《灵壁张氏园亭记》中提出过"开门而出仕""闭门而归隐"[4] 368 的解决之道，但这是建立在财力丰厚基础上的理想化情形，并不能成为一般性的取径。而现在，苏轼终于找到了正确的道路，即将仕与隐的界限打破，将田园内化于心，以"心隐"代替"身隐"。现实的功业与精神的归隐并不矛盾，反而可从更高的境界俯瞰二者，将仕与隐齐一而观。

对于苏轼来说，无待于外还不是最终要追求的精神境界。不但在外要无待，在内还要自足。为此，就要不断完善精神家园，使之具有更大的包容性，而这一过程是永无止境的。通过人格境界的提升，苏轼得以进一步认识人生的本质和规律，并使一切外物都逐渐为其所化。苏轼晚年的生命实践，正说明了他对这一过程的践履。《减字木兰花·立春》一词，则可以视为其代表：

春牛春杖。无限春风来海上。便与春工。染得桃红似肉红。
春幡春胜。一阵春风吹酒醒。不似天涯。卷起杨花似雪花。[3] 801

此词作于元符二年（1099），其时苏轼六十四岁，谪居海南儋州。儋州时为蛮荒之地，苏轼在当地食芋饮水，生活的艰苦比在黄州时期犹有过之。但在此时的田园词作中，却并没有试图通过田园消解、超越生命悲感的理路存在。这是因为，此时的苏轼在精神上已经完成了快然无待的家园构建，人格上则进入了"思我无所思"的宇宙境界。"我本海南民，寄生西蜀州"[2] 1320（《别海南黎民表》），正因为拥有了完善的精神家园，所以即使是垂老投荒之时，也有四海为家之志。在这一阶段，苏轼并不是让心灵归依于田园，而是使作为精神家园的田园归依于自己。在这种境界的观照下，精神家园得以无限扩大，可以说是触目成春，连偏远的海南也"无限春风""不似天涯"，呈现出彻底的家园感。

至此，苏轼在构建精神家园方面完成了一个循环，一种回归。田园之于苏轼，从最初时一种向外的追求，经过黄州的躬耕经历而成为一种亲身的体验，直到内化于心，成了精神家园的具象化表现。苏轼的田园词创作，不仅发现、完成了词中的一种题材，更创造了自己的精神家园，在文学创作和精神修养两个层面都取得了极高的成就。

注　释

[1] 周锡䪖《中国田园诗之研究》，参见《中山大学学报》(社会科学版) 1991 年第 3 期。

[2]〔宋〕苏轼著，查慎行补注，王友胜校点《苏诗补注》，凤凰出版社 2013 年版。

[3]〔宋〕苏轼著，邹同庆、王宗堂校注《苏轼词编年校注》，中华书局 2016 年版。

[4]〔宋〕苏轼著，孔凡礼点校《苏轼文集》，中华书局 1986 年版。

论苏轼涉梦词中的悲剧意识

◇余 恬[*]

梦与悲剧意识的兴起与消解有密切关联，在中国古代文学作品中常有体现。苏轼涉梦词则对传统文学中的梦意象有了进一步的发展，在其记梦词与梦喻词中寄寓了更为深沉透彻的人生感悟与哲思，并实现了对悲剧意识的超越，建立起了新的精神家园。

一、中国传统文学中的梦与悲剧意识

依照心理学家弗洛伊德的理论来看，梦是极为私人化的体验，由个人的生理机制与心理意识活动而产生。[1]但中国传统文化中的梦却不仅仅是单纯的个体行为，而是具有社会性的文化现象，除了源远流长的解梦传统之外还有众多不同类型的梦意象。可以说梦文化是中国传统文化的重要组成部分，而中国传统文学作品中的梦意象更是成了承载古人审美理想与文化心理的一大符号，因此有学者指出"梦幻主义文学是中国古代文学主潮之一"[2]33。

在中国传统文学中，梦由于自身特点与悲剧意识的兴起与消解有密切关联。首先梦能刺激悲剧意识的兴起，这主要表现为"人生如梦"的观念。梦境的短暂性、虚幻性以及不可控制性与人生的有限性、不确定性有契合之处，因此很容易将二者联系起来产生"人生如梦"的心绪。事实上，生命的有限性是无法改变的客观实在，并不具备情感色彩和价值倾向，但人在对自身价值进行追问与思考时，这一事实又不可避免地对价值建构形成阻碍，这时便

---

[*] 作者简介：余恬，中国人民大学文学院硕士研究生。

兴起了悲剧意识。对于人生有限与价值无解的思索正是中国传统文学中所表达的一大主题，其中大量作品通过将人生与梦作类比的方式抒写内心的悲剧意识。如李白《春日醉起言志》："处世若大梦，胡为劳其生？所以终日醉，颓然卧前楹。"意图在酣醉中忘却如梦的人生，不为不可捉摸、虚幻无常的世事劳神费心。南唐旧主李煜更是于国破家亡的人生经历中产生了深刻的体悟与悲情，常在词作中将人生所享有的荣华富贵比作一场已经消散的美梦。"多少恨，昨夜梦魂中。还似旧时游上苑，车如流水马如龙。花月正春风。"（《望江南》）、"人生仇恨何能免。销魂独我情何限。故国梦重归，觉来双泪垂。"（《子夜歌》）梦中回归故国的喜悦随梦醒化作无可奈何的悲思，终觉梦为虚妄，人生的美好亦如梦中幻想无法把握，由此生出"往事已成空，还如一梦中"的感慨。

梦除了能促成悲剧意识兴起之外，还是消解悲剧意识的因素之一。冷成金先生指出，原始儒家认为人性由动物性和社会性两部分组成，其中人的动物性要求索取，以求长久的活着，但是人的高智商又告诉自己无论如何索取都是不可能实现长久活着，这种个人的主体意识与客观限制之间的矛盾就称之为现实悲剧性，在对待这一现实悲剧的态度、方法和目的的过程中所产生的各种思想和意识即悲剧意识。[3] 中国传统文化中的悲剧意识表现之一便是对理想的执着与理想无法在现实中完全实现的矛盾、自我实现的愿望与这种愿望被现实阻隔的矛盾，而梦具有典型的补偿性与超越性特征，从这一角度来看，梦得以成为消解悲剧意识的因素之一。首先，由于梦不受外在客观条件限制，个人可以在梦境中自由抒发心中的理想，实现在现实中难以实现的愿望，在这一过程中现实的悲剧不复存在，悲剧意识也相应地得到暂时的疏解。其次，梦还能超越时间与空间的束缚、意识与文化的禁锢，文艺作品中所描写的梦境往往能构建出一个与现实不同的审美化世界，从而一定程度上摆脱心中的郁闷与精神上的压力。

总之，梦因其自身特性而与悲剧意识有着密切的联系，一方面表现为对悲剧意识兴起的刺激作用，另一方面则是对悲剧意识的消解与弥合，这在中国古代文学作品中有大量体现。

二、苏轼涉梦词中悲剧意识的表现

苏轼一生大起大落，宦海沉浮的人生经历不断促使他从生活实践中探索生命存在的目的、价值和意义，儒佛道三家思想也影响了其对于宇宙、人生的哲学思考。苏轼将自身的哲学观念寄寓在文学创作之中，其中涉梦词占很大比重，几乎贯穿了词作创作的每个时期，对传统文学中的梦意象也有了进一步的发展。

傅正谷依照文学作品的内容与主题将中国古代梦文学分为记梦之作、梦中之作、梦喻之作三大类型[2]6，苏轼所作涉梦词亦不外乎这三类，以记梦和梦喻之作为主。其中记梦词有对睡眠中所做之梦的真实记录，也有述写梦中或梦醒后的心理感受，喻梦词则融入了"古今如梦""劳生如梦"的人生体悟。

（一）记梦词

1. 生离死别的现实悲剧

苏轼词中涉及梦意象的作品很多，诸如"惊破绿窗幽梦"（《昭君怨》）、"下有幽人昼梦长"（《减字木兰花》）、"梦魂东去觅桑榆"（《浣溪沙》）、"梦回芳草生春浦"（《渔家傲·七夕》）等等。其中有一部分直接以真实梦境为描写对象，这部分词又多叙写生离死别的现实悲剧，典型代表是《江城子·乙卯正月二十日记梦》：

> 十年生死两茫茫，不思量，自难忘。千里孤坟，无处话凄凉。纵使相逢应不识，尘满面，鬓如霜。
> 夜来幽梦忽还乡，小轩窗，正梳妆，相顾无言，惟有泪千行。料得年年肠断处，明月夜，短松冈。[4]141

该词作于熙宁八年（1075），其时苏轼由杭州通判转任密州（今山东诸城）知州。密州远离政治中心，苏轼赴任期间又恰逢凶年，"天上无雨，地下无麦""盗贼满野，诉讼充斥。而斋厨索然，日食杞菊"[5]351。此间正值爱妻王弗十年忌辰，这十年来苏轼卷入党争，频繁被贬，生活漂泊不定，现实生活的困顿无法消除，做梦便成了他释放压抑情感的途径。上阕写梦前对妻子的无限思念,开篇便直抒真切情意,夫妻二人生死相隔以来两不相知,十年时光转瞬即逝,但美好的往事、共患难的情感却难以忘怀。如今亡妻之墓与自己遥距千里,内心凄然却无处诉说。又想到即便能超越生死界限与妻子重逢,而今历经沧桑容颜苍老形体衰败的自己也与十年前春风得意的模样大不相同了,丧妻之痛与人生之累交织,更觉沉重无奈。在此种悲郁不已的情绪下,苏轼夜中梦见忽然回到阔别已久的故乡,梦中妻子仍在人世,像往常一样梳洗打扮。二人久别重逢万般心语不知从何说起,却只能相顾无言,惟有以无尽的泪彼此倾诉。梦醒之后方觉短暂的相逢只是稍纵即逝的梦幻,料想这凄清孤冷的明月之夜妻子在松柏间的孤坟也如同自己一样年年痛苦地思念。词作以梦前相思之心绪、梦中相逢之情景及梦后独自怅惘之愁思构建了完整的梦的流程,对亡妻的深切悼念贯穿其间,并将坎坷艰辛、落魄失意的遭际所导致的人生无奈之感注入其中,既是一篇真挚感人的悼亡词,也是苏轼以梦寄托人生感悟之词。

《水龙吟·小舟横截春江》则是一首以怀旧惜别为主要内容的写梦词:

> 小舟横截春江,卧看翠壁红楼起。云间笑语,使君高会,佳人半醉。危柱哀弦,艳歌余响,绕云萦水。念故人老大,风流未减,独回首,烟波里。
>
> 推枕惘然不见,但空江、月明千里。五湖闻道,扁舟归去,仍携西子。云梦南州,武昌东岸,昔游应记。料多情梦里,端来见我,也参差是。[4]349

据词前小序可知,梦的对象是早先曾在黄州任知州致仕后退居苏州的闾丘孝终,上阕写梦中所见景象却给人真实之感,仿佛在回忆与友人欢畅宴饮的往事。下阕写梦醒后的惘然失落,昔日繁华热闹的场面不再,此时只有自己孤身一人于空江明月,实际处境与美好梦境在心中形成强烈冲突,但苏轼并未沉浸在美梦逝去的悲伤中,而是设想故友也"端来见我",相信美好的情谊不会随时间和空间的改变而发生变化,重新树立起了对友情的坚定向往。

2. 家园无处的现实悲剧

对于宦游在外的苏轼来说,不仅要承受世人共有的离愁别绪,在长期羁旅生活中也常常体会到家园无处的现实悲剧感。例如《醉落魄·离京口作》:

> 轻云微月,二更酒醒船初发。孤城回望苍烟合。记得歌时,不
> 记归时节。
> 巾偏扇坠藤床滑,觉来幽梦无人说。此生飘荡何处歇?家在西南,
> 常作东南别。[4] 58

词的上阕写苏轼乘船离开京口时的环境、时间以及心境。离别前夕苏轼于酒宴歌席间尽兴欢乐,酣饮后已记不起上船时的情景。醉醒之际已至二更,云朵轻飘月光微亮,坐在船上回望京口,只见孤城隐没于苍蒙烟雾间。下阕写梦醒之后的惆怅心绪,梦里没有宴饮时的欢畅,一觉醒来梦中的幽静也无人诉说,孤独寂寥的情绪涌上心头。这一生仕宦在外漂泊不定,哪里是可以歇足的地方呢?本来就与西南的家乡远隔千里,如今在外做官也不得安身之处,还常常向着东南道别。浓重的乡思与深沉的羁旅忧愁相夹杂,悲剧意识油然而生。

《谒金门·秋感》同样将苏轼因屡遭贬谪而引发的飘荡无依之感表露得淋漓尽致:

> 今夜雨。断送一年残暑。坐听潮声来别浦。明朝何处去。
> 孤负金尊绿醑。来岁今宵圆否。酒醒梦回愁几许。夜阑还独语。[4] 871

词的上阕写秋夜雨后与友人听潮。一场秋雨送走溽热的残暑,面对江边潮声澎湃不禁思考"明朝何处去",既是问明日去何处欣赏景色,也是对日后归宿的深刻发问。下阕写雨夜饮别,今宵与友人举杯共饮十分欢畅,可是明年的此时却不知道陪伴对方的是否还是自己。"酒醒梦回愁几许"又是对上阕所问"明朝何处去"反复思索而不得其解的烦闷与倦累,夜深时分仍然因此辗转反侧,酒醒又睡梦中又醒,独自一人感叹不停。苏轼远离家园的同时难以寻得一个客观的立足之所,正如无法在仕途功名上建立人生价值与意义时却又找不到心灵归宿和精神依托,由此而兴起的家园无处的悲剧感极为强烈。

(二)梦喻词

除记叙真实梦境及叙写梦醒感受之词作外,苏轼还在许多词中以梦为喻,

抒发自己的人生感触，表达对生命的体验与人生的思考，这一类型的词中蕴含浓烈的人生虚幻意识。明代沈际飞《草堂诗余正记》曰："……东坡升沉去往，一生莫定，故开口说梦。如云'人间如梦''世事一场大梦''未转头时皆梦''古今如梦，何曾梦觉''君臣一梦，今古虚名'"[4]334 正是说明苏轼于变幻莫测、沉浮难定的现实经历中深刻体会到人生的虚幻性，因此常在词作中言"追思曩时，真一梦耳"的感喟。[6]3 此种如梦意识一方面体现为人的一生短暂而不可预测，祸福之变常常突如其来，如同梦境一般难以把握；另一方面表现在古往今来成败荣辱皆随时间流逝而失去存在的意义，今之视昔就像梦醒之后再回顾过去的梦一样虚无缥缈。

1. 人生如梦的生命悲剧

中国文学史上不乏人生短暂的感慨，《古诗十九首·驱车上东门》有言："浩浩阴阳移，年年如朝露。人生忽如寄，寿无金石固。"将年岁光阴比作早晨的露水，又同长久的金石相比较，极言其短暂易逝。可以说人生有限，时光易逝带来的悲哀是长时间困扰中国古代文人的一大问题，这种悲剧感在生命有限与自然永恒的对比中更为突出。苏轼对这一难题也有沉思，除受前人思想影响之外，还在自己的生命实践中更加真切地感受和透彻地领悟了人生如梦的现实悲剧。如："世事一场大梦，人生几度新凉？"（《西江月》）、"身外傥来都是梦，醉里无何即是乡"（《十拍子》）。人生短暂、世事如梦的感慨在苏轼词中比比皆是。如《西江月·平山堂》：

> 三过平山堂下，半生弹指声中。十年不见老仙翁，壁上龙蛇飞动。
> 欲吊文章太守，仍歌杨柳春风。休言万事转头空，未转头时皆梦。[4]533

第三次登临平山堂时，前半生已在弹指一挥间度过。恩师仙逝以后已有十年未见，只有墙上还留着他的词作手迹。由悼念逝者转而想到仍在世间的自己，都说离世之后一切归空，活在世上的人又何尝不是身处梦中。白居易《自咏》："百年随手过，万事转头空。"道出岁月蹉跎、往事如烟的伤感，而苏轼则言"未转头时皆梦"，在深刻揭示出人生本为虚幻的真相同时又获得了彻底的解脱——既然人生不过一场梦境，那么坎坷失意便不足在意。

以上是以人生的短暂性与梦作比，由人生有限，时间流逝带来的悲剧意识，苏轼涉梦词中还有一类将人生与梦等同为虚幻，写由世事无常，价值虚空带来的悲剧意识。如《南乡子·重九涵辉楼呈徐君猷》：

  霜降水痕收，浅碧鳞鳞露远洲。酒力渐消风力软，飕飕，破帽多情却恋头。
  佳节若为酬，但把清尊断送秋。万事到头都是梦，休休，明日黄花蝶也愁。[4]290

该词作于元丰五年（1082）的重阳节，时苏轼被贬黄州。上阕前两句写登高远眺之景，"酒力渐消风力软"三句写酒醉又醉醒后的感受，"破帽恋头"反用孟嘉落帽的典故，意谓纷扰世事萦绕心间，苏轼渴望超脱而又无法超脱的无奈溢于言表，悲剧意识兴起。下阕前两句借用杜牧《重九齐山登高》"但将酩酊酬佳节，不用登临怨落晖"之意，化解内心的烦忧。而"万事到头都是梦"则将世间荣辱成败、富贵贫贱通通归于转眼成空的梦境，因此也不必再提起，从而也没有因这些而导致的愁闷。可是"明日黄花蝶也愁"一句又以蝴蝶因好花难久而伤悲喻自己对于良辰易逝的叹惋，人生有限的问题又重新置于眼前。

2. 古今如梦的历史悲剧

李泽厚先生在《美的历程》中指出，苏轼的诗文中所表达的人生空漠之感是尤为深刻而沉重的，他的哀伤不是具体的哀伤，而是对整个人生、世上的纷纷扰扰究竟有何目的和意义这个根本问题的怀疑、厌倦和乞求解脱与舍弃。[10]162苏轼词中也寄托了对于这一问题的思考，如《永遇乐·彭城夜宿燕子楼》：

  明月如霜，好风如水，清景无限。曲港跳鱼，圆荷泻露，寂寞无人见。紞如三鼓，铿然一叶，黯黯梦云惊断。夜茫茫，重寻无处，觉来小园行遍。
  天涯倦客，山中归路，望断故园心眼。燕子楼空，佳人何在，空锁楼中燕。古今如梦，何曾梦觉，但有旧欢新怨。异时对，黄楼夜景，为余浩叹。[4]247

苏轼在词前小序交代此词是因夜宿燕子楼时梦盼盼而作。旧传燕子楼为唐代张尚书为爱妾关盼盼所建,张氏去世后盼盼独居于楼上十余年。苏轼先是以燕子楼人去楼空,徒留其名来说明古往今来的悲欢离合都会随时间流逝而消失,不必执迷其中。又由《庄子·齐物论》:"方其梦也,不知其梦也,梦之中又占其梦焉,觉而后知其梦也。且有大觉而后知此其大梦也,而愚者自以为觉。"苏轼又发出"古今如梦,何曾梦觉?"之慨叹。即我现在看似清醒,可是在后人看来会不会也只是在梦中说梦呢?古今皆似梦,没有哪一个阶段的人不是身处梦中,只是各代人梦中忧愁欢乐不同罢了。而后苏轼又站在时间的长河边俯瞰过去、现在和未来,认识到后世之视我所建黄楼,亦如今日之我叹古时楼阁佳人。这里苏轼不仅将此生乃至历史当作梦境,在他看来连未来都是梦,旧欢新怨随时间往复,生而旋灭皆为虚幻。思考到这一层次,人仿佛被抛掷于一个绝对虚空的世界,一切皆不可靠,与上阕梦云惊断、重寻无处的茫然惆怅相比更让人心生空幻淡漠之感。

三、苏轼涉梦词对悲剧意识的超越

苏轼以思辨的方式对生命本体进行了深刻的探索,在明确地认识到现实的悲剧性后对这种悲剧意识进行审美超越,并在超越中建构具有新的合理性的价值观念,而苏轼实现超越的机制就是以儒释道三家思想中积极的内容为精神支柱,形成任真自适又观照现实的审美人格。[8]206

(一)向空而有,人的自证

向空而有是中国传统文化中价值建构的重要方式之一,而建立价值唯一可靠的基点就是人要"活着"的内在亲证[11],也就是人想要更长久更好地活着,这一基点绝于任何外待,即孔子所说的"人能弘道,非道弘人"(《卫灵公》)。因此人的价值便不依靠外在因素,而只有通过人的自证才能建构起来。但自证并不意味着依照个人想法和感受随心所欲地行动,而是以人类总体意识为标准,这一标准则是在长期历史发展过程中形成的具有普遍合理性的思想观念之总和。在自证的过程中会对人生价值与意义进行追询,这样一来就不可避免地兴起悲剧意识,但是这种悲剧意识往往能进一步激发人建构价值的冲动。这一点在《念奴娇·赤壁怀古》中体现得非常明显:

论苏轼涉梦词中的悲剧意识

> 大江东去，浪淘尽，千古风流人物。故垒西边，人道是，三国周郎赤壁。乱石穿空，惊涛拍岸，卷起千堆雪。江山如画，一时多少豪杰。
>
> 遥想公瑾当年，小乔初嫁了，雄姿英发。羽扇纶巾，谈笑间，樯橹灰飞烟灭。故国神游，多情应笑我，早生华发。人生如梦，一尊还酹江月。[4]282

这首词是宋神宗元丰五年（1082）苏轼谪居黄州时所写。与永不停歇向东奔流的长江相比，立下丰功伟绩的英雄人物显得十分渺小，词作开头三句便营造出绝望虚空的意境，历史悲剧感很容易被激发。但苏轼恰是在这无边的"空"中确立了价值的"有"，"空"意味着人生来未必是有价值的，尽管如此人却是必须要有价值，这是为了保障人类总体能够更长久更好地发展，因此价值必须建立起来，否则人类社会无法向前。其实所谓历史之空并不是真正意义上的虚无，而是对不合理历史的否定，于是如画的惊涛山石便自然地作为正面价值彰显出来。人生短暂如梦，多情于价值与意义的求索只能徒增烦恼，而宇宙自然是确定而永恒的，由其中感悟而建立起的自然而然的本真价值超越了沉重的历史悲剧意识，实现了新的价值建构。

再如《沁园春·赴密州早行马上寄子由》：

> 孤馆灯青，野店鸡号，旅枕梦残。渐月华收练。晨霜耿耿，云山摛锦，朝露溥溥。世路无穷，劳生有限，似此区区长鲜欢。微吟罢，凭征鞍无语，往事千端。
>
> 当时共客长安，似二陆、初来俱少年。有笔头千字，胸中万卷，致君尧舜，此事何难。用舍由时，行藏在我，袖手何妨闲处看。身长健，但优游卒岁，且斗尊前。[4]135

该词作于熙宁七年（1074）七月在由杭州移守密州的早行途中。上阕写残梦未尽之时便启程，途中见月光渐收，霜露晶莹，晨雾缭绕之景。此刻苏轼因赶路而身心疲惫，顿觉得世人正是这般耗费有限的生命奔波于无穷无尽的行程，鲜有欢乐。想到这一点，自己曾经历的往事也一件件涌来，着实令人感慨唏嘘，思绪万端。下阕回忆当年风华正茂的自己与弟弟怀抱"致君尧舜"

的政治理想同赴京城,以为凭借自身才学便能实现辅佐圣上的远大抱负。到如今却真正看清人生的意义与价值并不在于仕途得意,因为是否被朝廷任用要依据时势,而入世或出世的选择权则在我自己,既然由我做决定,何不退居闲处旁观诡谲多变的政治斗争呢?相比于为建功立业而劳形伤神,保全身体、悠闲度日、饮酒作乐才是人生的价值所在。该词中"行藏在我"正是为"世路无穷,劳生有限"产生的虚空感找到了新的价值建构方式,这一价值的基点就是"我",即人的自证,不依赖于将名利奉为人生终极目标的外在价值评判系统,而是突出个体的主体能动性,实现心灵与精神的自由。当然,这里的自证并不等同于沉溺于放浪形骸以逃避现实的享乐生活,而是孔子所言"从心所欲不逾矩",要达到这样的境界就需要以人类总体意识为标准,具体方式就是下文所探讨的本真生活与回归心理本体。

(二)自然而然的本真生活

本真生活是符合历史合理性的自证方式,不为外在价值标准羁绊,而从人类总体意识出发建构价值,实现对悲剧意识的超越。苏轼早年即有淡泊功名,向往归隐生活的意识。试看《南歌子·再用前韵》:

> 带酒冲山雨,和衣睡晚晴。不知钟鼓报天明。梦里栩然蝴蝶、一身轻。
> 老去才都尽,归来计未成。求田问舍笑豪英。自爱湖边沙路、免泥行。[4]368

宋仁宗嘉祐八年(1063)二月,在凤翔通判任的苏轼赴长安(今西安),途中遇到晴雨变化。上阕写苏轼带着酒意冒雨赶路,到达目的地时天已放晴。此刻疲惫不堪的苏轼倒头便睡,报晓的钟鼓声也没能把他吵醒。"梦里栩然蝴蝶、一身轻"一句既道出赶路结束后的放松,也表现了梦中超然物外的轻松快慰。下阕借求田问舍之典表露自己不在乎外界眼光与评价,而愿意享受摆脱世俗尘事、萧散淡然的退隐生活。

苏轼在官场中历经沉浮之后,对于不合理的价值标准更加鄙弃,如《渔家傲·临水纵横回晚鞚》"腰跨金鱼旌旆拥。将何用,只堪妆点浮生梦"[4]410,把象征官阶身份的鱼袋旌旆看作如梦人生的装饰,从而导向价值的虚无。但是这种虚无感并不是消极或颓废的情绪,而是对现实政治意识形态所赋予的价值观念的询问、突破和否弃。与之相比,苏轼认为本真的生活状态才应当是人生的价值与意义所在,这种本真生活的具体形态在《行香子·述怀》中表现得最为全面:

清夜无尘。月色如银。酒斟时、须满十分。浮名浮利,虚苦劳神。叹隙中驹,石中火,梦中身。
虽抱文章,开口谁亲。且陶陶、乐尽天真。几时归去,作个闲人。对一张琴,一壶酒,一溪云。[4] 302

苏轼于寂静清宁之夜斟酒独思,感叹人生须臾如白驹过隙、燧石凿火、黄粱一梦,对于名利的追逐不过是无意义的劳苦,彻底否定了汲汲于富贵的价值观。自己空有建功立业的志向却没有可以施展才能的平台,与其因怀才不遇而苦闷不如拂去尘世的烦扰,使本真自然的心灵得以展露。而唯有远离名利场归去田园做个不问政事的闲人才是有效的解脱途径,在抚琴、饮酒、聆溪、赏云的本真生活中才能发现真正的快乐。

苏轼有许多词正是通过对人事的否定继而在辨证中引发出对山水美景的肯定,如《行香子·过七里滩》:

一叶舟轻,双桨鸿惊。水天清、影湛波平。鱼翻藻鉴,鹭点烟汀。过沙溪急,霜溪冷,月溪明。
重重似画,曲曲如屏。算当年、虚老严陵。君臣一梦,今古虚名。但远山长,云山乱,晓山青。[4] 248

上阕描绘小舟在溪中穿行所见景象,不停变换,似画如屏,徜徉于美妙的自然之景间,身心都得到极大的舒缓与解脱。由此心生对所谓名声的否定,仕途得势是虚幻,即便是像严子陵一样隐居不仕,而今也只是像梦一样消失,留下空名,这样一来价值无从树立陷入虚无。最后一句"但远山长,云山乱,晓山青"又转入对永恒大自然的肯定,为人生的价值寻求到了一个立足基点。

除自然山水中的闲适生活外,苏轼还以饮酒实现自证,如《醉蓬莱》:

笑劳生一梦，羁旅三年，又还重九。华发萧萧，对荒园搔首。赖有多情，好饮无事，似古人贤守。岁岁登高，年年落帽，物华依旧。
　　此会应须烂醉，仍把紫菊茱萸，细看重嗅。摇落霜风，有手栽双柳。来岁今朝，为我西顾，酹羽觞江口。会与州人，饮公遗爱，一江醇酎。[4]296

上阕开头便以"劳生如梦"渲染浓重的悲剧氛围，在长达三年的羁旅生活中度过了一次又一次的重阳节，此时的自己已成历经沧桑满头花白的衰翁，不免心生年华易老之慨叹。值得庆幸的是，还有"似古人贤守"的徐太守年年同我登高饮酒，无边漫延的悲剧意识就此溶解在酒中。"物华依旧"指出宇宙自然的永恒不变，哪怕聚散离合岁岁不同，至少还有"紫菊茱萸"仍能为我细看重嗅，所以此刻应当做的只有痛饮美酒，饮酒消解心中块垒、洒酒为你饯行、以酒铭记你对黄州百姓的恩惠。

（三）回归心理本体：精神家园的重新建构

　　回归心理本体是一种审美化的人格境界，这种审美超越方式往往直接体现为对精神家园的寻找和建构。[7]较之上文所提到的本真生活，这种对悲剧意识超越的方式不再将精神价值寄托于外在于人的现实生活，而是直接诉诸个人的内心。但又不同于彻底的唯心主义，而是执着现实的同时又超越现实，这具体体现在一方面否弃具体的功利目的，甚至不在意生命的目的；另一方面又对日常生活进行充分的情感体验，以生活的过程为意义。试看《江城子》：

　　梦中了了醉中醒。只渊明。是前生。走遍人间，依旧却躬耕。昨夜东坡春雨足，乌鹊喜，报新晴。
　　雪堂西畔暗泉鸣。北山倾。小溪横。南望亭丘，孤秀耸曾城。都是斜川当日境，吾老矣，寄余龄。[4]353

　　元丰三年（1080）苏轼因"乌台诗案"谪至黄州，乞数十亩地开垦耕种以补食用之不足，并于其处筑屋名曰雪堂。元丰五年（1082）初春苏轼躬耕于东坡，有感于适意自在的田园生活，忆起陶渊明当年出游斜川时的情境，因作此词。"梦中了了醉中醒"是苏轼对自己人生态度的总结，亦是对自己与陶渊明共通之处的体认。《东坡志林·记梦》有言："予在黄州，梦至西湖上，梦中亦知其为梦也。"[6] 18 此即其"梦中了了"的真实写照。《和陶饮酒二十首》序云："吾饮酒至少，常以把盏为乐，往往颓然坐睡。人见其醉，而吾中了然，盖莫能名其为醉为醒也。"也表明苏轼常处于虽醉犹醒的状态。这就意味着，苏轼之梦与酒，绝非其借以自我麻醉的工具，而是其借以沟通理想与现实之桥梁。而这千百年来能与自己心灵相通的唯有渊明一人，尝尽世态炎凉，却依旧回归田园躬身耕耘。

苏轼曾评价陶渊明"欲仕则仕，不以求之为嫌；欲隐则隐，不以去之为高"[9] 2148，中肯地道出了陶渊明去就由心、以真为上的生命状态，其实这也是苏轼自我心意的表露。苏轼一生虽时有出世之意，却未真正退隐田园。于苏轼而言，仕与隐之矛盾终究是强加于人的外在社会标准，他"置换了兼济和独善的人格基础，即不论行兼济还是行独善，都不从主观上要求对外在社会准则的认同，而是建立在心理主义的基础上，使之成为丰富自我、发展自我的两种手段"[8] 339，意即以心理本体为人生价值的最终归宿，便不在意具体的生活状态，而是将人的生命视为一个人格境界提升的过程，因此仕宦也罢归隐也罢都只是手段而非目的，由此世俗困扰都化为乌有，人生之苦难皆可以经由内心心理机制转化实现对悲剧意识的审美超越，从而建构起了新的精神家园。

再看《十拍子·暮秋》：

> 白酒新开九酝，黄花已过重阳。身外傥来都似梦，醉里无何即是乡。东坡日月长。
>
> 玉粉旋烹茶乳，金齑新捣橙香。强染霜髭扶翠袖。莫道狂夫不解狂。狂夫老更狂。[4] 467

词中"傥来"和"无何乡"源于庄子哲学。《庄子》的《缮性》篇云："轩冕在身，非性命也，物之傥来，寄者也。"[12] 408 意谓荣华高位并非真性本命，不过是偶然得来或无意得来的暂寄之物。《列御寇》篇云："彼至人者，归精神乎无始，而甘冥乎于无何有之乡。"[12] 29 在这首词中梦与乡都是被质疑的对象，苏轼对此态度则是"狂"，但这狂并不是脱离现实，而是摒弃对价值的执着后在日常生活寻觅人生的乐趣，甚至以品味自己的心境为乐。因此苏轼既能在极其平凡的生活中别具慧眼地发现"烹茶""捣橙"的美感和快乐,又能退而返其内地在闲适的心境中构筑精神家园。在对生活的细致体会中感受生命的意义,达到了审美化的人生境界。

综上所述,苏轼涉梦词既承接前人的梦文学创作,将真实梦境与以梦为喻的人生感慨纳入词中,又对以往因"浮生若梦"而沉溺于梦中纵情享乐或是默认消解的人生观有了新的突破。尽管由梦兴起的悲剧意识更加沉重深刻,但苏轼经由坎坷一生对于此种现实悲剧有了透彻的领悟,因此悲剧意识在兴起的同时又没有导向消极和虚无,而是通过自己特有的心理机制转化实现对悲剧意识的超越,建立起了由本真生活再到心理本体的人生价值。

注　释

[1]〔奥〕弗洛伊德《梦的解析》,赖其方、符传孝译,作家出版社1989年版。

[2] 傅正谷《中国梦文学史》,光明日报出版社1993年版。

[3] 冷成金《人的自证与悲剧意识的兴起》,参见《中国苏轼研究》第八辑,学苑出版社2017年版。

[4]〔宋〕苏轼著,邹同庆、王宗堂校注《苏轼词编年校注》,中华书局2002年版。

[5]〔宋〕苏轼著,王水照选注《苏轼选集》,上海古籍出版社2014年版。

[6]〔宋〕苏轼著,王松龄点校《东坡志林》,中华书局1981年版。

[7] 冷成金《苏轼词对现实悲剧性的审美超越》,参见《河北学刊》2016年第3期。

[8] 冷成金《苏轼的哲学观与文艺观》,学苑出版社2003年版。

[9]〔宋〕苏轼著,王文诰辑注,孔凡礼点校《苏轼诗集》,中华书局1982年版。

[10] 李泽厚《美的历程》,生活·读书·新知三联书店2009年版。

[11] 冷成金《论孔子的内在亲证价值建构思想》,参见《杭州师范大学学报》(社会科学版)2016年第2期。

[12] 陈鼓应注译《庄子今注今译》,中华书局1983年版。

桃源、飞鸿、浊酒杯
——东坡与渊明的千载对话

◇张爱东[*]

陶渊明是苏轼心中极为仰慕的一位诗人。苏轼曾在《和陶归去来兮辞并引》中说自己"师渊明之雅放,和百篇之新诗"[1]2561,《次韵定慧钦长老见寄八首并引》其二亦言:"我醉君且去,陶云吾亦云。"[1]2115 追和渊明诗,乃苏轼晚年的重要寄托。而在苏轼的和陶诗中,桃源、鸿雁与酒是最具文化意蕴、最能体现苏轼文化人格的三个重要意象。本文对这三种意象在陶渊明与苏轼作品中的不同表现进行分析,借此探析苏轼诗文对陶渊明的继承与超越。

一、东坡之桃花源——凡圣无异,清浊共此

经历过"乌台诗案"的苏轼对祸患有着本能的忧虑,对于"乘风归去""羽化登仙"的游仙之行常常心向往之。黄卷书中,他与渊明隔代相望;饮酒和诗之时,他与渊明千载神会。他企慕渊明,在人格上熔铸了渊明淡然出世的精神和品格;他师法渊明,却在对渊明的追慕中融入自己独特的思考,形成了新的人生认识。且看其《江城子》词:

> 陶渊明以正月五日游斜川,临流班坐,顾瞻南阜,爱曾城之独秀,乃作斜川诗,至今使人想见其处。元丰壬戌之春,余躬耕于东坡,筑雪堂居之。南挹四望亭之后丘,西控北山之微泉,慨然而叹,此亦斜川之游也。乃作长短句,以《江城子》歌之。

---

[*] 作者简介:张爱东,新加坡南洋理工大学高级讲师。

梦中了了醉中醒。只渊明。是前生。走遍人间，依旧却躬耕。昨夜东坡春雨足，乌鹊喜，报新晴。

雪堂西畔暗泉鸣。北山倾。小溪横。南望亭丘，孤秀耸曾城。都是斜川当日境，吾老矣，寄余龄。[2]352

此词颇有哲理意味。虽言醉酒，却也醒着；由于追随渊明足迹，走遍人间，却幡然醒悟，回归躬耕生活，展示了一种随缘自适的安宁和喜悦。田园生活虽然辛勤，但也体会到了前所未有的轻松快乐。东坡春雨既足，苏轼心情也很满足；天气放晴，心境也随之明朗。

苏轼的《和陶归去来兮辞并引》对陶渊明的"归"有着不同凡俗的认识，不似他人，仅看到了陶氏清高的一面。苏轼看到的不仅仅是陶公回归田园乡野，更看到了他欲逃离"尘网"、回归人性之本真这一深层意蕴。其《引》曰："子瞻谪居昌化，追和渊明《归去来辞》，盖以无何有之乡为家，虽在海外，未尝不归云尔。"[1]2560 其辞曰：

藩垣虽缺，堂室故存。挹吾天醴，注之洼尊。
饮月露以洗心，飧朝霞而眩颜。混客主而为一，俾妇姑之相安。
知盗窃之何有，乃掊门而折关。廓圆镜以外照，纳万象而中观。[1]2560—2561

无怪乎苏轼称陶渊明是他的"前生"，二人虽相隔千载，却能彼此深深理解。贬谪惠州时，苏轼曾和陶渊明的《桃花源诗》，作《和陶桃花源并引》：

凡圣无异居，清浊共此世。心闲偶自见，念起忽已逝。欲知真一处，要使六用废。桃源信不远，杖藜可小憩。躬耕任地力，绝学抱天艺。臂鸡有时鸣，尻驾无可税。苓龟亦晨吸，杞狗或夜吠。耘樵得甘芳，龁啮谢炮制。子骥虽形隔，渊明已心诣。高山不难越，浅水何足厉。不如我仇池，高举复几岁。从来一生死，近又等痴慧。蒲涧安期境，罗浮稚川界。梦往从之游，神交发吾蔽。桃花满庭下，流水在户外。却笑逃秦人，有畏非真契。[1]2197—2198

桃源、飞鸿、浊酒杯

苏轼仰慕桃花源的生活境界。然而，有别于渊明的桃花源，苏轼自己更构筑了心中不同的桃源圣境：第一，桃花源并不遥远，"心闲"自然看见，但不能抱有执着追求之念，念起即逝去；第二，苏轼于桃花源中实践着庄子的观念——一凡圣、同清浊、等痴慧，万物同一，平等安宁，"混客主而为一，俾妇姑之相安"。这是真正超脱的境界。诗末，苏轼还笑渊明笔下桃花源里逃避灾难的秦人。他认为，若心中无畏，一念即与天地契合，便是身处世外桃源，哪里还用逃亡避世（入桃源）？这里见出老庄对苏轼的影响，也能看出禅宗思悟的痕迹。

苏轼量移汝州时曾游庐山。此时诗人不仅情系"横岭侧峰"的庐山，更对曾居庐山脚下的陶公不能忘怀。他虔诚地呼渊明为老师，尤不忘其不为五斗米折腰而挂冠归来的嘉行。他与渊明千载相望，心心相印，恰似"酒逢知己千杯少"的知音。告别庐山之际，他来到了佚老堂。《陶骥子骏佚老堂二首》其二写道：

我从庐山来，目送孤飞云。路逢陆道士，知是千岁人。试问当时友，虎溪已埃尘。似闻佚老堂，知是几世孙。能为五字诗，仍戴漉酒巾。人呼小靖节，自号葛天民。[1] 1231—1232

苏轼设想路中所遇道士应是神仙世界里的长生之人：能作五言诗，著渊明的粗布葛巾，人称"靖节在世"，自称"葛天之民"。纪晓岚不以为意，认为坡公是"无中生有"[3]。对于此事我们尚先存疑，因为坡公这类描绘并不罕见。在《后赤壁赋》中，梦中的道士——孤鹤呼应前赋"羽化而登仙"的虚幻故事，抒发了东坡超尘出世的情怀，也写出了坡公与陶公超越时空的千载神会！

苏辙在为其兄的和陶诗所作的《子瞻和陶渊明诗集引》中评苏轼："日啖荼芋，而华屋玉食之念不存于胸中。平生无所嗜好，以图史为园囿，文章为鼓吹，至此亦皆罢去。"[4] 168 陶渊明言"心远地自偏"[5] 89（《饮酒二十首》其五），苏轼言"心闲偶自见"，苏轼已有这样的认识：只要心安适，处处皆桃源。谪居惠州时，他在《记游松风亭》中写道：

余尝寓居惠州嘉佑寺，纵步松风亭下，足力疲乏，思欲就床止息。仰望亭宇，尚在木末。意谓如何得到。良久忽曰："此间有甚么歇不得处?"由是心若挂钩之鱼,忽得解脱。若人悟此,虽两阵相接,鼓声如雷霆,进则死敌,退则死法,当恁么时,也不妨熟歇。[6] 2271

好一个"有甚么歇不得处"!道出了东坡摒去执着、即刻解脱的彻悟。苏轼从青少年时期的"奋厉有当世志"[2] 993(苏辙《亡兄子瞻端明墓志铭》),到出仕时的"致君尧舜"之志,至杭州通判时期的殷殷乡思,再到密州、徐州时的归耕情结,黄州时期的"佳处迟留"之顿悟,最终晚年惠儋时期达至了"当恁么时,也不妨熟歇"的境界。这境界的每一步提升皆体现了苏轼返本归真的思悟与精神的升华。

二、"踏雪飞鸿""缥缈孤鸿"与"不冥归鸿"

苏轼早期对人生的思考,表现在"飞鸿踏雪"这一著名譬喻中。

人生到处知何似?应似飞鸿踏雪泥。
泥上偶然留指爪,鸿飞那复计东西。
…………[1] 97(《和子由渑池怀旧》)

此时在这个才华横溢的年轻士子看来,不仅过往的生活轨迹难以寻觅,就是整个人生也渺然无定,充满了不可知因素。犹如鸿雁飞翔,偶驻雪泥,留下印迹,而雪化鸿飞之后,哪会知晓奔赴何方?二十二岁的苏轼哪里知道他这坎坷的一生,确如自己一语成谶般的预言,乃"路长人困蹇驴嘶"[1] 97。

黄州时期经历过"乌台诗案"的苏轼频频写到孤鸿,此时的他恰如孤鸿般孤独、孤傲又寂寞:

缺月挂疏桐,漏断人初静。时见幽人独往来,缥缈孤鸿影。
惊起却回头,有恨无人省。拣尽寒枝不肯栖,寂寞沙洲冷。[2] 275

(《卜算子·黄州定慧院寓居作》)

"缺月""疏桐"、单调的滴漏之声以及"幽人"都展示了深夜里诗人的孤单。他以"孤鸿"自喻,在这样寒冷、凄凉的夜晚,虽然无人理解,寂寞无比,却绝不屈服，即使有"寒枝"也不肯暂歇，宁愿在"沙洲"里守护着自己的羽毛和傲骨。这不免会让人想起《周易》中的渐卦：

渐，女归吉，利贞。
初六，鸿渐于干，小子厉，有言，无咎。
六二，鸿渐于磐，饮食衎衎，吉。
九三，鸿渐于陆，夫征不复，妇孕不育，凶。利御寇。
六四，鸿渐于木，或得其桷，无咎。
九五，鸿渐于陵，妇三岁不孕，终莫之胜，吉。
上九，鸿渐于陆，其羽可用为仪，吉。[7] 182—184

苏轼对《易经》深有研究，著《东坡易传》，对渐卦也非常熟悉。李守力对此解释道：

> 这首词与《东坡易传》都是写于苏轼被流放黄州的五年里，二者蕴藏的思想可以互相参照。鸿雁的生活习性是不栖息在树上的，如今"拣尽寒枝不肯栖"，正是反映苏轼被贬的孤独与无奈。鸿雁本非孤独之鸟，"缥缈孤鸿影"正是渐卦六四彷徨无所依靠的情景，六四女子无所归于夫，以喻苏轼臣子无所归于君也。[8]

宋代张载则认为："鸿为水鸟。渐进之始，出至于干。鸿鹄之志，非小人所量。见其出陆，争欲危之，且疑其所处，是君子信己而行，义无咎也。"[9]（《横渠易说》）此即是说，鸿雁乃水鸟，开始离开熟悉的水域来到岸上。鸿雁有其志向，非小人所能度量。一旦来到陆地，就很可能遭遇危险。君子坚定自信地前行，则无祸患。而渐卦爻辞对鸿雁停留地点的解释也预示着吉凶："鸿渐于陆"，如同"夫征不复，妇孕不育"一样，为凶兆；而"鸿渐于木，或得其桷"则"无咎"。苏词中的孤鸿却"拣尽寒枝不肯栖"，绝不"渐于木""得其桷"，宁愿冒着停留陆地的"凶"险也要坚守自身的高洁，苏轼的人格由此可见。

苏轼诗中亦存在不少"孤鸿"意象，用以表现自己的处境和志向：

策杖看孤云暮鸿飞。[2] 389（《哨遍》）

杳杳没孤鸿。[2] 483（《水调歌头·快哉亭作》）

目送孤鸿矫。[1] 918（《人日猎城南，会者十人，以"身轻一鸟过，枪急万人呼"为韵……》）

目尽孤鸿落照边。[1] 1540（《郭熙秋山平远二首》其一）

孤鸿方避弋。[1] 2126（《次韵程正辅游碧落洞》）

身与孤鸿轻。[1] 1750（《次韵仲殊雪中游西湖二首》其一）

以上情景大多从诗人自身的视角出发，他目送着孤鸿飞向远方，孤云、暮鸿、落日余晖皆十分凄凉，但孤鸿义无反顾，不停歇地向前飞去。而《浣溪沙·春情》和《昔在九江，与苏伯固唱和……》则满含期盼之意："沙上不闻鸿雁信"[2] 850 "上林鸿雁子卿归"[1] 2408。诗中暗示自己就像汉代在冰天雪地里牧羊的苏武，忍辱负重，坚守孤独，不屈不悲，翘首期盼着佳音到来。

陶渊明在《饮酒二十首》其五中写道："结庐在人境，而无车马喧……山气日夕佳，飞鸟相与还。"[5] 89 飞鸟入林的意象表示诗人已经实现了自己归隐的愿望，重返田园而心情无比舒畅。陶渊明诗中把归隐后的田园生活描述得清新悠然：劳作后的隐者饮酒自酌，欣菊赏花；夕阳西下的山景中，倦鸟归林……这些景象体现了田园生活的美好，构成了陶诗中典型的田园意境，成为后世文人心目中归隐生活的最高境界。陶诗中也出现了其他类型的归鸟意象："向夕长风起，寒云没西山。厉厉气遂严，纷纷飞鸟还。"[5] 67（《岁暮和张常侍》）这首诗中，"飞鸟还"写天气转寒，鸟当还返，暗示了士人在东晋黑暗的政坛下，也应该像鸟儿一样归返，拂袖而归山。陶渊明面对政治上的黑暗，宁学归鸟坦然归林，余生安然于归隐生活，也绝不与统治者同流合污，与苏轼借"拣尽寒枝不肯栖"的孤鸿以表现自己坚贞高洁的人格是极为相像的。

苏轼诗中写"归鸿不冥"也是要表达归鸿并不昏昧的醒悟状态："人间底处有南北，纷纷鸿雁何曾冥"[1] 880—881（《次韵僧潜见赠》）。归返是自觉、应然的选择，绝非昏昧的决定。这一时期,苏轼对人生归宿的思考不再停留在"还乡"与"躬耕"的具体问题上,而是达至了新的层面。"便欲乘风,翻然归去,何用骑鹏翼"[2] 426,因为他已"今夕不知何夕"[2] 426(《念奴娇·中秋》)。他将对仕隐的思考,拓展为对人生终极目的、终极意义的思索,因而发出了"大士何曾有生死,小儒底处觅穷通"[1] 1213(《子由在筠作〈东轩记〉……》其二)的感叹。

苏轼笔下的鸿雁从超然无拘的飞鸿,到不肯屈就、栖息在寂寞沙洲的孤鸿,再到找到归宿、不曾顽冥的归鸿,诗人经过不断思悟,逐渐体会到了"人生如梦"的心境。《后赤壁赋》里"横江东来"的孤鹤,神秘旷达,诗人似睡而醒,最终达到了身世两忘、"也无风雨也无晴"[2] 356(《定风波》)的境界。又如晚年那种"风乎悬浦下,却行咏而归"的洒脱:

新浴觉身轻,新沐感发稀。风乎悬瀑下,却行咏而归。仰观江摇山,俯见月在衣。步从父老语,有约吾敢违。[1] 2105(《和陶归园田居六首并引》其三)

也许可以认为,苏轼的"心安"与"归去"在与陶渊明的千载唱和中逐渐发展至"归于造物"的大自在与大解脱之境。

三、"醉中亦醒"之浊酒杯

陶渊明的一生都与酒有着不解之缘。在《五柳先生传》中,他说自己"性嗜酒,家贫不能常得。亲旧知其如此,或置酒而招之。造饮辄尽,期在必醉"[5] 175。《饮酒二十首》序云:"余闲居寡欢,兼比夜已长,偶有名酒,无夕不饮,顾影独尽。忽焉复醉。既醉之后,辄题数句自娱,纸墨遂多。辞无诠次,聊命故人书之,以为欢笑尔。"[5] 86—87 由此可知,酒是陶渊明隐逸生活里自娱自乐、驱遣孤独、诱发诗兴之必不可少的媒介。而同样爱酒的苏轼在居黄州满一年时,亦填了一首《西江月·中秋和子由》:

世事一场大梦,人生几度秋凉。夜来风叶已鸣廊。看取眉头鬓上。
酒贱常愁客少,月明多被云妨。中秋谁与共孤光。把酒凄然北望。[2] 798

词调哀婉,充满了深沉喟叹,是东坡谪居后苦闷心情的写照。"中秋"是与亲人团圆的传统节日,然而苏轼孤独遭贬,既思念亲人,对未来充满了茫然与困惑,又希望拳拳之心得到朝廷理解,因而频频向中原"凄然"怅望。其中酒与月的意象很有深意:"酒贱愁客"意味着被贬后方感受到世态炎凉,世人唯恐避之不及;"月被云妨"隐喻奸人当道,忠臣被谤。词人内心深感愤懑,对国家前途亦深感忧虑。

更多的时候,苏轼用酒来遣愁助兴,一些作品表现了诗人醒悟后的心境:

梦中了了醉中醒。[2] 352(《江城子》)

殷勤且更尽离觞。此身如传舍,何处是吾乡。[2] 221(《临江仙·送王缄》)

远谪他乡,离别亲人,命如转蓬……但苏轼毕竟是旷达的,他总能以达观的态度驱遣愁怀:"身外倘来都似梦,醉里无何即是乡"[2] 476(《十拍子·暮秋》)。在匆忙无定的人生中,总有艰辛困扰,但苏轼在酒醉中感悟出了"无何即是乡"的道理。任杭州通判时苏轼写有一首《六月二十七日望湖楼醉书五绝》:"未成小隐聊中隐,可得长闲胜暂闲。我本无家更安住,故乡无此好湖山"[1] 341,也表达了"无何即是乡""此心安处是吾乡"[2] 579(《定风波》)之意。

苏轼黄州诗词中频频出现"酒"的意象。如著名的《定风波》:"料峭春风吹酒醒,微冷,山头斜照却相迎。 回首向来萧瑟处,归去,也无风雨也无晴。"[2] 356 这是在风吹酒醒的时刻,面对"穿林打叶"之境发出的挑战宣言:玉驾宝马哪里赶得上"竹杖芒鞋"?而经过"谁怕"的询问,词人更是精神一跃,终升华至"一蓑烟雨任平生"乃至"也无风雨也无晴"的高超境界。

元祐七年(1092)苏轼在扬州任上,正值其仕宦生涯的高峰期。《和陶饮酒二十首并叙》云:"吾饮酒至少,常以把盏为乐。往往颓然坐睡,人见其醉,而吾中了然,盖莫能名其为醉为醒也。在扬州时,饮酒过午,辄罢。客去,解衣盘礴,终日欢不足而适有余。因和渊明《饮酒》二十首,庶以仿佛其不

桃源、飞鸿、浊酒杯

可名者,示舍弟子由、晁无咎学士。"[1] 1881 以把盏为乐的坡公究竟是醉还是醒?"人见其醉,而吾中了然",他自己也"莫能名其为醉为醒也"。"醉中虽可乐,犹是生灭境。云何得此身,不醉亦不醒"[1] 1888 (《和陶饮酒二十首并叙》其十三),此种介于醉与醒之间的境界似乎是一种更加高明的境界。

苏轼晚年《和陶归去来兮辞并引》云:"子瞻谪居昌化,追和渊明《归去来辞》,盖以无何有之乡为家,虽在海外,未尝不归云尔。"[1] 2560 身处荒僻的儋州,苏轼"以无何有之乡为家",拜师渊明并恭和其诗。此诗富有浪漫精神与哲理意涵,既用老庄典故,亦继承渊明思想,提出了"身在海外,未尝不归"这一"不归之归"的生活态度。

《六月二十日夜渡海》则体现了苏轼由早期兼济理想到寻觅人生归宿、返归澄清本色的心灵历程:

> 参横斗转欲三更,苦雨终风也解晴。
> 云散月明谁点缀,天容海色本澄清。
> 空余鲁叟乘桴意,粗识轩辕奏乐声。
> 九死南荒吾不恨,兹游奇绝冠平生。[1] 2366—2367

苏轼的一生,从"也无风雨也无晴"到"苦雨终风也解晴",从心慕屈子忠君爱国、身殉美政的品格,到追慕陶潜在田园中实现心灵的圆融自适的人生态度,再到后来的"天容海色本澄清",经历了一条巨大的反思、自省与回归之路。

苏轼曾言:"醒来知何处,归路老更迷。"[1] 2368 (《自雷适廉,宿于兴廉村净行院》)上文也提及了坡公对其他归隐方式的向往,如对脱离生死的"大士"或羽化飞升的"神仙"的向往等等,直至晚年仍云:"可怜倦鸟不知时,空羡骑鲸得所归"[1] 2455 (《次韵郭功甫观予画雪雀有感二首》其二)。这似可看作苏轼对于自己终生意欲归返,却不能彻底实现的一种叹惋之情。然而,苏轼虽终未实现陶渊明式的"归去",但"九死南荒吾不恨",至终"如挂钩之鱼""忽得解脱"——这也许恰恰就是他"无何即是乡"所诠释的"不归之归"吧?

注 释

[1] 孔凡礼点校《苏轼诗集》,中华书局1982年版。

[2] 邹同庆、王宗堂校注《苏轼词编年校注》，中华书局 2002 年版。
[3] 曾枣庄、舒大刚编《三苏全书》，语文出版社 2001 年版。
[4] 何新所注译《苏辙集》，中州古籍出版社 2010 年版。
[5] 逯钦立校注《陶渊明集》，中华书局 1979 年版。
[6] 孔凡礼点校《苏轼文集》，中华书局 1986 年版。
[7] 褚世昌《〈周易〉解读》，黑龙江人民出版社 2009 年版。
[8] 李守力《周易诠释》，兰州大学出版社 2016 年版。
[9]《张载集》，中华书局 1978 年版。

"白战体"与中国文学体物传统之建构

◇任树民*

清朝末年开办的京师大学堂不仅确立了"文学"的现代学科地位,而且还开启了"中国文学史"的书写活动。自此"文学"立科,人们开始接受舶来的"文学史"概念,并积极寻求配合当时意识形态的历史书写模式以建构新的"文学"传统。继而"别求新声于异邦"的现代知识分子将欧洲浪漫主义思潮引入中国,并带来了浪漫主义强调文学是思想情感表现的理论。受此影响,人们在追问什么是"文学"进而以此来界域中国文学、叙述中国文学以往的历史时,"文学"的定义接续上晚明以来的"情教"论,越来越突出情感主线。进而,在"文学"这一现代主体建构的过程中就自然衍生出文学史书写中的"中国抒情传统论"。然而,中国文学除了在情志的聚焦范围下被选择、被呈现外,还有一个"体物"传统。"白战体"是中国文学体物传统发展过程中重要的一环。"白战体"即禁体物诗,或称禁体,得名于苏轼禁体代表作《聚星堂雪》中的"白战不许持寸铁"之句。欧阳修、苏轼"雪中约客赋诗",使得"白战体"的源起具有"诗戏"性质,但是,"禁体物语"的"诗戏"性质"并不妨害其立异的思考与新变的实效,且正是在这种异与变中酝酿出一种崭新的诗学规范"。[1]44 欧、苏之后,创作者代不乏人,如杨万里、赵蕃、张镃、方回、吴应箕等等,有人甚至还将"白战体"扩大到词、赋、曲等文体创作之中。职是之故,本文将在中国文学体物传统中来估量"白战体"在中国诗学史和文学史上的意义。

---

* 作者简介:任树民,北华大学文学院副教授。
基金项目:教育部人文社会科学研究青年基金项目阶段成果(批准号:18YJC751038)。

一、中国文学体物传统的生成

"体物"一词最早见于《礼记·中庸》,属于哲学思想范畴:"鬼神之为德,其盛矣乎!视之而弗见,听之而弗闻,体物而不可遗。"郑玄注:"体,犹生也。可,犹所也。不有所遗,言万物无不以鬼神之气生也。"[2] 1434 而引"体物"以论文学则始于陆机的《文赋》:"诗缘情而绮靡,赋体物而浏亮。"[3] 99 时下一般理解,这两句分别指向的是诗与赋的文体特征。"赋体物而浏亮"是说,赋以描状外物为主,要求刻画事物清晰细致,形象鲜明。但是,通览《文赋》,结合赋的小序所言,我们认为需要在超越"赋体物"这一文体自觉层面来理解"体物"。《文赋》小序言:"余每观才士之所作,窃有以得其用心。夫放言遣词,良多变矣。妍蚩好恶,可得而言。每自属文,尤见其情。恒患意不称物,文不逮意。盖非知之难,能之难也。"[3] 1 这段小序表明了《文赋》写作的"用心"。在这里,陆机提出文章创作有个"意不称物,文不逮意"的问题,并试图通过总结前人的创作经验来解决它。《文赋》全篇说的就是如何使意能称物、文能逮意这个问题。《文赋》尽管以六朝流行的"感物"说开篇,"遵四时以叹逝,瞻万物而思纷。悲落叶于劲秋,喜柔条于芳春,心懔懔以怀霜,志眇眇而临云"[3] 20,但是,《文赋》的"用心"不在"感物",而在于"称物"。纵观赋文,我们认为应该把"体物"放到"感物"("应物")——"体物"——"称物"这一"物"世界中去理解,而"称物"则是这一"物"世界呈现的最终目标。但在陆机看来,这里恰有一个"恒患"问题:"恒患意不称物,文不逮意。""恒患"说明这个问题在创作中是一个普遍的存在。陆机把文章分为十体,就"恒患"这一普遍存在来说,每一体都应该有一个"意不称物,文不逮意"问题。陆机指出,创作开始,作者往往"踯躅于燥吻",心有意而口难以"言",普遍存在"言"难"尽意"、"言"未"尽意"的苦恼。但是,到了创作终了,作者又感到"流离于濡翰"[3] 60,好像"文"(言)从笔底自然流出。这就告诉我们,在陆机看来,"言"与"意"的矛盾还是可以解决的。正因此,陆机"恒患"要解决的是,全体主客观事物的"体认""尽意",进而是"称物"成文。由于"物"之"体认"实际上包括情与物两个方面,所以,以"称物"为最高目标的"体物"艺术就需要随物婉转,曲尽物貌,求情感、情景、情事之妙。[4] 68—73

在《〈诗经〉"赋"法艺术特征新论》一文,我们曾指出,立足于诗的抒情本质,随物婉转,曲尽其情,寻求并"叙"出与此时特定情感有关联的"物",以物化此"一时之情",是《诗经》"赋"法的根本艺术特质所在。[5] 41—44 而将之与求"物"之妙的"体物"艺术相比照,我们认为,《诗经》时代诗人即以赋法开始了"体物"。例如《秦风·蒹葭》在"赋"法的运用上即以体物的精妙入微见长。《蒹葭》对景物的描绘,每章两句,逐章递进,即将清晨的寒意,旭日的霞彩,霜露的渐渐融化、蒸腾,荻芦的舒散摇曳等种种情态,包括主人公追求"伊人"的时间推移和惆怅失意之情,全部融会其中。再如《豳风·七月》,诗以月令为兴,"仿佛在讲述一年中的故事,又仿佛这故事原本属于周而复始的一年又一年"[6] 153;但这又不是一个封闭的时间环,诗以"七月流火"的寒暑之分开篇,以"九月""十月"为耕稼的终结,从"一之日""二之日"的寒风凛洌,又回复到结尾的"三之日""四之日"的开冰献祭,又相当明显地显示了"来年"的观念。《七月》是从一年中最寒冷的季节开始写起的,"觱发""栗烈"的气候描述以及"无衣无褐"的质诘,都在表明,人在天地间的生存是艰难不易的。这使《七月》开篇即显现出强烈的现实沉重感,而这也成了《七月》通篇最基本的意象。"六月食郁及薁,七月亨葵及菽。八月剥枣,十月获稻。为此春酒,以介眉寿。七月食瓜,八月断壶,九月叔苴,采荼薪樗。食我农夫。"农夫一年的辛苦劳作,所食仅是此勉强能果腹之菜蔬及瓜果。但是,不难看出,就在这错落的周而复始的岁时及纷繁物象的流转中,实际上已经蕴含了一种大化流行的盎然生机。一年一年,都在这样过,也许平淡,也许艰难,却不乏来年的期望,即使来年还是这样。

与赋法"体物"不同,《诗经》中还有一类图貌写物、"以少总多"的"体物"之作。刘勰《文心雕龙·物色》云:"诗人感物,联类不穷。流连万象之际,沉吟视听之区。写气图貌,既随物以宛转;属采附声,亦与心而徘徊。故灼灼状桃花之鲜,依依尽杨柳之貌,杲杲为出日之容,瀌瀌拟雨雪之状,喈喈逐黄鸟之声,喓喓学草虫之韵……并以少总多,情貌无遗矣。"[7] 693—694 图貌写物,"以少总多,情貌无遗",刘勰在这里评述了一种不同于赋法的"体物"情况与事例。当我们阅读《诗经》中的《桃夭》《采薇》《伯兮》《角弓》《葛覃》《草虫》这些诗篇时,我们会发现,这些诗并非以桃花、杨柳、日、雪、黄鸟、草虫为表现的主体。这些物象的出现,无论是在比兴中,还是赋中,都只不过是服务于诗篇主题的某种比喻、陪衬或背景描写。基于此,程千帆、张宏生的《"火"与"雪"：从体物到禁体物——论"白战体"及杜、韩对它的先导作用》一文，将之称为"局部体物之篇"[8] 212。

《诗经》以后，"体物"技巧不断在实践中得到发展。刘勰说："及离骚代兴，触类而长，物貌难尽，故重沓舒状，于是嵯峨之类聚，葳蕤之群积矣。"[7] 694 而"体物"技艺能够最终发展成一种文学传统，其历史与理论的中介则是赋体文学的繁荣。可以说，赋从一开始就以"物"为主体而加以铺叙描摹，"体物"是赋的基本创作手法。尽管汉人将赋体架构在"六诗之义"下，并未以"体物"理论来诠解赋体文学的创作，但是，他们也认识到了赋体不同于《诗经》的"连类繁举"的物类呈现方式及其"丽靡"艺术风貌。如班固在《汉书·扬雄传》中所引扬雄论赋道："雄以为赋者，将以风也，必推类而言，极丽靡之辞，闳侈钜衍，竞于使人不能加也，既乃归之于正，然览者已过矣。"[9] 3575 而正是汉人这一语言上的"丽靡"诉求，最终使得人们在赋体摆脱"六诗之义"的束缚后开始反思它的生成机制。于是，赋体的"体物"特征就在陆机反思、升华"丽靡"为"浏亮"的昭示下而生成。与此同时，当人们沿着"赋体物"进一步认识赋体与体物的时候，郑玄对六义之赋的解说又成了视域融合下的"前理解"。郑玄释六义之赋曰："赋之言铺，直铺陈今之政教善恶。"我们认为，郑玄的"赋之言铺""铺陈"有汉赋创作及其理论评介的渗透与影响，而当郑玄区划出这一"六义之赋"后，又进一步促进了人们对"赋体物"的认识。刘勰《文心雕龙·诠赋》云："赋者，铺也，铺采摛文，体物写志。"[7] 134 清代纪昀评注说："铺采摛文，尽赋之体；体物写志，尽赋之旨。"[7] 136 "铺"俨然成了"体物"的实现路径。不仅如此，郑玄的"直铺陈"更是钟嵘"直书其事，寓言写物，赋也"[10] 25 的理论背景。通过寻绎，我们发现，早于郑玄，没有以"直"释"赋"者，郑玄之后，"直"却是使赋与比、兴区别开来的关键义项。而使"直"成为"赋"义关键义项，承前启后的人则是钟嵘。从"弘斯三义，酌而用之"以及对五言诗品评的言述语境来看，钟嵘"直书其事，寓言写物"的赋之界定是根据五言诗的创作实际概括而来。那么，何谓"直书其事，寓言写物"？这一赋之界定又是为谁服务的？

我们先来说"直书其事，寓言写物"的意谓。陈衍《钟嵘诗品平议》卷上云："既以赋为'直书其事'，又以寓言属之，殊为非是；寓言属于比兴矣。"[11] 73 按照陈衍的理解，"直书其事"讲求直截了当，而"寓言写物"则以间接含蓄为主，两者不能混为一谈。而张伯伟《钟嵘诗品研究》则认为："其实，这里的'寓言'并非指有寓托的语言，而是说寓托于或凭藉于语言，亦即'叙写'之意。《诗品序》又云：'今所寓言，不录存者。'与此处'寓言写物'之'寓言'的含义是一致的。"张氏还引用日本学者高木正一的观点来印证："此处的'寓言'非《庄子》之'寓言'，而与王巾《头陀寺碑文》(《文选》卷五十九)中'敢寓言于雕篆'的'寓言'相似，是寓托于言语之意。"[12]103 以"叙写"来释"寓言"是与"直书其事"不矛盾了，可这样的话，显然又与"直书其事"同义反复了。"直书其事"就字面意思来说就是，直接写"事"。那么"事"是什么意思呢？李善注陆机"赋体物而浏亮"曰："赋以陈事，故曰体物。"[13]766 可见，在古人那里，"事"并非仅指"事情"，而往往是泛指"事物"。在我们看来，钟嵘此处的"事"即泛指"物"。而"寓言写物"必须要放到钟嵘比、兴释义的语境中，缉合"直书其事"，对照着来诠解：

  五言居文词之要，是众作之有滋味者也，故云会于流俗。岂不以指事造形，穷情写物，最为详切者耶！故诗有三义焉：一曰兴，二曰比，三曰赋。文已尽而意有余，兴也；因物喻志，比也；直书其事，寓言写物，赋也。弘斯三义，酌而用之。干之以风力，润之以丹彩，使味之者无极，闻之者动心，是诗之至也。若专用比兴，则患在意深，意深则词踬。若但用赋体，则患在意浮，意浮则文散。嬉成流移，文无止泊，有芜漫之累矣。[10]23—25

  综观这段文字，不难看出，钟嵘所界定的诗之三义赋比兴是指向"指事造形，穷情写物"这一诗艺诉求的。而这也就告诉我们，赋比兴要缉合着情与物两个方面。连接着兴的是"文"与"意"，而比则是"物"与"志"，那么，赋呢？"直书其事"指向的是"物"，那么，在我们看来，"寓言写物"关联的就是"情"。换言之，"寓言写物"不仅关联着物貌，还有物情，它既是"直书其事"的补充，也是赋艺之所以能够符合诗艺抒情指向的内在规定性的原因所在。基于此，"寓言写物"就不能像张伯伟先生所言的仅关联着书写方式，而应该要有"寄（'寓'，《说文》："寄也。"）言"这一所指诉求。也就是说，在"指事造形"的过程中，比是曲写，而赋是直写，可无论是直写，还是曲写，其终极指向都是"穷情写物"，达到"详切"的艺术境界。"详"者，非

"略",有详细、详明、详备之义;"切"者,不"隔",有切近、切实、真切之义。[14] 31—32 以赋写物,因为要以直面物貌的方式曲尽物情,尽管它有"寄言"所指,但是,极貌写物易入冗繁,是故文散意浮,有"芜漫之累"。正因此,根据创作实际,钟嵘将"巧构形似""巧似"作为衡量作品品格高下的一个重要标准。而与此同时,"芜漫"却也可能成为作者的"病累"所在。如谢灵运,"其源出于陈思,杂有景阳之体。故尚巧似,而逸荡过之,颇以繁芜为累"[10] 91。相比之下,张协的作品"文体华净",所以钟嵘以"巧构形似之言"评之并置于上品。基于前揭,钟嵘在郑玄"直铺陈"的基础上,根据五言诗的创作实际,进一步明确了赋作为诗歌表现手法的身份,并指出了赋具有"写物"的艺术功能。而赋法的这一"寓言写物"艺术功能实际上就是对五言诗"巧构形似之言"的一种注解。基于此,我们以为,钟嵘的赋之界定,注解着五言诗"尚巧似"的创作实际,绾合着情、物两端,以"称物"为终极旨归,使得"赋体物"完成了向"体物"诗艺的过渡。

综上所述,"体物"诗艺在南北朝时期的理论形态呈现为对"善制形状写物之词"[10] 175 的探讨。钟嵘以外,刘勰、颜之推对于这一创作实践以及理论形态都有过明确的表述。《文心雕龙·物色》总结说:"自近代以来,文贵形似。……体物为妙,功在密附。故巧言切状,如印之印泥,不加雕削,而曲写毫芥。故能瞻言而见貌,印字而知时也。"[7] 694 同书《明诗》亦云:"情必极貌以写物,辞必穷力而追新。此近世之所竞也。"[7] 67 再如颜之推《颜氏家训·文章篇》称:"何逊诗实为轻巧,多形似之言。"[15] 298 由此可见,"体物"诗艺自汉魏以来,已经成为一个普遍的创作与理论诉求,并向成为一种诗学诗艺传统迈进。

二、白战体之"禁体物"

汉魏以来的"体物"诗艺力图"巧言切状",曲尽物貌,以使"情貌无遗"。而当这一诗艺传统经过诗人的努力取得卓越的艺术效果后,杜甫以降,诗人们又开始摆脱"尚巧似"的传统,力图在"道艺不二"的指导下"求物之妙"[16] 1418,亦即由"体物"走向了"禁体物"。

禁体物诗,世人简称之为禁体。因为苏轼诗中有"白战不许持寸铁"之句,故又被称之为"白战体"。浦起龙《读杜心解》卷一曾将杜甫的《火》作为"禁体诗"的发轫之作:"欧、苏禁体诸诗,皆源于此。"[17] 129 而被世人公认的禁体诗的代表作品,首先是欧阳修在宋仁宗皇祐二年(1050)知颖州时创作的《雪》。诗序云:"玉、月、梨、梅、练、絮、白、舞、鹅、鹤、银等字,皆请勿用。"[18] 764 便是倡作"禁体物语"诗。朱弁《风月堂诗话》卷上云:"聚星堂咏雪,……杜祁公(衍)览之嗟赏,作诗赠欧公云:'尝闻作者善评议,咏雪言白匪精思。及窥古人今人诗,未能一一去其类。不将柳絮比轻扬,即把梅花作形似;或夸琼树斗玲珑,或取瑶台造嘉致;撒盐舞鹤实有徒,吮墨含毫不能既。深悼无人可践言,一旦见君何卓异。'又云:'万物驱从物外来,终篇不涉题中意。宜乎众目诗之豪,便合登坛推作帅。回头且报郢中人,从此阳春不为贵。'"[19] 2946 由此可见当时的人对欧阳修这首咏雪诗的叹赏。时隔四十年,苏轼亦知颍州,在欧阳修曾作"禁体"诗的聚星堂,忆及老师,仿效"故事",写下了有名的《聚星堂雪》,主张所谓"白战不准持寸铁"的写法,将"禁体"比作徒手肉搏,从而使得"禁体诗"获得了"白战体"这一说法。其诗序云:"元祐六年(1091)十一月一日,祷雨张龙公,得小雪,与客会饮聚星堂。忽忆欧阳文忠公作守时,雪中约客赋诗,禁体物语,于艰难中特出奇丽。尔来四十余年,莫有继者。仆以老门生继公后,虽不足追配先生,而宾客之美,殆不减当时,公之二子,又适在郡,故辄举前令,各赋一篇。"诗云:

> 窗前暗响鸣枯叶,龙公试手初行雪。映空先集疑有无,作态斜飞正愁绝。众宾起舞风竹乱,老守先醉霜松折。恨无翠袖点横斜,祇有微灯照明灭。归来尚喜更鼓永,晨起不待铃索掣。未嫌长夜作衣稜,却怕初阳生眼缬。欲浮大白追余赏,幸有回飙惊落屑。模糊桧顶独多时,历乱瓦沟裁一瞥。汝南先贤有故事,醉翁诗话谁续说。当时号令君听取,白战不许持寸铁。[20] 1813—1814

关于欧阳修、苏轼的"禁体物诗",清人贺裳《载酒园诗话》卷一"欧公在颍州作雪诗"条评价道,当时聚会,"客诗不传,两公之什具在,殊不足观。固知钓奇立异,设苛法以困人,究亦自困耳"[21] 243。贺裳将欧、苏之倡"禁体"说成是困人自困,又说欧、苏之"禁体"诗"殊不足观",全面否定了欧、苏的"禁体诗"。在我们看来,贺裳这一评价缺乏在诗学史背景下的深入理解。我们不妨先看看苏轼的这首《聚星堂雪》。这篇诗从初下之雪写起,依次写夜间之雪、清晨之雪、风中之雪、树顶之雪、瓦沟之雪,写得神采飞扬,淋漓尽致。纪昀评价说:"句句恰是小雪,体物神妙,不愧名篇。"[20]1814 由是观之,"禁体物语",既非禁止"体物",亦非不作体物语,而是禁用世人熟知的"体物"语言。苏轼自己说这首诗是"于艰难中特出奇丽",如果与梅尧臣所说的"状难写之景如在目前,含不尽之意见于言外"的"难写"相比较,我们认为,这里实际上有一个更超轶的艺术追求在内。缪钺先生在《论宋诗》中曾指出:"唐诗技术,已甚精美,宋人则欲百尺竿头,更进一步。盖唐人尚天人相半,在有意无意之间,宋人则纯出于有意,欲以人巧夺天工矣。"[22]38 "以人巧夺天工",对宋人而言其实也是不得已而为之。宋人面对着唐诗所取得的巨大成就,既幸也不幸,幸运的是"其则不远";不幸的是,如何迈过这座高山。也就是说,宋人要想区别出自己的艺术风貌,在诗艺的讲求上就不得不致力于求变、创新。而宋人追求诗歌创新、语言创新的努力其实也一直未曾间断。欧阳修诗歌受韩愈影响较大,引散文手法和议论入诗。苏轼效欧公体做禁体诗,就是对欧阳修诗歌理论的继承和发扬。这种倾向发展下去就形成了江西诗派以及"山谷体"求新求变、生新廉悍的艺术风貌,并提出"点铁成金""活法"等推陈出新的理论。如果这样来诠解的话,那么,欧阳修、苏轼的"禁体物诗"就应该与梅尧臣对"写"的艰难化追求一样,都意在脱俗出新,积极求变,以创造属于自己时代的艺术风貌。对于欧阳修之倡导"禁体诗",韩经太有过这样的一个评价:"欧阳修作为开有宋一代文风的人,他来提倡'禁体物语',其与宋调的塑造,意义不可小觑。"[14]37 笔者以为,这一评价颇为有见。对此,宋人自己其实也是有所认识的,朱弁《风月堂诗话》所引杜祁公(衍)对欧阳修的评价就是一例。不仅如此,朱弁更是在理论层面将宋人对"体物"诗艺的讲求提到了一个新的高度。其《风月堂诗话》卷上有云:

  诗人体物之语多矣,而未有指一物为题而作诗者。晋宋以来,始命操觚,而赋咏兴焉。皆仿诗人体物之语,不务以故实相夸也。梁庾肩吾《应教咏胡床》云:"传名乃外域,入用信中京。足欹形已正,文斜体自平。"是也。至唐杜甫咏蒹葭云:"体弱春苗早,丛长夜露多。"则亦未始求故实也。如其它咏薤云:"束比青刍色,圆齐玉箸头。"黄粱云:"味岂同金菊,香宜配绿葵。"则于体物之外,又有影写之功矣。予与晁叔用论此,晁叔用曰:"陈无己尝举老杜咏子规云:'渺渺春风见,萧萧夜色栖。客怀那见此，故作傍人低。'如此等语，盖不从古人笔墨蹊径中来，其所熔裁，殆别有造化也，又恶用故实为哉！"[19] 2944

朱弁此处论及的"体物"诗艺讲求抛开"故实"，就是要求诗人直接刻画对象之物的状貌与特征。他引用钟嵘《诗品》中的话并评价说："诗人胜语，咸得于自然，非资博古。若'思君如流水''高台多悲风''清晨登陇首''明月照积雪'之类，皆一时所见，发于言辞，不必出于经史。故钟嵘评之云：'吟咏情性，亦何贵于用事。'颜、谢推轮，虽表学问，而太始化之，浸以成俗。当时所以有'书钞'之讥者，盖为是也。大抵句无虚辞，必假故实，语无虚字，必究所从，拘挛补缀而露斧凿痕迹者，不可与论自然之妙也。"[19] 2943 可见，朱弁的"体物"诗论受到了钟嵘"直寻"这一诗学观念的影响。不用书本故实，"直寻"，其实就是寻求一种语言的陌生化，如果用苏轼的话来说就是"白战不许持寸铁"。在朱弁看来，只有这样的"影写"之作才会有别于古人的"笔墨畦径"，从而有所熔裁，笔补"造化"。由是，朱弁的"体物"诗艺就非常讲求作者对"物"的直接体验与体认。也就是说，诗人所传达出来的物世界必须是作者自己主体身心观照、把握和体认的结果。正因此，朱弁非常重视亲历体验在诗人作品生成中的意义。例如他对苏轼和黄庭坚的比较："东坡文章至黄州以后人莫能及，惟黄鲁直诗时可以抗衡。晚年过海，则虽鲁直亦若瞠乎其后矣。或谓：'东坡过海虽为不幸，乃鲁直之大不幸也。'"[19] 2950 朱弁的意思是说，苏轼的诗文创作，因其浮沉阅历而愈入佳境。贬到黄州后已臻"人莫能及"，此时只有黄庭坚尚可与之颉颃；而苏轼再贬至海南，虽是人生之"大不幸"，却是其诗词的幸运。正因此，苏轼海南时期的创作是黄庭坚难以望其项背的。这就是说，苏轼因为其人生亲历体验丰富，所以他对于"物"的体认也就更加深入，正因此，他的诗艺成就也就远高于黄庭坚。由此不难看出，朱弁的"体物"诗论超越了描摹物貌的"尚巧似"传统，而是在"直寻"的世界走向了主体对宇宙大化的体验、把握。可以说，朱弁的"体物"诗论在求新求变的"禁体物"时代背景下，以一种更高的艺术境界进一步丰富了中国诗学诗艺传统中的"体物"诗论。

三、"白战体"与中国文学体物传统

20世纪初尤其是"五四"以来,在西学知识背景下,聚焦"源流正变"的文学传统研究逐渐让步于以民族国家界定自身的、以西方文学为参照系的中国文学传统研究。首先,王国维、胡适、朱光潜、闻一多等人发现并阐明了中国文学长于抒情、拙于叙事的特点。这些接受过欧风美雨洗礼的现代学者表现了强烈的文化批判意识,将中国文学的抒情传统视为一种缺憾,进而或致力于中国叙事文学研究,或张举中国文学必须补上叙事文学这一课。20世纪70年代留美学者陈世骧再次标举并阐发中国文学的抒情传统。陈世骧认为中国文学的特质即在于"抒情"。这个特质涵盖诗歌、散文、戏曲、小说各类文体,并贯穿中国文学的历史,从而形成一种抒情传统。这个传统恰好与西方以希腊史诗、戏剧为主的"叙事传统"形成对比。与王国维等人不同,此次中国抒情传统的再发现,不是作为缺憾,而是作为中国文学的"荣耀"所在。20世纪80年代以来,随着西方叙事学理论与研究方法进入国内,学者们开始借鉴西方叙事学理论,或按文体、作品对中国文学展开研究,或在文学理论领域挖掘本土叙事学资源,以期构建中国特色的叙事学理论体系。基于中国叙事资源的整理,学术界在反思"中国抒情传统"正、负面价值时,提出中国文学史贯穿着抒情与叙事两大传统,并着力开展中国叙事传统研究。其中董乃斌先生的研究具有一定的代表性。其代表作品是由其主持完成的国家社科基金项目《中国文学叙事传统研究》(中华书局2012年版)。

基于前揭,中国文学的抒情与叙事两大传统是在中西比较文学"平行研究"框架下建构而成。它们都是在遭遇西方后的一种"当代"建构。无论是缺憾还是荣耀,它们都承载了过多的文化本位意识,遮蔽了中国文学批评的话语权。正如李春青《论"中国的抒情传统"说之得失》所批评:"抒情传统说"虽然也提出了不少颇具启发意义的见解,但总体上看却存在着一种"具体性误置"的形而上学倾向,其目的本来是要彰显中国文学的特质,结果却反而遮蔽了中国文学自身的种种独特性与复杂性。[23]51 不仅如此,抒情与叙事这两大传统都是在"人的文学"这一框架下来探索和梳理中国文学演进的内在线索。而这就遮蔽了"物"。实际上,中国文学除了"在情志的聚焦范围下被选择、被呈现"外,正如前揭所指出,还有一个穷形尽相,曲尽物貌,"情貌无遗""求物之妙"的"体物"传统。

"体物"最初是由魏晋时期的著名文论家陆机首先引之以论文学。他在《文赋》中提出了"诗缘情"和"赋体物"这两个范畴。按一般性的理解,"诗缘情"和"赋体物"分别指的是诗与赋的不同文体特征。而当超越"赋体物"这一单纯文体自觉的层面来理解"体物",我们发现,中国的文学创作实践和理论批评中实际上存在着一个悠久的"体物"问题。而将苏轼等人的"白战体"放到两宋追求诗歌创新、语言创新的时代背景下去考察,可以发现,"白战体"是"宋调"求新求变形塑中重要的一环。不仅如此,"白战体"更是中国体物传统在"尚巧似"之后"求物之妙"的一个新阶段。对此,宋人已有自觉的理论认识。朱弁的"体物"诗论就是在"禁体物"的时代背景下,以一种更高的艺术境界进一步丰富了中国文学传统中的"体物"诗论。职是之故,这就需要我们将"白战体"放到中国文学体物传统中去寻绎才能正确估量其在中国诗学史和文学史上的意义。

随物婉转,曲尽物貌,求情感、情景、情事之妙的"体物"诗艺不同于"言志""缘情"主导下的"感兴"论述,它是在"物"的层面来回答"物"的准确描摹、传达问题。是故,中国抒情传统除了"情往似赠,兴来如答",通过借助自然景物以起情,彰显个体自我发展过程这一线索之外,还有一个对"物"的准确描摹再现、"求物之妙"的诗学诗艺传统。进一步言之,从文学传统来讲,体物的文学也是中国文学一个悠久的传统,而这一传统却长期被忽略或轻视。20世纪以来的中国文学抒情和叙事两大传统研究是遭遇西方知识体系后的一种"当代"建构。无论是视之为缺憾抑或荣耀的抒情传统,还是视之为不逊色于西方的中国叙事传统,都承载了过多的文化本位意识。职是之故,中国文学传统研究需要补充一个具有民族话语权的"物"的维度。在文化传统越来越受全社会普遍重视的当下中国,从中国文学体物传统的视角来梳理"白战体"将有助于我们厘清中国文学到底拥有一个什么样的传统,进而有利于中国文学研究的持续发展,从而有补于当下的中国文学传统研究。

注　释

[1] 张志杰《论宋代禁体诗及诗人创作心态的变迁》,参见《中国韵文学刊》2016年第1期。

[2] 李学勤主编《礼记正义》,北京大学出版社1999年版。

[3]〔宋〕陆机著，张少康集释《文赋集释》，人民文学出版社 2002 年版。

[4]任树民《陆机"赋体物而浏亮"与中国抒情传统中"体物"诗学诗艺的建构》，参见《兰州学刊》2015 年第 3 期。

[5]任树民《〈诗经〉"赋"法艺术特征新论》，参见《安徽理工大学学报》(社会科学版) 2009 年第 4 期。

[6]扬之水《诗经别裁》，中华书局 2007 年版。

[7]〔梁〕刘勰著，范文澜注《文心雕龙注》，人民文学出版社 1958 年版。

[8]程千帆、张宏生《"火"与"雪"：从体物到禁体物——论"白战体"及杜、韩对它的先导作用》，参见《中国社会科学》1987 年第 4 期。

[9]〔汉〕班固《汉书》，中华书局 1962 年版。

[10]〔南朝〕钟嵘著，曹旭笺注《诗品笺注》，人民文学出版社 2009 年版。

[11]曹旭《中日韩〈诗品〉论文选评》，上海古籍出版社 2003 年版。

[12]张伯伟《钟嵘诗品研究》，南京大学出版社 1999 年版。

[13]萧统编，李善注《文选》，中华书局 1986 年版。

[14]韩经太《诗艺与"体物"——关于中国古典诗歌的写真艺术传统》，参见《文学遗产》2005 年第 2 期。

[15]王利器《颜氏家训集解》，中华书局 1993 年版。

[16]孔凡礼点校《苏轼文集》，中华书局 1986 年版。

[17]浦起龙《读杜心解》，中华书局 1977 年版。

[18]李逸安点校《欧阳修全集》，中华书局 2001 年版。

[19]吴文治主编《宋诗话全编》，江苏古籍出版社 1998 年版。

[20]〔清〕王文诰辑注，孔凡礼点校《苏轼诗集》，中华书局 1982 年版。

[21]郭绍虞编选，富寿荪校点《清诗话续编》，上海古籍出版社 1983 年版。

[22]缪钺《诗词散论》，上海古籍出版社 1982 年版。

[23]李春青《论"中国的抒情传统"说之得失——兼谈考量中国文学传统的标准与方法问题》，参见《文学评论》2017 年第 4 期。

论苏轼创作中"破体为文"的现象

◇吴振华*

中国古代文学史上存在"尊体"和"破体"两类作家，他们的创作给文学史带来各具风采的景观。前者"尊体"，意在维护某种文体的本色，要求创作该类文体的文章遵守传统规范的基本品格或风格；后者"破体"，追求文体的新变，要求打破各类文体之间的艺术藩篱，主张融通，形成新的文章品格或风貌。应该说两者都为文学的发展做出了贡献，但从文体演变的角度看，显然"破体"派更胜一筹，因为挣脱束缚创新体制，既是文体新变的必然结果，也是文体发展的内在需求。纵观整个文学发展史，取得杰出成就的大家，一般都不会墨守成规，只坚守在某个狭隘的文学畛域，而是努力融通众体，开辟新的道路，不断为文学史提供"新"的东西。苏轼就是一位这样的破体派大师，他多方面的文学成就，既与他通脱自由、宏阔深邃的文学观念相连，又与他融通众体的创作方法相关。本文不揣浅陋，论述苏轼创作中的"破体为文"现象，敬祈通家指正。

一、以诗为文

从上古时代开始，就存在以歌谣为主要形式的韵文和以日常交际的散体语言为主要形式的散文两类文体，前者演变成诗歌的泱泱大国，后者演变成形式多样的各类文章。尽管诗歌与散文同根同源，但后来的发展却分道扬镳，异道而驱。最早指出这一现象并作出理论分析的是中唐柳宗元。其《杨评事文集后序》中说：

---

* 作者简介：吴振华，安徽师范大学文学院教授、博士生导师。

> 作于圣,故曰经;述于才,故曰文。文有二道:辞令褒贬,本乎著述者也;导扬讽谕,本乎比兴者也。著述者流,盖出于《书》之谟、训,《易》之《象》《系》,《春秋》之笔削,其要在于高壮广厚,词正而理备,谓宜藏于简册也。比兴者流,盖出于虞、夏之咏歌,殷、周之风雅,其要在于丽则清越,言畅而意美,谓宜流于谣诵也。[1] 1462

柳宗元认为文章有两个源流:应酬交际和褒贬善恶的作品,本源于著述;引导颂扬和讽刺劝诫的作品,本源于诗歌。著述一类作品,渊源于《尚书》的谟、训,《周易》的象辞、系辞,《春秋》经过润色的寓含褒贬的文字,它的主要特点在于高古壮丽,宽广深厚,言词正大,说理透辟,这类文章适宜保存在典籍中;而寓含比兴的诗歌一类的作品,则渊源于远古传说的虞、夏时代的歌谣,殷、周时代的《诗经》,它的主要特点在于文辞华丽而不失法度,音韵清亮高昂,语言流畅而意境优美,这类文章适宜于在吟诵中流传广远。柳宗元从更加具体的方面将诗歌与散文的特点表述得非常清楚,也就是将文的功用具体化,从总体上把握,这样的分类很有意义,也确实抓住了诗歌与散文各自的特征,但如果将其绝对化,则可能会出现偏颇,对于那些像文的诗,和像诗的文,即诗文交融的状况,就不好办了。对此,柳宗元又提出新的"诗文不能兼善"说:

> 兹二者,考其旨义,乖离不合,故秉笔之士恒偏胜独得,而罕有兼者焉。厥有能而专美,命之曰艺成,虽古之文雅之盛世,不能并肩而生。[1] 1462

他认为这两类作品,它们的主旨和意义,各不相同。所以从事写作的人,常常擅长于某一方面,而很少有两者都兼善的。如果有才能并同时擅长这两类作品的,就称为艺术上的大家,但即使在古代文化发达的盛世,也很难同时产生这种诗文兼善的作家。这里存在一些很复杂的情况,柳宗元的本意可能是想说,每一类的文体如果要写到极致,都需要作者倾其毕生的才华和心血,所以无暇兼善两类,而同时创作诗歌和散文的人,因为精力的分散,因而不可能两类文体都达到极致。从某种意义上看,是这样的一个理,像写《尚书》的人，很难写出《诗经》那样的作品，反之亦然。战国时期，孟、荀、庄、韩诸子，文辞酣畅，但未见诗歌流传；屈原辞赋精绝，但罕见其文；汉代司马迁擅长于史传并达到了极致，而诗歌则不甚擅长；司马相如的辞赋写得大气磅礴、恢宏伟丽，却不长于诗歌。再看魏晋时期，曹操及七子等擅长诗歌，而散文则较为薄弱；沈约等擅长史传散文，诗歌却艰涩不畅，这类例子很多，难以枚举。到了唐代情况还是如此。柳宗元说："唐兴以来，称是选而不怍者，梓潼陈拾遗。其后燕文贞以著述之余，攻比兴而莫能极，张曲江以比兴之隙，穷著述而不克备。其余各探一隅，相与背驰于道者，其去弥远。文之难兼，斯亦甚矣。"[1]1462 认为只有陈子昂诗文兼备，像"燕许大手笔"的燕国公张说（实际上也包含许国公苏颋）擅长著述而诗歌不甚精湛，张九龄则在精于诗歌的闲暇，著述又未能达到极致。这样的论证显然缺乏逻辑力量，陈子昂能否算诗文兼善还有待进一步讨论，但是此前也并非没有诗文兼善的通才，像曹植就是诗文兼美，陶渊明更是诗歌散文辞赋三者兼备。柳宗元慨叹的"文之难兼，斯亦甚矣"，从道理上来说，并非一个小概率事件，而是作家创作才情才性的问题，像中唐时期包括韩愈和柳宗元在内的大量作家都可以说达到了诗文兼善的境界，到了宋代之后，这种情况则更为普遍，唐宋八大家基本上都是精善诗文，有的还长于词赋，此后还有兼擅长戏曲的，多栖类作家的出现是文化发展前进的一种标志。古时候之所以缺乏兼善者，有可能是作者不想将才情分散到其他领域，而更上古的时代则更可能是具体分工及职责所系带来的结果，如以周公述作之才，来写诗歌，未必不能精善。

　　苏轼是中国文学史上罕见的能诗能文的大家，因此总能将各类文体交融在一起。他是一个全能型的文人，不仅诗、文、词兼长，而且精善书画、文物鉴赏、音乐舞蹈，甚至熟稔烹调美食，多方面的修能滋养了他震耀千古的文学创作。

　　苏诗曾被南宋的严羽批评为"以文字为诗，以才学为诗，以议论为诗"（《沧浪诗话·诗评》），实际上苏轼这是将文的异质因素移入诗中，进行新的艺术创造，这一点且留待下面论述。而他的散文也可以说是"以诗为文"。从前面柳宗元"文有二道"的叙述顺序看，似有文高于诗的意味，即文的功用"居庙堂之高"，诗的流传则"处江湖之远"。从文体之间相互发生影响的趋向来看，一般是"以高行卑"，即文影响诗是合乎逻辑的，而反之则不顺畅。苏轼是一个善于创新的大家，他不仅"以文为诗"而且"以诗为文"。如《放鹤亭记》就是一个例证。一方面文中引用诗境来增拓文境,另一方面描写景物具有诗的意境,再一方面结尾的两首诗更具有诗境文心。从总体上看,文主叙事、议论,以疏畅条达为主,而诗道性情,以婉转含蓄为妙。如在记叙之中突然插入一段"异境"的描写:先由远而近大笔勾勒,"冈岭四合,隐然如大环。独缺其西十二,而山人之亭适当其缺",突出此亭涵虚天地的气势,为下文的展开做好铺垫;接着展现四季妙境:"春夏之交,草木际天。秋冬雪月,千里一色。风雨晦明之间,俯仰百变",运用赋的铺陈和对偶句法描绘出这样令人神往的佳境,自然引出山人的隐居之乐,景物作为背景实际上是为了映衬人物的旷达洒脱形象和闲云野鹤的诗意生活。此记也因为这段描写而特别光彩照人。可以看出苏轼的散文中经常融入诗情画意,是"文中有诗""诗中有画""画中有人"的典型例证,也可以看出苏轼散文具有"诗文交融"的特色。此文主要叙山人隐居好鹤之乐,风景也好,人物也好,都潇洒透脱,玲珑不可凑泊,令人神往。而诗呢,则另辟新境,正好与文互补。这两首诗都运用骚体,储欣认为"(歌词)清音幽韵"(《唐宋十大家全集录》卷五),很对,但不止于此。先看《放鹤歌》:

鹤飞去兮,西山之缺。高翔而下览兮,择所适。翻然敛翼,婉将集兮,忽何所见,矫然而复击。独终日于涧谷之间兮,啄苍苔而履白石。[2] 361

重点刻画"鹤"的形象,"高翔"四句,展现的是记中"纵其所如"的境界,记文概写,令人舒展联想的双翼,而诗具体展示,将鹤上下翻飞选择归适之所、时而敛翼集歇、时而矫首击云的情状写得非常逼真,但后两句"独终日于涧谷之间兮,啄苍苔而履白石"则写出了鹤的生活终不免寂寞而简陋,实有劝鹤归来之意,因而引出下首《招鹤歌》:"鹤归来兮,东山之阴。其下有人兮,黄冠草履葛衣而鼓琴。躬耕而食兮,其余以汝饱。归来归来兮,西山不可以久留。"[2] 361 则重点写人,放鹤山人在记文中是何等的潇洒淡泊,是概貌描写,而诗中则是"黄冠草履,葛衣而鼓琴"的形象,他躬耕而食,并用余食来喂鹤,因此呼唤"鹤兮归来"。综合诗与文来看,文概括涵虚,而诗质实具体;文具有诗的联想性,而诗反而具有文的真切性。这样文与诗就相得益彰,从声调语气看,文主气势,奔放洒脱,而诗则咏叹往复,意切情深。文中表现对闲云野鹤生活的向往，而诗中则在清苦闲适的生活中呼唤归来。苏轼具有多方面的艺术才能，为文作诗有多副笔墨。储欣说"叙次议论并超逸，歌亦清旷，文中之仙"（《唐宋十大家全集录》卷五），正是指出苏轼诗文交融方面的成就，这种成就在后来的前、后《赤壁赋》中有更典型的表现。

苏轼遭遇"乌台诗案"贬官黄州，是他人生的不幸，但苦难也往往玉成具有乐观旷达的胸襟气度和坚忍不拔意志毅力的人，苏轼正是在这样严酷的现实环境中，不仅实现了自己人生境界的超越，而且达到了其创作上的第一个高峰。他在黄州不仅写下了一批以《念奴娇·赤壁怀古》为代表的豪放词，还创作了前、后《赤壁赋》这样美妙隽永的散文。《前赤壁赋》最突出的就是充满诗情画意和理趣之美。全赋以七月十六日夜游赤壁为线索，紧扣山川风月展开描写和议论。先写清风明月之夜，主客荡舟江面，酌酒赋诗，飘然欲仙，展现出一幅充满诗情画意的长江月夜游览图，抒发了泛舟夜游而赏心悦目的欢快之情。接着写主人扣舷放歌，抒发月下思美人的悠远意绪，而客人则吹箫相和助兴，由于箫声凄凉幽怨，给飘逸遄飞的兴致泼下一瓢凉水，自然引出主客问答，借客之言，从眺望赤壁山川激起对历史人物的凭吊，进而跌入现实人生的深沉感慨，主客之情由欢乐转入悲凉。再通过苏子的对答，借眼前的江水与明月，即景设喻，阐明万物与人生皆含有"变"与"不变"的哲理，强调人生应该随遇而安，同自然和谐共处，因而主客在旷达乐观中得以解脱。文中的景物描写不是一般意义上的模山范水，而是因景生情，借景设喻。茫茫江水、澹荡清风与皎皎明月三个意象，在文中前后贯穿映现，既互相照应，又层层推进。或引发遗世独立、羽化登仙的遐想；或引发沉郁苍凉、惆怅哀怨的情怀；或比喻万物都是短暂与永恒相结合的统一体，生发出即使在坎坷之中，有为的生命仍具有自身价值的人生哲理。通过悲喜转换的情感，将描写与议论绾结起来，达到了形象性、抒情性和哲理性的统一。

其次，这篇赋具有诗性品质。赋与古诗本是同源异流的两种文体。班固说："赋者，古诗之流也。"（《两都赋序》）以《诗经》为代表的古诗，"赋"就是表现手法之一，经过《楚辞》的宏衍铺排，遂演漾出汉赋的洋洋大观，赋于是脱离诗歌朝宏肆蔓延方向发展。到了魏晋南北朝时期，随着人的觉醒，也带来文的解放，陆机提出"诗缘情而绮靡，赋体物而浏亮"（《文赋》）的观点，于是诗歌的抒情性又再次回归赋的铺陈体物之中，出现了六朝精美的抒情小赋。经历唐代的古文运动之后，初唐的骈赋逐渐向散文化方向发展，到北宋时期，终于出现了《赤壁赋》这样的文赋。它虽具有赋的体裁，但处处充满诗的因素、诗的情感、诗的飘逸。首先文中有两处引用古诗，还有一处即兴创作了一首骚体诗。前者如《诗经·月出》："月出皎兮，佼人僚兮，舒窈纠兮，劳心悄兮"，是一首月下思美人的抒情诗，在主人公的意念中：多么皎洁的月光，照着你娇美的脸庞，你闲雅苗条的倩影，牵动着我绵邈的愁肠。显然，月下思美人含有君臣遇合的政治寓意，诗中的那份执着而哀怨的情感，正与苏轼遭遇类似，使人产生对应的联想："桂棹兮兰桨，击空明兮泝流光；渺渺兮予怀，望美人兮天一方。"显然是对《月出》诗境的进一步发挥，前两句展现当下情境：小船是如此的精美，桂树兰木做的双桨，泛着玉树的芳香，在空明澄澈的月光下，荡舟江面，逆水而行，船桨击打的仿佛是跳跃的流光，激滟地在四周泛开，好一个明净皎洁的琉璃世界！后两句抒情：对着这美妙的景象，我心里禁不住产生绵邈的情思，遥望着那思念的美人在天各一方，仿佛是《诗经·蒹葭》中可望而不可即的企慕情境的再现。这显然含有苏轼的去国之思，表现了坚守理想、渴望知音的愿望，与前面所引的诗句及当下情境融合无间。这段歌词还起到绾结前后的作用，后面接着引出曹操的《短歌行》中"月明星稀，乌鹊南飞"的诗句，曹操这首诗以貌似颓放的意态来表达积极进取的精神，以放歌纵酒的行为来表现对人生哲理的严肃思考，以觥筹交错之光景来抒写心忧天下的情怀。其中"月明星稀"的意境与苏轼当下的情境相合，而且曹操的积极进取、心忧天下的情怀也与苏轼的人生愿望相合，还为写"曹操固一世之雄"也不免被大江淘去的悲剧作映衬。此外，赋中呈现的"明月箫声"也极富诗意：月下吹箫本身就有诗意，何况这箫声将各种复杂的情绪交织在一起，如怨如慕，如泣如诉，这实际上是人生经历的欢乐与痛苦在箫声中的表现，这箫声还能够横穿水面下透龙宫，使蛟龙听乐起舞，使孤舟的寡妇闻声泪流，箫声具有深邃的意境和强烈的感染力，而其主旋律则是哀伤的格调。还有曹操的横槊赋诗也极具诗意，尽管所赋的诗歌没有点明，但这一英武豪爽的形象本身就具有阳刚之美，给人一种凛凛威风中的儒雅气象。同时揭示了箫声的悲凉意绪是由既是英雄又是诗人的曹操所引起，从而自然地展开由赤壁向历史人物的联想，曹操的气概和风姿正是苏轼赋赤壁的原因，将历史人物的英雄形象与自己进行暗中比较，自然形成命运的感慨。英雄的曹操也不免被大江淘尽，更何况这些普通的生命，于是人生短暂、生命渺小脆弱之叹就自然流露出来。在《念奴娇》中羡慕的是周郎，为什么这篇赋里却怀念曹操呢？羡慕周郎，那是因为在周郎身上多少还寄托着建功立业的愿望；而赋中只提曹操，一则着眼于曹操的诗人气质与月明星稀的意境，二则曹操作为一个饱经失败的英雄，心境更见悲凉，与周郎的潇洒俊逸是不同的，但他们终将被历史长河淹没的命运则是相同的。因此，词与赋均有一种苍茫雄浑的历史深邃感，有一种沉郁苍凉的"厚"度。由此可见，苏词、苏赋在轻舒流走的语言之中，在旷达潇洒的外表下面，含着一个混茫的境界。当这个深沉的境界融合老庄的思想的时候，就会上升拓展到一个更加空旷明净的哲理境界，这就是水月之喻的诗性魅力。逝者如斯的江水和阴晴圆缺的明月，既是眼前之景，又是永恒大自然的象征，江水的奔流不息，明月的盈虚变化，都是表面现象，而更本质的则是大江亘古长流、明月万古长存，显示着大自然永恒不变的内涵，因此江水与明月就从眼前的现象世界进入到思辨的哲理境界，具有象征意味。同时水月之喻也体现了苏轼对老庄思想和佛教思想的认同，表现了遗世独立、清静无为、万境皆空的理念，这当然也表现了苏轼超脱旷达的胸襟和与大自然和谐相融的人生观，但这种与世无争、躲进世外桃源享受明月清风的人生态度，也有一定的消极作用，更显示苏轼在政治上遭受挫折后的出世情怀。总之，这个水月之喻，以其包蕴深邃的内涵，提升了全赋的艺术境界，成为赋的灵魂。

再如《后赤壁赋》体现了苏轼散文"随物赋形"各尽其态的特点，妙处在于不假雕琢而自然工致。如首段的"人影在地,仰见明月"，虽然是景物萧条、寒冷凄厉的初冬，却让人感到浓郁的清丽诗意，令人想起他《记承天寺夜游》中"庭中积水空明，水中藻荇交横"的月明中天、静寂空明境界。其后"江流有声，断岸千尺，山高月小，水落石出"的描写，则峭丽幽冷，清峻明澈。江面枯退，潮声稀小，断岸高耸，怪石嶙峋，一轮明月挂在峰巅，仿佛也变小了，而四周都是落潮后突露的礁石，虽然缺少夏秋季节的生气勃勃，却有一种坚劲挺拔、瘦削刚毅的意志流露在字里行间。加上"山鸣谷应，风起水涌"的点缀，更烘托出初冬风云突变大江奔涌的气势威严。这些句子全用白描，给人一种清新之感，字面质朴而诗意丰富。体现了苏轼散文简约平淡、文理自然、姿态横生的特色。达到了"胸无杂物，触处流露，不知其然而然"的境界。

赋是一种以铺陈为手段，排比辞藻以宏丽富赡为美的文体，极盛于两汉，但到汉末出现抒情小赋，历魏晋六朝，骈赋成为主流，追求骈四丽六，讲究声律辞藻用典，逐渐走上形式华美而内容空洞的狭窄小径，中唐古文运动兴起,赋体受到影响,散文与赋体交融,形成"文赋"。苏轼的两篇赤壁赋就是文赋的代表作,它们摆脱了堆砌典故、拘守声律的束缚,句法自由,韵律和谐,这篇赋可以说是游记,也可以说是杂文,但它却又保持着赋的精神。《后赤壁赋》叙事情节波澜起伏,较前赋更具散文意味,结尾的梦境还带有传奇色彩,但音律依然有韵文的铿锵。

苏轼以上述散文与赋为代表的文章,其独特的艺术魅力,均与诗歌的融入有密切的关系,我们不妨称为"以诗为文"。

二、以文为诗

苏诗作为宋诗主体风格的代表者,其主要特点正如南宋严羽《沧浪诗话·诗辨》所言:"盛唐诸人惟在兴趣,羚羊挂角,无迹可求。故其妙处透彻玲珑,不可凑泊,如空中之音,相中之色,水中之月,镜中之像,言有尽而意无穷。近代诸公乃作奇特解会,遂以文字为诗,以才学为诗,以议论为诗。夫岂不工,终非古人之诗也。"[3]26 其提出的"三以"说,概括起来就是"以文为诗"。自柳宗元提出"文有二道"之说后,尊体派也形成很强大的思维惯性,认为文的散缓、无规律节奏、不押韵、缺少韵律等因素,不能进入诗歌,否则将破坏诗歌圆润流畅、韵味悠长的美感,似乎形成"诗尊文卑"的意念。将诗的韵律美感融入散文,形成美文,获得了人们的认可,而反之则遭受指责。首先开创"以文为诗"并取得很大成就的是杜甫,而将"以文为诗"推向高潮的则是韩愈,其饱受宋人诟病的也往往在这一点,宋人认为韩诗是押韵之文,认为韩愈并不是真正懂得诗歌创作的规律,就是明证。[4]309 但是,以苏诗为代表的宋诗,正是继承杜甫、韩愈开创的"以文为诗"道路,而加以恢宏演漾,才成为洋洋大观的。

到底如何"以文为诗"呢?换句话说,苏轼以文为诗有些怎样的标记呢?让我们打开苏轼诗集看看吧。首先,我们看到一个现象:苏轼很多诗的题目都很长,有的就是一篇小散文。如《游洞庭之日,有亭吏乞诗,既为留三绝句于洞之石壁,明日至峡州,吏又至,意若未足,乃复以此诗授之》卷一、《壬寅二月,有诏令郡吏分往属县减决囚禁。自十三日受命出府,至宝鸡、虢、郿、盩厔四县。既毕事,因朝谒太平宫,而宿于南溪堂,遂并南山而西,至楼观、大秦寺、延生观、仙游潭。十九日乃归,作诗五百言,以记凡所经历者寄子由》卷三、《南溪有会景亭,处众亭之间,无所见,甚不称其名。予欲迁之少西,临断岸,西向可以远望,而力未暇,特为制名曰招隐。乃为诗以告来者,庶几迁之》卷四、《五月九日,有美堂饮,醉后径睡,五鼓方醒,不复能眠,起阅文书,得鲜于子骏〈杂兴〉,作〈古意〉一首答之》卷九、《回先生过湖州东林沈氏,饮醉,以石榴皮书其家东老庵之壁云:'西邻已富忧不足,东老虽贫乐有余。白酒酿来因好客,黄金散尽为收书。'西蜀和仲,闻而次其韵三首。东老,沈氏之老自谓也,湖人因以名之。其子偕作诗,有可观者》卷十二、《子由将赴南都,与余会宿于逍遥堂,作两绝句,读之殆不可为怀,因和其诗以自解。余观子由,自少旷达,天资近道,又得至人养生长年之诀,而余亦窃闻其一二。以为今者宦游相别之日浅,而异时退休相从之日长,既以自解,且以慰子由云》卷十五、《少年时,常过一村院,见壁上有诗云:'夜凉疑有雨,院静似无僧。'不知何人诗也。宿黄州禅智寺,寺僧皆不在,夜半雨作,偶记此诗,故作一绝》卷二十、《是日,偶至野人汪氏之居,有神降于其室,自称天人李全,字德通。善篆字,用笔奇妙,而字不可识,云,天篆也。与予言,有所会者。复作一篇,仍用前韵》卷二十一、《子由在筠作〈东轩记〉,或戏之为东轩长老。其婿曹焕往筠,余作一绝句送曹以戏子由。曹过庐山,以示圆通慎长老。慎欣然,亦作一绝,送客出门,归入室,趺坐化去。子由闻之,乃作二绝,一以答余,一以答慎。明年余过圆通,始得其详,乃追次慎韵》卷二十三,等等,不胜枚举。这些诗歌的题目具有很强的叙事性,有的是记录游览经历、饮酒诗赋的情境,有的还带有传奇色彩,令人惊奇的是诗题中还有诗句,还有的对人物或诗歌进行评论,总之是随意之所适,颇有散文行云流水的姿态。从《诗经》起,诗歌是没有题目的,都是配乐演唱,到汉乐府还是如此,魏晋南北朝时期,陶渊明、谢灵运在写田园诗、山水诗时,没有现成题目,于是别立新题,渐渐成为风气。到了唐代诗序流行,诗歌的题目渐渐加长,李白、杜甫、韩愈、白居易等都有长题诗歌,苏轼的上引诗歌题目,显然超越了以往,可以认为是干脆将唐人的诗序变作诗题,即"以序为题",这是苏轼"以文为诗"的重要特征之一,这些长题中时间、地点、人物、因由、经过、结果等叙事因素无一不备,有时候欣赏诗题甚至比欣赏诗歌更加快意,因为这些诗题本身就是一篇篇精妙的小品文。可以说长题与短诗相配,相得益彰。

当然,"以文为诗"更重要的是在诗歌的肌体中融入文的意脉、文法等要素,甚至语言也运用文句。这一点苏轼继承韩愈、欧阳修并加以发展,最具有特色。如《二月十六日,与张、李二君游南溪,醉后,相与解衣濯足,因咏韩公〈山石〉之篇,慨然知其所以乐而忘其在百年之外也。次其韵》卷五:

> 终南太白横翠微,自我不见心南飞。行穿古县并山麓,野水清滑溪鱼肥。须臾渡溪踏乱石,山光渐近行人稀。穷探愈好去愈锐,意未满足枵如饥。忽闻奔泉响巨硙,隐隐百步摇窗扉。跳波溅沫不可响,散为白雾纷霏霏。醉中相与弃拘束,顾劝二子解带围。褰裳试入插两足,飞浪激起冲人衣。君看麋鹿隐丰草,岂羡玉勒黄金羁。人生何以易此乐,天下谁肯从我归。[5]198

这首诗因朗诵韩愈的《山石》而作,形式上也是模仿韩诗,不仅用韵全次韩诗,而且意象、结构、语言等都很像韩诗,韩愈的《山石》被认为是"以文为诗"的典范,不仅以黄昏游山、寺宿、观画、天明离寺、下山等时间发展和空间变换为线索,还特别安插一条"大雨"的暗线,何焯评论说:"直书即目,无意求工,而文自至。一变谢家模范之迹,如画家有荆关也。"[6]150 苏轼在借鉴韩诗的基础上,显然诗歌语言变得更加圆润春容,韵律感更强,且不像韩诗故意将散句与律句错开,造成峭硬格调,而是运用对称的律句,显得更加工稳流丽。

韩愈、欧阳修的"以文为诗"很重要的一点是诗中大量运用议论,韩诗的议论似乎有刻意为之的嫌疑,像上面的《山石》结尾就是如此,而苏轼的议论则像水中着盐一般浑融无间。如《题西林壁》:"横看成岭侧成峰,远近高低各不同。不识庐山真面目,只缘身在此山中。"此诗类似于和尚的偈语,看题目就知道,这确实是富于禅意的偈语。黄庭坚说:"此老人于般若横说直说,了无剩语,非其笔端有口,亦安能吐此不传之妙。"(《苕溪渔隐丛话》前集)佛家讲求本真与表象,这庐山的各种形状面貌原本是表象,而藏在内部深处的才是本真,相当于哲学上讲的现象与本质,而苏轼此诗的妙处在于揭示了人们观察事物的逻辑原理,认识事物必定要由现象才能进入本质,要求人们既能入乎其内,看清各个细部的特点,又要出乎其外,从宏观抽象的高度,全面把握事物的内部规律,即看清"庐山真面目"。这样的议论颇富理趣,脱去了单纯议论的坚硬外衣。有时候,苏轼还将眼前的某种现象,加以联想,

引入历史的深处,并展开一番具有史识的议论。如名作《荔支叹》:

> 十里一置飞尘灰,五里一堠兵火催。颠坑仆谷相枕藉,知是荔支龙眼来。飞车跨山鹘横海,风枝露叶如新采。宫中美人一破颜,惊尘溅血流千载。永元荔支来交州,天宝岁贡取之涪。至今欲食林甫肉,无人举觞酹伯游。我愿天公怜赤子,莫生尤物为疮痏。雨顺风调百谷登,民不饥寒为上瑞。君不见,武夷溪边粟粒芽,前丁后蔡相宠加。争新买宠各出意,今年斗品充官茶。吾君所乏岂此物,致养口体何陋耶?洛阳相君忠孝家,可怜亦进姚黄花。[5]2126

哲宗绍圣二年(1095),苏轼贬谪到广东惠州,初次尝到荔枝,极为赞赏,写下了"日啖荔支三百颗,不辞长作岭南人"的诗句,但作者在感叹荔枝味道鲜美的同时,也联想到汉唐时代进贡荔枝给人民带来的灾难,于是写下了这首堪称"史诗"的著名七古。开篇四句描写汉代传送荔枝,急如星火、刻不容缓的情景,驿道上运送荔枝的专车,飞速奔驰,前仆后继,死伤枕藉,人民付出巨大代价,不过为了统治者品尝新鲜荔枝。接下来四句描写唐代传送荔枝,规模更为庞大,速度更快,要求荔枝露叶保持新鲜,只为了博得宫中贵妃的一笑,就导致"惊尘溅血流千载"的历史悲剧,虽然夸张,却惊心动魄。接下四句用辘轳交往错置的句法,对前面汉唐荔枝弊政进行总结,汉代荔枝取自交州,主要是路途遥远,而唐代荔枝贡自涪州,主要是翻越大山峡谷;唐代弊政的根源是奸相李林甫专权,故人民至今对他恨之入骨,而汉代的忠臣唐伯游却没有人举觞祭奠,不免感慨良深。接下四句表达自己的期望,愿上天体惜黎民,不要生出荔枝这种尤物来祸害百姓,只要风调雨顺,人民安居乐业就是最好的祥瑞,这不正是"穷年忧黎元,叹息肠内热"的杜甫精神吗?最后八句由汉唐荔枝弊政联想到当世进献茶叶、名花的情况,尽管历史的脚步在不断前进,但是统治者的贪欲似乎却没有任何改变,反而变本加厉起来,花样不断翻新,既有丁谓、蔡襄进贡武夷山粟粒芽的名茶,又有以斗品充当官茶的现象,连以忠孝名家的洛阳相公钱惟演也向皇帝进献姚黄花的名花。上有所好,下必甚焉,统治者一旦追求这种口体之欲,必将带来争新买宠各出新意的局面,根深蒂固的腐败将不可避免。愈演愈烈,必将导致不可收拾的局面,北宋末代皇帝喜好名花奇石和书画艺术,超过了历史的极限,终于导致国破家亡的悲剧。这首诗从汉唐以来进献贡品这一视角,斥责了历代统治者穷奢极欲、祸害百姓,并讽刺了宋代那些为了争新买宠、不顾人民死活的官僚,从一个侧面表达了忧国忧民的深重情怀。清人方东树说:"小物而原委详备,所谓借题(发挥)。章法变化,笔势腾掷,波澜壮阔,真太史公之文。"(《昭昧詹言》卷十二)可以说苏轼这首诗继承了杜甫、白居易新乐府的现实主义精神,借汉唐进贡荔枝微物而大加发挥,批判的锋芒对准当代进献名花、珍茶的腐败现象,为统治者敲响了警钟。这样的议论,高屋建瓴,大气磅礴,既以事实为基础,又能揭示现象背后的本质,是苏轼对诗歌艺术的重大发展。

三、以诗为词

与诗歌、散文相比,词体格调更为低下,从人们对词的命名"诗余""曲子词"即可知。又人们视词为小道、末技,据说欧阳修在书房读经史,在床上读小说,在茅厕读小词,就可以知道人们很轻视小词,"诗庄词媚""诗尊词卑"成为难以改变的传统观念。可以说,苏轼大胆地"以诗为词",掀开了词史发展的新的一页。苏轼的"以诗为词"有哪些表现方面呢?

首先,从形式方面来看。词从中唐时期确立词体以来,就是配合乐曲演唱的"曲子词",即诗歌、音乐、演唱三位一体的文学样式。尽管经过唐五代的战乱,乐人去故、乐器毁坏、乐谱散佚,终于导致词人由按乐谱填词向按词谱填词转化,因而诞生于歌宴酒席、洞房密室的小词,渐渐在文人的努力下,脱胎换骨,变成一种抒情言志的工具,即王国维所说的"由伶工之词变为士大夫之词"。这个变化过程是漫长的,也是渐进而曲折的。其中,苏轼的作用功不可没。词本来是没有题目的,苏轼却给词加上诗歌一样的题目,这就提高了词体的地位,实践了他"诗词自是一家"的通脱词学观。如《念奴娇·赤壁怀古》:

大江东去,浪淘尽,千古风流人物。故垒西边,人道是,三国周郎赤壁。乱石穿空,惊涛拍岸,卷起千堆雪。江山如画,一时多少豪杰。

遥想公瑾当年,小乔初嫁了,雄姿英发。羽扇纶巾,谈笑间,樯橹灰飞烟灭。故国神游,多情应笑我,早生华发。人生如梦,一尊还酹江月。[7]357

这首词拥有"赤壁怀古"的词题,特别显眼。上片咏赤壁,写景与怀古相结合,寄托着对英雄人物的缅怀、向往。以奔放的气势,从时间与空间上拓展词境;以壮观的景象,来渲染古战场的气氛和声势。下片怀念周郎,抒发人生如梦的感慨。将周瑜的雄姿英发、婚姻美满、少年功名、君臣遇合与自己的早生华发、爱妻去世、一事无成、待罪黄州进行对比,抒发人生如梦的慨叹。俞文豹《吹剑录》说:"柳郎中词,只合十七八女孩,执红牙板,歌'杨柳岸晓风残月',而学士词,则必须关西大汉,铜琵琶,铁棹板,唱'大江东去'。"[7]363 这首豪放词写壮丽的江山、英雄的业绩和自己深沉的人生感慨,无论从哪个方面看,都是诗歌的格调,是典型的以诗为词,彻底改变了词的柔媚绮靡格调。

词不仅可以有题目,而且可以有词序,这也是词体诗化的标志之一。如《水调歌头·中秋》:

丙辰中秋,欢饮达旦,大醉,作此篇兼怀子由。(小序)

明月几时有?把酒问青天。不知天上宫阙,今夕是何年?我欲乘风归去,又恐琼楼玉宇,高处不胜寒。起舞弄清影,何似在人间!
转朱阁,低绮户,照无眠。不应有恨,何事长向别时圆?人有悲欢离合,月有阴晴圆缺,此事古难全。但愿人长久,千里共婵娟。[7]163

既有词题,又有词序,更像诗歌了。这首词写中秋之夜,赏月饮酒,大醉之中,想象飞腾,纵驰人间天上,探讨宇宙人生。上阕因望月而把酒问天,既向往天宇的高远神秘,而又留恋人间温暖的生活。下阕因怀念弟弟而联想到人间离别,接着站在宇宙人生的宏观角度,认为人有悲欢离合如同月有阴晴圆缺一样,两者都是自然常理,无须为离别而忧伤,最后祝愿亲人长久健在,千里共明月相互思念。无论从格调、情感、结构、意象哪一个方面来看,这首词都可以说是一首纯美的诗歌。以咏月为贯穿始终的线索,创造出清新皎洁的意境,抒写由超尘脱俗到伤离恨别再到自我宽慰的情感转变过程,情调

开朗,感情健康,中秋词中寄托美好愿望,给人心带来巨大的安慰。再如《定风波》:

>三月七日,沙湖道中遇雨。雨具先去,同行皆狼狈,余独不觉。已而遂晴,故作此。(小序)

>莫听穿林打叶声,何妨吟啸且徐行。竹杖芒鞋轻胜马,谁怕,一蓑烟雨任平生。料峭春风吹酒醒,微冷,山头斜照却相迎。回首向来萧瑟处,归去,也无风雨也无晴。[7]332

此词作于元丰五年(1082),贬官黄州期间。词序交代写作缘起,沙湖在黄州东南,苏轼在那里买了田,作长久之计。途中遇雨,他借题发挥,表现他在风雨中泰然自若的潇洒态度及乐观旷达的情怀。以生活小事表现人生哲理。运用比兴象征:将自然风雨比拟为政治风波,来喻象人生逆境,再以乐观旷达情怀超越人生风雨。清人郑文焯说:"此足征是翁坦荡之怀,任天而动。琢句而瘦逸,能道眼前景,以曲笔直写胸臆,倚声能事尽矣。"

再从词的内容方面来看,苏轼将怀古咏史、中秋怀人、生活小事、贬谪心境、人生哲理、田园风光、农村民俗、悼亡等只适合入诗的题材、情感都可以入词。如《浣溪沙》:

>徐门石潭谢雨道上作五首。(小序)[7]199

>照日深红暖见鱼,连溪绿暗晚藏乌。黄童白叟聚睢盱。麋鹿逢人虽未惯,猿猱闻鼓不须呼。归家说与采桑姑。[7]200(其一)

>旋抹红妆看使君,三三五五棘篱门。相挨踏破茜罗裙。老幼扶携收麦社,乌鸢翔舞赛神村。道逢醉叟卧黄昏。[7]201(其二)

>麻叶层层檾叶光,谁家煮茧一村香。隔篱娇语络丝娘。垂白杖藜抬醉眼,捋青捣䵂软饥肠。问言豆叶几时黄。[7]202(其三)

簌簌衣巾落枣花,村南村北响缫车。牛衣古柳卖黄瓜。酒困路长惟欲睡,日高人渴漫思茶。敲门试问野人家。[7]203（其四）

软草平沙过雨新,轻沙走马路无尘。何时收拾耦耕身。日暖桑麻光似泼,风来艾蒿气如薰。使君原是此中人。[7]204（其五）

这组词颇如田园诗,主要写作者途中所见、所闻与所感,用形象生动的笔触描写农村风光,反映农民的情绪,为农民的喜悦而欣慰,对农民的痛苦寄以同情。以诗的句法入词,是其主要艺术特色。文风朴实,格调清新,不取艳辞,不采僻典,语言清丽自然,洗尽华靡见真淳。这五首词将农村题材带入北宋词坛,给词坛带来了朴素清新的乡土气息,为农村词的发展开创了良好的文风,在题材上完全突破了"词为艳科"的藩篱,具有开拓性意义。如其四描述作者在乡间的见闻感受。上片以簌簌枣花的声音、缫车纺织的声音、柳荫卖瓜的老农,展现乡村一派欣欣向荣的场景;下片以路长人困、日高人渴、敲门求茶,描写遇雨途中的艰辛,韵味隽永。其五写词人巡视归来的感想。上片以草软、轻莎写环境的清新宜人,表达了作者内心舒适轻松的感觉和对田园生活的向往;下片以日光照耀下的桑麻之光和暖风袭人的艾蒿之气,渲染夏日雨过天晴后田野中一派生机蓬勃的景象,深化了对田园生活的依恋之情。整个一组词题材新颖、意象独特,以田园风光、农家生活、农村风俗为题材,是对传统婉约词中闺阁生活、男欢女爱、伤离恨别等题材的超越,扩大了题材范围。将"枣花""缫车""黄瓜""桑麻""艾蒿"等新鲜意象引入词中,带来清新气息,表现出田园生活的泥土的芳香,给婉约词带来清新活泼的新格调。以刻形、摹声、着色的白描笔法,将景物与人物结合起来,展现田园风光的恬淡和作者内心的欢畅喜悦。语言清新传神,加上虚实结合,点染渲染结合,对仗工整,语言有质感,妙趣横生。意象意境上,词境清旷超拔,超越婉约词的藩篱,向诗歌境界接近。

胡寅《题向子諲酒边集序》说:"词曲至东坡,一洗绮罗香泽之态,摆脱绸缪宛转之度,使人登高望远,举首高歌,而逸怀浩气,超然乎尘垢之外。"王灼《碧鸡漫志·卷二》也说:"东坡指出向上一路,新天下耳目,弄笔者始知自振。"都指出苏轼对词体发展做出的杰出贡献,当然也有一些批评的声音,如李清照《词论》说:

> 至晏元献、欧阳永叔、苏子瞻,学际天人,作为小歌词,直如酌蠡水于大海,然皆句读不葺之诗尔。又往往不协音律者,何耶?盖诗文分平侧,而歌词分五音,又分五声,又分六律,又分清浊轻重。且如近世所谓《声声慢》《雨中花》《喜迁莺》,既押平声韵,又押入声韵;《玉楼春》本押平声韵,又押上去声韵,又押入声。本押仄声韵,如押上声则协,如押入声则不可歌矣。[8] 267

李清照是尊体别作家,坚守诗词之别,认为词"别是一家",所以她站在词体格律与音乐原理的角度,批评苏轼的词是"句读不葺之诗"且"不可歌"。这其中的是非对错且不去评说,单从"以诗为词"来看,苏轼的成就班班可见,不能简单否定,已经成为共识了。

四、破体为文的意义

苏轼为什么能取得如此辉煌的多方面成就呢?我认为与他透彻的心胸和通脱的艺术观相关。他不仅在诗歌、散文、词之间架起了交融会通的艺术桥梁,还将其他艺术的规律与诗文相比拟。如《书吴道子画后》说:"诗至于杜子美,文至于韩退之,书至于颜鲁公,画至于吴道子,而古今之变,天下之能事毕矣。"他主张"神似",说"论画以形似,见与儿童邻。赋诗必此诗,定知非诗人"[2] 2210(《书鄢陵王主簿所画折枝二首》),认为一切艺术家都应该像吴道子那样,先力求形似,然后再自由抒写,做到"出新意于法度之中,寄妙理于豪放之外",这样艺术家的作品就进入"神似"的最高境界了。将诗、文、书、画沟通起来,总结相通的艺术规律。又如《书摩诘蓝田烟雨图后》说:"味摩诘之诗,诗中有画;观摩诘之画,画中有诗。'蓝溪白石出,玉川红叶稀。山路元无雨,空翠湿人衣。'"[2] 2209 诗与画是两种形式不同但神韵相通的艺术形式,宋人张舜民曾说"诗是无形画,画是有形诗",但"无形"与"有形"不能真正把握诗画不同但相通的精髓。苏轼认为诗歌不能仅仅追求词采之美,要表达出画的意境韵味来;同样,绘画也不能仅仅追求形似,而要表现出诗歌的意蕴。真正做到诗画相通的是王维的作品。围绕诗画一体的艺术问题,人们在王维诗中发现了更多的诗画相通的因素,包括绘画原理、画法应用于诗歌的结构、语言,乃至散点透视规律、视觉听觉的相互沟通、色彩声音的调配等等，从各个方面论证了苏轼论点的正确性。其实，诗的精髓恰恰是画不出来的，像"空翠湿人衣"就具有超出画外的只可意会不可言传的特点。再如《书蒲永升画后》说纵观古今画坛，考察绘画的发展历史，指出画水的两种境界：一为"死水"，一为"活水"。前者虽然工细精致，但只得"形似"，而后者则随物赋形，并融合画家的独特性情，是真正的"神似"。苏轼赞赏孙位突破了传统印版水纸式的呆板画法，始出新意，不画平远细皱的纹静之水，而画与山石曲折的奔湍巨浪，极尽水的变态，显出水的神韵。赞赏孙知微更进一步，营度经岁不肯下笔，一旦灵感袭来，顷刻挥毫而就，刻画出猛浪若奔的气势，仿佛发出汹汹崩屋的轰鸣。蒲永升：不仅放浪形骸，性情融合于画中，而且特立独行，不苟随世俗，当遇上作画的兴会，不避贵贱，顷刻而成。苏轼对诗歌、绘画、书法艺术的美学追求是一致的：即要求表现出事物活泼的生命意趣，追求自然天成的境界，展现作家的独特性情。正是能够精通各种艺术形式并深谙其中的三昧，才成就了全才的苏轼。

从中国文学的发展史来看，先唐文学艺术无疑取得了辉煌的成就，但唐宋时期才是真正的文学艺术大观。以文体交融的视域来看，唐代是文学艺术全面繁荣发展的时代，以诗歌为中心，散文、辞赋、传奇等都取得了辉煌的成就。其中唐诗的发育成熟具有典型性。如果考察唐诗繁荣的原因，除了被充分讨论的社会历史、思想文化、政治经济、军事外交、地域风俗等方面的因素外，各种文体之间的相互交融渗透也是一个重要原因。其中诗与文的交融最值得关注。在唐代，散文与诗歌的基本体制差不多定型，唐以后的发展只是在唐代的基础上进行改造、补充或拓展。诗与散文的文体演变在唐代走向成熟。就诗歌的艺术高潮来说，推进其艺术成熟、技法精圆、意境浑融、体式丰赡的一条重要途径就是"以文为诗"，这在中唐时期最后完成，其标志是韩诗独特风格的形成，而散文也在韩愈（包括柳宗元等人）手里同时达到巅峰。这是极可关注的文学史现象。其中，韩愈"以文为诗"和"以诗为文"最值得研究，这一文学奇观并非孤峰突起，而是有一个较为漫长的尝试、铺垫、演进过程，在唐前就有许多富有启示性的创作为先导，韩愈等人只不过是将文学发展史上这种潜在趋势变成了现实而已。

先秦时代，诗文同源。随着社会物质文明的发展，文学艺术也不断进步，诗文逐渐分途异趋：文注重实用，主教化；而诗吟咏性情，重审美。走向实用一途的文，从《尚书》开始，逐渐与史传文结合，形成中国古代散文的基本格局。从哲学著作《周易》、神话传说《山海经》到《论语》《孟子》等诸子散文的涌现，形成先秦时代散文的第一个高潮。这一时期的散文发展以南方的《庄子》和北方的《论语》《孟子》为代表，形成不同的风格流派。南方重艺术想象，怪谲荒诞；北方重政教伦常，平正敦厚。汉代"独尊儒术"之后，后者遂取得儒家的正统地位，紧密地与经学发展联系在一起，汉以后中国古代散文的发展基本上是在儒学框架下演进，这种强大的惯性，随着四书五经（宋以后演为十三经）等儒家经典的形成（其中也有政治行政手段的干预及历代注经训传的原因），从此经常性地保持对整个中国历史、文化、艺术的发展产生强大的影响力。后代文学的发展或在它的指导影响下进行，或以它为准则，与旁逸斜出或对抗儒学传统的文学作斗争的方式发展。因而形成中国文学的基本特征：重实用政教，要求有补于世，追求经世济用，而总体上轻视艺术审美功能。

诗歌很早就形成"温柔敦厚"的诗教观念，汉儒解诗是孔子"兴观群怨"说的发挥，而"诗"经过汉儒的传注疏解也变成了儒家的经典，诗的文学性被掩盖、淡化甚至抹去，而将其中可能存在的政治教化、劝善惩恶等功用抬到很高的地位。这种忽视艺术审美功能的接受当然有其偏颇和缺陷。先秦时代诗歌高潮随着史传文的兴盛而宣告结束，这就是所谓的"《春秋》作而诗亡"。诗歌要取得新的发展，就必须寻找新的途径。《楚辞》应运而生。屈原"熔取经意，自铸伟辞"，将儒家的思想体系与恢宏浪漫惊天动地的想象境界及楚国方言融合在一起，形成了精彩绝艳、超逸群伦的新诗体。这一诗体的形成对后代文学发展有巨大的启示意义。司马迁说："屈平之作《离骚》，盖自怨生也。《国风》好色而不淫，《小雅》怨诽而不乱。若《离骚》者，可谓兼之矣。上称帝喾，下道齐桓，中述汤武，以刺世事。明道德之广崇，治乱之条贯，靡不毕见。"这一经典评价，精确地表述了屈原创作《离骚》时融合散文（"熔铸经意"）入诗的艺术创造。从诗歌形式上看，屈原运用楚国方言入诗，改造了诗经板滞的四言形式，以杂言形式为特征。后代五、七言诗均可以从《离骚》中找到源头。文学史家经常提到的"现实主义"和"浪漫主义"也都可以从屈原身上找到同声相应、同气相感的文化艺术因素。"其衣被词人，非一代也。故才高者菀其鸿裁，中巧者猎其艳辞，吟讽者衔其山川，童蒙者拾其香草。"（《文心雕龙·辨骚》）

西汉的统一，结束了动乱与战争，文化也趋向一统，尤其"独尊儒术"之后，儒家思想取得正统地位，在这种强大的主流意识形态影响下，史传文、辞赋得到大发展。辞赋虽是润色鸿业的产物，但后来也逐渐回到讽谏上来，由于其形式的漫衍宏肆，实际上是冶容劝淫，只取得了"劝百讽一"的效果，儒家思想未能控制辞藻的宏丽，这反而让出一条小径给诗歌以发展的空间。而诗歌这种艺术形式则退缩入民歌、乐府的曲调中自道性情，从而形成诗歌整体上的低迷。这个低谷的摆脱，在汉魏时期，文的自觉观念形成，五言诗体式确立，同时诗学理论也冲破政教风化美刺说的束缚，提出"诗缘情而绮靡"，并出现"滋味"说的理论。这是诗歌发展史上，继楚辞之后自觉重视审美的重要时代，对后代影响深远。这结果是朝两个方向发展：一是沿缘情而走向偏离儒家思想控制的极端，致使漫衍成六朝金粉的绮艳靡丽的宫体诗；另一方式是企图将儒家思想引入诗中，以风雅比兴来矫正情感的泛滥，使诗歌恢复到古雅的正确轨道。后来在盛唐时代终于找到一个"风骨与声律兼备"的方式来解决"情"与"理"之间的深刻矛盾，从而使诗歌走向新的高峰。文学的发展具有历史继承性，它不可能无视前代的艺术遗产而另起炉灶，因此唐诗的发展中融入了许多传统的因子，不仅有儒家的"经意"，也有楚骚的伟艳，既有汉赋的大观，也有六朝的声律和丽色，还有乐府的清丽婉转，兼具散文的疏荡流畅。总体上看，盛唐诗歌还主要是诗人性情的自由表达，较少拘束。中唐以后，古文运动形成时代巨潮，复古思想深刻影响散文和诗歌的创作，古文对骈文缺陷的克服，让诗人们重新认识到文的实用价值和审美价值，在韩愈身上得到典型的体现，他是中国文学史上诗文兼擅的少数大家之一，其文成为后代追摹的范式，其诗也成为宋代及宋后复古派诗人推崇的极则。究其原因，便是他在前代大家屈原、陶渊明、陈子昂、杜甫等诗人的启发下，开创了"诗文交融"的新境界，这对后代诗文创作产生重大而深远的影响。历史演进到北宋，在欧阳修、尹洙、梅尧臣、苏舜钦等人的领导下，掀起了轰轰烈烈的文体革新运动，他们高举韩愈的旗帜，打起复古的旗号，实现了文体的全面革新，造就了苏轼这位巨人的诞生。苏轼勇于破体为文，将古典诗歌、散文、辞赋、词等推进到一个全新的境界。

综上所述，我认为：各种文体的协调发展是一项系统工程，犹如生物界的生态系统，物种（文体）之间，具有相互依赖关系，如果没有赋与诗的合流，就没有初唐七言歌行的重大推进；如果没有散文的渗透，就没有中唐韩愈一派的崛起，没有唐诗到宋诗的重大发展和转变。当一种文体（如诗）在发展到一定的阶段后,总要向其他艺术形式借鉴艺术经验,而文总是首先被选择的对象,这是因为中国古代诗歌的发展总趋势,一直是在儒家思想框架下进行。而儒家文献典籍所凝结的思想观念,总是能适时地被引入到诗中,用来矫正诗歌过于重艺术形式而偏离正轨的路线,因此形成一根新的链条:文总能以它特有的各种方式向诗歌施加影响。这种影响包括内容和形式两个方面,最终呈现出来的往往是诗歌语言的变革。钱锺书《谈艺录》论黄庭坚时说:"'盖以俗为雅,以故为新,百战百胜,此诗人之奇也。'……近世俄国形式主义文评家希克洛夫斯基等以为文词最易袭故蹈常,落套刻板,故作者手眼须使熟者生,或亦曰使文者野。……夫以故为新,即使熟者生也;而使文者野,亦可谓使野者文,驱使野言,俾入文语,纳俗于雅尔。……抑不独修辞为选,选材取境,亦复如是。歌德、诺瓦利斯、华兹华斯、柯尔律治、雪莱、狄更斯、福楼拜、尼采、巴斯可里等皆言观事体物,当以故为新,即熟见生。"[9]6-7 这里"以故为新""即熟见生",就是诗歌语言的陌生化,是诗歌语言乃至诗歌体裁、文体发展的总趋势,不独中国然,在世界范围内也是如此。足见文体与诗体、诗体与词体的交融,造成新的风格、新的语言、新的意境,有一种带有普遍性的内驱力在起作用,实在是一种不可抗拒的规律。

注 释

[1] 尹占华、韩文奇校注《柳宗元集校注》,中华书局 2013 年版。

[2] 孔凡礼点校《苏轼文集》,中华书局 1986 年版。

[3] 〔宋〕严羽著,郭绍虞校释《沧浪诗话校释》,人民文学出版社 1961 年版。

[4] 〔宋〕陈师道《后山诗话》云:"退之以文为诗,子瞻以诗为词,如教坊雷大使之舞,虽极天下之工,要非本色。"又,〔宋〕释惠洪《冷斋夜话》中有这样一段记载:沈存中(括)、吕惠卿吉甫、王存正仲、李常公择,治平中,在馆中夜谈诗。存中曰:"退之诗,押韵之文耳。虽健美富赡,然终不是诗。"吉甫曰:"诗正当如是,吾谓诗人亦未有如退之者。"正仲是存中,公择是吉甫。参见何文焕《历代诗话·后山诗话》,中华书局 1981 年版。

[5] 〔清〕王文诰辑注,孔凡礼点校《苏轼诗集》,中华书局 1982 年版。

[6] 钱仲联《韩昌黎诗系年集释》,上海古籍出版社 1984 年版。

[7] 薛瑞生笺证《东坡词编年笺证》,三秦出版社 1998 年版。

[8] 徐培均《李清照集笺注》,上海古籍出版社 2002 年版。

[9] 舒展编《钱锺书论学文选》,花城出版社 1990 年版。

苏轼《醉翁操》的文体归属
——兼论其与宋代古琴文化之关系

◇徐 畅[*]

《醉翁操·琅然清圆》是苏轼创作的一首琴歌,龙榆生先生笺注的《东坡乐府笺》和中华书局出版的《苏轼词编年校注》这两种比较权威的苏轼词别集注本都收录了这首作品,把它跟其他词作放在一起,这让读者容易理所当然地认为这是苏轼的一首词作。但事实上,这首作品究竟属于什么文体,一直处于模棱两可的状态。吕肖奂《从琴曲到词调——宋代词调创制流变示例》[1]一文梳理、考辨了与苏轼《醉翁操》相关的文本创作情况和互文本关系,以讨论《醉翁操》被确定为词调的历程。章华英在《宋代古琴音乐研究》一书中不仅详细罗列了这首作品相关创作情况,还对传世《醉翁操》琴谱进行了音乐和指法分析。[2] 488—502 目前的研究都没有涉及其文体归属情况的接受情况分析,本文将更深入地梳理琴歌《醉翁操》的文体接受情况,并分析其文本内在和文化外在原因。

一、从"诗"到"词":苏轼《醉翁操》的文体归属

苏轼对《醉翁操》这首作品的文体定位是"琴操",广义上属于诗歌范畴。苏轼亲自编订自己的诗文集《东坡集》中,《醉翁操》被列在"琴操"之下,与"赋""诗""辞""颂""铭"等编在一卷之中,[3] 12a 因此后人整理苏轼诗集也多将这首作品收入,南宋王十朋纂集的《王状元集百家注分类东坡

---

* 作者简介:徐畅,北京师范大学文学院古典文献学硕士研究生。

先生诗》中将其归入"乐府类",清代查慎行《苏诗补注》谓"琴操亦古诗之流"[4]2649而将其收录,冯应榴《苏文忠公诗集合注》[5]、王文诰《苏文忠公诗编著集成》[6]从其法。中华书局1982年出版的《苏轼诗集》也将此篇收入卷四十八"补编诗"中。[4]2648—2649

在北宋文化语境中,人们更倾向于将《醉翁操》作为"诗"而非"词"来讨论。苏轼的弟子兼好友黄庭坚《跋子瞻醉翁操》评价此篇云:"人谓东坡作此文,因难以见巧,故极工。"[7]456—457称这首琴操为"文",古人的文章观念中"文"和"文章"既包含散文也包含诗歌,如《文选》《文章正宗》等总集都是兼及诗文,再考虑到琴曲歌辞被归入"乐府诗"的传统,此处所言"文"和"文章"更倾向于指称"诗"这种文体。北宋与苏黄所处时期相近的王辟之所作的《渑水燕谈录》卷七"歌咏门"也记载了《醉翁操》创作历程:"庆历中,欧阳文忠公谪守滁州。……庐山道人崔闲,遵客也,妙于琴理,常恨此曲无词,乃谱其声,请于东坡居士子瞻,以补其阙。然后声词皆备,遂为琴中绝妙,好事者争传。……方其补词,闲为弦其声,居士倚为词,顷刻而就,无所点窜。"[7]457这段文字虽然称《醉翁操》为"词",但由"此曲无词""声词皆备"等语,可知这里的"词"是与"曲""声"这些概念相对而谈的,指配乐之词,并非用来称呼"长短句"这一文体,且通观"歌咏门"全篇,除了这篇关于琴操的故事以外,都是关于诗的故事,并不见讨论诗馀,可见在王辟之的眼中是将《醉翁操》与"诗"同等对待的。

后世所编的诗文总集和别集基本都延续了以《醉翁操》为"诗"的传统判断。南宋吕祖谦所编诗文总集《宋文鉴》中将这首《醉翁操》与其他琴操一起收录到"乐府"中。[8]明代朱存礼《铁网珊瑚》[9]、吴讷《文章辨体》[10]、清代张豫章等奉康熙皇帝旨编纂的《御选四朝诗》[11]等皆收之入"乐府"卷。

从苏词别集的文献角度看,《醉翁操》被作为"词"这一文体收录是十分晚近的现象。苏轼的词作早在宋代就结集流传,后世也多有苏词辑本刊刻传世,但《醉翁操》并不见于清代以前的苏词版本。宋代傅幹有《注坡词》十二卷(今存清人抄本),元代有延祐庚申刊刻的《东坡乐府》二卷,明代茅维编《苏东坡全集》本《东坡词》二卷,吴讷编《唐宋名贤百家词》本《东坡词》,以及焦竑编纂的《苏长公二妙集》本《东坡诗馀》二卷,毛晋编的汲古阁本《东坡词》(毛本)等,这些专收苏轼词作的别集中,都没有收录这首《醉翁操》。

直到清末朱祖谋的《彊村丛书》本《东坡乐府》将其从《东坡后集》补入《东坡乐府》，《醉翁操》才首次载入苏轼词集中，而后苏轼词注本多沿袭朱祖谋的做法收录这首琴歌。

词学兴盛的明清两代，有不少词总集、词谱和词评都将《醉翁操》作为"词"收录和讨论。明代卓人月编《古今词统》中将苏、辛二家所作两首《醉翁操》并选，题名为《琴曲》，评苏词曰："传之今日，亦是一曲《广陵散》。"[7] 458 清代康熙二十六年（1687）万树编纂的《词律》将苏轼《醉翁操》作为词格录入，康熙四十六年（1707）侍读学士沈辰垣编《钦定历代诗余》也沿袭这一词格，并在第一百一十五卷《词话》中录入了《醉翁操序》。[12] 1360 同时期的陈廷敬、王奕清等奉命编写的《钦定词谱》对《醉翁操》这一词牌的来历进行了说明："此本琴曲，所以苏词不载，自辛稼轩编入词中，复遂沿为词调，在宋人中，亦只有辛词一首可校。"[7] 452 另外，清代沈雄《古今词话》、张德瀛《词徵》、许昂霄《词综偶评》和陈廷焯《词则·别调集》都将这首作品作为"词"来探讨评价。[7] 458《四库全书总目》批评清人查慎行的《苏诗补注》："……《醉翁操》一首本皆诗馀。乃列之诗集，则体裁未明。"[13] 1327 明确指出《醉翁操》的文体应该是"诗馀"，也就是"词"，反对将其列入苏轼诗集。近人唐圭璋编订的《全宋词》也收录此作品，至此《醉翁操》是苏轼创作的一首词作成为定论。

总之，《醉翁操》这首作品的流传过程中，其文体归属辨别上呈现出两种不同的指向：一方面作者苏轼本人和同时期文人都以此篇为"诗"，历代诗文总集和苏诗别集也多收录；另一方面，《醉翁操》也被后人纳入"词"这一文体范畴中，被定为词调并逐渐为词学所评价讨论，最终被苏轼词别集和宋词总集收录。

为什么《醉翁操》的文体定性在中国古代分歧不断？为什么流传过程中会产生与诞生之初截然不同的文体面目？要解释这些问题，还应从这篇作品的创作情况和流传过程中寻找答案。

二、从意旨到形式：苏轼《醉翁操》的创作源流

《醉翁操》创作和流传过程中涉及了诸多音乐和文学作品，具体情况吕肖奂、程宇静和章华英都有考述，但几位学者对文本的文体归属分析不尽准确，

这里再做说明。《醉翁操》系列作品的创作经历了分别以欧阳修、苏轼和辛弃疾为核心的三个阶段，作品在形式和内容两方面都表现出不同的特点。

北宋中期，以欧阳修为核心的文人围绕着琅琊山水之秀、醉翁隐逸之情、琴乐写心之慰创作了一批楚辞体歌辞、七言古诗和散文作品。庆历六年（1046），欧阳修贬滁州，寄情山水，作《醉翁亭记》一文。不久，太常博士沈遵慕名往游，以琴写其山水，作琴曲《醉翁吟》三叠，有声无辞。至和二年（1055），欧阳修出使契丹，与沈遵相会，闻沈遵弹《醉翁吟》，次年（1056）作楚辞体歌辞《醉翁吟》赠之，其辞曰：

> 始翁之来，兽见而深伏，鸟见而高飞。翁醒而往兮，醉而归。朝醒暮醉兮，无有四时。鸟鸣乐其林，兽出游其蹊。咿嘤啁哳于翁前兮，醉不知。有心不能以无情兮，有合必有离。水潺潺兮，翁忽去而不顾；山岑岑兮，翁复来而几时？风褭褭兮山木落，春年年兮山草菲。嗟我无德于其人兮，有情于山禽与野麋。贤哉沈子兮，能写我心而慰彼相思。[14] 486—487

其思想意旨与《醉翁亭记》大致相同。富弼、韩琦、王安石、梅尧臣和王令都有和作，今仅存梅尧臣和王令之作，皆为楚辞体。

嘉祐二年（1057），欧阳修又作七言古诗《赠沈遵（并序）》。[14] 161 同年，沈遵赴任建州通判，梅尧臣、刘敞、欧阳修为其饯行，沈遵又弹《醉翁操》一曲，欧阳修、梅尧臣、刘敞又分别题诗赠予沈遵，欧作《赠沈博士歌》、梅作《送建州通判沈太博》、刘作《同永叔赠沈博士》皆为七言古诗。

熙宁三年（1070），梅尧臣去世已十年，欧阳修回忆当年与好友同听沈遵弹奏《醉翁吟》，同为琴曲赋辞题诗的情景，感慨万千，作《跋醉翁吟》文：

> 余以至和二年奉使契丹。明年，改元嘉祐与圣俞作此诗。后五年，圣俞卒。作诗迨今十有五年矣，而圣俞之亡亦十年也。阅其辞翰，一为泫然，遂轴而藏之。[14] 1942

这一阶段的诗文作品都以"醉翁"二字为出口，将仕与隐、生与死、聚与散、声与情等多种关系熔铸其中。

苏轼《醉翁操》的文体归属

苏轼的《醉翁操》改变了前人辞作的体制形态和情感内容。元丰五年（1082），欧、沈皆已逝，沈遵的门客庐山玉涧道人崔闲为《醉翁吟》制谱，请苏轼为之补词，苏轼为作《醉翁操》，序言中记述制曲作词过程：

> 琅琊幽谷，山水奇丽，泉鸣空涧，若中音会，醉翁喜之，把酒临听，辄欣然忘归。既去十余年，而好奇之士沈遵闻之往游，以琴写其声，曰《醉翁操》，节奏疏宕而音指华畅，知琴者以为绝伦。然有其声而无其辞。翁虽为作歌，而与琴声不合。又依楚词作《醉翁引》，好事者亦倚其辞以制曲。虽粗合韵度而琴声为词所绳约，非天成也。后三十余年，翁既捐馆舍，遵亦没久矣。有庐山玉涧道人崔闲，特妙于琴，恨此曲之无词，乃谱其声，而请于东坡居士以补之云。[7] 451

苏轼所作《醉翁操》一改欧、梅、王之楚辞体，用长短句的形式为琴曲赋词：

> 琅然。清圆。谁弹。响空山。无言。惟翁醉中知其天。月明风露娟娟。人未眠。荷蒉过山前。曰有心也哉此贤。醉翁啸咏，声和流泉。醉翁去后，空有朝吟夜怨。山有时而童颠，水有时而回川。思翁无岁年，翁今为飞仙。此意在人间，试听徽外三两弦。[7] 451—452

沈遵《醉翁吟》原有三叠，[14] 486 苏作分为上下两片，两片之间自注"泛声同此"[4] 2648，意为以泛声[15] 1862 将前半部分重复一遍，而后进入后半部分。由此可见，虽然《醉翁操》在当时被归入"诗"的范畴，但外在形式已经与"词"十分相近。苏作弱化了前人作品中浓郁复杂的情思意旨，着重营造一种清怨的情感氛围，以抒发对恩师欧阳修的追思与敬意。

崔闲记谱、苏轼赋词的《醉翁操》琴曲一出，受到众文人青睐，流传广泛。元祐七年（1092），苏轼又作《书醉翁操后》文寄给沈遵之子沈济（本觉寺法真禅师）："二水同器，有不相入，二琴同手，有不相应。今沈君信手弹琴，而与泉合，居士纵笔作诗，而与琴会。此必有真同者矣。……有能不谋而同三令无际者，愿师取之。"[16] 2249 沈济乃郭祥正之甥，他将苏轼所作《醉翁操》寄给郭祥正，而郭祥正认为苏轼"所作未工"，又重新为崔闲作曲赋词《醉翁操效东坡》。[17] 8806 郭祥正的作品语体与苏作一致，意思也与苏作相近，语言较为质实，无清怨之气。

南宋名臣楼钥曾作《和东坡醉翁操韵咏风琴》和《七月上浣游裴园醉翁操》两诗。[18]104 值得注意的是，学者们历来认为楼钥的两篇作品是依苏轼《醉翁操》词牌所填的词，唐圭璋编《全宋词》也有收录，但这两篇作品见于楼钥的诗文别集《攻媿集》中。从题目来看，这两篇作品的题目与词的命名方式不同，《和东坡醉翁操韵咏风琴》应被划为次韵苏轼《醉翁操》的诗作，而《七月上浣游裴园醉翁操》则是楼钥为《醉翁操》琴曲赋辞。楼钥的作品虽然体制上仍属于诗歌，两作也都与琴有关，但其书写对象则转移了对"醉翁"其人其事及其意涵的关注，转向作者自身生活情感内容，题目中的"醉翁操"字眼则越来越指向作品的外在形式特征。

辛弃疾首开以"醉翁操"为词牌创作之先河，在语体、内容、情感等方面都有创新。淳熙十六年（1189），辛弃疾好友范开因朝廷甄录元祐党籍家而前往临安，范开善于鼓琴，临行前为辛弃疾鼓琴，所弹即为琴曲《醉翁操》，辛弃疾则即景再赋同调以赠之：

> 长松，之风。如公，肯余从，山中。人心与吾兮谁同？湛湛千里之江，上有枫。噫送子于东，望君之门兮九重。女无悦己，谁适为容？不龟手药，或一朝兮取封。昔与游兮皆童，我独穷兮今翁。一鱼兮一龙。劳心兮忡忡。噫命与时逢。子取之食兮万钟。[19]263

这首作品采用了苏词的长短句式，语言上却使用了欧作的楚辞体，主题则是稼轩词中常见的送别题材。此作被收录到辛弃疾在世时就已经编纂完成的四卷本《稼轩词》中，即《钦定词谱》所云"自辛稼轩编入词中，复遂沿为词调"，所以辛弃疾的创作是琴曲《醉翁操》的文体接受从诗到词转变的节点，也是词牌"醉翁操"形成的关键。

综上所述，"醉翁操"词调的创立过程从北宋中期的仁宗、神宗两朝一直延续到南宋初年，体制方面经历了楚辞体诗歌《醉翁吟》、长短句形式的诗歌《醉翁操》和词调"醉翁操"三个阶段，作品的内容从紧扣"醉翁"隐逸之情进而加入对醉翁欧阳修的怀念与敬意，最后离开"醉翁"主题将内容与题目相分离，"醉翁"指向的外在化使"醉翁操"完全成为一个表示形式的词牌名。

琴歌《醉翁操》流传过程中的文体变动，可以视作中国古代文学文体与音乐文化双向互动的一个范例。琴曲在什么样的音乐文化情境下,以怎样的规模和途径进入词的文学体系之中,是一个值得进一步探索的问题。

三、"江西谱":苏轼《醉翁操》的音乐背景

从《醉翁吟》到《醉翁操》的创作活动与北宋时期活跃的江西琴派关系密切。江西琴派是早在北宋政和以前就已形成的,与当时的京师琴派、浙江琴派鼎足而立的琴艺流派。北宋政和年间人成玉磵《琴论》记载:"京师、两浙、江西能琴者极多,然指法各有不同。京师过于刚劲,江西失于轻浮,惟两浙质而不野,文而不史。"[20] 377 可见北宋政和年间江西古琴具有独特风格。江西琴派以欧阳修为领袖,又有刘敞、苏轼、杨寘、孙道滋、沈遵和崔闲等文人参与,形成了独具特色的"江西谱"。[21] 120—126

京师派、江西派和浙派是宋代三大主流琴艺流派,他们所遵照或制作的琴谱分别被称为"阁谱""江西谱"和"浙谱"。"阁谱"指藏于宋代宫廷藏书之处"秘阁"中的琴谱,主要来自前朝藏书、民间诏求所得图集和其他馆阁收藏的抄写复制本,[2] 51 阁谱在音乐方面显得更为简单质朴,主要由宫廷乐人琴待诏演奏。元代袁桷《琴述赠黄依然》记载:

> 谱之可考者曰"阁谱",曰"江西谱"……曰江西者,由阁而加详焉,其声繁,以杀其按抑,秋风巫峡之悲切,兰皋洛浦之靓好,将和而愈怨,欲正而愈反。凡骚人介士皆喜而争慕之,谓不若是不足以名琴也。[22] 411

可见,"江西谱"由北宋宫廷音乐所使用的"阁谱"发展而来,比"阁谱"的音乐变化更为丰富,演奏技法更为复杂,演奏风格更为多样,在北宋文人("骚人介士")中盛行一时。浙派较江西派晚出,不少浙派琴人初学江西谱,"浙谱"受到"江西谱"影响,在南宋时期才逐步成熟。故而,在北宋中后期,江西琴派在文人群体中最为流行,影响最为深刻。

在"江西谱"的创制中,《醉翁吟》制谱的庐山玉磵道人崔闲发挥了重要作用。关于崔闲其人,《南康志》记载:"崔闲,字诚老,星子人。自少读书,不务进取,襟怀清旷,平日以琴自娱。始游京师,士夫见其风表,莫不倾屣。

后倦游复归,乃结庐于玉涧两山之间,号睡足庵,自谓玉涧道人。"[23] 1748 崔闲精通琴乐,并对倚声填词兴趣浓厚,他曾将自己弹奏的三十多首古琴曲注上"平侧四声,分均为句",编成了琴谱,并到处邀请当时著名文人为琴谱填词,《醉翁吟》正是其中之一。叶梦得在《避暑录话》中记载了与崔闲的交往,和崔闲制作琴谱的经过:

> 大观末,道泗州,遇庐山崔闲,相与游南山十余日。闲盖善琴者,每坐玻璃泉上使弹,终日不倦。泉声不甚悍激,涓涓淙潺,与琴声相乱,吾意此即天籁也。闲所弹更三十余曲,曰:"公能各为我为辞,使我它日持归庐山时倚琴而歌,亦足为千载盛事。"意欣然许之。闲乃略用平侧四声,分均为句以授余。琴有指法而无其谱,闲盖强为之。[24] 143

可见,琴曲与琴歌相结合成了江西琴派和"江西谱"的重要特点。由此可见,苏轼《醉翁操》的创作正是"江西谱"形成的关键部分,也是江西琴派音乐活动的产物。

江西琴派的琴人有的本身就是当时著名文人,另外一些则与著名文人交往密切,这部分文人群体也是宋词创作的主力。其中最具代表性的欧阳修、苏轼都是词坛名手,也都对古琴颇有造诣,兼具词人与琴人双重身份。欧阳修一生与琴相伴,形成了独特的音乐美学思想。关于琴的诗文在他的作品集中俯拾即是,《三琴记》中说:"余自少不喜郑卫,独爱琴声,尤爱《小流水曲》。平生患难,南北奔驰,琴曲率皆废忘,独《流水》一曲梦寐不忘,今老矣,犹时时能作之。"[14] 1698 欧阳修的学生苏轼不仅弹琴、藏琴、记叙琴事,还从琴乐演奏中悟出哲理:"若言琴上有琴声,放在匣中何不鸣?若言声在指头上,何不于君指上听?"[4] 2535 可见琴乐对北宋文人的精神世界濡染之深。另一些不以文章名世的琴人则与主流文人群体保持着密切的交往,在上文提及的沈遵与欧阳修、梅尧臣、刘敞等及崔闲与苏轼、叶梦得的交往中可见一斑。

江西琴派的音乐活动可以被视为北宋文人琴文化的一个缩影,在这样的音乐文化背景下,北宋词作者与琴人的身份重叠,词客与琴家之间的密切交往,都为琴乐与词乐这两种不同的音乐体系的沟通交融提供了契机,也直接影响到琴歌与词这两种文学体裁的创作及其变化。宋词中以琴曲为词调的现象正是音乐文化碰撞交融所留下的痕迹。

四、"施之琴瑟"：宋代以琴曲为词调现象

词乐与琴曲本来分属不同的音乐体系。词是燕乐发展的副产品[25]1，而琴则是传统雅乐的重要乐器。《旧唐书·音乐志》记载："自开元以来，歌者杂用胡夷里巷之曲。"[26]1089 说明了唐代燕乐曲调的两个重要来源是西域音乐和民间音乐。燕乐的演奏乐器以琵琶、笛、箜篌、觱篥、羯鼓等为主，琴作为传统雅乐的重要乐器，在孕育出"词"这一文体的燕乐系统中是非常边缘化的。隋代"九部乐"中，琴只在清商乐中使用[27]202，这样的情况一直延续到唐代。中唐诗人白居易雅好鼓琴，但他的《霓裳羽衣歌》中记录演奏唐代燕乐体系中最重要的法曲《霓裳羽衣曲》的乐器为"磬箫筝笛递相搀，击擫弹吹声逦迤。"[28]243 其中没有琴的位置。元稹的《莺莺传》中记叙莺莺在离别之前为张生鼓琴，弹奏的乐曲是《霓裳羽衣序》（燕乐法曲《霓裳羽衣曲》的"序"这一部分）。可见在燕乐鼎盛的中唐时期，琴可以用来演奏燕乐，但燕乐不以琴作为必不可少的乐器，直到北宋中叶，苏轼仍称"词"为琵琶词，可见从音乐角度来看，词与琴乐天生便是疏离的。

到了宋代，情况发生了变化：词由"伶工之词"变为"士大夫之词"的同时，古琴音乐也呈现出文人化和民间化的色彩。江西琴派重视在琴乐中吸纳民间音乐的成分，苏轼曾作文《琴非雅声》：

> 世以琴为雅声，过矣，琴正古之郑、卫耳。今世所谓郑、卫者，乃皆胡部，非复中华之声，自天宝中坐之部与有部合，自尔莫能辨者。或云今琵琶中有独弹，往往有中华郑、卫之声，然亦莫能辨也。[16]2244

苏轼视琴为"古之郑卫"，而词乐的主要乐器琵琶为"中华郑卫之声"，正是强调琴乐的民间属性，从音乐角度打通了琴歌与词的文体界限。任中敏认为："北宋琴乐之性质，乃一端近雅乐，一端近燕乐，虽不若主流之嘌唱缠声，风靡于众，其与清乐、俗乐比肩并列，词家可任情采之，以歌适合之长短句。"[29]136

《醉翁操》之外，宋词中以琴曲为词调的现象虽然不太常见，但从《御定

词谱》中可以找出几个例子。

这种现象最早见于宋太宗时期,宫廷娱乐偶一为之,《御定词谱》关于《越江吟》词调记载:"太宗酷爱琴曲十小词,命近臣十人,各探一调,撰一词,苏翰林易简,探得《越江吟》,遂赋此词。"[30] 10a 这是以原本的琴曲音乐配词,这样的词本质上还是琴歌。苏易简创作的《越江吟》是写宫廷宴会的情形:"神仙神仙瑶池宴。片片。碧桃零落春风晚。翠云开处,隐隐金舆挽。玉麟背冷清风远。"[31] 2 后来苏轼则以此为词牌写闺怨:"飞花成阵。春心困。寸寸。别肠多少愁闷。无人问。偷啼自揾。残妆粉。抱瑶琴、寻出新韵。玉纤趁。南风来解幽愠。低云鬟、眉峰敛晕。娇和恨。"[7] 2248 此为词之本色,而以琴曲成之。与此情况类似的是《看花回》词牌:"琴曲有《看花回》,调名本此。"[30] 21b—22a

另外一种情况是以琴曲题目为词牌名,但其音乐与琴曲的关系已不可考,如《风入松》词调:"古琴曲有《风入松》,唐僧皎然有《风入松歌》,见《乐府诗集》,调名本此。"[30] 8a 《乐府诗集》中记载僧皎然的《风入松歌》属于"琴曲歌辞",是配合琴曲《风入松》演唱的:"西岭松声落日秋,千枝万叶风飕飕。美人援琴弄成曲,写得松间声断续。声断续,清我魂,流波坏陵安足论。美人夜坐月明里,含少商兮照清徵。风何凄兮飘飕,搅寒松兮又夜起。夜未央,曲何长,金徽更促声泱泱。何人此时不得意,意苦弦悲闻客堂。"[32] 617 词牌"风入松"最早见于北宋晏几道词中,也以晏词为正体。晏几道《风入松·柳阴庭院杏梢墙》[33] 555 词与僧皎然的琴曲歌辞韵律大不相同,可以推测此调的音乐与唐代琴曲不同,而且晏词从声情上看较近于本色,当属燕乐之词。

南宋时格律词派的词人们多精通音律,在创作上有意识地将琴乐引入词乐中来。姜夔《徵招》词序云:"徵招、角招者,政和间,大晟府尝制数十曲,音节驳矣。予尝考唐田畸声律要诀云:徵与二变之调,成非流美,故自古少徵调曲也。徵为去母调,如黄钟之徵,以黄钟为线,不用黄钟乃谐。故随唐旧谱,不用母声,琴家无媒调、商调之类。皆徵也,亦皆具母弦而不用。其说详于予所作琴书……因再三推寻唐谱并琴弦法而得其意……其法可谓善矣。然无清声,只可施之琴瑟,难入燕乐。故燕乐阙徵调,不必补可也。"[34] 210—211 《徵招》是北宋末年颁布的大晟雅乐,但姜夔认为其音节不调,经过仔细研究,他发现该曲调没有"清声"[35],从音乐上只能用琴瑟演奏,难以进入燕乐系统,于是自度一曲并填词。又姜夔《凄凉犯》自序曰:"合肥巷陌皆种柳,秋风夕起,骚骚然,余客居阖户,时闻马嘶,出城四顾,则荒烟野草,不胜凄黯,乃著此解。琴有凄凉调,假以为名。"[34]108 "凄凉调"是古琴的外调之一,此调的曲子声情萧飒凄楚,符合了姜夔客居的心境,故而姜夔自度曲以此为名,并非是以古琴演奏,但有意识地融入了古琴定调的音乐理论。

受宋代文人琴文化持续发展的影响,词乐与琴乐之间的壁垒逐渐消失,词与琴歌两种文体之间的疏隔也逐渐被打通。词的发展通常被视为一个去音乐化的过程,但从另一个角度来说,词人们在题材和语言方面有所开拓的同时,也积极地吸收了来自不同音乐体系的音乐资源,扩展了词体自身的音乐背景。

结　语

宋翔凤《乐府余论》:"北宋所作,多付筝琶,故啴缓繁促而易流;南渡以后,半归琴笛,故涤荡沉渺而不杂。"[36]891 表明两宋词的伴奏乐器的变化是影响其性质特征发生变化的一个因素。[37]234 而词的性质特征发生变化也导致了其外延的伸展,使得一部分"非词"逐渐被认定为"词"。苏轼的《醉翁操》是一个典型的例子。

《醉翁操》并不是被其作者当作"词"这一文体而创作的,这首作品的流传过程中,其文体归属辨别上呈现出两种不同的指向:一方面作者苏轼本人和同时期文人都认为它应当属于"诗"的范畴,历代诗文总集和苏诗别集也见收录;另一方面,《醉翁操》也被后人纳入"词"这一文体范畴中,被定为词调并逐渐为词学所评价讨论,最终被苏轼词别集和宋词总集认可收录。

考察苏轼《醉翁操》与前人和后人相关作品的互文本关系可以发现,"醉翁操"这一词调的创立过程从北宋中期的仁宗、神宗两朝一直延续到南宋初年,体制方面经历了楚辞体诗歌《醉翁吟》、长短句形式的诗歌《醉翁操》和词调《醉翁操》三个阶段,作品的内容从紧扣"醉翁"隐逸之情进而加入对醉翁欧阳修的怀念与敬意,最后离开了"醉翁"主题,内容与题目相分离,"醉翁"这一词汇语意指向的外在化使"醉翁操"完全成为一个表示形式的词牌名。

在《醉翁操》词调创立的过程中,北宋江西琴派的影响是不可忽视的因素。江西琴派的音乐活动作为北宋文人琴文化的一个缩影,为苏轼《醉翁操》的创作提供了音乐文化背景。在这样的背景之下,北宋词作者与琴人的身份重叠,词客与琴家之间的密切交往,都提供了琴乐与词乐这两种不同的音乐体系的沟通交融的契机，也直接影响到琴歌与词这两种文学体裁的创作及其变化。

受宋代文人琴文化持续发展的影响，词乐与琴乐之间的壁垒逐渐消失，词与琴歌两种文体之间的疏隔也逐渐被打通。词的发展通常被视为一个去音乐化的过程，但从另一个角度来说，词人们在题材和语言方面有所开拓的同时，也积极地吸收了来自不同音乐体系的音乐资源，扩展了词体自身的音乐背景。

注　释

[1] 吕肖奂《从琴曲到词调——宋代词调创制流变示例》，参见《中国韵文学刊》2008年第3期。

[2] 章华英《宋代古琴音乐研究》，中华书局2013年版。

[3]〔宋〕苏轼《东坡后集》，宝华盦刻《重刊明成化本东坡七集》本。

[4] 查慎行《补注东坡编年诗》，转引自王文诰辑注，孔凡礼点校《苏轼诗集》，中华书局1982年版。

[5]〔宋〕苏轼著，冯应榴辑注，黄任轲、朱怀春校点《苏轼诗集合注》，上海古籍出版社2001年版。

[6]〔清〕王文诰《苏文忠公诗编注集成》，学生书局1976年版。

[7]〔宋〕黄庭坚《豫章黄先生文集》卷二六，转引自邹同庆、王宗堂《苏轼词编年校注》，中华书局2002年版。

[8]〔宋〕吕祖谦《宋文鉴》，中华书局1992年版。

[9]〔明〕朱存礼集录，韩进、朱春峰校正《铁网珊瑚校证》，广陵书社2012年版。

[10] 吴讷《文章辨体序说》，人民文学出版社1998年版。

[11] 张豫章等编《御选四朝诗》，四库本。

[12] 沈辰垣等编《历代诗余》，上海书店1985年版。

[13]〔清〕永瑢、纪昀等《钦定四库全书总目》，中华书局1965年版。

[14]〔宋〕欧阳修《欧阳修诗文集校笺》，上海古籍出版社2009年版。

[15] 钱仲联等主编《中国文学大辞典》，上海辞书出版社1997年版。

[16]〔宋〕苏轼著，孔凡礼点校《苏轼文集》，中华书局1986年版。

[17] 郭祥正《醉翁操效东坡》，参见北京大学古文献研究所《全宋诗》第十三册，北京大学出版社1999年版。

[18] 楼钥《攻愧集》卷六，《丛书集成初编》排印本，商务印书馆1985年版。

［19］〔宋〕辛弃疾撰，邓广铭笺注《稼轩词编年笺注》，上海古籍出版社1993年版。

［20］蒋克谦《琴书大全》卷十，转引自杨荫浏《中国古代音乐史稿》，人民音乐出版社1981年版。

［21］王河、虞文霞《宋代"江西琴派"考论》，参见《江西社会科学》2008年第6期。

［22］李修生主编《全元文》第二十三册，江苏古籍出版社2001年版。

［23］马蓉等点校《永乐大典方志辑佚》第三册，中华书局2004年版。

［24］〔宋〕叶梦得《石林燕语·避暑录话》，上海古籍出版社2012年版。

［25］吴熊和《唐宋词通论》，浙江古籍出版社1985年版。

［26］刘昫等撰《旧唐书》，中华书局1975年版。

［27］刘再生《中国古代音乐史简述》，人民音乐出版社2006年版。

［28］彭定求等编，黄钧、龙华、张铁燕等校《全唐诗》五，岳麓书社1998年版。

［29］任中敏著，张之为、戴伟华校理《唐声诗》，凤凰出版社2013年版。

［30］王奕清等《御定词谱》，摛藻堂四库全书荟要影印本。

［31］唐圭璋编《全宋词》，中华书局1965年版。

［32］郭茂倩编撰，聂世美、仓阳卿校点《乐府诗集》，上海古籍出版社1998年版。

［33］〔宋〕晏殊、晏几道著，张草韧笺注《二晏词笺注》，上海古籍出版社2008年版。

［34］〔宋〕姜夔著，陈书良笺注《姜白石词笺注》，中华书局2009年版。

［35］清声，即清音，是指古代律学中比中音十二律高八度的音。

［36］宋翔凤《乐府余论》，转引自曾枣庄《中国古代文体学·卷三清代文体资料集成》，上海人民出版社2012年版。

［37］施议对《词与音乐关系研究》，中华书局2008年版。

《苏轼〈念奴娇·赤壁怀古〉新探》补证

◇杨松冀[*]

苏轼《念奴娇·赤壁怀古》词,一直是苏轼研究的一个热点也是难点,自20世纪70年代末刘乃昌先生发表《横槊气概 英雄本色——谈苏东坡〈念奴娇·赤壁怀古〉词》[1]46—48一文,引发了关于此词及苏轼思想的热烈讨论后,关于此词的研讨至今仍在持续,讨论主要集中在词的主题与创作时间上。[2]84—86本人一直坚持认为,要想搞清楚本词的主题,一定要联系苏轼创作此词的背景原因,即苏轼是在什么时间、在怎么样的现实背景下创作此词的。本人2008年即已经开始研究这个问题,并于次年发表《苏轼〈念奴娇·赤壁怀古〉新考论》(约1万字)[3]一文,指出"元丰四年十一月宋师'灵州溃败',可能这正是本词创作的原因。因苏轼得到宋师失败消息当在该年十二月中下旬,故本词亦当作于是时"。该文后在2009年第12期的人大复印报刊资料《中国古代、近代文学》上全文转载,我的新观点也得到了海内外部分专家学者的认可和征引。为了扩大影响,我又对《苏轼〈念奴娇·赤壁怀古〉新考论》一文进行了论据材料的完善补充,增加了近一半的篇幅内容,以《苏轼〈念奴娇·赤壁怀古〉新探》(约19000余字)[4]为题,将其发表在苏轼研究的专刊《中国苏轼研究》2016年第5期上。屈指算来研究苏轼《念奴娇·赤壁怀古》词已整整十年,随着对苏轼研究的深入,愈加感觉苏轼此词创作意义的重大,王兆鹏、刘尊明等专家对于唐宋词的定量分析也雄辩地说明,苏轼《念奴娇·赤壁怀古》是迄今为止影响力最大的"宋词第一名篇"。作为豪放词的奠基与开拓之作,本词在中国词史上的地位与意义,已为世所

---

* 作者简介:杨松冀,凯里学院人文学院教授。

基金项目:凯里学院博士课题项目"和陶诗文献整理研究"(项目编号:BS201410)阶段性成果。

《苏轼〈念奴娇·赤壁怀古〉新探》补证

公认；而本词对于苏轼思想与人格精神的认识作用，似乎并没有得到学界的足够重视。故本文拟对《苏轼〈念奴娇·赤壁怀古〉新探》（下文简称《新探》）一文再加补证，以近年来新发现的材料与自己的新思考，进一步论证苏轼元丰四年（1081）年底因听闻北宋伐夏战争失败消息而创作《念奴娇·赤壁怀古》词之观点。

一、《新探》一文的基本思路

众所周知，苏轼创作《念奴娇·赤壁怀古》是其贬谪黄州时期所作，但具体创作的原因与创作的时间，一直存在争论，而争论的根源在于没有切实可靠的有说服力的文献资料证明此词的创作时间与创作原因。苏轼自己的诗文里找不到任何有关此词创作的明确记载，苏辙以及苏门学士文集里也找不到相关的资料，现存宋人文献如施宿《东坡先生年谱》、王宗稷《东坡先生年谱》、傅干《傅干注坡词》等皆没有记载该词创作的时间和起因，只有宋人傅藻《东坡纪年录》中记云："元丰五年壬戌，先生四十七岁，（七月）既望，泛舟于赤壁之下，作《赤壁赋》，又怀古，作《念奴娇》。"[5]1755 据笔者考察，这也是最早明确记载本词创作时间及原因的文献，后代几乎所有关于此词创作背景的观点基本来源于此。显而易见，傅藻并没有对自己"泛舟于赤壁之下，作《赤壁赋》，又怀古，作《念奴娇》"的观点提供任何文献资料加以证明，正如王水照先生所言："这一首著名的豪放词作于哪一年，并无可信的记载。南宋傅藻的《东坡纪年录》将它与前后《赤壁赋》一起系于元丰五年（1082），看来只是把'三咏赤壁'都归在一块，没有提供任何根据。"[6]96 既无证据，自然不能作为定论；既无定论，自然也当可以多方假设证明，只要能有助于拓展思路、有助于加深对苏轼其人其作品之理解之探讨，当都在容许之范围内。从本质上说，一切没有确切可信文献依据的结论皆只能算作猜想；因此，后世有关苏轼《念奴娇·赤壁怀古》词创作原因、创作时间以及主题思想的讨论文章，皆不能算作定谳。故鄙人"大胆假设，小心求证"，"杜撰"《苏轼〈念奴娇·赤壁怀古〉新探》一文，提出"杜撰"之观点：苏轼《念奴娇·赤壁怀古》是诗人贬居黄州时期偶然创作的，其创作的具体时间或为元丰四年（1081）十二月，其创作的直接原因或当是"灵州之败"。笔者曾申明："笔者不揣浅陋试图对此问题进行探究，虽不敢保证自己观点的必定正确，但亦希望能为探索此一难解之谜提供一些有用的帮助。"[4] 98 这也是笔者撰《新探》一文的初衷。

关于此词，有一点当为众多学者所公认，即该词为宋代豪放词之典型代表，本人全部思考的出发点即在于——"苏轼在贬居黄州时的那种潜心内省、忧谗畏讥的心态下，突然创作此等大气磅礴情感强烈的豪放词，一定是有重大事件的刺激，绝不仅仅是因为游历了日日可游之赤壁之后就能创作出来的，正所谓，赤壁日日可游，但'大江东去'词绝非随时可作！"[4] 103 而苏轼贬居黄州的元丰四年（1081）的下半年，宋朝确实发生了重大事件，那就是宋朝举全国之力五路征讨西夏的战争。苏轼猝然之间创作《赤壁怀古》词，从本词内容可见，苏轼创作此词时，情绪是非常激动的，也是有点消极的，此词一开篇即发出感叹"千古风流人物"皆已经被"浪淘尽"，下阕浓墨重彩塑造于赤壁大破曹操的周瑜形象，其意有所指当是很明显的，因为此次宋朝讨伐西夏的名义上的统帅是宦官李宪，且还有一路大军的统领王中正亦是宦官，这种"宋朝无大将，宦官作统帅"的可悲之举，无疑也是导致后来战争失败的重要原因之一。上述思路及相关论据考证已在拙文《新探》中有较为详尽之阐述，此不赘述。拙文完全是一己之见，其论证虽非缜密，但当可说尚能自圆其说。本文旨在对《新探》一文相关论证再加充实，补充新的论据材料并加以考析。

二、《念奴娇·赤壁怀古》词创作原因之补证

《新探》一文认为，"元丰四年北宋对西夏战争的失败，或许正是《念奴娇》词创作的原因。"[4] 106 主要依据就是，苏轼《代滕甫论西夏书》《闻捷》与《闻洮西捷报》两诗以及与好友陈季常、滕达道的书信，说明其"对这场战事始终非常关注"，并由此设想，诗人骤闻败讯，情绪激动浮想联翩情不能已，"一气呵成写下《念奴娇·赤壁怀古》这首千古绝唱，这应该是合情合理的"。显然，全部问题的关键也正在此！在没有确切证据的前提下，我们对于苏轼创作《念奴娇·赤壁怀古》词的原因只能去设想，我们唯一能做的是尽可能搜集更多的文献资料去证明自己设想的可能性。虽然这种设想是"合情合理的"，但仍有进一步补充之必要。

首先，元丰四年（1081）北宋伐西夏的这场战争持续时间之久、规模之

大、失败之惨,在北宋历史上绝无仅有。从时间上看,战争的直接起因是元丰四年(1081)春西夏主秉常被囚,西夏内乱,先是是年夏四月庚申(四月三日),北宋名将权鄜延路马军副都总管兼第一将种谔向朝廷进奏,"羌人遽然有此上下叛乱之变,诚天亡之时也。宜乘此时大兴王师,以问其罪。"[7]卷三百十二,7566。四月十九日,种谔又向朝廷进奏:"万一契丹乘此举兵,吞并易若反掌矣,若西夏果为契丹所并,则异日必为大患于中国。故今此事系朝廷为与不为决与不决耳,所谓楚得之则楚胜,汉得之则汉胜。今西夏疆场若归中国,则契丹孤绝,彼势既孤,则徐为我所图矣。兵法曰:'先发者制人,后发者制于人。'愿陛下留神早运胜算,此千载一时之会,陛下成万世大勋,正在今日矣。"[7]卷三百十二,7568这年五月,知庆州天章阁待制俞充"知上有用兵意,屡请讨伐西夏"[7]卷三百十三,7584。"言之至于再三,朝廷出师,惟患无名,今有名矣。天亡其国,神献其策,破其巢穴,如破竹之易,此不可不为也。"[7]卷三百十三,7585种谔、俞充等的进奏,在朝廷引起了大争论,枢密使孙固、吕公著等皆极力反对出兵,据《续资治通鉴长编》元丰四年(1081)六月甲申(二十九日)条纪事:"甲申诏诸军起发装钱。……上初议西讨,知枢密院孙固曰:'举兵易,解祸难。'前后论之甚切。上意既决,固曰:'必不得已,请声其罪,薄伐之,分裂其地,使其酋长自守。'上笑曰:'此真郦生之说。'时执政有请直渡河者,上意益坚。固曰:'然则孰为陛下任此者?'上曰:'吾以属李宪。'固曰:'伐国大事,而使宦者为之,士大夫孰肯为用?'上不悦。固请去,不许。他日,又对曰:'今举重兵,五路并进,而无大帅,就使成功,兵必为乱。'固数以大帅为言,上谕以无其人,同知枢密院吕公著进曰:'既无其人不若且已。'固曰:'公著言是也。'"[7]卷三百十三,7596

元丰四年(1081)七月,宋神宗亲下手谕:"庚寅(七月五日)手诏:'鄜延、环庆、泾原、河东路进兵入界,可令依此画一指挥。一,军行有日,主将以赏罚申谕将士,能立大功,荡除贼巢穴,当比熙河赏功三倍,即临贼不用命,全家诛戮;卤获不以多寡,听自与官,不检校。一,应能擒戮拒命贼帅,并量大小与节度使以下至班行。一,今朝廷本以李氏世为藩臣,一朝为母党篡逆,兴师诛有罪之人,应先在国主左右,及鬼名诸部族,并同心为主者,并不诛杀;令展转告谕,与官军共力讨除国贼,当随功大小,各有爵命。一,贼廷府库所藏金帛,并主将亲检校,均给有功士卒。一,粮草数少,降附之家或有蓄藏,与文记借给,候事定偿其价。一,诸路军马,势力相及,并须更互照应,即一路受敌,观望不即赴救,回日主将当处斩。……以上进兵,并须明远斥堠,多设奇计,勿使贼得并力一面枝梧官军,仍切照管粮道,无令艰阻。余临敌措置,胜非可豫为计者,并随宜经画,务在审中,毋得轻发。'"[7]卷三百十四,7600-7601 神宗手诏中一气列举十六条准则,从其内容可见神宗决心之大,信心之足。从上述史料可知,此次宋朝伐夏之战,自四月初西夏主秉常被杀、种谔建言进讨,至七月初正式出兵,准备阶段即历时整三个月。至十一月底"灵州溃败",这场战役持续时间即近五个月的时间。

再来看战争的规模,是次宋师出征,是五路大军分别从东、南、西三面向西夏进军,五路大军规模是出征兰州方向的李宪及董毡兵三万;王中正出麟州,提兵六万;环庆经略使高遵裕将步骑八万七千,泾原总管刘昌祚将卒五万出庆州,种谔将鄜延及畿内兵九万三千出绥德,总计出征的野战部队即达三十二万之众。据史载,当时包围灵州城的高遵裕与刘昌祚的部队,"环庆两路合一军,凡兵及夫三十万有奇。"[7]卷三百十九,7704 仅这一路役夫即达十六万三千,远超本路的军士人数。五路大军加上后勤保障的部队以及从军的民夫,仅宋朝一方参战军民保守估计当在七十万人以上,其规模在两宋的历史上绝无仅有。

再说这场战争的损失,据《宋史纪事本末》,"时刘昌祚率番、汉兵五万,受高遵裕节制,令两路合军伐夏。既入境,而庆州兵不至。昌祚次玛伊克隘,遇夏众十万扼险,大破之,遂薄灵州城,兵几入门。遵裕嫉其功,驰使止之,昌祚按甲不敢进。遵裕至,围城十八日,不能下。夏人决黄河七级渠以灌营,复钞绝饷道,士卒冻溺死,遂溃而还,余军才万三千而已。夏人蹑之,复败。昌祚亦还泾原。种谔留千人守米脂,自率大众进攻银、石、夏州,遂破石堡城,进至夏州,驻军索家平。会大校刘归仁以众溃,而军食又乏,复值大雪,乃引还,死者不可胜计,入塞者仅三万人。王中正自宥州行至奈王井,粮尽,士卒死者二万人,乃引还。"[8]卷四十,390 据《续资治通鉴长编》"元丰四年十二月条"纪事:"辛酉环庆路行营经略都总管司言:'泾原路出界正兵及汉蕃弓箭手共五万一千六十人,马五千七百八十二匹,除逃散外,见管一万三千四十八人,马三千一百九十五匹。'"[7]卷三百二十一,7741 五路大军除李宪一路不见损失数据外,其他四路仅士卒损失即达十九万五千人,加上役夫等,灵州之役仅死者即达四十万人,伤者不算。[8]卷四十,393 笔者在此如此不厌其烦地引述历史文献,目的就在于强调苏轼贬居黄州的元丰四年(1081),宋朝确实发生了举国关注的

《苏轼〈念奴娇·赤壁怀古〉新探》补证

大战事,而这场战事,最终以宋军大败而告终,宋朝军民死伤数十万。

其次,苏轼对这场战争的关注程度之深,异乎寻常。

朝廷讨伐西夏的这场战争,甫一开始就引起了苏轼的极大关注,《苏诗文集》卷四十八有《上韩枢密书》一文,该文是苏轼写给当时的枢密侍郎同知枢密院事韩缜的,《苏轼文集校注》系之于元丰四年(1081),无误。据《续资治通鉴长编》卷三百十一"神宗元丰四年(1081)正月辛丑"条纪事:"枢密副使、太中大夫孙固知枢密院兼群牧制置使,枢密副使、正义大夫吕公著同知枢密院,龙图阁直学士、太中大夫、枢密都承旨兼群牧使韩缜同知枢密院事。"[7]7541页。同书卷三百二十"元丰四年十一月甲辰"纪云:"枢密院置知院、同知院,余悉罢……乃定置知院、同知院二人。时有知院事孙固、同知院事吕公着、韩缜,凡三员。"[7]7725页。由此可知,元丰四年(1081)有知枢密院事三人,即知枢密院事孙固,同知枢密院事吕公著和韩缜。此封书信当是苏轼因为韩缜于己有知遇之恩,"轼受知门下,似稍异于寻常人",故特上书希望韩缜能谏阻神宗"用兵于西北"。该书中云:"今者,贪功侥幸之臣,劝上用兵于西北。使斯言无有,则天下之幸,孰大于此;不幸有之,大臣所宜必争也。"[9]5209此当为苏轼听闻种谔向朝廷进奏劝神宗对西夏用兵的消息后,担忧神宗听信种谔之言而发。书中苏轼以古代好用兵的帝王汉武帝、唐太宗为例,指出他们虽然"贤而有功",但遗祸子孙,"好兵始祸者,既足以为后嗣之累"。[9]5209"轼既无状,窃谓人主宜闻此言,而明公宜言此。此言一闻,岂惟朝廷无疆之福,将明公子孙,实世享其报。轼怀此欲陈久矣,恐未信而谏,则以为谤。不胜区区之忠,故移致之明公。虽以此获罪,不愧不悔。皇天后土,实闻此言。"[9]5208—5210书信中苏轼拳拳忧国爱民之心,实在令人感动。而据上引"元丰四年六月甲申"条纪事可知,孙固与吕公著皆曾劝谏宋神宗举兵,知枢密院的三位长官中,唯有韩缜没见表态,这应该是韩缜明哲保身而缄默不言之故,后来,吕公著、孙固皆先后罢知枢密院事,而韩缜却升为知枢密院,事见《续资治通鉴长编》卷三百三十七,元丰六年(1083)七月丙辰纪事条。

战争开始后,苏轼也是时刻关注着战争的进程。五路大军进讨西夏,开始时几乎各条战线都捷报频传,李宪军攻克兰州,种谔军取得"无定川大捷",刘昌祚、高遵裕军直捣西夏重镇灵州,王中正也取得一些小的胜利。苏轼《闻捷》《闻洮西捷报》两诗就是分别听闻种谔与王中正的胜利消息而作。但是,最难能可贵的是,不同于被胜利冲昏了头脑的宋神宗等,苏轼始终是保持着很清醒的头脑的,其《代滕甫论西夏书》即是在宋师旗开得胜后,希望通过滕元发劝谏宋神宗采取屯兵边境威慑敌国促其生变,以达到分化瓦解不战而屈人之兵的最佳效果策略。《代滕甫论西夏书》当作于四年秋冬之际,《苏轼全集校注》文集五,认为本文作于"元丰四年(1081)秋",[9]3682、3682 据书中所言:"陛下使偏师一出,斩名王,虏伪公主,筑兰、会等州。"[9]3680 据《续资治通鉴长编》卷三一六元丰四年(1081)九月乙酉(二日)纪事"李宪入兰州"以及九月丙申(十三日)纪事上书言筑兰州等事,可知该书当作于九月丙申之后战争失利之前。《新探》一文于此书已有论述,不赘述。于此当特别强调两点:一是苏轼所献之计确实是高韬远略,这已为后来的事实所证明;二是苏轼之良苦用心,据史料载,滕元发是当时为宋神宗特别欣赏之人,苏轼代其作此书的目的自然是希望借助宋神宗对滕的特别赏识而能采纳自己的策略。据《宋史》卷三百三十二《滕元发传》:"夏国主秉常被篡,元发言:'继迁死时李氏几不立矣,当时大臣不能分建诸豪,乃以全地王之,至今为患。今秉常失位,诸将争权,天以此遗陛下。若再失此时,悔将无及。请择立一贤将,假以重权,使经营分裂之,可不劳而定百年之计也。'神宗奇其策,然不果用。元发在神宗前论事如家人父子,言无文饰,洞见肝鬲,神宗知其诚,苟事无巨细人无亲疏,辄皆问之,元发随事解答,不少嫌隐。""元发在神宗前论事如家人父子",足见其与神宗关系之亲近。而从滕元发向神宗所进之言来看,其几乎完全是采纳了苏轼《代滕甫论西夏书》缓图威慑分裂之计,乃至其所用之语言亦有用苏轼代书中之原话,据此当可知苏轼代其所作之《论西夏书》滕元发应该是献上宋神宗的,可惜宋神宗太急功近利,虽"奇其策,然不果用"。

补充一点,北宋熙丰年间,宋神宗决意对西夏用兵,战争不断。苏轼一直反对神宗的用兵,并始终关注战事。熙宁十年(1077),苏轼曾代张方平撰谏用兵书(《代张方平谏用兵书》,《苏诗文集》卷三十七,第1048页),据《经进东坡文集事略》载:"此疏既奏,上为之动。"此疏《续资治通鉴长编》卷二百八十六卷末全文收录。元丰元年(1078),知徐州守任的苏轼于十二月十九日苏轼生日这天,专撰《上薛枢密书》,向"首横山之议",即首议对西夏用兵的枢密使薛向上书,反对用兵。(《上薛师正书》,《苏轼文集》之《佚文汇编拾遗》卷上,第2643页)苏轼此书手迹,南宋周必大、曹彦约等曾亲见,皆大为感动,并作题跋以记。周必大《平园续稿》卷八《题东坡上薛向枢密书》云:"公作此时年四十三,是日其生朝也。身为二千石,士民当盈庭为寿,否

《苏轼〈念奴娇·赤壁怀古〉新探》补证

则与家人饮食燕乐,乃斋心呵冻,极陈国计,其贤于人远矣。"曹彦约《昌谷集》卷十七《跋刘倅所藏东坡论兵书后》:"神宗欲用兵西北,苏文忠贻书执政:'使吾君子孙蕃多,长有天下,人臣归美报上,极安静和平之福,至于寿考万年,子孙千亿。'非与国共休戚,念不到此也。然鲁公时居上相,朝夕纳诲,乃其职业。文忠立朝未大用,以诬奏请外补,稍迁而守徐,得政平讼理,即不废事,职不可以谏,又委曲为人言之,忠肝义胆,不置国事于度外可见矣。"(以上两条具引见文渊阁《四库全书》,《苏轼资料汇编》有收录)《上薛向枢密书》乃是苏轼生日时所作,《代滕甫论西夏书》为贬居黄州时所作,"非与国共休戚,念不到此",诚哉,斯言!"忠肝义胆""虽废弃未敢忘忧国",苏轼精神直可光鉴日月,感天动地!

以上足以说明苏轼对战场战争始终是十分关注并对战争的策略有深切思考的。苏轼如此关注这场战争,当他突然听闻战争大败消息时,其激动悲愤之情可以想见。苏轼将这种情绪形诸文字也是十分自然之事,如上文所述,战前、战争进程中以及战斗取得重大胜利时苏轼皆有诗文记其事,偏偏于战争失败后,最受打击情绪最激动之后,竟然无片言只字之记录,这是否太不合常情了呢?故本人《新探》一文联想到《念奴娇·赤壁怀古》词,当不是毫无道理吧。前辈学者已经注意到了这次对夏战争和此词创作之间的联系,刘乃昌先生认为:在写《念奴娇》这首词的前一年,宋廷曾任命李宪、种谔、高遵裕、刘昌祚、王中正分五路伐夏,由于这些庸懦的将领钻进了夏军所设置的坚壁清野、诱敌深入的圈套,因而战役于小胜之后,很快遭到惨败,损兵折将约近三十万。苏轼在《与滕达道书》中说:"西事得其详乎了虽废弃未忘为国家虑也。"可见他是时刻关心边廷战事的。面对边疆危机的加深,目睹末廷的萎靡庸儒,词人苏轼是多么渴望有如三国那样称雄一时的豪杰人物,来扭转这很不景气的现状啊!这正是作者在这篇词中,所以要缅怀赤壁之战,并塑造导演这一战争活剧的中心人物周瑜的思想契机。[1]47 颜中其先生认为:"就是在这次军事惨败的后一年,苏轼通过一次黄冈赤壁之游,经过一定的酝酿,把自己长期在思想上探讨的重大问题,转化为艺术创造,终于写出了具有一定时代意义的杰出篇章《念奴娇·赤壁怀古》。"[10]84

本人认为,刘、颜二先生将本词的创作与元丰四年(1081)北宋伐夏的战争联系起来,是极有见地的。但他们认为战争发生一年以后再作《赤壁怀古》词,未免太过遥远,显然是拘泥于传统的《赤壁怀古》词创作于"元丰五年

（1082）"说的影响。既然传统的"元丰五年说"亦无确切依据，为何不将此词的创作时间提前呢？提前合情合理，滞后反而牵强。可笑的是，有学者无视苏轼关注这场战争的事实，无视这场仅宋朝一方即死者达四十余万人的战争，以"灵州溃败"鲜为人知为由，竟然认为伐夏之战失败"显然未超越刺激苏轼写《赤壁怀古》的三国赤壁之战"，发生在近八百年前的赤壁之战竟然有如此大的刺激，说出如此不合情理之语，不是无知就是冷酷无情。

三、《念奴娇·赤壁怀古》词创作时间之补证

《新探》一文认为，诗人听到"灵州溃败"的消息当在元丰四年（1081）冬十二月中下旬，《念奴娇·赤壁怀古》词亦当作于此时。文章的理由主要有三：第一、朝廷得到"灵州溃败"消息在四年（1081）十二月初，故苏轼得到消息当在十二月中下旬。第二、作于元丰五年（1082）年初的《与陈季常》第九简，简中的"新阕"当包括本词。第三、词中的"卷起千堆雪"，可能是写实，因为可确证黄州元丰四年（1081）冬十二月连月大雪。原文皆有详论，不赘述。于此，想补充几点：

第一，宋神宗曾下令封锁严禁传播有关战事的消息。据《续资治通鉴长编》卷三百十六载："（元丰四年九月甲申朔）乙酉，上批：陕西河东用兵虽已有漏泄禁约，近多已传达委曲至河北缘边州军，显是方今预事文武官以私书漏露其事，其令河东陕西诸路转运经略等司，遍约束辖下文武官，不得与河北及四方亲识通书说边事，若有彰露，当械送下狱，终身废弃。"[7] 7637 朝廷对泄露战事消息者，"当械送下狱，终身废弃"，处罚是极为严厉的。朝廷对泄露战争消息者严加惩处，而对讽喻战争失败者亦是毫不宽恕。据《宋史·张舜民传》载："元丰中，朝廷讨西夏，陈留县五路出兵，环庆帅高遵裕辟掌机密文字。王师无功，舜民在灵武诗有'白骨似沙沙似雪'，及官军'斫受降城柳为薪'之句，坐谪监邕州盐米仓；又追赴鄜延诏狱，改监郴州酒税。"苏轼《书张芸叟诗》文中亦记此事："张舜民芸叟，邠人也。通练西事。稍能诗，从高遵裕西征回，途中作诗二绝。一云：'灵州城下千株柳，总被官军斫作薪。他日玉关归去路，将何攀折赠行人。'一云：'青铜峡里韦州路，十去从军九不回。白骨似沙沙似雪，将军休上望乡台。'为转运判官李察所奏，贬郴州监税。"[11] 2139

张舜民两诗从内容上看，只是客观记述了灵州战场发生的情况，并无对

宋神宗的明显讥讽，但却因描写战事而被关进监狱贬谪流放，可见朝廷对反映战事者的惩罚是何等严厉。我们判断苏轼《念奴娇·赤壁怀古》与此次战争失败有关，故苏轼极为谨慎，北宋元祐以前没有见到此词流布之文献记载，自然也就可以理解了。另当时人诗文中罕见反映北宋灵州、永乐两次大失败，其主要原因也应在此。灵州会战由于进展不利，故高遵裕等无暇向朝廷奏报，乃至朝廷半月皆没有得到灵州战场的消息，直到十二月初，灵州溃败的消息才传到朝廷。加之，有禁止传播战事消息的禁令，因此，苏轼得到消息的时间可能要拖后，本人认为定到十二月下旬较合理。

第二，《新探》一文认为，词中"乱石穿空，惊涛拍岸，捲起千堆雪"，当是写实而并非作者虚构。现在看来，其写实的可能性更大。理由有如下几条：一、黄州临皋亭下的长江段，由于特殊的地理位置，平常亦风浪较大。这在苏轼、陆游的诗文中皆有记载，如《东坡志林》"临皋闲题"记云："临皋亭下八十数步，便是大江，其半是峨嵋雪水，吾饮食沐浴皆取焉。"苏轼《记樊山》文云："自余所居临皋亭下，乱流而西。"苏诗《南堂五首》其五云："挂起西窗浪接天。"陆游《入蜀记》记云："临皋亭下门外数步即大江，晚移舟竹园步，盖临皋亭多风涛，不可夜泊。"因风浪过大，乃至夜晚"不可夜泊"，据此，足见当时的临皋亭下的长江风浪之大。二、黄州长江如此地形，则大风大雨以及大雪始晴之时，会呈现惊涛骇浪的壮阔景象。元丰四年（1081）冬，当时北宋的许多地方都出现了罕见的大雪天气，这在文献资料中多有记载。而黄州的大雪，更是经年累月不断。苏轼诗词中于这场大雪亦有反映，元丰四年（1081）冬，黄州亦连月大雪，苏轼《书雪》文云："黄州今年大雪盈尺。"而大雪始晴雪融江涨的景象确实出现了。如作于这年十一月的《送侄安节十四首》其三"日上气曒江，雪晴光眩野"，作于是年十二月的《记梦回文二首》叙云："十二月二十五日，大雪始晴。"其二诗云："日上山融雪涨江。"平时亦有"风浪接天"之时，则"大雪始晴"后，奔腾的江水裹挟着融入江中的雪块冲击白雪皑皑的长江两岸，惊涛雪浪波撼临皋亭的情景可以想见，故本词"大江东去，浪淘尽""乱石穿空，惊涛拍岸，卷起千堆雪"的壮阔景象，为实景之描绘，是符合实情的。如果联系到当时，苏轼恰好听闻战争溃败的消息，则诗人胸中激情难抑，挥毫写下此慷慨激昂的豪放词，也是十分自然的事。

第三，苏轼作雪堂时间也令人费解。至元丰五年（1082）正月，苏轼贬居黄州已整整三年，而此时的黄州，正经历着一场罕见的跨年大雪。大雪天气，天寒地冻，苏轼为什么偏偏于此时建造雪堂？前此不作，延后亦可，为何偏偏是元丰五年（1082）正月，且于大雪冰冻之时？我们认为，作雪堂表明苏轼对重返朝堂失去了信心，其实就是对宋神宗重新启用自己失掉了信心。众所周知，宋神宗力排众议大举伐夏，五路大军的真正主帅其实是宋神宗。本来是大好的局面，本以为已经重兵围困的西夏重镇灵州会是"指日可下"。据史载，宋神宗已经在准备一旦平定西夏之后举行祭天大礼改行官制，满怀希望的情况下，却迎来的是全军大溃败的消息，其所受的打击可想而知。从心理学角度而言，伐夏胜利，苏轼极有可能重新得到重用，史料有记载神宗有意在新官制施行后重用苏轼的打算；而战争失利后，重新启用的可能性已经微乎其微。这样的事史上有经典案例，东汉末年的袁绍，在官渡之战失败后，杀死了曾经劝谏自己不要出兵攻打曹操的著名谋士田丰。熟谙历史的苏轼，听闻战争失败的消息后，不管天寒地冻急于营构雪堂，不是在向世人表明自己"问舍求田，原无大志"吗？上述劝谏神宗举兵的枢密使孙固与吕公著先后被罢，写诗描述灵州战败的张舜民被远贬郴州，正是宋神宗在战争失败后恼羞成怒心理的反应。苏轼如此迫不及待地建构雪堂，其义深远，不可忽视。考虑及此，《念奴娇·赤壁怀古》当作于元丰五年（1082）正月筑雪堂之前，而本词中苏轼表露出来的"人间如梦"的消极情绪，自然也就不难理解。

最后，《念奴娇·赤壁怀古》词在北宋鲜见提及，流传不广，其原因究竟如何，难道仅仅是因为这首词豪放不协律、非当行本色？恐怕其主要原因还是苏轼为了避祸，有意不让其流播有关。南渡以后，本词广为流传，辛弃疾、刘辰翁、文天祥等南宋爱国将领和爱国诗人多次次韵唱和此词，这亦说明此词具有强烈而深邃的爱国思想。

结　语

我很钦佩季羡林先生，他有一篇文章的题目就是《抓住一个问题终生不放》，文中他说："学术问题，有时候一时难以下结论，必须锲而不舍，终生以之，才可能得到越来越精确可靠的结论。"他曾为一篇文章中的几个问题"耿耿于怀这垂四十余年"，最后终于解决，他"心中极喜，最令我欣慰的是，原来看似极大胆的假设竟然得到了证实，心中颇沾沾自喜，对自己的研究更增强了信心。"[12]84—85 我不奢求能有季先生那样的收获，但我有季先生一辈子研究一个问题的决心。无疑,除非发现新材料,或地下有什么新的文物出土,关于苏轼《念奴娇·赤壁怀古》词的疑问会永远存在。我唯一的希望就是拙文"能为探索此一难解之谜提供一些有用的帮助"。

其实,换一种思维,如果本词确实是苏轼元丰四年(1081)十二月大雪始晴后骤然听闻战争大败的消息后所作,则本人上述所有的猜想,回头一验证,皆是自然而言合情合理,则如此假设又有何不可?!

注 释

[1] 刘乃昌《横槊气概 英雄本色——谈苏东坡〈念奴娇·赤壁怀古〉词》,参见《齐鲁学刊》1979年第4期。

[2] 柳鹤《近六十年〈念奴娇·赤壁怀古〉主题问题研究综述》,参见《文学教育》2018年第9期。

[3] 杨松冀《苏轼〈念奴娇·赤壁怀古〉新考论》,参见《乐山师范学院学报》2009年第7期。

[4] 杨松冀《苏轼〈念奴娇·赤壁怀古〉新探》,参见《中国苏轼研究》2016年第5期。

[5] 四川大学中文系唐宋文学研究室《苏轼资料汇编》,中华书局1994年版。

[6] 王水照、朱刚《苏轼诗词文选评》,上海古籍出版社2004年版。

[7] 李焘《续资治通鉴长编》,中华书局1995年版。

[8] 陈邦瞻《宋史纪事本末》,中华书局1977年版。

[9] 张志烈、马德富、周裕锴等校注《苏轼全集校注》,河北人民出版社2010年版。

[10] 颜中其《关于苏轼〈念奴娇·赤壁怀古〉词的主题——与段国超同志商榷》,参见《齐鲁学刊》1980年第1期。

[11] 〔宋〕苏轼著,孔凡礼点校《苏诗文集》,中华书局1986年版。

[12] 季羡林《我的人生感悟》,中国青年出版社2009年版。

略论苏轼、陆游巴蜀地理情结的差异与意义

◇马 强[*]

苏轼、陆游作为两宋文学的巨擘，可谓双子星座，遥相辉映，同时也是与巴蜀地域文化有着密切关系的文化大家。苏轼出生于蜀地眉州诗书传家的文化家族，浓郁的乡土文化曾经对少年、青年时代的苏轼产生深深的影响。尽管苏轼自神宗熙宁二年（1069）赴京后再未返蜀，后半生宦游异地，卒葬于汝州郏城，最终也未埋骨眉州。但苏轼实际上对蜀地家乡始终怀有深刻的眷恋，在诗文中有多处流露。陆游则是中年入蜀，先于乾道六年（1178）任夔州通判，后在蜀地北方重镇、抗金前线兴元府南郑王炎幕府达八月，后又历通判蜀州、摄知崇州、嘉州、荣州，至成都任四川制置司参议，期间又曾游历汉州、邛州、眉州等蜀中名地，前后在蜀地仕宦达八年之久。赋诗甚丰，其《剑南诗稿》中大约有四百多首作于蜀地或与蜀地回忆相关，蜀地的战斗生活与浓郁的巴蜀地理风情曾给陆游的人生与诗歌创作思想风格以重大影响。笔者认为，对苏轼、陆游与巴蜀文化的关系做以比较，会从地域文化视角对苏、陆文学成就得出一些新认识，同时也可揭示二人的巴蜀相关诗文的历史地理学价值。

一、苏轼的巴蜀地理情结

文学地理学在近年来异军突起，成为诸多学人热衷提及的话题。实际上文学地理学的实质是探讨作家、作品与地域文化的关系，从而对某一地域文

---

[*] 作者简介：马强，西南大学历史文化学院教授，西南历史地理研究中心教授，博士生导师。

学的文化风貌、内涵特色及其价值取向给予更准确的定位与揭示。从理论上说，历史上任何一位重要作家都与地域文化有千丝万缕的联系，地域文化对作家生命历程、文化心理及其作品的历史、美学价值的影响都是不容忽视的，其故土家园的"原型文化"、其仕宦流寓的异乡文化都会在诗文作品得到反映，具有重要学术研究价值。苏、陆在宋代文学史上的定位及其二人在文学风格上的相承关系早已有学者予以关注，但主要集中于二人的人生哲学思想、诗歌地位的颉颃及其诗风的相似与渊源等方面，[1]而于巴蜀地域文化对苏、陆的人生、文学影响及其他们对巴蜀文化的贡献则关注甚少。虽然学界对苏轼、陆游的研究成果早已连篇累牍，但苏、陆与巴蜀文化的关系与意义始终是一个薄弱环节。这里不揣浅陋，试作探讨，以请教于方家。

如果说安土重迁是在中国深厚的农耕文化基础上产生的思想观念，那么浓重的家园意识则是古代士大夫共有的文化情怀。蜀地作为苏轼的桑梓之地，巴蜀文化符号与其生命历程相始终。尽管苏轼发出过诸如"试问平生功业，黄州、惠州、儋州""此心安处是吾乡""我本儋耳人，寄生西蜀州""海南万里真吾乡"的感喟，有学者藉此认为苏轼乡土文化观念相对淡漠，[2]实际上这些都是苏轼在不同人生际遇及其特殊环境下的感叹，有时也是其幽默达观的表现，并不能因此说其乡土意识淡漠。苏轼出生于"介岷峨之间""江山秀气聚西眉"[3]的眉山，一生对巴山蜀水的热爱与眷恋始终如一，除了人之常有的故土之恋外，巴蜀地区悠久的人文历史、浓郁的地理风情一直为作家提供源源不断的文学创作源泉。宋仁宗嘉祐六年（1059）年轻的苏轼兄弟随父亲苏洵离开故乡眉州，走水路，取道戎、泸、渝、涪、万、夔、巫至楚，循长江水路出川赴京师，为沿途雄奇的自然风光所深深陶醉，父子三人吟诗不缀，互相唱和，后汇编为《南行集》。苏轼在《南行集前叙》中说："山川之有云，草木之有华实，充满勃郁，而见于外，夫虽欲无有，其可得耶！……已亥之岁，侍行适楚。舟中无事，博奕饮酒，非所以为闺门之欢。而山川之秀美，风俗之朴陋，贤人君子之遗迹，与凡耳目之所接者，杂然有触于中，而发于咏叹。"[4]其中苏轼作诗七十八首，也是第一次走出家乡的苏轼对巴蜀地理风情的初次相识，在诗中尽情抒发了对蜀地地理的惊讶与喜爱。《初发嘉州》《过宜宾见夷中乱山》《夜泊牛口》《江上看山》《留题仙都观》《八阵碛》《诸葛盐井》《白帝庙》《入峡》《巫山》《神女庙》等诗篇尽写峡江之雄奇殊异。

凤翔府是年轻的苏轼释褐入仕的第一站，研读苏轼仕宦凤、歧时期的诗作,不难发现其对关中西部的地理景观有强烈的排斥感。苏轼习惯了蜀地的青山绿水,对满目荒凉的黄土高原感到强烈不适,不断思念自己的家乡:"吾家蜀江上,江水绿如蓝。尔来走尘土,意思殊不堪。况当岐山下,风物尤可惭。有山秃如赭,有水浊如泔。"[4](《东湖》)即使在秦岭深山峡谷中,同样引发故乡之思:"门前商贾负椒荖,山后咫尺连巴蜀。何时归耕江上田,一夜心逐南飞鹄"[4](《二十七日自阳平至斜谷宿于南山中蟠龙寺》);"南山连大散,归路走吾州。欲往安能遂,将还为少留"[4](《三日受命出府,……》)。青年苏轼即有归隐思想,当与对初仕地赭山黄土的自然环境强烈不适大有关系,因而在苏诗中常常出现故乡之思。

  蜀地江河纵横,水量丰沛,水质优良,岷江流经嘉州眉山,清澈如画,早在唐代即有"蜀江水碧蜀山青"(《长恨歌》)的美誉。苏轼诗词中的"蜀江"有时说的是长江,但更多的则是家乡的母亲河岷江。"蜀江久不见沧浪,江上枯槎远可将。去国尚能三岁载,汲泉何爱一夫忙。崎岖好事人应笑,冷淡为欢意自长。遥想纳凉清夜永,窗前微月照汪汪。"[4](《和子由木山引水二首》其一)"西南归路远萧条,倚槛魂飞不可招。……谁使爱官轻去国,此身无计老渔樵。"[4](《题宝鸡县斯飞阁》)仕宦凤翔时期的苏轼诗作中频频出现思乡归隐的想法并非偶然,地理环境的殊异感促使青年苏轼企归故乡蜀地乃是重要原因。在苏轼的词作中,乡关之思同样表现强烈。在黄州,苏轼作词总难挥去蜀地山水的影子:"认得岷峨春雪浪。初来,万顷蒲萄涨渌醅。"(《南乡子·春情》)尽管蜀地远离北宋政治文化中心的汴京,但苏轼一生从未放弃自己"蜀人"的身份,始终以西蜀人自居,在荆州他说过"轼西州之鄙人,而荆之过客也"[4](《上王兵部书》),即使在其仕途最顺达之时,也没有忘记自己是"远方之鄙人,游于京师"[4](《上刘侍读书》)。在风景如画、人文胜地的润州,观雄阔长江,他会油然想起江之上游的家乡:"我家江水初发源,宦游直送江入海。闻道潮头一丈高,天寒尚有沙痕在。中泠南畔石盘陀,古来出没随涛波。试登绝顶望乡国,江南江北青山多。羁愁畏晚寻归楫,山僧苦留看落日。"[4](《游金山寺》)即使日常的山中游览也每每引发归乡之思:"富贵良非愿,乡关归去休。携琴已寻壑,载酒复经丘。"[4](《集归去来诗十首》其六)羁旅客乡,浓浓的乡愁会不时袭来。西归难愿,只好以诗抒怀,以慰乡关之思。在元丰七年(1084)七月所作的《眉州远景楼记》中,苏轼又深情地写道:"轼将归老于故丘,布衣幅巾,从邦君于其上,酒酣乐作,援笔而赋之,以颂黎侯之遗爱,尚未晚也。"[4] 上述所引一再说明,作为蜀士的苏轼,终其一生家园情怀始终伴随,怀蜀乡愁成为苏轼文化心理一个重要的"原型"情结。

二、陆游对巴蜀地理风情的考察与认知

陆游仕宦蜀地八年,游历梁、益多地,对巴蜀地区自然地理与人文社会有切身体会与深刻了解。蜀、汉地区雄奇的山川自然景观、浓郁的风俗习惯,独特的地理位置及其对巴蜀文化的长期习濡,使得陆游诗文的地理文学成色更加突出。在南宋人心目中,巴蜀之地偏远而神秘,有"地多殊异"[5]的评价,又因地近抗金川陕前线而让爱国志士者所心驰神往。陆游很早以来即对巴蜀地理奇异的风俗心向往之,乾道九年(1173)六月陆游在成都撰《东楼集序》时曾深情回忆道:"余少读地志,至蜀、汉、巴、僰间,辄怅然有游历山川、揽观风俗之志。私窃自怪,以为异时或至其地,以偿素心,未可知也。岁庚寅,始泝峡,至巴中,闻竹枝之歌。后再岁,北游山南,凭高望鄠、万年诸山,思一醉曲江、美陂之间。其势无由,往往悲歌流涕。又一岁,客成都唐安,又东至于汉、嘉,然后知昔者之感,盖非适然也。"[6]78 正是出于这样一种对蜀地地理情有独钟的思慕,陆游从家乡启程开始川蜀之行时,即有意识地将沿途所见风物记载下来,《入蜀记》向以描述三峡地理为世人称道,成为今天研究宋代三峡历史地理的珍贵文献,可见他对于川陕历史地理的向往并非始于入蜀以后。作为一个有深厚地理学情结的诗人,川陕雄奇独特的地理景观、悠久灿烂的历史文化,都激发了诗人极大的创作激情,也使诗人在"得江山之助"的同时,对地理之学产生浓厚的兴趣。陆游戎幕汉中时,曾经亲自攀登上险峻的嶓冢山,近距离观察并记录了汉水发源地的潺潺山泉:

> 自古水土之功,莫先乎禹。纪其事,莫备乎《禹贡》之篇。《禹贡》之所载,莫详乎江、汉。曰:"嶓冢导漾,东流为汉";又曰:"岷山导江"。某尝登嶓冢之山,有泉涓涓出两山间,是为汉水之源,事与经合。[6]90(《成都府江渎庙碑》)

此文作于淳熙四年(1177)五月。他还写了与此次汉中实地考察嶓冢山

汉水源有关的诗,如"孤云两角不可行,望云九井不可渡。嶓冢之山高插天,汉水滔滔日东去"[7](《十月二十六日,夜梦行南郑道中。既觉,恍然揽笔作此诗,时且五鼓矣》);"嶓冢山头是汉源,故祠寂寞掩朱门。击鲜藉草无穷乐,送老那知江上村"[7](《怀旧》其六)。在川陕地区近十年的经历,广泛接触其自然环境与社会环境,不仅使陆游诗歌创作取得了前所未有的辉煌成就,其地理学思想也有重要的收获。他甚至试图亲历绝域,考察江源,并对古代学者坐以论道、皓首穷经的治学方法提出批评,这在他为吕居仁诗集所作序言中有集中的反映:

> 天下大川莫如河江,其源皆来自蛮夷荒忽辽绝之域,累数万里而后至中国,以注于海。今禹之遗书所谓岷积石者,特记禹治水之迹耳,非其源果止于是也。故《尔雅》谓河出昆仑墟,而《传记》又谓河上通天汉。某至蜀,穷江源,则自蜀岷山以西,皆岷山也。地断壤绝,不复可穷河江之源,岂易知哉!古之学者盖亦若是,惟其上探伏羲唐虞以来,有源有委,不以远绝,不以难止,故能卓然布之天下后世而无愧。凡古之言者,皆莫不然。[6]80(《吕居仁集序》)

陆游的江河之论,既指出了我国主要江河(以长江、黄河)皆发源于西南遥远闭塞高原的民族地区,蜿蜒逶迤进入内地,最后注入大海的基本走向。尽管《尚书·禹贡》及《尔雅》诸经典对江源、河源都有不二之论,但在宋代疑经思潮下,陆游亲自在川陕地区进行地理考察,并曾有探穷江源、河源之举,虽然由于地理环境险恶,未能穷尽企及。这种辩证的地理学思想在宋代地理学史上无疑是卓然不俗的论断,应该得到充分的重视。

三、巴蜀社会风俗对苏、陆文化心态及文学创作的影响

蜀地文化塑造了苏、陆达观、散淡的文化心理基调。苏轼有两篇文章谈及家乡眉州地域风俗与学术传统对自己的影响。一是在《谢范舍人书》中对当时蜀中文化风气有如是评论:"文章之风,惟汉为盛。而贵显暴著者,蜀人为多。盖相如唱其前,而王褒继其后。峨冠曳佩,大车驷马,徜徉乎乡间之

中,而蜀人始有好文之意。弦歌之声,与邹、鲁比。然而二子者,不闻其能有所荐达,岂其身之富贵而遂忘其徒耶?尝闻之老人,自孟氏入朝,民始息肩,救死扶伤不暇,故数十年间,学校衰息。天圣中,伯父解褐西归,乡人叹嗟,观者塞涂。其后执事与诸公相继登于朝,以文章功业闻于天下。于是释耒耜而执笔砚者,十室而九。"[4]蜀地地理位置偏远,但山川雄奇、物产富庶,自秦入华夏版图至西汉,文化学术已经异军突起,经过文、景之时蜀守文翁等人大力倡导文化教育,蜀地一跃成为西部文化昌盛之地。如《汉书·地理志》所载:"景、武间,文翁为蜀守,教民读书法令,未能笃信道德,反以好文刺讥,贵慕权执。及司马相如游宦京师诸侯,以文辞显于世,乡党慕循其迹。后有王褒、严遵、扬雄之徒,文章冠天下。"[8]蜀地自此人才辈出,盛极一时。然而魏晋之后,巴蜀社会动荡不安,僚蛮入蜀,文化倒退,经济凋零。入宋以后,经过官方大力倡导推广科举制度,移风易俗,文教再兴,苏氏家族也由此走向发达,名显于世。此篇书信所言,就对蜀地文教昌盛之风气做了生动回顾。眉州地域文化风俗既对青年苏轼产生了重要影响,也是苏氏家族走出四川、走向全国重要的文化原因。苏轼后来在写于元丰七年(1084)的《眉州远景楼记》中对于家乡眉州的学术文风又作了进一步的叙述与总结:"吾州之俗,有近古者三。其士大夫贵经术而重氏族,其民尊吏而畏法,其农夫合耦以相助。盖有三代、汉、唐之遗风,而他郡之所莫及也。始朝廷以声律取士,而天圣以前,学者犹袭五代之弊,独吾州之士通经学古,以西汉文词为宗师。方是时,四方指以为迂阔。至于郡县胥史,皆挟经载笔,应对进退,有足观者。而大家显人,以门族相上,推次甲乙,皆有定品,谓之江乡。"[4]由此可见,苏轼时代的眉州"通经学古"之风盛行,文化教育发达,在蜀地别树一帜。宋代眉州文化家族辈出,与这样的学术文化氛围大有关联。

陆游仕宦蜀地八年,在四川度过了中年人生最值得怀念的时光。就其文学创作而言,他在蜀地完成了诗风的重大转变。[9]陆游在巴蜀地区的仕宦可分为三个阶段,乾道六年(1170)至乾道八年(1172)通判夔州(治今重庆市奉节);乾道八年(1172)三月至同年十月,入四川宣抚使王炎幕府,在西北抗金前线南郑(治今陕西省汉中市汉台区)度过了戎马生涯的八个月;乾道八年(1172)十一月,王炎幕府解散,陆游改授成都府安抚使参议官,离开南郑西至成都,先后任职蜀州(今四川崇庆)、嘉州(今四川乐山)、荣州(今四川荣县)等职地为官,至淳熙五年(1178)春秩满出峡东归,在蜀汉地区仕宦游历达八年之久。陆游本为一介书生，到南郑抗金前线王炎幕府，可谓投笔从戎，介入军旅生活。在南郑，陆游写下诸多激情豪迈的诗篇，如《山南行》写山南汉中山川地形及军民备战："我行山南已三日，如绳大路东西出。平川沃野望不尽，麦陇青青桑郁郁。地近函秦气俗豪，秋千蹴鞠分朋曹。苜蓿连云马蹄健，杨柳夹道车声高。"[7]《春感》则回忆昔日汉中所见军旅生活："少时狂走西复东，银鞍骏马驰如风。眼看春去不复惜，只道岁月来无穷。初游汉中亦未觉，一饮尚可倾千钟。义鱼狼藉漾水浊，猎虎蹴踢南山空。射埗命中万人看，球门对植双旗红。"[7]即使多年后的归隐山阴后，仍然对戎马梁州（南郑）岁月魂牵梦绕，其回忆诗充满令人向往的战争美学意味："客枕梦游何处所，梁州西北上危台。雪云不隔平安火，一点遥从骆谷来"[7]（《频夜梦至南郑小益之间慨然感怀》其二）。离开南郑进入西蜀后，陆游与抗敌前线渐远，莺歌燕舞的蜀地良辰美景固然有时也让陆游陶醉其中，但雄奇巴蜀山川更让诗人印象深刻："蜀汉崎岖外，江湖莽苍中。"[7]（《蜀汉》）魂牵梦萦的依然是梁州南郑的从军生活，"貂裘宝马梁州日，盘槊横戈一世雄。怒虎吼山争雪刃，惊鸿出塞避雕弓。朝陪策画清袖里，莫醉笙歌锦幄中。老去据鞍犹矍铄，君王何日奏肤功"[7]（《忆山南》）。东归途中，陆游犹怅然若失，对蜀汉生活难以忘怀："蜀栈秦关岁月遒，今年乘兴却东游。全家稳下黄牛峡，半醉来寻白鹭洲。"[7]（《登赏心亭》）在陆游生命的最后几年，对蜀汉军旅生活仍然记忆犹新："骑驴夜到苍溪驿，正是猿啼月落时。三十五年如电掣，败墙谁护旧题诗。"[7]（《自春来数梦至阆中苍溪驿，五月十四日又，梦作两绝句记之》其一）苍溪驿在南郑与阆中之间，也是秦蜀古道重要驿站，陆游在山南期间曾数度往返于这条线上，因而印象深刻。诗人离开南郑三十五年后依然梦回苍溪，可见蜀汉岁月对诗人后半生是何等的铭心刻骨！

　　陆游入蜀前的诗歌创作，深受江西诗派的影响，以闲适、散淡风格为主，追求章句用典，兼以描绘田园山水，抒发岁月虚度、功名未就的悲伤，诗风则模仿晚唐皮日休、陆龟蒙及其先师曾几、吕本中等人，自己也多不满意，屡有删改。入蜀诗作，格调为之一变，其诗作写金戈铁马、意气风发，风格雄奇壮伟，充满战斗豪情与刚健之气。正如清人赵翼所论，"放翁诗之宏肆，自从戎巴蜀，而境界又一变"。[10]而自淳熙五年（1178）东归回乡后，诗风又趋于平淡恬静。

略论苏轼、陆游巴蜀地理情结的差异与意义

结　语

　　巴蜀自然山水与民俗风物对苏轼、陆游文学及其学术成就的影响巨大，但其影响形式与文学表现又各不相同。苏轼作为走出蜀地、赢得海内外巨大声誉的一代文豪，一方面深受巴蜀地域文化影响，其前无古人的巨大文化成就又在很大程度上丰富了巴蜀文化的历史意蕴。如前论述，陆游很早就向往巴蜀山川地理，对蜀地走出的文学大家苏轼也充满崇敬与思慕，曾赋诗赞美这位心目中的蜀地前贤："商周去不还，盛哉汉唐宋。苏公本天人，谪堕为世用。太平极嘉祐，珠玉始包贡。公车三千牍，字字炭飞动。气力倒犀象，律吕谐鸾凤。天骥西极来，矫矫不受鞿。"[7]（《玉局观拜东坡先生海外画像》）因"元祐党争"案影响，苏轼诗文在徽、钦时代一度被禁，时人不敢公开颂扬，而到宋室南渡，这一禁锢始被打破，苏轼在朝野的美好形象迅速提高，其诗文之声誉与日俱增。陆游《老学庵笔记》对此有生动记载："建炎以来，尚苏氏文章，学者翕然从之，而蜀士尤盛。亦有语曰：'苏文熟，吃羊肉；苏文生，吃菜羹。'"[11]陆游的巴蜀诗文不仅有意继承苏轼，更因时代不同而有所超越，即把卫国抗战、北伐中原的战斗豪情引入其诗词创作，比起苏轼以妙笔描绘南北壮丽河山、抒发浩然古今风流的豪放词来说，注入了新的时代内容。巴蜀文化作为苏轼的精神家园，构成了其异地仕宦及其坎坷流贬岁月中文学创作的源源不断的灵感及其文化底蕴，终其一生，巴蜀情结始终伴随着苏轼的丰富人生与诗文书画活动，是促成其走向宋代文化巅峰的精神原动力之一。陆游则中年入蜀，蜀汉地区雄奇的地理风情与地近抗金国防前线的战斗氛围不仅使陆游迎来了最为意气风发的军旅生涯，也使得其诗风出现重大变化，促成了陆游走向了南宋中兴"第一诗人"的高地，也成为诗人中晚年一再回忆眷恋的精神慰藉。从这一角度考察，巴蜀地域文化在宋代文学史上的意义与地位值得进一步深入研究。

注　释

　　[1][日]吉川幸次郎著，章培恒等译《中国诗史》，安徽文艺出版社1986年版。书中辟有专章讨论苏陆文学风格及其地位的关系，也有学者对苏、陆豪放词、养生诗等做了

比较研究,详见杨胜宽《东直与放翁,隔代两知音——论陆游对苏轼文艺观的全面继承》,参见《西南师范大学学报》1995年第2期;高忠新《喻理于景,各有千秋:苏轼陆游山水诗哲理诗对比》,参见《殷都学刊》1993年第2期;李紫薇《苏轼和陆游豪放词异同研究》,参见《语文建设》2014年第35期。

[2]吕肖奂、张剑《两宋家族文学的不同风貌及其成因》,参见《文学遗产》2007年第2期。

[3]祝穆《方舆胜览》,清文渊阁四库全书本。

[4]〔宋〕苏轼《苏文忠公全集》,明成化本。

[5]马强《唐宋诗歌中的"巴蜀"地理意象及其文化内涵》,参见《成都大学学报》2010年第2期。

[6]〔宋〕陆游《陆放翁全集》,中国书店出版社1986年版。

[7]〔宋〕陆游《剑南诗稿》,清文渊阁四库全书补配清文津阁四库全书本。

[8]〔汉〕班固《汉书》,清乾隆武英殿刻本。

[9]莫励锋《陆游诗家三味辩》,参见《南京大学学报》1992年第2期。

[10]〔清〕赵翼《瓯北诗话》,清嘉庆湛贻堂刻本。

[11]〔宋〕陆游《老学庵笔记》,明汲古阁刻津逮秘书本。

从苏轼的历史人物评论看苏轼与王安石的分歧

◇高云鹏[*]

苏轼的史论以新奇警策的议论和行云流水的风格著称。不仅如此,苏轼对历史人物的评论还是他卓越的政治才能的体现。作为北宋历史上一个重大的政治事件,王安石变法对宋代政局和文化的走向,乃至赵宋王朝命运都产生了极为深远的影响。很多宋代文人都对王安石变法发表了自己的看法,苏轼自然不例外。苏轼对王安石变法的看法除了见于他给皇帝的上书和直接议论新法的诗文尺牍外,苏轼对历史人物的评论更能体现出他在改革的方式、策略、手段等方面的立场,同时亦可见出苏轼反对王安石变法的原因。

一、苏轼论商鞅

商鞅是中国古代历史上颇有争议的一个人物。有的人肯定商鞅变法强秦之功,有的人则因商鞅刻薄寡恩、捐弃仁义而对其持否定态度。苏轼曾多次发表对商鞅的看法,借以阐述自己的政见。苏轼论及商鞅的作品主要有《学士院试孔子从先进论》《韩非论》《策别课百官一》《上神宗皇帝书》《论商鞅》《评子美诗》等。其中《学士院试孔子从先进论》《韩非论》《策别课百官一》作于王安石变法之前,《上神宗皇帝书》写于熙宁四年(1071)新法实施期间,《论商鞅》则是苏轼晚年作于海外的。虽然苏轼在评论古人的时候经常会出现前后不一致的情况,他在《与王庠书》(《苏轼文集》卷四十九)中也说过:"轼少时好议论古人,既老,涉世更变,往往悔其

---

[*] 作者简介:高云鹏,北京体育大学国际教育学院讲师。

言之过。"[1] 1422 但是在对商鞅的看法上,苏轼却自始至终都是否定的。这说明苏轼在变法和治国的方式上与商鞅根本不同。苏轼对商鞅的评论体现了他以儒家为主的治国思想。这是苏轼与深得以商鞅为代表的法家思想旨趣的王安石在执政方式上产生分歧的一个重要原因。

苏轼早年便对商鞅和他所崇尚的刑名之学深恶痛绝,其原因主要有三:一是苏轼认为尊奉法家思想的人行事往往都携有不良的动机;二是苏轼认为法家思想本身带有强烈的功利色彩;三是苏轼认为法家对法的本质和精神的理解是存在偏颇。苏轼在《学士院试孔子从先进论》(《苏轼文集》卷二)中说:"商鞅之见孝公也,三说而后合。甚矣,鞅之怀诈挟术以欺其君也。彼岂不自知其不足以帝且王哉?顾其刑名惨刻之学,恐孝公之不能从,是故设为高论以衔之。"[1] 37 苏轼指出,商鞅并非不知道"刑名惨刻之学"并非正道,但是他仍然选择以法家思想来说服秦孝公便是"怀诈挟术以欺其君",这就充分说明商鞅动机不良。苏轼这样说是符合史实的。《史记·商君列传》中记载了商鞅的一段话:"吾说君以帝王之道比三代,而君曰:'久远,吾不能待。且贤君者,各及其身显名天下,安能邑邑待数十百年以成帝王乎?'故吾以强国之术说君,君大说之耳。然亦难以比德于殷周矣。"[2] 2228 此语道出了商鞅以法家思想游说秦孝公的原因。秦孝公迫切寻求"强国之术",这才使得法家思想有了用武之地。商鞅以法家思想取代三代帝王之道,显然是出于功利目的。法家思想本身带有极强的功利主义色彩,可以在短期内收效巨大。法家以最现实的方式来解决现实的问题,具有直接的功利性,如《韩非子·八说》中所说:"法所以制事,事所以名功也。"[3] 426 这与儒家有着明显的不同。儒家将治国理政建立在道德自觉的基础上,把政治理想的实现寄托在道德理想化之上。对此,孟子曾说过:"以力假仁者霸,霸必有大国,以德行仁者王,王不待大。汤以七十里,文王以百里。以力服人者,非心服也,力不赡也;以德服人者,中心悦而诚服也,如七十子之服孔子也。"[4] 235 (《孟子·公孙丑上》)凭借力量的强大可以迅速称霸,这是法家的富国强兵之术所擅长的。但是由于力不能及而被迫屈服是靠不住的,只有以德服人,使人心悦诚服才是长久之道。苏轼也看到了这一点,他在嘉祐六年(1061)所作的《策别课百官一》(《苏轼文集》卷八)中说:"周之衰也,商鞅、韩非峻刑酷法,以督责天下,然其所以为得者,用法始于贵戚大臣,而后及于疏贱,故能以其国霸。由此观之,商鞅、韩非之刑法,非舜之刑,而所以用刑者,舜之术也。后之庸人,不深原其本末，而猥以舜之用刑之术，与商鞅、韩非同类而弃之。"[1] 241 商鞅、韩非之流片面夸大了法的作用，他们推行的严刑峻法已经违背了刑法设立之初衷。苏轼在《韩非论》(《苏轼文集》卷四)中分析了"仁义"和"礼法刑政"产生的原因："仁义之道，起于夫妇、父子、兄弟相爱之间；而礼法刑政之原，出于君臣上下相忌之际。相爱则有所不忍，相忌则有所不敢。夫不敢与不忍之心合，而后圣人之道得存乎其中。"[1] 102 虽然仁义和礼法刑政产生的原因不同，但是二者却不可分割，只有二者相合圣人之道才得以畅行。法家的观点则异于此。《韩非子·二柄》中把刑和德作为君主治天下之"二柄"："明主之所导制其臣者，二柄而已矣。杀戮之谓刑，庆赏之谓德。"[3] 39 这无疑是把德和法都视为驾驭人臣的手段，二者都无法发挥出其应有的价值。正因如此，苏轼彻底否定了"教化不足，而法有余"[1] 102（《韩非论》，《苏轼文集》卷四）的韩非、商鞅。基于这样的认识，苏轼对以法家执政理念为指导思想的王安石持否定态度。

我们知道，苏轼本人也有很多改革的主张，所以他反对变法显然不是因为守旧。另外，苏轼不支持新法也不是为了维护自己所处的阶级利益，因为他始终都是站在人民的立场上。苏轼反对王安石变法是因为二人奉行的治国理念根本不同。王安石《上仁宗皇帝言事书》(《临川先生文集》卷三十九）云："顾内则不能无以社稷为忧，外则不能无惧于夷狄，天下之财力日以困穷，而风俗日以衰坏，四方有志之士，諰諰然常恐天下之久不安。此其故何也，患在不知法度故也。"[5] 410 可以看出，王安石认为内忧外患的原因在于"不知法度"。因此他奉行法家的执政理念，希望通过"立善法"来解决现实问题。由于苏轼奉行儒家的治国之道，反对法家思想，这就使同样主张变法的他走向了王安石的反对面。苏轼在熙宁四年（1071）《上神宗皇帝书》(《苏轼文集》卷二十五) 中说："臣之所欲言者三，愿陛下结人心、厚风俗、存纪纲而已。"[1] 729 苏轼的主张显然出自儒家。苏轼充分强调人心的重要性："人主之所恃者，人心而已。人心之于人主也，如木之有根，如灯之有膏，如鱼之有水，如农夫之有田，如商贾之有财。木无根则槁，灯无膏则灭，鱼无水则死，农夫无田则饥，商贾无财则贫，人主失人心则亡。"[1] 730 苏轼认为得人心是为政的根本，他还对因失去人心而最终败亡的历史人物进行了盘点。在谈到商鞅的时候，苏轼说："惟商鞅变法，不顾人言，虽能骤致富强，亦以召怨天下，使其民知利而不知义，见刑而不见德，虽得天下，旋踵而失也。至于其身，亦卒不免，负罪出走，而诸侯不纳，车裂以徇，而秦人莫哀。"[1]730 在苏轼看来，商鞅的举措固然可以使国家骤然致富，但他最终难逃因"召怨天下"而失败身死的下场，其根本原因就在于"使其民知利而不知义，见刑而不见德"。诚如苏轼所说，商鞅在实施变法的时候不但置民意于不顾，而且还把法当作压制人民的手段。《商君书·画策》云："昔之能制天下者，必先制其民者也；能胜强敌者，必先胜其民者也。故胜民之本在制民，若冶于金，陶于土也。本不坚，则民如飞鸟走兽，其孰能制之？民本，法也。故善治者，塞民以法，而名地作矣。"[6]143 苏轼认为，法绝不能成为"塞民"的工具，"塞民"就会失去人心。苏轼此说显然是针对王安石的。王安石不听人言，强推新法，其做法与商鞅同出一辙，故而遭到苏轼的强烈反对。

贾谊《新书·时变》云："商君违礼义，弃伦理，并心于进取，行之二岁，秦俗日败。"[7] 儒家向来把重法不重礼视为商鞅失败的重要原因。由于对法的本质和功能的理解不同，儒家和法家在推行法令的方式上也有明显的差别。儒家认为政令的施行应该依靠德的力量，在潜移默化之间实现，即孔子所说的"其身正，不令而行；其身不正，虽令不从。"[4]143（《论语·子路》）儒家还认为将政令强加于人的做法会导致风俗败坏。孔子在论德与法的时候就说过："道之以政，齐之以刑，民免而无耻；道之以德，齐之以礼，有耻且格。"[4]54（《论语·为政》）孔子并非认为法不应该存在，而是看到了仅靠法来治国的局限——"民免而无耻"，因而提倡德治。法家则把礼当成推行法的保障。商鞅立木赏金，以诚信为变法的工具。值得注意的是，王安石曾作有一首《商鞅》（《临川先生文集》卷三十二）："自古驱民在信诚，一言为重百金轻。今人未可非商鞅，商鞅能令政必行。"[5]355 王安石看到了诚信是商鞅变法能够顺利推行的根本保障，并对此大加赞赏。诚信原本是人之美德，法家则把诚信降低成带有现实功利性的为政手段。苏轼与王安石不同。苏轼秉承儒家理念，看重风俗的盛衰厚薄，他在《上神宗皇帝书》（《苏轼文集》卷二十五）中说："夫国家之所以存亡者，在道德之浅深，不在乎强与弱，历数之所以长短者，在风俗之厚薄，不在乎富与贫。道德诚深，风俗诚厚，虽贫且弱，不害于长而存。道德诚浅，风俗诚薄，虽强且富，不救于短而亡。人主知此，则知所轻重矣。是以古之贤君，不以弱而忘道德，不以贫而伤风俗，而智者观人之国，亦以此而察之。"[1]737 苏轼还说："夫国之长短，如人之寿夭，人之寿夭在元气，国之长短在风俗。……古之圣人，非不知深刻之法可以齐众，勇悍之夫可以集事，忠厚近于迂阔，老成初若迟钝。然终不肯以彼而易此者，知其所得小而所丧大也。"[1] 737 苏轼并非没有看到"深刻之法"会有立竿见影的效果，而是深悉这样做难以长久的最终结局。要想实现长治久安，必须走重道德、厚风俗的治国之道。这与法家"故明主之国，无书简之文，以法为教；无先王之语，以吏为师"[3] 452（《韩非子·五蠹》）的治国思想势同水火。商鞅依靠严刑峻法使秦国迅速强大起来，而秦仅经历二世便灭亡的事实充分说明了重法不重德是难以久长的。王安石在《周公》（《临川先生文集》卷六十四）一文中也说过："盖君子之为政，立善法于天下，则天下治，立善法于一国，则一国治。如其不能立法，而欲人人悦之，则日亦不足矣。"[5] 678 王安石变法虽然打着先王之道的旗号，却无法掩饰其法家的本质，这无疑是苏轼对他不满的又一原因。

苏轼晚年在《论商鞅》（《苏轼文集》卷五）中又一次谈到了商鞅："秦固天下之强国，而孝公亦有志之君也，修其政刑十年，不为声色畋游之所败，虽微商鞅，有不富强乎！秦之所以富强者，孝公敦本力穑之效，非鞅流血刻骨之功也。而秦之所以见疾于民，如豺虎毒药，一夫作难，而子孙无遗种，则鞅实使之。"[1] 156 这时候的苏轼已彻底否定了秦国强盛是商鞅变法使然，他认为秦国强盛的真正原因在于秦孝公重视农业生产。苏轼并非是刻意标新立异，亦非否定了自己之前的观点，而是要再次重申儒家"保民而王"的思想。《论语·子路》中"子适卫，冉有仆。子曰：'庶矣哉！'冉有曰：'既庶矣，又何加焉？'曰：'富之。'曰：'既富矣，又何加焉？'曰：'教之。'"[4] 143 的对话揭示出儒家先使人民生活富足，在此基础上再实行礼义教化的治国之道。《孟子·梁惠王上》亦云："五亩之宅，树以之桑，五十者可以衣帛矣；鸡豚狗彘之畜，无失其时，七十者可以食肉矣；百亩之田，勿夺其时，八口之家可以无饥矣；谨庠序之教，申之以孝悌之义，颁白者不负戴于道路矣。老者衣帛食肉，黎民不饥不寒，然而不王者，未之有也。"[4] 212 孟子详细讲述了养民在于先使其基本的生存需求得到满足，之后再申之以道德礼义。苏轼所尊奉的正是这种为政之道。苏轼《评子美诗》（《苏轼文集》卷六十七）云："子美自比稷与契，人未必许也。然其诗云：'舜举十六相，身尊道益高。秦时用商鞅，法令如牛毛。'此自是契、稷辈人口中语也。"[1] 2105 苏轼认为，虽然杜甫自比契、稷未必被他人认可，但是从杜甫赞美"舜举十六相"，反对任用"法令如牛毛"的商鞅来看，杜甫的治国之道确与契、稷无异。苏轼对杜甫和商鞅采取了截然不同的态度，从中可以看出苏轼与王安石执政理念的差异所在。

通过苏轼对商鞅的批评可以看出，苏轼从一开始就不赞同法家思想，更反对用法家之道来治国。苏轼对法的本质、功能等问题的看法都是儒家的。随着新法的推行，奉行儒家重德务本、仁民爱物之道的苏轼必然会对推行法家富国强兵之术的王安石越发不满，故而苏轼屡次借论商鞅来指责王安石变法的失当之处。

二、苏轼论管仲

古人论管仲，孔子就已发其端。孔子对管仲的功绩给予充分的肯定，《论语·宪问》中的"桓公九合诸侯，不以兵车，管仲之力也。如其仁！如其仁！"[4]153 和"管仲相桓公，霸诸侯，一匡天下，民到于今受其赐。微管仲,吾其被发左衽矣！"[4]153 便是如此。同时孔子还指责了管仲"器小""不知礼"，见《论语·八佾》中的"管氏有三归，官事不摄，焉得俭？""邦君树塞门，管氏亦树塞门；邦君为两君之好，有反坫，管氏亦有反坫。管氏而知礼，孰不知礼？"[4]67 后人论管仲多围绕这两个角度进行评说。苏轼则超出此藩篱。苏轼从自己的政见出发，充分结合现实，先后在《管仲论》《管仲分君谤》《管仲无后》等文中对管仲发表了看法。

苏轼对管仲的评论涉及军事、政治、经济等多个方面。就军事方面而言，苏轼吸收和借鉴了管仲的很多军事思想。苏轼不仅在"使民得更代而为兵，兵得复还而为民"[1]278（《策别训兵旅二》,《苏轼文集》卷九）的策略上与管仲"守则同固，战则同强"[8]232（《国语·齐语》）的主张一致，他还在《管仲论》（《苏轼文集》卷三）中对管仲"变古司马法而为是简略速胜之兵"[1]88 的战略思想大加称赞。忠君观念方面，苏轼则对管仲提出了质疑。苏轼在《管仲分君谤》（《苏轼文集》卷六十五）中针对"齐桓公宫中七市，女闾七百，国人非之，管仲故为三归之家，以掩桓公"之事，提出了"管仲之爱其君亦陋矣，不谏其过，而务分谤焉"[1]1999 的看法。苏轼不赞同管仲的做法，这与苏轼的君臣观有关,因与论题关系不大,兹不深入剖析。苏轼在《论管仲》（《苏轼文集》卷五）中一方面肯定了管仲的成就："大哉，管仲之相桓公也。辞子华之请，而不违曹沫之盟，皆盛德之事也。齐可以王矣。"另一方面对管仲以刑治国表达了不满:"恨其不学道,不自诚意正身以刑其国,使家有三归之病,而国有六嬖之祸,故桓公不王。而孔子小之。"[1] 147 这是因为苏轼信奉儒道,反对刑名之学。苏轼对管仲最为不满的是管仲的富国之道。管仲曾说过"凡治国之道,必先富民,民富则易治也,民贫则难治也。"[9] 925 (《管子·治国》)这种说法看似与儒家的"百姓足,君孰与不足?百姓不足,君孰与足"[4] 135 (《论语·颜渊》)相似,但实则有本质上的区别。同样是以民为国之根本,儒家提出先富民旨在为民,而管仲则是为君,因此他才会在提出先富民的同时又做出与民争利的事。这是因为儒家把德当成价值追求,而法家则把德视为获得利益的工具。苏轼在《管仲无后》(《苏轼文集》卷六十五)中谈到了管仲与民争利的问题:

《左氏》云:"管仲之世祀也宜哉!"谓其有礼也。而管子之后不复见于齐者。予读其书,大抵以鱼盐富齐耳。予然后知管子所以无后于齐者。孔子曰:"管仲相桓公,九合诸侯,一匡天下。微管仲,吾其被发左衽矣。"又曰:"桓公九合诸侯,不以兵车,管仲之力也。如其仁!如其仁!"夫以孔子称其仁,丘明称其有礼,然不救其无后,利之不可与民争也如此。桑弘羊灭族,韦坚、王铁、杨慎矜、王涯之徒,皆不免于祸,孔循诛死,有以也夫。[1] 2000

苏轼对"鱼盐富齐"是深恶痛绝的。《管子·海王》中记载了管仲在先后否定了齐桓公欲通过台雉、树木、六畜和人口等方面收税来实现富国的想法之后,建议齐桓公"惟官山海为可耳"。[9] 1246 管仲还道出了其中的奥秘:"使君施令曰'吾将籍于诸君吾子',则必嚣号。今夫给之盐策,则百倍归于上,人无以避此者,数也。"[9] 1247 可见,管仲富齐之路的本质是盘剥人民获利。苏轼说历史上的管仲、桑弘羊、韦坚、王铁、杨慎矜、王涯等人之所以招致祸患,其罪就在于与民争利。苏轼在《论商鞅》(《苏轼文集》卷五)中说:"至于桑弘羊,斗筲之才,穿窬之智,无足言者。而迁之言曰:'不加赋而上用足。'善乎,司马光之言也,曰:'天下安有此理。天地所生财货百物,止有此数,不在民则在官。譬如雨泽,夏涝则秋旱。不加赋而上用足,不过设法阴夺民利,其害甚于加赋也。'二子之名在天下,如蛆蝇粪秽也,言之则污口舌,书之则污简牍。二子之术,用于世者,灭国残民,覆族亡躯者,相踵也。而世主独甘心焉，何哉？乐其言之便己也。"[1] 156 苏轼明确指出，通过与民争利来实现富国终究是取祸之道。

王安石变法的核心在于理财，即"因天下之力，以生天下之财，取天下之财，以供天下之费"[5] 417（《上仁宗皇帝言事书》，《临川先生文集》卷三十九）。他在《答曾公立书》（《临川先生文集》卷七十三）中也说："政事所以理财，理财乃所谓义也。一部《周礼》，理财居其半，周公岂为利哉。"[5] 337 苏轼援引司马光反驳王安石"善理财者，不加赋而国用足"的说法时所提出的"不加赋而上用足，不过设法阴夺民利，其害甚于加赋也"[10] 1628，旨在彻底否定任何带有与民争利性质的经济政策。苏轼说历史上与民争利的人皆无善终，并非为了恶毒诅咒王安石，而是缘于他的爱民之心。对此，苏轼本人的实际行动便是最好的证明。苏轼曾在《上文侍中论榷盐书》（《苏轼文集》卷四十八）中为了"乞榷河北、京东盐"提出"失民而得财，明者不为。况民财两失者乎"？[1] 1401 后来他在《乞罢登莱榷盐状》（《苏轼文集》卷二十六）中直言不讳地指出了京东榷盐虽然获利很大，但是却造成了"旧日京东贩盐小客无以为生，大半去为盗贼"的恶果。苏轼还进一步详细分析了"榷盐"的三大害处："独臣所领登州，斗入海中三百里，地瘠民贫，商贾不至，所在盐货，只是居民吃用，今来既榷入官，官买价贱，比之灶户卖与百姓，三不及一，灶户失业，渐以逃亡，其害一也。居民咫尺大海，而令顿食贵盐，深山穷谷，遂至食淡，其害二也。商贾不来，盐积不散，有入无出，所在官舍皆满，至于露积，若行配卖，即与福建、江西之患无异，若不配卖，即一二年间，举为粪土，坐弃官本，官吏被责，专副破家，其害三也。"[1] 767 苏轼前后两次撰文都直接指出了"榷盐"行为与民争利的本质，故而坚决反对。除榷盐外，苏轼还指出王安石变法的很多举措都带有与民争利的色彩。苏轼在《拟进士对御试策》（《苏轼文集》卷九）中针对青苗法就说过"今陛下使农民举息，与商贾争利，岂理也哉，而和怪其不成乎？"[1] 303 关于这个问题，司马光曾指责王安石"善理财者，不过头会箕敛以尽民财。民穷为盗，非国之福"[10] 1628，苏轼显然与司马光所见略同。需要说明的是，简单地将王安石变法与管仲"鱼盐富齐"等同起来是不够客观的。王安石实施的新法，如青苗等法令旨在惠民的同时因财生利，确实是想在不加赋税的情况下实现富国。这与管仲在人民生活的必需品上攫取利益是有区别的。但是从实际效果上看，王安石的很多利民措施最终都沦为与民争利的害民之举，所以苏轼这样说并非没有道理。关于新法的实际效果与初衷不符的原因,下文将做详细分析,此处暂不详论。苏轼则认为国家贫困的根本原因在于取用无度,而非乏少盈利途径,因此要想从根本上解决问题就不能采用王安石的开源之法。苏轼在《上韩魏公论场务书》(《苏轼文集》卷四十八)中说:"朝廷自数十年以来,取之无术,用之无度,是以民日困,官日贫。一旦有大故,则政出一切,不复有所择。"[1] 1395 可见,在富国的方式方法上,苏轼与王安石存在着根本的分歧。苏轼强烈批判管仲与民争利,实际上是将矛头指向了王安石。

苏轼并非认为不该变法,但是他认为王安石并没有看到实行变法的前提条件,也就是变法的时机不对。苏轼认为当务之急是"财之不丰,兵之不强,吏之不择"[1] 117(《思治论》,《苏轼文集》卷四),三者中又以"吏之不择"最为关键。苏轼认为在吏治未清的时候应当先以整顿吏治为第一要务,他在《策别课百官四》(《苏轼文集》卷八)中说:"自汉至今,言吏治者,皆推孝文之时,以为任人不可以仓卒而责其成效。"[1] 248 苏轼《策别课百官三》(《苏轼文集》卷八)论"决壅蔽"亦云:"昔者汉唐之弊,患法不明,而用之不密,使吏得以空虚无据之法而绳天下,故小人以无法为奸。今也法令明具,而用之至密,举天下惟法之知。所欲排者,有小不如法,而可指以为瑕。所欲与者,虽有所乖戾,而可借法以为解。故小人以法为奸。"[1] 246 苏轼在作于湖州的《谒文宣王庙祝文》(《苏轼文集》卷六十二)中对此进行了重申:"窃惟吏治以仁义为本,教化为急。"[1] 1920 苏轼反复强调整顿吏治的重要性,这充分说明他对变法前提的认识与王安石迥异。苏轼秉承儒家仁人治国的理念,认为好的法律只有通过有德行的人去实施才能收到良好的效果,所以他多次强调整顿吏治是第一要务。关于人才的问题,王安石《上时政疏》(《临川先生文集》卷三十九)云:"盖夫天下至大器也,非大明法度不足以维持,非众建贤才不足以保守。"[5] 424 从表面上看,王安石法度和人才并重。实则不然。王安石所看重的人才是能够为推行新法服务的。王安石在《上仁宗皇帝言事书》(《临川先生文集》卷三十九)中谈到了这一点:"臣以谓方今在位之人才不足者,以臣使事之所及,则可知矣。今以一路数千里之间,能推行朝廷之法令,知其所缓急,而一切能使民以修其职事者甚少,而不才苟简贪鄙之人,至不可胜数。"[5] 411 王安石为了确保变法的顺利实施,把支持新法当作提拔官员的标准,却忽视对其德行的考察。儒家讲求仁人治国,最注重的是品德。孟子曾详细论述过"贵德而尊士,贤者在位,能者在职"[4]235(《孟子·公孙丑上》)的必要性,兹不重复。王安石变法失误正在于此。王安石不重视整肃吏治、强推新法的弊端随着变法的深入开展越发明显。虽然王安石在制订青苗法时规定按需放贷、不得抑配,但在实施的过程中,贪图政绩的官吏却变成了强行摊派,压榨百姓获利,使利民之举最终沦为了害民之法。事实证明苏轼的看法是正确的。苏轼早就在《上神宗皇帝书》(《苏轼文集》卷二十五)中说过:"今陛下始立成法,每岁常行,虽云不许抑配,而数世之后,暴君污吏,陛下能保之欤?"[1]735王安石变法屡遭受诟病,其中的一个原因就在于用人失当。苏轼在《乞不给散青苗钱斛状》(《苏轼文集》卷二十七)中说过:"又官吏无状,于给散之际,必令酒务设鼓乐倡优,或关扑卖酒牌子,农民至有徒手而归者,但每散青苗,即酒课暴增,此臣所亲见而为流涕者也。二十年间,因欠青苗至卖田宅雇妻女投水自缢者,不可胜数,朝廷忍复行之欤!"[1]784苏轼多次在诗中讽喻青苗法导致的祸患,如《山村五绝》其四(《苏轼诗集》卷九)云:"杖藜裹饭去匆匆,过眼青钱转手空。赢得儿童语音好,一年强半在城中。"[11]439《吴中田妇叹》(《苏轼诗集》卷八)亦云:"卖牛纳税拆屋炊,虑浅不及明年饥。官今要钱不要米,西北万里招羌儿。龚黄满朝人更苦,不知却作河伯妇。"[11]404苏轼不仅表达了对人民的深切同情,他还直接道出了造成人民困苦的根源。司马光、苏辙等人对此也都表达了类似的看法。司马光在《与王介甫第三书》中说:"今之散青苗钱者,无问民之贫富,愿与不愿,强抑与之,岁收其什四之息。谓之不征利,光不信也。"[12]247苏辙《诗病五事》(《栾城三集》卷八)云:"设青苗法,以夺富民之利。民无贫富,两税之外,皆重出息十二,吏缘为奸,至倍息,公私皆病矣。吕惠卿继之,作手实之法,私家一毫以上,皆籍于官,民知其有夺取之心,至于卖田杀牛以避其祸。"[13]1230青苗法害民显然与王安石用人不当有着直接的关系。值得注意的是,苏轼在《霍光论》(《苏轼文集》卷四)中赞美了汉武帝将大事托付给才能不足却德行出众的霍光,因为他认为德行是做事的根本:"夫霍光者,才不足而节气有余,此武帝之所为取也。"[1]109苏轼在《上神宗皇帝书》(《苏轼文集》卷二十五)中也说过:"昔汉武之世,财力匮竭,用贾人桑弘羊之说,买贱卖贵,谓之均输。于时商贾不行,盗贼滋炽,几至于乱。孝昭既立,学者争排其说,霍光顺民所欲,从而予之,天下归心,遂以无事。"[1]735—736苏轼充分认识到德之于政的首要性,所以从管仲到王安石自然都会成为他批判的对象。《宋史·王安石传论》载朱熹评王安石语:"安石以文章节行高一世,而尤以道德经济为己任。被遇神宗,致位宰相,世方仰其有为,庶几复见二帝三王之盛。而安石乃汲汲以财利兵革为先务,引用凶邪,排摈忠直,躁迫强戾,使天下之人,嚣然丧其乐生之心。卒之群奸嗣虐,流毒四海,至于崇宁、宣和之际,而祸乱极矣。"[14]10553 虽然王安石本人"文章节行高一世",但是他做事急功近利,为了尽快实现变法富国的目的不惜"引用凶邪,排摈忠直,躁迫强戾",却成了他无可抵赖的罪证。苏轼深知其弊,他在《上神宗皇帝书》(《苏轼文集》卷二十五)中说:"今议者不察,徒见其末年吏多因循,事不振举,乃欲矫之以苛察,齐之以智能,招来新进勇锐之人,以图一切速成之效,未享其利,浇风已成。"[1]738 苏轼在论政令得失的时候进一步指出:"陛下生知之性,天纵文武,不患不明,不患不勤,不患不断,但患求治太速,进人太锐,听言太广。"[1]741—742 (《上神宗皇帝书》,《苏轼文集》卷二十五)因此,他劝皇帝"愿镇以安静,待物之来,然后应之。"[14]10804(《宋史·苏轼传》)王安石的失败证明了苏轼的见解绝非迂腐之论。

苏轼在王安石的身上看到了管仲的影子,他对管仲与民争利的指责实是出于对王安石的不满。王安石变法目的虽善,但却造成了很多害民的事实,这一方面是他急功近利、用人不当使然,另一方面则是因为他的一些举措与民争利。苏轼则主张不可与民争利,为政当以整顿吏治为第一要务。苏轼与王安石在变法的思路上有着不可调和的矛盾。所以每当论及管仲的时候,苏轼都是在表达对王安石的不满。

三、苏轼论韩愈

韩愈同样是苏轼经常论及的一位古人。苏轼早年对韩愈有"韩愈之于圣人之道,盖亦知好其名矣,而未能乐其实"[1]114(《韩愈论》,《苏轼文集》卷四)之讥,这是因为他与韩愈对一些问题持不同的观点。在写《潮州韩文公庙碑》的时候,苏轼一改之前的态度,把韩愈奉为典型的儒者并表达了深切的缅怀之情。这说明多年浮沉宦海的经历和体验使苏轼对韩愈有了更为深刻的理解。苏轼极力推崇韩愈在治学和弘道两个方面的功绩,正是缘于他对王安石在这两个方面强烈的不满。从这个意义上我们也可以说,苏轼评韩愈实际上仍是在评王安石。

苏轼在《潮州韩文公庙碑》(《苏轼文集》卷十七)中不惜笔墨赞扬了韩愈在拯救天下的道德、文章的卓著功绩:"自东汉以来,道丧文弊,异端并起,历唐贞观、开元之盛,辅以房、杜、姚、宋而不能救。独韩文公起布衣,谈笑而麾之,天下靡然从公,复归于正,盖三百年于此矣。文起八代之衰,而道济天下之溺,忠犯人主之怒,而勇夺三军之帅。岂非参天地,关盛衰,浩然而独存者乎!"[1]509 韩愈身为一介布衣,凭一己之力恢复了儒家道统,并使天下的文风回归正道。苏轼对这样的境界是颇为向往的。这在他对欧阳修的评价中有着更为明显的体现。苏轼认为欧阳修是韩愈的继承者,且欧阳修的功绩不逊韩愈,苏轼《六一居士集叙》(《苏轼文集》卷十)云:"五百余年而后得韩愈,学者以愈配孟子,盖庶几焉。愈之后二百有余年而后得欧阳子,其学推韩愈、孟子以达于孔氏,著礼乐仁义之实,以合于大道。其言简而明,信而通,引物连类,折之于至理,以服人心,故天下翕然师尊之。自欧阳子之存,世之不说者,哗而攻之,能折困其身,而不能屈其言。士无贤不肖不谋而同曰:'欧阳子,今之韩愈也。'"[1]316 苏轼接下来还歌颂了欧阳修在扭转宋代文风方面的成就:"宋兴七十余年,民不知兵,富而教之,至天圣、景祐极矣,而斯文终有愧于古。士亦因陋守旧,论卑气弱。自欧阳子出,天下争自濯磨,以通经学古为高,以救时行道为贤,以犯颜纳说为忠。"[1]316 苏轼指出,韩愈和欧阳修拯救天下的道德、文章都不是依靠权势和地位实现的,这与想要通过政令来统一天下思想、学术以及文章的王安石大相径庭。

王安石把他的"新学"当作变法的理论基础。王安石改革科举,强调经术要为政治服务。他在《除左仆射谢表》(《临川先生文集》卷五十七)中说:"以经术造士,实始盛王之时。"[5]619 王安石曾对神宗说:"今人材乏少,且其学术不一,异论纷然,不能一道德故也。"[14]3617(《宋史·选举志》)对此,《续资治通鉴长编》卷二百二十九载有宋神宗语王安石:"经术,今人人乖异,何以一道德?卿有所著可以颁行,令学者定于一。"[15]5570 基于这样的目的,王安石编著了《三经新义》并通过政治手段颁行于世,希望借此统一天下的思想和学术。王安石这样做出现了诸多弊病,主要体现在两个思想和艺术方面:首先,导致思想单一化,造成了"一时学者,无敢不传习,主司纯用以取士,士莫得自名一说,先儒传注,一切废不用"[14]10550(《宋史·王安石传》)的局面。

从苏轼的历史人物评论看苏轼与王安石的分歧

苏轼不赞同王安石使经典为改革变法服务,通过政令强行推广一己之学术思想,实行文化专制的做法。苏轼在《议学校贡举状》(《苏轼文集》卷二十五)中就曾指出:"君之所向,天下趋焉。若欲设科立名以取之,则是教天下相率而为伪也。上以孝取人,则勇者割股,怯者庐墓。上以廉取人,则弊车羸马,恶衣菲食。凡可以中上意,无所不至矣。德行之弊,一至于此乎!"[1] 724 苏轼在《送人序》(《苏轼文集》卷十)中也说:"王氏之学,正如脱槧,案其形模而出之,不待修饰而成器耳,求为桓璧彝器,其可乎?"[1] 325 这恐怕也是王安石始料未及的。王安石本人对此也有所发觉:"王荆公改科举,暮年乃觉其失,曰:'欲变学究为秀才,不谓变秀才为学究也。'"[16](陈师道《谈丛》)另一方面,王安石片面强调文学的实用功利性,否定了文学的审美功能。王安石在《上人书》(《临川先生文集》卷七十七)中对文道并重的韩愈颇多微词,他认为"所谓辞者,犹器之有刻镂绘画也。诚使巧且华,不必适用。诚使适用,亦不必巧且华。要之以适用为本,以刻镂绘画为之容而已。不适用,非所以为器也。不为之容,其亦若是乎?否也。然容亦未可已也,勿先之,其可也。"[5] 811 王安石以"宜先除去声病偶对之文,使学者得专意经术"[14] 3618(《宋史·选举志》)为由,主张取消诗赋取士。苏轼指出,文辞华丽与人的德行之间并无必然的联系。苏轼在《议学校贡举状》(《苏轼文集》卷二十五)中通过大量的事实指出了王安石的荒谬之处:"近世士大夫文章华靡者,莫如杨亿,使杨亿尚在,则忠清鲠亮之士也,岂得以华靡少之。通经学古者,莫如孙复、石介,使孙复、石介尚在,则迂阔矫诞之士也,又可施之于政事之间乎?自唐至今,以诗赋为名臣者,不可胜数,何负于天下,而必欲废之!"[1] 724 苏轼在《复改科赋》(《苏轼文集》卷一)中也说过:"祖宗百年而用此,号曰得人;朝廷一旦而革之,不胜其弊。谓专门足以造圣域,谓变古足以为大儒。事吟哦者为童子,为雕篆者非壮夫。殊不知采撷英华也簇之如锦绣,较量轻量也等之如锱铢。韵韵合璧,联联贯珠。稽诸古其来尚矣,考诸旧不亦宜乎?"[1] 29 苏轼强调辞采华美是十分必要的。不仅如此,苏轼还倡导艺术风格多样化,他曾说过"短长肥瘦各有态,玉环飞燕谁敢憎"[11] 372(《孙莘老求墨妙亭诗》,《苏轼诗集》卷八)。王安石强迫别人与己相同,在实行思想专制的同时,也使艺术创作上趋于单一化,这是让人痛心疾首的。苏轼在《答张文潜县丞书》(《苏轼文集》卷四十九)中说:"文字之衰,未有如今日者也。其源实出于王氏。王氏之文,未必不善也,而患在于使人同己。自孔子不能使人同，颜渊之仁，子路之勇，不能以相移。而王氏欲以其学同天下！地之美者，同于生物，不同于所生。惟荒瘠斥卤之地，弥望皆黄茅白苇，此则王氏之同也。"[1]1427 我们知道，苏轼继承欧阳修"我老将休，付子斯文"[1]1956（《祭欧阳文忠公夫人文》，《苏轼文集》卷六十三）的遗愿，在欧阳修之后承担起领导"斯文"的职责。苏轼把"道统"和"文统"统一起来，而不似王安石将"文统"纳入"治统"的管辖之中。可见，苏轼赞扬韩愈，实际上却是在表达对王安石的不满。

苏轼捍卫儒家"道统"，颇有与"治统"相抗衡的意味。"道统"与"治统"之争由来已久。儒家早就提出道高于势，《孟子·尽心上》云："古之贤王好善而忘势，古之贤士何独不然？乐其道而忘人之势。"[4]351 儒家尊道而不尊势，甚至不惜以身殉道也不向势屈服。这与深悉"万乘之主、千乘之君所以治天下而征诸侯者，以其威势也"[3]470（《韩非子·人主》）的秘密，并主张"抱法处势则治，背法去势则乱"[3]392（《韩非子·难势》）的法家形成了鲜明的对比。苏轼在《潮州韩文公庙碑》（《苏轼文集》卷十七）一文开篇就说："匹夫而为百世师，一言而为天下法。是皆有以参天地之化，关盛衰之运。其生也有自来，其逝也有所为矣。故申吕自岳降，傅说为列星，古今所传，不可诬也。孟子曰：'吾善养吾浩然之气。是气也，寓于寻常之中，而塞乎天地之间。'卒然遇之，则王公失其贵，晋、楚失其富，良、平失其智，贲、育失其勇，仪、秦失其辩，是孰使之然哉？其必有不依形而立，不恃力而行，不待生而存，不随死而亡者矣。故在天为星辰，在地为河岳。幽则为鬼神，而明则复为人。此理之常，无足怪者。"[1]508 苏轼特别强调了韩愈的布衣身份，意在说明道具有独立的价值，不依赖于势。苏轼把韩愈志于道，不向势妥协的精神视为至高无上的境界——"参天地之化，关盛衰之运"。这显然又是针对王安石的。因为王安石以法家精神为本，不仅凭借势来实施新法，还倚仗权力推行私学，实行思想文化上的专制。苏轼与王安石的矛盾已经不局限于政治观点上的分歧，而是上升为不同文化理想之间的冲突。

值得思考的是，北宋时期出现了"苏门四学士""苏门六君子"等以苏轼为核心的文人群体——"苏门"。王安石的周围也不乏大量的追随者，如吕惠卿、李定、蔡确、章惇、曾布等。通过对比可以看出，以王安石为首的新党文人群体因势而聚，多是带有政治目的，且不乏投机的色彩。王安石本人则因视文学为政治的附庸而缺乏包容性。王安石"所提携者多为政治上的投机分子，去来无情。王安石执政时，门庭若市，人人尽道是门人；罢政后，门庭冷落，'人人讳道是门生'，令人为之悲叹。其实，这与维系王门的纽带主要不是文学而是政治密切相关，是王安石赋文学结盟于政治功利所使然。"[17] 76 苏门的形成主要是出于对苏轼道德文章的仰慕，与权势并无关联。苏轼继承了韩愈、欧阳修的衣钵，以儒家思想为本，在艺术上标举风格的多样化。无论是生前还是身后，苏轼的追随者莫不对他敬仰有加。米芾说苏轼是韩愈、欧阳修在当世的重现，他在《苏东坡挽诗五首》其三中说苏轼"道如韩子频离世，文比欧公复并年"[18]。李之仪在《东坡先生赞》其二中更是以"光时显被，外薄四夷。载瞻载仰，百世之师"[19] 101 来赞美苏轼。其中的优劣得失很值得玩味。

苏轼评韩愈突出强调了韩愈虽为布衣，却能以一己之力扭转天下道德和文章之弊的伟大功绩，实际上是在表达对王安石借势实行思想、文化上的垄断的不满。苏轼在欧阳修之后肩负起主持"斯文"的重任，毕生以儒者自居，秉承儒家道高于势的理念，积极践行儒家文化的基本精神。无论是在王安石变法的时候还是后来谪居黄州，元祐更化乃至远贬惠州、儋州，苏轼始终奉行儒家的弘道精神，而不向势妥协。所以，苏轼评韩愈不仅是为了否定王安石的执政方式和文化政策，同时更是要借此向世人宣示自己的政治见解和文化理想。

苏轼在变法的时机、方式等方面与王安石存在着严重的分歧，所以同样主张变革的他最终走上了反对王安石变法的道路。苏轼奉行儒家的执政理念，主张以德治国，反对法家的治国方式。苏轼认为变法应以任用贤人、整顿吏治为前提。苏轼还主张富国当先务其本，并坚决反对任何带有与民争利色彩的富国方式。与对商鞅、管仲做出强烈的批判不同，苏轼在韩愈的身上看到了自己毕生追求的境界，所以他向不屈服于势，身为一介布衣却能使天下的道德、文章复归于正的韩愈表达了由衷的崇敬之情。苏轼对商鞅、管仲、韩愈的评论体现了他对王安石变法的态度及其治国理政之道，这是我们在阅读相关文章时所应该注意的。

注　释

[1]〔宋〕苏轼著，孔凡礼点校《苏轼文集》，中华书局1986年版。

[2]〔宋〕司马迁撰，〔宋〕裴骃集解，〔唐〕司马贞索引，〔唐〕张守节正义《史记》，中华书局1959年版。

[3]〔清〕王先慎撰,钟哲点校《韩非子集解》,中华书局1998年版。

[4]〔宋〕朱熹《四书章句集注》,中华书局1983年版。

[5]〔宋〕王安石《临川先生文集》,中华书局1959年版。

[6]贺凌虚《商君书今注今译》,台湾商务印书馆1987年版。

[7]〔汉〕贾谊《新书》卷三,《四库全书》本。

[8]《国语》,上海古籍出版社1978年版。

[9]黎翔凤撰、梁运华整理《管子校注》,中华书局2004年版。

[10]〔清〕毕沅《续资治通鉴》,中华书局1957年版。

[11]〔清〕王文诰辑注,孔凡礼点校《苏轼诗集》,中华书局1982年版。

[12]〔宋〕司马光《司马温公文集》卷十,《丛书集成初编》本,商务印书馆民国二十五年(1936)版。

[13]陈宏天、高秀芳点校《苏辙集》,中华书局1990年版。

[14]〔元〕脱脱等《宋史》,中华书局1977年版。

[15]〔宋〕李焘《续资治通鉴长编》,中华书局1995年版。

[16]〔宋〕陈师道《后山集》卷十八,《四库全书》本。

[17]沈松勤《论王安石与新党作家群》,参见《杭州大学学报》1998年第1期。

[18]〔宋〕米芾《宝晋英光集》卷四,《四库全书》本。

[19]〔宋〕李之仪《姑溪居士全集》卷十二,《丛书集成出版》本,商务印书馆民国二十四年(1935)版。

晁补之和苏轼的结识以及最初的文学交游

◇潘守皎[*]

元祐年间在苏轼周围形成的"苏门四学士",是宋代文化和文学中闪亮的群星,它让宋代的文采风流留给世人无尽的遐想和追慕。林希逸在《读黄诗》中说:"两苏之下秦晁张,闭门觅句陈履常。当时姓名比明月,文莫如苏诗则黄"[1],著名诗僧惠洪也曾感叹元祐间一时文物之盛乃汉唐以来未有。四学士虽号称苏门弟子,但实际情况并非如后人想象的那样。黄庭坚虽然对苏轼执弟子之礼,但结识苏轼之前,黄庭坚诗名已著,两人其实是共同称雄于元丰以后诗坛,而且后来黄庭坚的诗名还呈现盖过苏轼之势。张耒认识苏轼虽然较早,但他早年实际上是苏辙的门生。至于秦观,和苏轼相从的时间既短,而且苏轼所欣赏的也主要是其词作之才。因此,在四学士中,独晁补之是与苏轼私人关系最为亲近的师友,是四学士中最早拜投苏门的弟子,同时也是在苏轼身边侍从时间最长的弟子。

一、新城初识

晁补之和苏轼最早结识的时间究竟在何时、何地,后人一直有不同的说法。但时间基本上可以确定在熙宁五年(1072)到熙宁七年(1074)之间,地点就在杭州或者杭州新城。

在认识苏轼之前,晁补之一直在浙东宦游的父亲晁端友身边。晁端友结束上虞县的职任并丁忧期满之后,于熙宁二年(1069)改任新城令,而新城属两浙路杭州统辖。苏轼则于熙宁四年(1071)秋出京担任杭州通判,成为

---

[*] 作者简介:潘守皎,菏泽学院人文与新闻传播学院教授。

晁端友的上官。

笔者认为，晁补之应是在熙宁五年（1072）上书苏轼并欲投其门下的。因为在《上苏公书》中，晁补之明明白白地说："某，济北之鄙人，生二十年矣。"[2] 390 晁补之二十岁这一年，正是熙宁五年（1072）。但晁补之第一次的上书却没有得到苏轼的回应。于是，又有了《再见苏公书》。我们推测，这中间的时间不会太长，否则，就不足以表现晁补之求见苏轼的拳拳之意和急切之情。这种心情，在晁补之的《再见苏公书》中就表现得非常充分："昔者尝有言于左右而未获奉教，不敢进亦不敢退。辄复俯心下首，因门下人以求毕其区区之说而少试其愚。"[2] 392 相比于第一次的夸夸其谈，晁补之这一次的态度也更诚恳。这两次投书的时间，既然第一次已经可以确定为熙宁五年（1072），那么第二次投书就在此后不久，而且也应在同一年中。当然，两次投书的具体日期很难确定。不过，应该在熙宁五年（1072）的上半年。因为在熙宁五年（1072）下半年，二十岁的晁补之曾北还参加进士考试的取解试并与杜氏完婚。

有的研究者认为，晁补之在这一年没有时间投书谒见苏轼，这是很值得商榷的观点。晁补之这一年北还参加取解试的确不假，但宋朝州府取解一般在八月份进行，因此，即便是除去路上的时间，晁补之在离开新城行前，还有将近半年的时间可以投书并谒见苏轼。再说，苏轼是文坛上冉冉升起的一颗巨星，又是刚从京师来地方任职的朝官，临去乡试，再面对未来可能的礼部会试，晁补之更有理由投书谒见作为父亲上司的苏轼，以便得到他的指导和奖掖。当时士林间已经盛传"苏文熟，吃羊肉，苏文生，吃菜羹"的歌谣，而如今苏轼就在眼前，晁补之没有不去投书拜见的理由。所以，以晁补之北还参加乡试为由，认为他这一年没有时间谒见苏轼的理由并不十分充分。而且，以上有些功利倾向的理由也不是并不存在。问题在于，晁补之这两次投书之后，见没见到苏轼呢？

其实，在第二次投书之后，两人见面可能性是很大的。主要的理由是，晁补之这年既然参加乡试，一般要取道杭州乘船北上，那么，他就可以以属下晁端友儿子的名义登门拜访苏轼。况且，晁补之的叔父晁端彦还是苏轼的同年与好友，因此，晁补之也可以以晚辈的身份登门问安。晁补之《祭端明苏公文》中就曾说："补之童冠，拜公钱塘，见谓可教，剔垢求光。"[2] 469 此处称"拜公钱塘"，我们当然可以理解为晁补之在杭州拜见了苏轼。而且，晁补之《释求志》也说："予始见眉山苏公于杭。"但晁补之并没有具体说和苏

晁补之和苏轼的结识以及最初的文学交游

轼的最初见面是在杭州或者杭州新城（又名东安）。另外，不少史籍上都提到苏轼在和晁补之见面时大谈"钱塘山川风物之丽"，如果初次见面不是在杭州而是在新城，苏轼为什么要奢谈杭州的风物呢？因此，晁补之在第二次投书之后，亲往杭州拜谒苏轼，或者在北还应试途中取道杭州拜望苏轼的可能性极大，并且存在不止一次的可能性。

有一点需要说明的是，晁补之在杭州见到苏轼，并不意味着苏轼已经将他收为弟子。在宋代，求学拜师是很严肃认真的一件事。"程门立雪"的故事已经家喻户晓，当时立于雪中并要拜程颐为师的杨时已经四十岁，而且早有名气，尚且如此谦恭，更不用说那些初出茅庐的年轻人了。因此，苏轼将晁补之收为弟子亦必在一个十分适当的时间以及一个十分庄重的场合。而这个时间和场合，最有可能是在熙宁六年（1073）苏轼前往新城巡查的时候。因为晁端友在新城，他完全可以借此机会给儿子举行一个庄重的拜师仪式。而晁补之在这个时候拜在苏轼门下，正符合他的文章以及苏轼文章中的有关记述。晁补之在《登第谢苏公书》中说："盖补之始拜门下，年甫冠，先人方强仕，家固自如，在门下二年，所闻于左右，不曾为今日名第计也。"[2]394 这段话中的"年甫冠"和"在门下二年"很值得注意，因为它说出了晁补之最初拜在苏轼门下时的年龄，也说出了这一时期游于苏门的时间长度。其中，"年甫冠"就是刚刚过加冠之年，"在门下二年"就是和苏轼相从一共二年。晁补之这一年正好二十一岁，行冠礼不久。并且晁氏父子在此后第二年就离开了杭州新城，由此前推一年，时间正好是熙宁六年。所以，晁补之所说的"在门下二年"，就是熙宁六年（1073）和熙宁七年（1074）两年。这就是说，晁补之结识苏轼的时间是在熙宁五年（1072），而拜投在苏轼门下执弟子之礼的时间是熙宁六年（1073），这一时期师徒相从的时间是熙宁六年（1073）和熙宁七年（1074）。

关于晁补之和苏轼在杭州相从二年的事实，晁补之如是说，而苏轼本人的说法却似乎与之有些矛盾。但如果认同上面所说的事实，这个矛盾也就不存在了，而且还可以作为上述观点的佐证。苏轼在给晁补之的父亲晁端友所作的《晁君成诗集引》中说，他在杭州和晁端友相游三年，知道晁端友是个君子，但不知道他会写诗。苏轼这里所说的三年，其实指的就是从熙宁五年（1072）到熙宁七年（1074）这段时间，也就是晁补之结识苏轼到拜投到苏轼门下这段时间。因此，"二年"和"三年"的不同只在于一个说的是投在门下的时间，一个说的是从最初见面到离开的时间。苏轼当然也有可能因为和晁端友的政务来往而认识晁补之,也可能因为晁补之的前往拜谒而认识晁端友,当然还可能因为同年与好友晁端彦的关系而主动认识晁端友父子。但无论苏轼是因其父而愿意交其子,还是因其子而进一步识其父,抑或还是其他,就是在这熙宁五年(1072)到熙宁七年(1074)这三年之中,而且也只能在这三年。因为苏轼在杭州任职的时间也只有三年。虽说苏轼是于熙宁四年(1071)抵杭任职,但他到杭州的时候已是年底,而他离开杭州的时间是在熙宁七年(1074)秋天,即在晁氏父子离开新城之后不久,如果以整年计,甚至还不到三年。

  晁补之初拜苏门之下的时间之所以出现差错或者争议,主要是因为《宋史》的记载有误造成的。《宋史》在记述晁补之初投苏门的时候,曾经这样说:"(晁补之)十七岁从父官杭州倅,钱塘山川风物之丽,著《七述》以谒州通判苏轼。轼先欲有所赋,读之叹曰:'吾可以搁笔矣!'又称其文博辩隽伟,绝人远甚,必显于世,由是知名。"[3] 10204 也许是为了显示晁补之十七岁便著文压倒苏轼的非凡才能,《宋史》把晁补之谒见苏轼的时间至少提前了三年,这显然是错误的。不少人已经指出了《宋史》中关于晁补之和苏轼见面的时间错误,因为晁补之十七岁那年,苏轼根本不在杭州任职。而且,他于熙宁二年(1069)春天刚刚丁父忧毕回到朝廷,除殿中丞直史馆、兼判官告院,又兼判尚书祠部,转任开封府推官,其间也没有时间往杭州公干或游历。

二、《七述》搁笔

  《宋史》对晁补之初见苏轼的时间记载虽然有误,但《宋史》中所提到的晁补之著《七述》令苏轼搁笔的事并不是无中生有。而且,晁补之第一次见苏轼时曾袖文《七述》作为见面礼,也完全有这种可能性,张耒的《晁太史补之墓志铭》中便记载了这件事。他说,当时的士子都十分景仰苏轼的大名,往往欲求一言以自重,纷纷趋之若鹜。而晁补之作《七述》居然令苏轼叹为不及,并屈尊与之结交,因此,让晁补之的名声一时在士大夫之间广为传播。张耒在他写给晁补之的诗中也为此称赞过他:

  晁侯再作班与扬,正始故在何曾亡。
  江湖十年愿饱偿,夜成七发光出囊。
  苏公后出长卿乡,为君吴都无一行。[4](《次韵奉酬无咎兼呈慎

晁补之和苏轼的结识以及最初的文学交游

思天启》)

张耒说,晁补之的文笔堪比汉代的班固与扬雄,自然比之曹植等正始诸人也毫不逊色。他随父亲南北宦游,十年来,读万卷书,行万里路,山川在胸而下笔如风。一夜之间,撰成像枚乘的《七发》那样光彩耀目的华章。苏公是司马相如的同乡,当代文章圣手,在读到晁补之的《七述》之后,也只能搁笔感叹。

被人们目为可超班、扬的《七述》,实际上晁补之呈给苏轼的是一篇洋洋洒洒三千言的大赋。赋的开头说,这篇赋之所以名之为《七述》,意在将苏公给自己讲述的杭州山川的壮丽记录下来,并不是自己有意作文。后来之所以很多人都认为这篇赋不是晁补之第一次见苏轼时所作,就是因为《七述》开头的这段话。实际上,这是赋家惯用的笔法。其实,晁补之完全可以在没有和苏轼见过面,亦即苏轼从未给他讲述过杭州山川风物的情况之下,虚构这样的情节。因此,这篇赋非但有可能是晁补之第一次拜见苏轼时所作,而且完全有可能是为第一次拜见苏轼而作。这篇赋共有七段,通过眉山先生和颍川孺子的对话,主要通过苏公的讲述,向人们描述了杭州的山川风物之盛,这大概是这篇赋名曰《七述》的原因。当然,这也是这类赋体的基本格式。这篇赋的第一部分说:

> 眉山先生怀道含光陆沈于俗。日与嵇阮赋诗饮酒,谈笑自足,泊然若将终身焉。于是,颍川孺子闻而往从之。蹑屐担簦,破衣踵门,及阶而止。望帷而称曰:"不敏闻先生之谊,敢待于下风。"先生矍然惊曰:"孺子,来。吾恶夫世人之保我也,久矣。而不能使人之无我保,则户外之屦满焉,将命欤?吾无所逃此。虽然,孺子何为者也?"孺子曰:"幼而多治,长而屡穷,遭先生乎龃龉之涂,陪先生乎寂寥之事,乐先生之所为乐者,以白吾首其已乎?"先生哑然笑曰:"孺子,上。吾以乐而未尝无以乐者,顺也。羁旅于吾有时矣。亦尝闻杭之山川人物雄秀奇丽、夸靡饶阜可乐者乎?"孺子曰:"先生不以不敏为难与言,得闻咳唾之音,不敏以为幸,先生将何以教之?"[2]177

赋中所写的眉山先生和颍川孺子都是不合时宜之人。无论眉山先生的"怀道含光而陆沉",还是颍川孺子的"幼而多冶""长而屡穷",总是与世事相龃龉。这样两人就有了感情和思想基础,就有了成为忘年之交的条件,于是才可以高谈阔论。其实晁补之的这些话,和以后苏轼的侍妾朝云所说的"先生一肚皮不合时宜"的话一样,都让苏轼有知音难觅的感觉,这可能是苏轼因此奖掖晁补之的原因。当然,苏轼最欣赏的应该还是晁补之所抒发的隐逸之志,因为这契合了苏轼此时的思想状态。这种仕与隐的矛盾心情,在苏轼此番来杭州上任的途中就已经显露无遗了。他在镇江所留下的《游金山寺》这首诗中,曾经明明白白地发誓:"有田不归如江水"。原来他不能归隐的原因仅仅是没有川资。晁补之可能早就洞悉了苏轼这时的思想,因此才得以赋《七述》而赢取苏轼的褒奖。所以,在这篇赋中,晁补之借眉山先生之口说出了苏轼此时的想法,那就是湖深可以寄形,山幽可以藏拙,可以与鸥鸟同居,也可以与麋鹿同游,只要远离喧嚣的尘世就好。因为他本来就是为躲避灾祸而主动要求离开汴京的。这篇赋的结尾部分化用了陆机的两句诗:"京洛多风尘,素衣化为缁。"(《为顾彦先赠妇》)而此次离开京师的苏轼,不正是因为担心汴京的"风尘"把自己的"素衣"染黑吗?因此,这篇赋在尽述杭州的山川、风土以及人物之后,就用隐逸之乐作结:

> 先生曰:"西湖之深,北山之幽,可舫可舟,可巢可楼。与鸥鸟居,与鹿豕游,渔蓑山屐,烟雨悠悠。寂寥长往,可以忘忧;风衫尘袂,京洛何求?不如西湖濒,不如北山阿。白萍绿荇,紫柏青萝。反裘坐钓,散发行歌。人生安乐,孰知其他。茫洋以为柳溪;盘旋以为李谷。卷轲辩乎三尺之喙,扩夷隘乎十围之腹。此古君子所以藏器于身,待时而动也。传曰:'不怨天,不尤人。'盖优哉游哉聊以卒岁,若是何如?"孺子悚然,离席而立。曰:"盖闻达人不忘身而先利,志士不贪时而后义。隐之所尚,得全于天也。孺子不敏,乃今得闻出处之际,敬再拜受教。"[2] 181

因此,年轻的晁补之对苏轼不仅是文学上的仰慕,还有对其思想和人格的认知。这里之所以认为该赋是为苏轼而作,是因为此前一年,也就是在晁补之十九岁时,他曾上书杭州教官吕穆仲而求知,在信中表达了其奋发蹈厉的用世思想。他说:"三代以降,世既多事。贤者不忍拱手以视天下之纷纭,而思有以治之,则争相奋厉发于畎亩之间,携奇策以干时君,曳长裾而游王门,以身任职,以职任事,各务有立于世。"他甚至于在书中说,那些不获知于当时而退隐于山林的人,都是当时的无能之辈。[2] 393 而此番袖文谒见苏轼,他大谈山林之幽、隐逸之乐,可见确有投苏轼所好之意。

三、诗歌唱酬

苏轼作杭州通判三年,至少来过新城两三次。晁补之在初拜苏门的两年里,也常常相伴左右。关于苏轼当年往返新城的路线,今天的地方文史学者已考察出东西两路。东路,走驿道经富阳入新城县境;西路,经临安折入葛溪古道,再入新城县境。即:杭州——临安——南新——万市——洞桥——三溪口——湘溪——湘主——谭山头——塔山——新城。苏轼是一个钟情于山水的人,因而他每次到新城巡县,常常是东路往而西路返,或者是西路往而东路返,而且过往从不匆忙。所以,他曾不止一次往返于葛溪古道,并常常驻足吟诗。著名诗作《新城道中》二首,就是描写葛溪古道的山野景色。

由于晁补之已经拜在苏轼门下,因此,苏轼往来杭州和新城,自然与晁补之多有过从。在"苏门四学士"中,苏轼与晁补之也最早开始交游及诗歌唱和。有一次,苏轼游新城塔山的时候,兴致勃发,于醉中作《塔山对雨图》,晁补之为之题下了《塔山对雨》二首:

竹枝草履步苍苔,山上孤亭四牖开。
烟雨蒙蒙溪又急,小篷时转碧滩来。

山外圆天一镜开,山头云起似浮埃。
松吟竹舞水纹乱,坐见溪南风雨来。[5]

苏轼在新城作《南新道中二首》,晁补之于是便和作两首:

山园芙蓉开,寂莫岁云晚。公来无与同,念我百里远。寒飙吟空林,白日下重巘。兴尽还独归,挑灯古囊满。[5]

> 读公栖鸦诗,岁月伤晼晚。公胡不念世,蜡屐行避远。羁鸟翔别林,归云抱孤巘。我才不及古,叹息襟泪满。[5](《次韵苏公和南新道中二首》)

晁补之的诗里写道:山园中的芙蓉花开了,然而它却开在寂寞的深秋。在这样的时候,苏公独自来了,我知道,他是为了慰藉我的思念。我们在木叶尽落、寒风呼啸的山林中吟诗,静静地看着苍白的落日走下山巅。在诗兴阑珊的时候,他又独自归去,陪伴他的只有满囊的书卷以及孤馆的青灯。在第二首诗里,晁补之感叹苏轼不能用世,只能像陶渊明那样遁迹山林,而自己却没有古人的高逸之气,经世之才,难以追陪高士,只能徒然叹息。应该说,虽然此时的晁补之刚刚步入成人,但他于苏轼当时落寞的心绪,复杂的情感,还是能够相通和体认的。

熙宁七年(1074),晁端友除著作佐郎,应诏赴京师,晁补之和他的父亲晁端友于是踏上了北还之路。这年四月,苏轼也有密州之命,但他盘桓到秋天才离开杭州。新城县西四十里有陈氏园,为唐末睦州刺史陈晟故里及墓园。北宋熙宁年间,此处尚有绿草青山、古墓方塘,可供后人凭吊。苏轼每来新城,总是在此流连。这年秋天,苏轼又来到陈氏园中,只见荒塘落木,满目萧瑟。和他一起吟诗的青年俊才,也飘然而去。想起晁补之当时的诗作,他有些失落和伤感,于是,他和作了一首《新城陈氏园次晁补之韵》:

> 荒凉废圃秋,寂历幽花晚。山城已穷僻,况与城相远。我来亦何事,徙倚望云巘。不见苦吟人,清尊为谁满。[6]

这是一座早已废弃的园圃,虽然在寂寞的黄昏还有幽花独放,只是很少有人前来观赏它。因为这座山城本来已经十分穷僻,更何况这座废园离城还有很远的山路呢。可我到这里来做什么?是为了漫步荒园,感慨世事沧桑?还是为了一洗凡尘,看看高天上的流云?苏轼说不清楚自己的感受,只是再也见不到那个苦吟的诗人了,因此,清尊注酒,为谁而满,又为谁而饮呢?

苏轼对晁补之的欣赏源于他的文学才能,但更多的是情感和志向上的"类己",这从以后晁补之在文学创作上步趋苏轼,人生观也深受其影响中就可以看出。苏轼在扬州的时候曾写过一组《和陶渊明饮酒》诗,其中一首就说:

晁补之和苏轼的结识以及最初的文学交游

晁子天麒麟，结交未及仕。高才固难及，雅志或类己。各怀伯业能，共有丘明耻。歌呼时就君，指我醉乡里。吴公门下客，贾谊独见纪。请作鹏鸟赋，我亦得坎止。行乐当及时，绿发不可恃。[6]

晁补之与苏轼在杭州和新城结下了最初的友谊，在四学士中也最早得到了苏轼的指点和教育。李昭玘的《乐静集》曾经记载，晁补之回忆当年跟随父亲在杭州的时候，拜投在苏轼门下。无论天气如何不好，无论晨起还是夜半，只要有问题就向苏轼请益，总是等到指点之后再离开。而苏轼在给他讲析的时候，也总是不顾寝食，一定要等到尽兴、尽意之后才结束。可见，晁补之奉师的态度是虔诚的，而苏轼对晁补之的教诲也是谆谆不倦的。关于作文之法，晁补之也常常向人说起乃师心传，由此可见晁补之散文与苏轼散文的深刻渊源。其实，在晁补之还未拜在苏门之前，他早期所作的《上苏公书》《再见苏公书》就有意仿效苏文笔法，纵横驰骋，才气俊逸。但此时两人驾驭语言的能力还无法相比，所以，总的来说，晁文艰深而苏文平易，两人在文风上存在较大差异。这同时也说明晁补之对苏轼文章的学习主要不在语言方面，而是在章法结构方面。晁补之在《再见苏公书》中评价苏轼文章为"千变万态，不可殚极，而要萦纡曲折，卒贯于理"[5]，便准确地说明了苏文艺术的特点，这也正是晁补之认同和学习的地方。而从实际结果来看，在苏轼的精心指导和自己的勤奋努力下，晁补之的散文在结构上也颇得苏文"萦纡曲折"之妙。

晁补之能扬名北宋文坛，厕身苏门四学士或苏门六君子之中，虽然与其天分、才学以及后天的努力分不开，但是，苏轼于晁补之年轻时的赞赏和奖掖，无疑是晁补之进入文坛的一个重要媒介。不过，在杭州的这几年，仅仅是晁补之与苏轼交往的序幕，从此，在漫漫人生途中，晁补之在文学和政治上便都和苏轼紧密地连在一起，苦乐由之，祸福由之。

注 释

[1]〔宋〕陈思编《两宋名贤小集》，清文渊阁四库全书本。

[2]〔宋〕晁补之《摛藻堂钦定四库全书荟要·鸡肋集》，吉林出版集团 2005 年版。

[3]〔元〕脱脱等《宋史》，中华书局 2000 年版。

[4]〔宋〕张耒《张右史文集》，四部丛刊景旧钞本。

[5]〔宋〕晁补之《鸡肋集》，四部丛刊景明本。

[6]〔宋〕苏轼《苏文忠公全集》，明成化本。

苏轼"欲归"与"又恐"的矛盾心理

◇王世焱[*]

熙宁九年（1076）中秋，苏轼在密州超然台与好友饮酒望月，他借着酒醉，写下了《水调歌头·明月几时有》：

> 丙辰中秋，欢饮达旦，大醉。作此篇兼怀子由。
>
> 明月几时有？把酒问青天。不知天上宫阙，今夕是何年。我欲乘风归去，又恐琼楼玉宇，高处不胜寒。起舞弄清影，何似在人间。
> 转朱阁，低绮户，照无眠。不应有恨，何事长向别时圆。人有悲欢离合，月有阴晴圆缺，此事古难全。但愿人长久，千里共婵娟。[1]173

从小序的"兼"字可以读出，词意有两层，一是暗写他欲归朝廷施展自己的政治抱负，二是明写他与苏辙长期不得一见的离别之情。整首词郁结着苏轼在熙宁四年（1071）至九年（1076）的苦闷心情。

词的上阕充分反映了词人的忠君思想，虽然他身处朝外密州，仍关注着"天上宫阙"的情况，即心系朝廷政局。并假借"大醉"来发问明月与青天，提出了自己对"今夕是何年"的疑惑，用"不知"来表达自己对朝廷政治风向拿捏的不准，"不知"神宗支持的王安石新法如何了。而"我欲乘风归去，又恐琼楼玉宇"，表达了自己"欲归"与"又恐"的复杂心情，"琼楼玉宇"也暗指梦绕魂牵的朝廷，"高处不胜寒"则是表达了自己归京后陷入政治旋涡、

---

[*] 作者简介：王世焱，海南省琼中县教师培训管理中心中学语文教研员。

难以容身的重重顾虑,因神宗"求治太速,进人太锐,听言太广"[2] 742,不采纳他"结人心、厚风俗、存纲纪"的政治主张,自觉"不胜寒"。由于政治斗争激烈的朝廷难处,还不如回到朝外"人间"的地方好。

词的下阕主要是写他与苏辙兄弟离别之情。"不应有恨"表达了他释怀"乘风归去"的心情,已经没有什么好遗憾的事情了,但"何事长向别时圆"还是埋怨明月总是在人们离别之时才团圆,表达了对子由的思念之苦,埋怨显得有些无理。"人有悲欢离合,月有阴晴圆缺,此事古难全",则以物象之理来设比人事之理,使作者从埋怨"别时圆"的无理走向了万物"难全"的理性思考,说明了人的离别思念是自然之理,又何必为暂时的离别而感伤呢?只要彼此长长久久,"千里"之外,也可共享美好的"婵娟"。作者学会了从痛苦中超脱出来,报以对彼此的良好祝愿。

在词中,正是郁结于心里这种"壮志未酬"的苦闷心情,反映了苏轼"欲归"与"又恐"的矛盾心理。

一、欲归的机会

苏轼"乘风归去"的机会,主要是看当时的政治风向标。苏轼是反对王安石变法的,如果停止新法,王安石去职,苏轼入朝的机会就会很大。在熙宁七年(1074)至九年(1076)之间,朝廷与国家发生了种种事情,苏轼有许多"乘风归去"的机会。

(一)磨勘减年可归

磨勘是宋代官员任职期满考核转官或升迁的一种制度。范仲淹《答手诏条陈十事》:"今文资三年一迁,武职五年一迁,谓之磨勘。"[3] 523 又《奏重定臣僚转官及差遣体例》:"旧制京朝官三周年磨勘,私罪并曾降差遣者四周年,赃罪者五周年。今后内外差遣京朝官无赃私罪者,依旧三周年磨勘。"[3] 575 熙宁四年(1071)二月二日,神宗下诏:"边任使臣任满合该减年磨勘者不因公事非次减罢,如在任及二年已上,内合减三年磨勘者减二年,合减二年者减一年。"[4] 3323 苏轼是熙宁七年(1074)十二月三日才到密州上任,写了《谢密州上任表》。而写《水调歌头·明月几时有》已是熙宁九年(1076)八月中秋,很快就秩满,或符合"边任使臣任满合该减年磨勘者"条件。他本身就是京官外任杭州通判，三年秩满，知密州，官升一级。他知密州官衔全称为"朝奉郎、尚书祠部员外郎、直史馆、知密州军州事、骑都尉、借紫"[5]971。在当时，京官外任，归京回朝的机会还是很大的，可以通过磨勘入都任京官。

（二）众臣称荐可归

熙宁七年（1074）五月，左司郎中、天章阁待制李师中认为苏轼是"方正有道之士"，向神宗推荐复用苏轼置于左右，言："臣闻应天以实者，见于行事；勤民以行者，不以空言。天生愚臣，盖为圣世。文武之道，识其大者；简易之理，求诸天地。陛下早用臣说，则太平之事略已施行。成、康、文、景未足企慕，朝廷阙失，岂待人言而后知之。'天难忱斯'，帝命可畏，旱既太甚，民将失所，今日之事，非有勤民之行，应天之实，臣恐不足以塞天变。一切利害，曾何足数！伏望陛下诏求方正有道之士，召诣公交车对策，如司马光、苏轼、苏辙辈，复置左右，以辅圣德。"[6]6187

熙宁八年（1075）闰四月十四日，御史盛陶乞出为签书随州判官，邓绾奏盛陶老实谨慎，终始如一，乞甄擢。宋神宗与王安石等议论此事时，神宗提到苏轼，曰："如苏轼辈为朝廷所废，皆深知其欺，然奉使者回辄称荐。"[6]6433 此时的神宗对苏轼还是有所好感。李师中的举荐与神宗的称赞，让苏轼看到归京的希望。

苏轼守密期间，多位仕人举荐苏轼。如陕西转运副使陆诜举苏轼任使"台阁清要"，提点两浙刑狱晁端彦举苏轼任使"外擢"，权两浙提刑潘良器、京东安抚使向京并举苏轼召还"待从"，权京东路转运副使王居卿、转运判官李察并举苏轼任使"不次清要"，安抚使陈荐、苏澥并举苏轼"外陟侍从"，提举李清臣举苏轼任使"不次外擢"，提刑孔宗翰奏乞苏轼召还"禁近"[7]5等等，让苏轼看到归京的希望。

熙宁八年（1075）十一月，右谏议大夫、集贤院学士宋敏求为龙图阁直学士，右司郎中、知制诰陈襄为枢密直学士。原知制诰邓润甫推荐用"恬默持重之人"，言："近者儹臣专尚告讦，此非国家之美，宜登用淳厚之人以变风俗。"[6]6627 神宗采纳。数日后，宋敏求及陈襄就接到任命。而所谓"近者儹臣专尚告讦"之事，即指参知政事吕惠卿反咬王安石之事；御史中丞邓绾既附吕惠卿，又反吕惠卿，讨好王安石之事。宋敏求是"熙宁三舍人"之一，是忤王安石的，对王安石举荐李定为太子中允、权监察御史里行，封还词头。陈襄是苏轼的老上司，苏轼在杭州任通判时，与陈襄太守通力合作，感情极深。熙宁二年（1069）四月，侍御史知杂事陈襄也弹奏过李定，有《弹秀州军事判官李定状》，言李定为迎合安石之意，莫不盛称青苗之法，以为仁政。而邓润甫所提的"变风俗"，与苏轼在熙宁四年（1071）二月《上神宗皇帝书》所提的"结人心、厚风俗、存纲纪"的政治主张一脉相承。种种政治风向标，加上两人都忤王安石，都能得到任用，让苏轼看到了归京的希望。

（三）天变易相可归

熙宁八年（1075）十月七日，彗星出轸。按天文志："八年十月乙未，东南方轸宿度中有星，色青白，如填星大。丙申，西北生光芒，长三尺，斜指轸宿，若彗星。丁酉，光芒长五尺。戊戌，长七尺，斜指太辖，主兵丧。丁未，入浊不见。轸，楚分也。"[6] 6596

此时，两宫（太皇太后与皇太后）惊忧，想罢新法。其实，两宫太后早就反对王安石变法了。熙宁七年（1074）四月，神宗与太后同歧王赵颢到庆寿宫见太皇太后时，太皇太后就跟神宗说："吾闻民间甚苦青苗、助役钱，盍罢之。"神宗答说："今无他事。"太皇太后又说："吾闻民间甚苦青苗、助役钱，宜因赦罢。"神宗答说："此以利民，非苦之也。"太皇太后又说："王安石诚有才学，然怨之者甚觿，上欲保全，不若暂出之于外，岁余复召可也。"神宗曰："髃臣中，惟安石能横身为国家当事耳。"歧王在旁说："太皇太后之言，至言也。陛下不可不思。"神宗怒说："是我败坏天下耶？汝自为之！"歧王哭泣说："何至是也？"皆不乐而罢。"安石益自任，时论卒不与。他日，太皇太后及皇太后又流涕为上言新法之不便者，且曰：'王安石变乱天下。'上流涕，退，命安石议裁损之。安石重为解，乃已。"[6] 6169

彗星出轸，两宫太后认为不祥天兆是老天震怒，更是强烈要求神宗罢去王安石宰相之职，停止新法。如果王安石去职，苏轼有归朝的机会。

熙宁八年（1075）十一月，时有不附新法者，安石欲深罪之，神宗不同意。安石争之曰："不然，法不行。"神宗曰："闻民间亦颇苦新法。"安石曰："祁寒暑雨，民犹怨咨，此岂足恤也！"神宗曰："岂若并祁寒暑雨之怨亦无邪？"[6] 6628 安石不悦，退而称病。

加上两宫的劝说，神宗不得不反思自己同意施行的新法改革，并针对"彗星出轸"的天灾，做出自我检讨的姿态，于是手诏王安石等群臣，其《罪己诏》曰："朕以寡薄，猥承先帝末命，获奉宗庙，顾德弗类，不足仰当天心。比年以来，灾异数见，山崩地震，旱暵相仍。今彗出东方，变尤大者。内惟浅昧，敢不惧焉！其自今月己亥，不御前殿，减常膳，如故事。卿等宜率在廷之臣，直言朕躬过失，改修政事之未协于民者，以闻。"[6]6597 天象不兆，神宗罪己自责，不去前殿上朝，减去平常的用膳，并要求朝内外臣僚直言朝政的缺失。

王安石怕罪及己身，辩言说："臣等伏观晋武帝五年，彗实出轸，十年，轸又出孛，而其在位二十八年，与《乙巳占》所期不合。盖天道远，先王虽有官占，而所信者人事而已。天文之变无穷，人事之变无已，上下傅会，或远或近，岂无偶合？此其所以不足信也。……然窃闻两宫以此为忧，臣等所以彷徨不能自已。伏望陛下以臣等所陈开慰太皇太后、皇太后，臣等无任兢惶恳激之至。"[6]6597《乙巳占》是唐代道士李淳风所撰的一本占星术经典著作，官方常用来占卜。王安石的辩言，有力地证明了"天文之变"与"人事之变"没有必然的联系，从而否定了"彗星出轸"自然天象变异与所施行的变法有关联性，并希望神宗开导安慰曹太皇太后与高太后不要惊忧。王安石的辩言与他在熙宁三年（1070）提出的变法口号"天变不足畏"是一脉相承的，即"天地与人，不相关，薄食，震摇，皆有常数，不足畏忌"。[8]91

富弼言："臣伏览赦、诏二文，始以彗星东出，昭示谴告，陛下仰观天变，恐惧疚怀，浚发德音，恩霈环海。臣固知一出圣断，必无左右之助也。臣再详陛下手诏，乃陛下亲笔，非学士所作。以至累年灾异，如山摧、地震、旱蝗之类，前后包括，一一归咎于己。辞旨哀痛，深切明白，忠义之士读之莫不感泣。而又避正殿、减常膳、设斋醮、屏御侍，前代帝王禳灾弭患、责躬罪己之法，陛下尽行之矣。所以上天降鉴，知陛下发于至诚，故星变不旋踵而灭。……人心既喜，和气充塞，则天意不得不早回，灾变不得不遄息，此理固然也。"[9]388（《答诏论彗星奏》）富弼十分同情神宗责己手诏，与"避正殿、减常膳、设斋醮、屏御侍""禳灾弭患、责躬罪己"的行动，恭维"圣诏骤发"当日就能"感动天地，谴异消伏，速如影响"。现人心团结，就能使"天意"回转，灾祸"遄息"。

富弼接着说："然窃闻外议皆云：'天下弊病甚觕，官家多应不知。'人人咸愿条列，达于天听，冀幸有所镖革耳。矧已大发圣诏，许其开陈，忠愤者必能不避诛戮，倾竭肝胆，悉以上闻也。臣愿陛下尽取髃奏，不遗箴贱，万几之暇，一一亲阅，择其觿说，所合者断在不惑，力赐施行，践虚心以改之辞，应天文尤大之变，使泽及普率，急若置邮，则人心悦服，天道助顺。天人相应，立致和平，国家享无疆之休者，正在此时也。岂复有灾眚出见，而上骇圣虑哉？万一奸诈重入，宸听少惑，俾夫忠告为妄说，恩诏为空文，利泽不出于上，人心复怨于下，则天将曰：'是以虚辞答我，迄无实效。'必回今日之喜，翻为异日之怒，灾变之作，当又甚于数日之彗者矣。但以近事证之，此乃必然之理，非臣辄敢狂率也。"[9]388（《答诏论彗星奏》）富弼认为现在国家政策出现的弊病甚多，官方很多是不知道的，力劝神宗多听各方提出的问题，虚心改正，这样才是顺应天文之大变，人们也心悦诚服，天道就会助顺，国家就会享受无疆之平安。否则"奸诈重入"，"人心复怨"，老天也会说是"虚辞答我"，就会"翻为异日之怒，灾变之作"了。

张方平答手诏言："自近岁以来，灾异之作，率由阴侵于阳。陛下天纵聪明，前言往事，无不洞鉴，不待陈说也。今圣心所以答天戒，责躬变礼，可谓精诚之至。谓天盖高，其听则卑，故不旋日而星变以隐，感通昭答，足以明皇天眷佑我有宋之意至矣。陛下应之以实，固当践所言。今夫政事之未协于民，固有之矣，大抵新法行已六年，事之利害非一二可悉。就中役法一事，为天下害实深，累经更变，竟无长策可以定其法。议论日以纷扰，公私日以劳敝。夫人为天地心，天地之变，人心实为之。故和气不应，灾害洊作，盖下令如流水之原，取其顺和之易也。"[6]6612 张方平先言"天变"，神宗心诚，以答天戒，致使"星"旋日而变以隐，是"皇天眷佑我有宋之意至"了。后言"政事新法"已行六年，其中"役法一事，为天下害实深"，实在人心"和气不应"。

接着又说"陛下临御九年，中外臣庶皆在照临之下，其间必有知忠义、不二心之臣简在圣衷者矣。愿陛下召之左右，从容访逮。譬之金石，叩之则鸣。人各有心，激之则发。吉人之辞寡，君子讷于言，外若不足，其中诚也。利口捷给，外若有余，其中伪也。惟圣鉴精察之"[6]6613。张方平希望神宗任"忠义、不二心之臣"，"召之左右"，激发人心。

吕公著《答诏论彗星奏》言："伏见陛下祗畏天戒，焦劳恳恻，实天下幸甚！臣闻晏子曰：'天之有彗，以除秽也。'考之传记，皆为除旧布新之象，皇天动威，固不虚发。意者陛下之仁恩德泽，犹未布于天下，而政令施设，所以戾民者觿乎？何其谴告之明也！陛下既有恐惧修省之言，必当有除秽布新之实，然后可以应天动民,消伏变异。伏惟陛下留神幸察。"[6]6614 吕公著认为"天之有彗"是"除旧布新之象",加上神宗的"修省之言",可以"应天动民",消除彗异。

接着说:"然临朝愿治,为日已久,在廷之士益乖剌而不和。中立敢言者,罹谗而放逐;阿谀附势者,引类而升进。其外则郡县烦扰,民不安业,畎亩愁叹,上干和气,携老挈幼,流离道路,官仓军廪,所在阙乏,又无以广赈济,至于骨肉相食,转死于沟壑者多矣。上下相蒙,左右前后莫敢正言。"[6]6615 吕公著明确指出国家出现"民不安业""骨肉相食"的情况,是因为从上到下都被现象所蒙蔽了,左右前后之人都不敢直言。

"陛下有欲治之心,而无致治之实者,何哉?殆任事之臣负陛下之高志也。何以言之?夫士之邪正、贤不肖,盖素定也。今则不然,前日举之,以为天下之至贤;后日逐之,以为天下之极恶。前后纷纷,玩黩圣听者,盖不一矣。其于人才,既反复而不常,则于政事亦乖戾而不审,断可知也。陛下独不察乎?况如一二人者,方其未进用之前,天下固知其奸邪小人也;但取其一时附会,故极力推进,此所以终累陛下则哲之明者也。"[6]6615 吕公著指出神宗用人政策的不稳定性,造成有治国之心而无治国之实。前日刚提拔使用人才,天下人都说这个人是贤士;后日立马就贬逐他,天下人就说这个人极坏。"前后纷纷",反复无常,政事肯定得不到落实。这是"殆左右之臣蒙蔽陛下,使天下之事不得上闻也"[6]6616,希望神宗"以知人安民为先,除秽布新,以答天戒,则转灾为福,不旋时而应"[6]6616 了。

以上富弼、张方平、吕公著的答手诏,神宗都认真听取谏见,宽容对待。苏轼看到了神宗对王安石新法的持疑,有可能罢去王安石,罢法可归。

二、又恐的顾虑

(一)恐安石

熙宁期间,王安石大力施行变法,谁反对变法,就打击谁,罢黜谁;谁依附变法,就提拔谁,擢用谁。

一是阻苏轼。苏轼的父亲苏洵初与王安石有隙,加上苏轼是反对新法的急先锋,吕惠卿又忌妒苏轼才高,故意离间他们的关系。邵伯温《邵氏闻见录》卷十二记载有:"王介甫与苏子瞻初无隙,吕惠卿忌子瞻才高,辄间之。神宗欲以子瞻为同修起居注，介甫难之。又意子瞻文士，不晓吏事，故用为开封府推官以困之。子瞻益论事无讳，拟廷试策，献万言书，论时政甚危，介甫滋不悦子瞻。"[10] 127 邵伯温说的正是苏轼《上神宗皇帝书》，苏轼上书言罢王安石设立的制置三司条例司；言青苗法的危害；言用人"须历试"，不能"多开骤进之门"，"选人改京官，常须十年以上"，"以一言之荐，举而与之"[2] 739。惹得王安石恼怒，加上吕惠卿的离间，神宗欲用苏轼为同修起注，王安石惧怕苏轼近在神宗身边，容易建立起君臣私人关系，阻止新法，便把苏轼任为开封府推官来困住他。

熙宁八年（1075）闰四月十四日，当神宗准备复合称荐苏轼时，受到王安石的阻止，王安石说："奉使者称荐此辈（苏轼），即为儇邪所悦，儇邪所悦则少谤议，少谤议则陛下以为奉使胜其任。若正言谠论，即为儇邪所恶，儇邪所恶则多潜愬，潜愬多则陛下安能不疑？又奉使一路，安能无小过失？因其过失上闻，考核有实，即无所逃其罪，此所以不敢不为邪，以免儇邪诬陷也。"[6] 6433 王安石攻击苏轼多谗毁攻评，并且有过错，要避免这些儇邪之人坏事。

二是黜李师中。熙宁七年（1074）五月，苏轼得到左司郎中、天章阁待制李师中的举荐，李师中却遭王安石与吕惠卿的攻击与贬黜，《续资治通鉴长编》载有："上批：'师中敢肆诞谩，辄求大用。朋邪罔上，愚弄朕躬。识其奸欺，所宜显黜。可责授检校水部员外郎、和州团练副使，本州岛安置，不得签书公事。'王安石甚恶师中，尝欲夺其待制，上未许。及是，吕惠卿请出师中所上疏付外，因摘其语激上怒，遂废斥之。"[6] 6188

三是恶李评。当王安石大揽大权时，神宗每有外事总要盘问王安石，安石曰："陛下从谁得之？"神宗曰："卿何必问所从来。"安石曰："陛下与他人为密，而独隐于臣，岂君臣推心之道乎？"上曰："得之李评。"[6] 6196 安石于是厌恶李评，竟排挤而逐之。可见王安石容不得他人有事上报神宗。

四是黜郑侠。熙宁七年（1074）三月二十六日，因诏监安上门、光州司法参军郑侠《上皇帝论新法进流民图》言："窃闻南征西伐者，皆以其胜捷之势，山川之形，为图而来献，料无一人以天下之民质妻卖女，流离逃散，斩桑伐枣，折坏庐舍，而卖于城市，输官粟粮，遑遑不给之状，为图而献前者。"[9] 252 吕惠卿令开封府劾其擅发马递入奏之罪。而郑侠又继续上书言："天旱由王安石所致，若罢安石，天必雨。"[9] 276（《乞罢王安石表》）等到安石去职，吕惠卿执政，郑侠又向神宗言："安石作新法为民害，惠卿朋党奸邪，壅蔽聪明。独冯京立异，敢与安石校。请黜惠卿，用京为相。"[6] 6207 吕惠卿大怒，重责郑侠。熙宁七年（1074）六月，郑侠被勒停职，编管汀州。熙宁八年（1075）正月七日，再贬郑侠至英州。

朝中发生的种种事情，使得苏轼还是"恐惧"大权在握的同平章事王安石。

（二）恐惠卿

苏轼兄弟虽然与吕惠卿在宋仁宗嘉祐二年（1057）同登进士，但吕惠卿全力主持王安石变法，成为熙宁变法的二号人物。苏轼则是反变法一方，因而与苏轼反目交恶。熙宁八年（1075）五月，神宗对吕惠卿的评价是："忌能、好胜、不公。"[6] 6480 并劝王安石说："惠卿不济事，非助卿者也。"[6] 6480 司马光看人很准，对神宗劝谏曰："惠卿险巧，非佳士。使王安石负谤于中外者，皆其所为也。"[11] 331 而吕惠卿自真州推官秩满入都，与安石论政观点一致，王安石便向神宗推荐吕惠卿说："惠卿之贤，虽前世儒者未易比也。学先王之道而能用者，独惠卿而已民。"[11] 327 王安石第一次罢相，吕惠卿便升至参知政事，获揽大权。

一是惠卿与二苏矛盾。宋人王铚在《四六话》中，就记叙两人关系："子瞻与吉甫（吕惠卿）同在馆中，吉甫既为介甫腹心进用，而子瞻外补，遂为仇雠矣。"[12] 18 熙宁二年（1069）八月，苏辙与吕惠卿同在制置三司条例司，因与吕惠卿论多不合，后罢去苏辙条例司检详文字，任为河南府推官。苏辙《龙川略志·第三》载有："熙宁三年，予自蜀至京师，上书言事，神宗皇帝即日召见延和殿，授制置三司条例司检详文字。时参政王介甫、副枢陈旸叔同管条制事，二公皆未尝知予者。久之，介甫召予与吕惠卿、张端会今私第，出一卷书，曰：'此青苗法也，君三人阅之，有疑以告，得详议之，无为他人所称也。'予知此书惠卿所为。其言多害事者。即疏其尤甚以示惠卿，惠卿百颈皆赤，归即改之。"[13] 13 九月，王安石擢升吕惠卿为太子中允、崇政殿说书。

二是惠卿大洗牌。熙宁七年（1074）十一月，吕惠卿已被王安石荐为参知政事，十二月刚好逢中书检会降官、降职、降差遣人取裁，复合差遣。只要是吕惠卿厌恶者，都被罢黜，时责降应复者四十余人。

三是黜冯京与王安国。因郑侠被贬汀州，人多怜他，吕惠卿并恶冯京异议，欲借郑侠之事，来排挤冯京与王安国。于是吕惠卿向神宗诬告冯京，说冯京指使王安国引导郑侠"言禁中有人被甲登殿诟骂"之事,"侠前后所言,皆冯京手录禁中事,使王安国持示导之使言也"[6]6314,冯京与王安国成了郑侠奏事的幕后主使者。冯京时与吕惠卿同列,因反对吕惠卿"废罢制科"而产生矛盾,而吕惠卿谄事于王安石,为王安国所惊觉,故被吕惠卿并诬之。熙宁八年(1075)正月,参知政事、右谏议大夫冯京守本官知亳州,著作佐郎、秘阁校理王安国追毁出身以来文字、放归田里。

从二苏与吕惠卿的矛盾关系及吕惠卿的"奸邪"作法可以推测,苏轼还是"恐惧"参知政事吕惠卿。

(三)恐争斗

苏轼"又恐"的顾虑在于群臣之间的政治斗争以及神宗对髃臣的信任与支持。当时王安石最信任的人吕惠卿对其恩将仇报,致使宋神宗不再信任王安石。

一是王、吕感情破裂。熙宁八年(1075)正月,王安国因与郑侠素善。侍御史张璪又承领吕惠卿指使,劾郑侠尝游冯京之门,邓绾、邓润甫又言王安国看过郑侠的奏稿,有奖成之言,意在诽毁其兄王安石。于是,吕惠卿并没有因为王安国是王安石之弟而心慈手软,逐放秘阁校理王安国归田里。"诏以谕安石,安石对使者泣下"[14]8427(《宋史·王安国传》)。至此,王安石与吕惠卿第一次产生了矛盾,感情破裂。熙宁八年(1075)八月,王安国等不到朝廷复其官,卒。

二是王、吕之怨益深。熙宁八年(1075)六月,王安石儿子右正言、天章阁待制王雱加升为龙图阁直学士,安石便为王雱谦辞呈曰:"雱前以进书,自太子中允、崇政殿说书除右正言、天章阁待制,既病,不复预经局事,今更有此授,极为无名。"[6]6495神宗曰:"特除雱待制,诚以询事考言,雱宜在侍从,不为修书也。今所除,乃录其修经义之劳,褒贤赏功,事各有施,不须辞也。"[6]6495不料吕惠卿便劝神宗允许其请辞,致使王雱不得任龙图阁直学士,于是王、吕之怨益深。

三是惠卿反噬安石。王安石于熙宁七年(1074)四月第一次罢相,尽心尽力地为吕惠卿政坛铺路,荐韩绛为同事章事,吕惠卿为参知政事。不料,吕惠卿既得高位,就反叛王安石。为恐王安石复用,便事陷王安石。《邵氏闻见录》卷九载:"惠卿又起李逢狱,事连李士宁;士宁者,蓬州人,有道术,荆公居丧金陵，与之同处数年，意欲并中荆公也。又起郑侠狱，事连荆公之弟安国，罪至追勒。惠卿求害荆公者无所不至，神宗悟，急召荆公。公不辞，自金陵溯流七日至阙,复拜昭文相。"[10]92 熙宁八年（1075）二月，王安石复相，吕惠卿十分惊愕。在王、吕交恶过程中，又逢吕惠卿之弟吕升卿任国子监主考官，而吕惠卿妻弟方通考中高等，被御史中丞蔡承禧所奏。王雱又授意御史中丞邓绾，告吕惠卿与华亭知县张若济害民获利之事，言："惠卿崇立私党，阿蔽所亲，强借富民钱置田产。"[15]697 于是熙宁八年（1075）十月二日吕惠卿被罢去参知政事，知陈州，张若济被鞫之于狱。

华亭狱不久后，王雱又躲匿王安石，召集门下客吕嘉问、练亨甫共议，取邓绾所搜列吕惠卿之事，杂他书下制狱。吕惠卿便自诉，并全部拿出王安石前后与之的私人信件，手笔奏之，有一云："勿令上知。"[6]6804 于是神宗以为王安石欺骗他，"上亦滋厌安石所为"[6]6803，再无法信任王安石。

熙宁九年（1076）十月二十三日，王安石第二次罢相，再无复用。王吕争斗即此结束，"王荆公晚年于钟山书院多写'福建子'三字，盖悔恨于吕惠卿者，恨为惠卿所陷，悔为惠卿所误也"[10]128。本月，苏辙罢齐州掌书记，归京师。由于得知王、吕这对亲密战友之间的争斗，苏轼对复归还是心存恐惧。

苏轼虽然因这种"欲归"与"又恐"的矛盾心理而苦闷与愤懑，但他转瞬就懂得释然与超然。他在密州时，用孔子"用之则行，舍之则藏"[16]90 的处世哲学来安抚自己，所以有"用舍由时，行藏在我，袖手何妨闲处看"[1]134 的仕途姿态。"用舍由时"是一种机遇，"行藏在我"是一种自我掌控，"袖手何妨闲处看"是一种局势观望与时机等待。苦闷时，他会发出"凭征鞍无语，往事千端"[1]134 "人事凄凉，回首便他年"[1]187 "何时泉中天，复照泉上人"[17]702 "应问使君何处去，凭花说与春风知"[17]703 "凭君借取《法界观》，一洗人间万事非"[17]627 等言人事纷杂的种种感叹；高兴时，则会有"有笔头千字，胸中万卷，致君尧舜，此事何难"[1]134 "西北望，射天狼"[1]146 "明年定起故将军，未肯先诛霸陵尉"[17]601 "何日功成名遂了，还乡，醉笑陪公三万场"[1]90 等言踌躇满志的雄心姿态。苏轼这种"欲归"与"又恐"大起大落的心澜搅动，表达了其欲登朝廷，又恐难以容身的无奈心绪。故当宋神宗读到"我欲乘风归去，又恐琼楼玉宇,高处不胜寒"时，感慨地说了一句："苏轼终是爱君。"[18]140 中秋此词写后不久，熙宁九年（1076）十一月十五日，知河中府诰下。苏轼被时任枢密直学士知通进银台司兼侍读的老上级陈襄举荐,磨勘权知河中府。熙宁十年(1077)二月十二日,改知徐州。

注　释

[1] 邹同庆、王宗堂著《苏轼词编年校注》,中华书局 2002 年版。

[2] 孔凡礼点校《苏轼文集》,中华书局 1986 年版。

[3]〔宋〕范仲淹著,李先勇、王蓉贵点校《范仲淹全集》中册,四川大学出版社 2007 年版。

[4] 刘琳等点校《宋会要辑稿》第六册,上海古籍出版社 2014 年版。

[5]〔清〕宫懋让、〔清〕李文藻等修纂《乾隆诸城县志》卷十四《金石考》,刻本景印 1764 年版。借紫,指官服。《宋史·舆服志五》:"或为通判者,许借绯;为知州、监司者,许借紫;任满还朝,仍服本品,此借者也。"

[6]〔宋〕李焘《续资治通鉴长编》,中华书局 1993 年版。

[7]〔宋〕朋九万撰,王云伍编《东坡乌台诗案》,商务印书馆 1939 年版。

[8] 林天蔚《宋代史事质疑》,台湾商务印书馆 1987 年版。

[9] 曾枣庄、刘琳主编《全宋文》第八十八册,上海辞书出版社 2006 年版。

[10]〔宋〕邵伯温撰,李剑雄、刘德权点校《邵氏闻见录》,中华书局 1983 年版。

[11]〔明〕陈邦瞻编《宋史纪事本末》,中华书局 1977 年版。

[12] 王水照编《历代文话》第一册,复旦大学出版社 2007 年版。

[13]〔宋〕苏辙撰,俞宗宪点校《龙川略志·龙川别志》,中华书局 1982 年版。

[14] "二十四史"简体字本《宋史》,中华书局 2000 年版。

[15]〔宋〕王稱撰,孙言诚、崔国光点校《东都事略》,齐鲁书社 2000 年版。

[16] 张燕婴译注《论语》,中华书局 2007 年版。

[17]〔清〕王文诰辑注,孔凡礼点校《苏轼诗集》,中华书局 1982 年版。

[18]〔清〕张思岩辑《词林纪事》,古典文学出版社 1957 年版。

论苏轼黄州时期的"快哉"心态

◇ 刘晓旭[*]

元丰六年（1083），苏轼居于黄州，是年张怀民亦遭贬谪至此，二人境况相似多有往来。六月，张怀民在长江之渚的高岗上建了一座亭子，苏轼将其命名为"快哉亭"，并写下《水调歌头·快哉亭作》赠予张怀民，词中最后一句："一点浩然气，千里快哉风"[1]483，历来备受推崇。这首词及从中提炼出的"快哉"一词，正可概括苏轼突遭贬谪后，经历自省、感悟、矛盾、调和，形成的乐观心态。本文共分三部分，结合苏轼在黄州的生活和创作情况，逐步理清"快哉"心态形成的背景、"快哉"心态的特征及"快哉"心态的意义。

一、苏轼"快哉心态"的形成背景

（一）"快哉心态"产生的时机——被贬黄州

元丰二年（1079）七月始，苏轼因写作反对"新法"的诗文，身陷"乌台诗案"，在狱中度过了惶恐忧惧的四个月，最终被贬为检校尚书水部员外郎，黄州团练副使。元丰三年（1080）二月，苏轼抵达黄州，自此开始了人生中第一次艰难的贬谪时光。

在这次政治失败中，苏轼由一方父母官——湖州知州，一落成为被看守监视的对象，而且牵连了弟弟苏辙、友人王巩等人。正当盛年满腔抱负，却被迫远离政治中心，失去了政治权利，苏轼在《卜算子·缺月挂疏桐》一词中，

---

[*] 作者简介：刘晓旭，吉林大学文学院古典文学专业硕士研究生。
基金项目：本文为2017年度教育部哲学社会科学研究重大课题攻关项目"中华优秀传统文化的学理建构、价值认同与教育策略研究"成果（项目号：17JZD044）。

将自己称为"幽人",即《易》中的隐逸之士,幽囚之人,这是他初到黄州时对自己处境的认识。

政治失意时,诗人的作品往往更为工整深刻,但苏轼是因诗遭祸,他承受着精神压力,便不敢再写下笔触犀利的诗文。在黄州,苏轼虽然也关注着朝局,但仅有讽刺县吏催租诗、闻捷诗等笔涉现实问题,词的题材多是自伤身世、交游唱和或记录日常。苏轼在此时寄给友人的书信当中,也常常强调"自得罪以来,不敢作诗文字"[2] 2473。对此,他向友人解释原因,称"不惟笔砚荒废,实以多难畏人,虽知无所寄意,然好事者不肯见置,开口得罪,不如且已"[2] 1745。张口说话,便要畏惧祸患会随之而来,只得战战兢兢保持沉默。

苏轼为避祸缄口,生活也极为清净消闲,大多数时候独来独往。"扁舟草履,放浪山水之间。客至,多辞以不在,往来书疏如山,不复答也。"[2] 1813 "所云出入,盖往村寺沐浴,及寻溪傍谷钓鱼采药,聊以自娱耳。"[2] 1513 苏轼独自往来山水之间,钓鱼、采药、漫步,比之在朝时期,减少了与旁人的交流,也不再进行政治活动。这样的境况,让苏轼不再身处政治风浪中而沉浮,有了抽身退步的倾向,也让他拥有了大量时间来思考、自问,这便是"快哉"心态产生的时机。

(二)"快哉心态"产生的原因——拮据困苦

在黄州,苏轼没有俸禄,生活极其贫困,家眷随他来黄,更增加了生活负担,虽然于元丰四年(1081),苏轼开始经营东坡,但收入依然十分微薄。在给秦观的书信中,苏轼提到,他节省用度,以"画叉藏瓶"的方式生活。"但痛自节俭,日用不得过百五十,每月朔便取四千五百钱,断为三十块,挂屋梁上,平旦用画叉挑取一块,即藏去叉,仍以大竹筒别贮用不尽者,以待宾客。"[2] 1536 日用不能超过一百五十钱,限度极其严苛。

苏轼生活贫穷,常常有"绝粒"之虞。"畏人默坐成痴钝,问旧惊呼半死生。梦断酒醒山雨绝,笑看饥鼠上灯檠";"落第汝为中酒味,吟诗我作忍饥声。便思绝粒真无策,苦说归田似不情"[3] 1095—1096。这组诗中,苏轼写自己畏惧人言,状似痴钝,家徒四壁故连鼠患也不在意,半夜酒醒后,只能靠吟诗忍饿。《寒食雨二首》描写的是元丰五年(1082)春日苏轼的生活状态:"春江欲入户,雨势来不已。小屋如渔舟,濛濛水云里。空庖煮寒菜,破灶烧湿苇。那知是寒食，但见乌衔纸。"[3] 1113 春雨不止，苏轼居住的房子竟像小船一样飘摇，他吃的是"寒菜"，烧的是"湿苇"。在这样的情况下，苏轼只得也像寻常百姓般躬耕于田，为生计操劳的经历，让他对人世苦难理解得更深入。

骤然经历忧患，生存境况不佳，除了物质匮乏外，还有诸多问题。苏轼在给秦观的信中提到，他的侄女丧于筠州，乳母也丧于黄州贬所，人命脆弱，且多少是受他牵累，苏轼的悲伤愧悔可想而知。苏轼自己也多病，曾卧病长达半年之久，又有风毒、时疾侵扰，这些问题都时时勾起苏轼的失落痛苦，并需要被纾解。所以，苏轼要综合所学所遇，调整心态，以求渡过难关，保持内心的安定。"快哉"心态，正是应苏轼内心的这样一种需求而产生的。

（三）"快哉心态"产生的条件——亲近佛老

谪官多亲近避世的佛、老之学，苏轼也并不例外。他在黄州，常通过学佛、学道的路径获取镇痛良药，自省法门。《黄州安国寺记》是苏轼总结五年贬谪生涯时所作：

> 反观从来举意动作，皆不中道，非独今之所以得罪者也。欲新其一，恐失其二。触类而求之，有不可胜悔者。于是，喟然叹曰："不锄其本，而耘其末，今虽改之，后必复作。盍归诚佛僧，求一洗之？"得城南精舍曰安国寺，有茂林修竹，陂池亭榭。间一二日辄往，焚香默坐，深自省察，则物我相忘，身心皆空，求罪垢所从生而不可得。[2] 391—392

苏轼意识到自己之前的不足，为避免重蹈覆辙，愿修习佛法以养性，沐浴之后，就在安国寺默坐自省。这种安静反思的状态，是苏轼深入理解佛学、道家思想的重要契机。

因写佛道诗文相对安全，苏轼还有意创作了一些相关文字。此外，苏轼获罪，昔日旧党友朋有许多避之唯恐不及，"而释、老数公，乃复千里致问，情义之厚，有加于平日，以此知道德高风，果在世外也"[2] 1859—1860。这些世外朋友不远千里的看望和问候，使得苏轼更愿意亲近于他们。这一时期，苏轼与钱塘名僧参廖交往密切，为之作诗撰铭，参廖并于元丰六年（1083）来黄州探望苏轼。苏轼还与法秀圆通禅师常有书信往来。云门名僧佛印，苏轼也与他交往密切,曾在文中提到自己收集有趣的怪石,"而庐山归宗佛印禅师适有使至,遂以为供"[2]1986。二人相交,显然是十分随性适意的。佛、老之学是苏轼"快哉"心态形成的基石,也唯有在遭遇贬谪,身心困苦的环境下,苏轼才有机会真正潜心其中,得出感悟。

二、苏轼"快哉心态"的特征

(一)"快哉心态"对佛老的吸收——去执与去欲

苏轼的快哉心态,首先表现为他对佛、老学说的进一步接受。苏轼受到家庭及当时社会的影响,一直与僧人、道士有交往,也吸收了一些相关思想。但正如上文所言,此时苏轼由于种种原因引起的深切失落急需纾解,这两家学说也就不再是精神生活的点缀。除了抄经写碑,与友人互赠相关之物的日常活动,苏轼开始真正接受佛家、道家的观点。

苏轼因反新法不为朝堂所容,后来又因诗文获罪,他此时开始反思自己旧日做法的正确性与意义。在《胜相院经藏记》中苏轼恳切地说:"我今惟有,无始已来,结习口业,妄言绮语,论说古今,是非成败。以是业故,所出言语,犹如钟磬,黼黻文章,悦可耳目。如人善博,日胜日贫,自云是巧,不知是业。"[2]389 那些或华丽或犀利的语言,不过是佛家所说的一种无益于人的"业",以之争胜,又在政事上执着己见,反而会被束缚,苏轼反省后便表示甘愿舍去。除了反省过往,苏轼也接受了人生短暂,现世虚无的看法,"百年寓华屋,千载归山丘"[3]1162。百年之后所有人殊途同归,太在意现世没有意义。洗心革面归于佛祖,苏轼便决意修道养性,"一念清净,染污自落,表里翛然,无所附丽。私窃乐之"[2]392。这是苏轼在黄州安国寺中自省的体会,如佛家禅定般静默地放空思绪,忘记外物纷扰也忘却自我,不再执着纠缠于之前的磨难和眼下的处境,则忧患荣辱也都随之散去,一张床榻栖身便已足够。"心困万缘空,身安一床足。岂惟忘净秽,兼以洗荣辱。"[3]1034

心系朝政时,事务繁杂,苏轼的养生并无效果。但到了黄州,对俗世种种思虑渐息,"平日妄念杂好,扫地尽矣"[2]1665。苏轼这才悟到养生的方法:即安心定神,节制欲望,可总结为"去欲少思"。他将自己的心得写成《书四戒》,强调了在住、行、食、色四种上贪图物质享受是没有意义的。苏轼还斋居四十九日,对道家延年术有着自己的理解:"妄想既绝,颓然如葛天氏之民,道家所谓延年却老者，殆谓此乎？"[2]1699 终日汲汲营营，即使寿命很长也没有意义，而断绝妄想，不做无谓的多思，每一天的时间都仿佛被无限延长，这种相对的观点、无为的态度，正是道家学问之精髓所在。"任性逍遥，随缘放旷，但尽凡心，无别胜解。"[2]1834 想要达到这一种逍遥的境界，除了凡心尽去，别无他法。

接受了佛家及道家思想，苏轼在黄州的生存态度，便与此前积极追求功业时不同。由此，眼下的种种不如意，也可以被暂时忽略，甚至消解。但"快哉"心态的内涵，绝不止于此。

（二）"快哉心态"对苏轼的改变：超越与归隐

潜心佛、老学说对苏轼产生了很大的影响，他尽量做到去除杂念，少思少虑。随着思维方式和生活态度转变，苏轼便能在艰难的生活中感受到种种清趣。他有时扁舟独往武昌诸山，有时随意游玩，拾取怪石收藏，踏春时也醉宿溪桥，感受着自然之乐："可惜一溪明月，莫教踏破琼瑶。解鞍欹枕绿杨桥，杜宇一声春晓。"[1]361 苏轼在明月波光的包围中睡去，又在杜鹃清啼中醒来，达到了人与自然融洽和谐的境地。苏轼发现，"江山风月，本无常主，闲者便是主人"[2]1453。山川风月皆可供他游乐，这样的造物宝藏，他可以随意取用，天地之间的美景，给予了苏轼一种真切的快乐。"但胸中廓然无一物，即天壤之内，山川草木虫鱼之类，皆是供吾家乐事也。"[2]1832

经历困苦波折，却因心态的改变和自然的陶冶生出了满足之感，这是一种超然的心境。所谓"快哉"，快，即喜也。进一步推之于生活中，这种快乐便成为对身周恶劣环境的超越。酿酒时，苏轼认为美酒与劣酒功效相等，不需要太过计较味道的好与不好，"然甜酸甘苦，忽然过口，何足追计。"[2]2369 吃饭时，苏轼领悟到，对于饥饿的人，任何食物皆是美食，"菜羹菽黍，差饥而食，其味与八珍等。而既饱之余，刍豢满前，惟恐其不持去也。美恶在我，何与于物。"[2]1671 东西好吃或是不好吃，并不在于它们本身，而在于品味的人。苏轼思乡之情难解，此时甚至可以把黄州当作故乡，他也把这种困苦生活，看作是能令思想升华的一种契机，算是因祸得福。甚至以超越的眼光来看，自身的存在也如这个世界本身一般没有尽头了。"自其不变者而观之，则物与我皆无尽也，而又何羡乎？"[2]6 对于当时处境中的苏轼，认为事物的有益与无益，情绪的积极与消极，生命的短暂与永恒，只取决于自己的心态，是极有益处的。但这毕竟是无奈之举，或能让苏轼心胸一畅，却无法抵消现实的问题。

因政坛失意，也因心思清净，苏轼更加厌倦纠缠斗争，归隐之念也越来越强烈。在苏轼眼中，友人乞还，离开朝堂风波，"不待引手，脱屣世路"[2]1698，是烈丈夫所为。苏轼对陶渊明的钦佩，也越发展现出来，他隐栝陶渊明的《归去来兮辞》为《哨遍·为米折腰》："归去来兮。我今忘我兼忘世。"[1]389出世隐居，成了苏轼十分渴求的梦想，他还有一首《满庭芳》来表达心志："蜗角虚名，蝇头微利，算来著甚干忙。事皆前定，谁弱又谁强。且趁闲身未老，尽放我，些子疏狂。"[1]458苏轼认为，名声利益都不重要，疏狂度日，消闲自由才有乐趣。看似通透，但在这首十分洒脱的词中，苏轼将一切归结为命运，同样隐含着十分消极的心态。

虽道"快哉"，但这种快意，或者只是暂时的超越，苏轼向往出尘之趣，却又难以真正实现洒脱归隐。短暂的消闲快乐，是"快哉"心态的重要特征，也引发了苏轼内心的矛盾。

（三）"快哉心态"中的矛盾与挣扎：治学与思归

苏轼在黄州的"快哉"心态，一个重要特点，即是时时有着矛盾与挣扎。清静的生活，终究是被贬之后的被迫之举。苏轼历来秉持儒家忠君济世的思想，不可能因一朝祸患而全部改变，当生活稍微安定下来，在苏轼归隐愿望的背后，也时常有痛苦矛盾。正如上一节所说，无论是超越的目光，还是归隐的志向，都隐含着令他感到忧伤的消极意义。苏轼虽接受了佛家"性空"的思想，常道"人生如梦"，但他并没有完全将眼前的人生视为虚幻梦境，他虽然秉持"去欲少思"的原则，却不愿完全无所作为，苏轼在黄州的活动就清晰地表明了这一点。

在接受了佛家、道家思想之后，苏轼没有一味沉溺。实际上，他虽然获取了很多思维方式，但并不是一个虔诚的佛徒或修道者，他对友人陈襄说，自己对佛法的领悟就像"食猪肉"而非"食龙肉"，不求超凡脱俗，取其实用而已。对于道家长生等事，苏轼也只是半信半疑，观之于有无之间。"不知古所记异人虚实，无乃与此等不大相远，而好事者缘饰之耶？"[4]62苏轼认为，世外之事，非凡人可以度量，所以也不会一再追索根底。

闲废黄州时期，苏轼与苏辙相约一同治学，苏轼著有《易传》《论语说》，苏辙则治《春秋》与《诗》，这正是儒士不能出而为官，则退而治学的常见选择。

"迂拙之学，聊以遣日，且以为子孙藏耳。"[2] 1519 苏轼言及治学的缘由，希望有益于子孙，有益于世，"虽拙学，然自谓颇正古今之误，粗有益于世，瞑目无憾也"[2] 1482。这也是典型的儒家"济世"思想。

除了治学，苏轼依然关心时事，闻捷而喜。出世与入世之间的矛盾，有时竟在他的同一首诗中显现出来。"五亩渐成终老计"，"已觉来多钓石温"，躬耕垂钓的生活，苏轼已经习惯了，并从中体会到无尽的乐趣，但他依然"长与东风约今日，暗香先返玉梅魂"[3] 1154—1155。像梅花期待东风一样，苏轼也希望君主回心转意，能够让他归朝奉职。若非对不能参与政治的现状不满，他也不会在夜游承天寺时，感慨"但少闲人如吾两人耳"[2] 2260。这种闲，除了生活清净的乐趣之外，也使苏轼感到颓然。苏轼说自己对于一念清净，是很珍惜的，纷繁思绪"但恐如路傍草，野火烧不尽，春风吹又生耳"[2] 2213。回归朝堂，报效君王的念头，确实是如野草般烧不尽割不断。这种思想与苏轼的归隐之思是矛盾的，但考虑到他前半生长存的信念，与此刻无望现实带来的感触本身也是矛盾的，便不难理解了。

总之，苏轼不甘心将现实看作一场全然的空梦，一直在有意无意地寻找生命的意义和价值。这份追寻，与他接受的空寂清静、无有所为的观点，相互碰撞产生矛盾，一直伴随着"快哉"心态的延续。

（四）"快哉心态"中的调整与融合：坚定与乐观

当苏轼掌握了佛家、道家学说，又与自身经历相印证，他便自然地尝试调和三者。若说佛家相对更强调"空"，去除之前的执念，让内心清净，为苏轼提供的是一种达到"快哉"的路径，那么儒、道的相通之处则更为明显，这两家对人的要求依然是有所执——即有所坚持。"由于所执之志都建立在对于天道、人性之真理的认知上，故亦足以自乐，不被私欲、外物所动"[5] 553。

在给王巩的书信中，苏轼说："须至远迹颜渊、原宪，以度余生。命分如此，亦何复忧虑。"[2] 1515 以孔门弟子的境遇勉励自己，有安贫乐道之趣。关于所坚持的事，苏轼还有更积极的表述："吾侪虽老且穷，而道理贯心肝，忠义填骨髓，直须谈笑于死生之际，若见仆困穷便相于邑，则与不学道者大不相远矣。"[2] 1500 在苏轼心中，贫困并不可怜，道理忠义才最值得肯定和敬佩，只要未丧失为人的气节，便不是苟活乞怜之人。

细读《水调歌头》，联系儒家经典，我们可以发现，苏轼的观点与孟子的"我知言，我善养吾浩然之气"有许多相通之处。"其为气也，至大至刚，以直养而无害，则塞于天地之间。"[6]53 孟子认为，"浩然气"是一种无所畏惧的气概。培养这种气以善恶是非为标准，"自反而不缩，虽褐宽博，吾不惴焉；自反而缩，虽千万人，吾往矣"[6]50。以道德和理想为信念，"配义与道"，不断按照道义行事，以此来获得一种正气的积累。而养气的目的则是"不动心"，无论外界如何，一个人只秉持他自身的信念，不为外物所动，不受私欲支配，不惧宠辱，这就是养气的最终境界。道家的无为与之相似，也是指不以私欲干涉天地之理，庄子的"心斋"与孟子的"不动心"便在此处相通，而佛家禅定之法，令苏轼沉浸下来，更好地达到他所追求的这种状态，这也是苏轼"快哉"心态的终极意义。

在苏轼贬谪黄州的清寂生涯中，他抛却功名得失的自省，并非对过往自己的全盘否定。苏轼意识到"从仕废学"，耽于种种俗务而丢弃学问实不应该，更意识到在仕途旋涡中，人难免身不由己违逆本性。"木有瘿，石有晕，犀有通，以取妍于人，皆物之病也。谪居无事，默自观省，回视三十年以来所为，多其病者。"[2]1432—1433 他不愿继续如此，因而表示"故我非今我"，对苏轼而言，无论去执还是去欲，抛弃的都是私欲，不汲汲于功名富贵，而保留济世忧国情怀。如此一来，即使贬谪或归隐，苏轼作为不依附于社会地位的独立个体，仍能找到自己的价值与意义，以"无所思"的态度，行有意义的事，便是"快哉"。

心存"浩然气"的苏轼，不仅有超越的目光，更有一种无畏的精神。在同行人狼狈，同被贬谪的亲友消颓时，他道"谁怕？一蓑烟雨任平生"[1]356。游清泉寺时见流水西去，苏轼触发人生感慨，也是意兴飞扬，"谁道人生无再少？门前流水尚能西。休将白发唱黄鸡"[1]358。苏轼的心态由消极避祸，转变为笑对挫折，他将齐万物，一死生的如梦人生，看作尚能振志一搏的舞台。这样一种超脱、看破之后仍有所坚持的乐观心态，方足以称为"快哉"。

三、苏轼"快哉心态"的意义与影响

黄州的"快哉"心态，是指苏轼通过潜心佛、老之学，自省自悟，超脱功名荣辱的困扰，坚持道义和济世理想的心态，这种心态是乐观而坚定的，依靠着它，苏轼才能以无私的态度有所作为，创造文化，造福百姓。

这样一种心态，是前无古人，而令后者追步的。在此之前，苏轼的前辈们不曾有过"快哉"的体验。"屈、贾、韩、柳、元、白于贬逐期间哀号惨怛、悲悲切切、戚戚嗟嗟、凄凄恻恻、哀伤自怜、青衫泪湿，足以说明宋代以前的逐臣心态。"[7] 163 及至北宋，欧阳修的乐仍在于山水和政绩之间，范仲淹虽有言"不以物喜，不以己悲"，已能做到超越自身遭际，但境界仍不及苏轼。因为苏轼此时在黄州，所处的环境又要恶劣数倍，且苏轼在超越之后，不仅可以忠君忧民，他实现自身价值的途径更多，天地已然更加开朗。

对于自身而言，苏轼的这种"快哉"心态，支撑他安居黄州，以计来日。但苏轼的人生哲学体系还没有完全成熟，元丰七年（1084）一月，朝廷特授苏轼汝州团练副使，不久，苏轼重又投身政治风浪之中。"快哉"心态，在苏轼再一次遭遇贬谪，远赴岭海，并几乎失去了重被启用的希望后，才真正发展成熟。最终，苏轼做到了秉诗性生存在大地上，摆脱了儒家忠义和佛、老缥缈的界限，确立了天地间身为人的立足点。

但是，苏轼在黄州的"快哉"却是最能给后人启示的一种心态。普通人的才华天赋不及苏轼，也不必经历他一生中两次的巨大起落。黄州时，初次遭贬，犹怀希望的苏轼，恰恰最能引发后人共鸣，并给予启示。"一点浩然气，千里快哉风。"快哉亭中负手高吟的苏轼，已为后世的迁客骚人与失意者，留下一剂振奋精神的医心良药。

注　释

[1] 邹同庆、王宗堂校注《苏轼词编年校注》，中华书局 2002 年版。

[2] 孔凡礼点校《苏轼文集》，中华书局 1986 年版。

[3]〔清〕王文诰辑注，孔凡礼点校《苏轼诗集》，中华书局 1982 年版。

[4] 王松龄点校《东坡志林》，中华书局 1981 年版。

[5] 王水照、朱刚《苏轼评传》，南京大学出版社 2004 年版。

[6] 杨伯峻、杨逢彬注释《孟子》，岳麓书社 2000 年版。

[7] 张惠民、张进《士气文心：苏轼文化人格与文艺思想》，人民文学出版社 2004 年版。

苏轼谪居儋州之人文情怀探新
——《东坡志林》所载苏轼迁谪海南轶事读札

◇李金坤*

《东坡志林》是苏轼的随笔集。"志"者,"记"也,即记载,也即随笔之意。"林",本义是丛聚的树木或竹子,引申为汇聚众多的人或事物。书名《东坡志林》,即指苏东坡所载众多之人与事物。苏轼去世前一年,曾自嘲自己一生说:"问汝平生功业,黄州、惠州、儋州。"(《自题金山画像》)黄州、惠州、儋州正是影响苏轼生命走向的三方极其重要的贬谪之地。《东坡志林》真实记录了他自元丰至元符二十年间于贬谪三地的所见所闻所历所感,计五卷二百余篇。文章内容广泛,天地人文,儒佛道家,游记小品,江山花木,军事官制,神仙方术,美食养生,阴阳八卦,风土人情,奇闻轶事,怀古隐逸,言志缘情,叙事论理,长短不拘,信笔挥洒,谈笑之间,皆成妙文。正如明人赵用贤《刻东坡先生志林小序》所云:"皆记元祐(当为元丰)、绍圣二十年中所身历事,其间或名宦勋业,或治朝政教,或地理方域,或梦幻幽怪,或神仙伎术,片语单词,谐谑纵浪,无不必具。而其生平迁谪流离之苦,颠簸困厄之状亦既略备。然而襟期寥廓,风流辉映,虽当群口见嫉、投荒濒死之日,而洒然有以自适其适,故有不为形骸彼我,宛宛然就拘者矣。"《东坡志林》既反映了所贬三地丰厚的地方文化内涵,也展现出作者贬官期间旷达磊落的胸襟与坚忍乐观的精神,是研究地方文化与东坡贬谪思想的重要典籍。同时,该书自然随意、风趣幽默而文采风流的行文特色,也体现了作者行云流水、触处生春的文学艺术审美风格,堪称晚明小品之滥觞。本文不拟对全

---

* 作者简介:李金坤,惠州经济职业技术学院教授。

书进行全面的解读与阐论，仅就苏轼贬谪海南期间的六则短文做一粗浅探析，以见其历史文化价值与现实启迪意义。

一、儋耳夜书——自得其乐薄功利

> 己卯上元，余在儋耳，有老书生数人来过，曰："良月佳夜，先生能一出乎？"予欣然从之。步城西，入僧舍，历小巷，民夷杂糅，屠酤纷然，归舍已三鼓矣。舍中掩关熟寝，已再鼾矣。放杖而笑，孰为得失？问："先生何笑？""盖自笑也，然亦笑韩退之钓鱼无得，更欲远去。不知钓者，未必得大鱼也。"[1]11

此文一作《书上元夜》，选自《东坡志林》卷一。绍圣四年（1097）七月，苏轼渡海到儋耳（即今海南省儋县西北南滩）。元符三年（1100）五月苏轼内迁至廉州（今广西合浦），历时三年。此文记述了他于元符二年（1099）正月十五日夜与当地几位老先生游赏城西过程中的所见所感，所记之事很平常，却颇富人生况味与深厚哲理。其一，东坡到海南不久，便有数位老先生相约赏月逛市，足以表明东坡人缘之佳，生活情趣之浓，体现了他一以贯之的随遇而安的人生态度。其二，反映了海南儋县宗教文化、街市文化、民族文化的兴盛繁荣，以及民族团结友好、夜市热闹非凡的和谐安详的景象。一方水土，民风淳朴，恰如一幅月夜街市风情图。其三，文中四次写到"笑"，各蕴深意。作者"放杖而笑"，是写作者将他们一行人赏月逛街之举与舍中人"掩关熟寝"之状的对比，一是大饱眼福，得精神之乐；一是酣睡淋漓，得身心之安。孰得孰失？无可厚非。两难之间，东坡只得发出无可奈何的笑声。其实，东坡一行老人们虽得精神之愉悦，却失去了身心安养之实在；而屋内酣睡之人虽得安睡之实惠，却失去了赏月逛街之雅趣。两者相较，各有所得，亦各有所失。这在旷放豁达的东坡眼里，得与失不过是一个事物的两面而已，何必锱铢必较、耿耿于怀呢？如此胸襟与态度，便为下文做了很好的论述铺垫。接着同行人"问先生何笑"，是写随行者的疑惑与不解，东坡于此故意幽默，从而不动声色地突出作者超越他人的智慧之处。看似随意一笔，实有回旋跌宕之势，颇含慧黠诙谐之美趣。最后作者二"笑"："盖自笑也，然亦笑韩退之钓鱼无得"。是彰显全文的主旨之穴、核心之所。"自笑"，这与当初的"放杖而笑"，同中有异，异中有同。相同者，皆属于作者本身的发笑；所不同者，是前者之"笑"，为笼统之笑，其中亦包括同行的几位老书生在内，觉得大家的赏月逛街之举较之于屋内熟睡的人来似乎有点说不出孰优孰劣的尴尬况味。而后者之"笑"，则专指作者自己的开怀之笑，这是较之于同行者"问先生何笑"的患得患失之不够洒脱的彻悟之"笑"。正因为作者具有如此无得失之患的超然物外的良好心态，所以，紧接着他才有足够的底气讥笑韩愈"钓鱼无得，更欲远去"的缺乏自得其乐的功利主义思想。韩愈《赠侯喜》诗云："君欲钓鱼须远去，大鱼岂肯居沮洳。"可见，韩愈对于得失之看法，往往多束缚于功利窠臼之中。东坡认为是不足取的。他从自己赏月逛街的眼福之饱娓娓道来，结合韩愈"钓鱼无得，更欲远去"的得失之患的功利行为，彰显了自己无得无失、随遇而安、顺应自然、乐在当下的积极生活态度。"这是作者老庄思想的反映。封建时代的士人，在不得已之时，多乞灵于老庄。"[1] 12 正是他这种顺应自然、随遇而安的人生态度，才使得他能在任何时候、任何场合都能够及时消解坎坷累累的种种痛苦，而决不自寻烦恼、心情抑郁、精神颓靡、一蹶不振。鉴此，他才得以对韩愈"钓鱼无得，更欲远去"的患得患失之功利思想予以毫不留情地付之一笑。最后"不知钓者，未必得大鱼也"，"既是针对垂钓者而言，也是针对苏轼自己讲的"[2] 193。这对于背负贬官身份的东坡而言，具有如此辩证哲理的顺天随安之人生态度，实在是难能可贵而令人钦敬的。

二、黎檬子——重情重义友谊深

  吾故人黎錞，字希声，治《春秋》有家法，欧阳文忠公喜之。然为人质木迟缓，刘贡父戏之为"黎檬子"，以谓指其德，不知果木中真有是也。一日联骑出，闻市人有唱是果鬻之者，大笑，几落马。今吾谪海南，所居有此，霜实累累，然二君皆入鬼录。坐念故友之风味，岂可复见！刘固不泯于世者，黎亦能文守道不苟随者也。[1] 13

  此文选自《东坡志林》卷一。这是一篇睹物思友的写人佳作。黎錞（字希声）与刘攽（字贡父）都是苏轼无话不说的挚友，他们之间可以调侃，可以幽默，可以起绰号，可以说笑话，毫无芥蒂，襟怀坦白，心如皎月，情同手足。就黎錞而言，其家学渊源深厚，幼年好学，长游京师，名儒石介、孙复皆美其才，枢密副使韩琦特为召置门下。后又得欧阳修赏识，举荐为国子监直讲。曾出知雅、蜀、眉、简四州，为政皆先德后刑，务存治体，有古循吏之风。以朝请大夫致仕后，闲居则穷经立言，日夕不倦，著有《黎氏春秋解》等。他确实有德有才，多绩多能，然为人木讷，不会八面玲珑，不屑花言巧语，不善投机钻营，不搞阿谀奉承，故苏轼称其"为人质木迟缓"。因此，好友刘贡父便以"黎檬子"之绰号戏称之，以此代表他"质木迟缓"的性格，虽为玩笑，倒也颇为切合黎錞的性格特征。

"黎檬子"，亦作"黎朦""黎朦子"，水果名，柠檬之属。宋人周去非《岭外代答·花木·百子》云："黎朦子，如大梅，复似小橘，味极酸。或云自南蕃来，番禺人多不用醯，专以此物调羹，其酸可知。又以蜜煎盐渍，暴乾收食之。"清人李调元《南越笔记·黎檬子》云："黎檬子，一名宜母子，似橙而小，二三月熟，黄色，味极酸，孕妇肝虚，嗜之，故曰宜母。"清人杭世骏《黎朦》诗云："粤稽桂海志，是物为黎朦。"可见，黎檬子是一种即可食用也可药用的水果。一次，苏轼与黎錞、刘攽一起骑马外出，听到市场上有人叫卖黎檬子的声音，苏轼十分惊喜，不禁失声大笑，前仰后合，差点掉下马来。这里值得注意的是，苏轼之"笑"，不是不怀好意的"讥笑"，而是对黎錞"黎檬子"绰号与水果名"黎檬子"竟然如此吻合如一的蹊跷之事发笑。这是苏轼对好友黎錞的新奇之笑，友善之笑，甚而至于是喜欢之笑，足见性情中人东坡的本然面貌。以上这些都是作者对黎錞、刘攽两位挚友趣味十足之往事的美好回忆。而今，作者自己贬谪海南，其住所周围的树上到处挂满了黎檬子果实，然而黎錞、刘攽二君却不在人世了。苏轼触物伤怀，悲从中来。于是，他唯是独坐一隅，回味当年已故挚友黎錞、刘攽二君在一起时无比愉悦的情景，可现在再也没有那样令人开心和美的情境了。感叹之余，作者最后以"固不泯于世者"彰显刘攽流布众口、声名远扬的功德，以"能文守道不苟随者"歌颂黎錞文采风流、守道正直的品质，言简意赅，十分中肯。对于黎錞的为人处世的优秀品行，苏轼《眉州远景楼记》称其为"简而文，刚而仁，明而不苛"，堪称是对"黎亦能文守道不苟随者也"高度评价的恰切注脚。文末两句，通过对两位挚友真切而允当的赞美，由衷表达了作者对他们的无限思念之深情。作者思绪悠悠，念意浓浓，如绕梁之音，三日不绝，温馨如春，动人心魄。这就是一贯重情重义的苏轼笔下人物描写的审美价值与艺术魅力，值得后人潜心体会，认真借鉴。

三、别姜君——精心育才树丰碑

　　元符己卯闰九月,琼士姜君来儋耳,日与予相从,庚辰三月乃归。无以赠行,书柳子厚《饮酒》《读书》二诗,以见别意。子归,吾无以遣日,独此二事日相与往还耳。二十一日书。[1] 49

　　此文选自《东坡志林》卷一。这是一篇叙写青年后生姜君来访而临别赠书柳宗元诗篇的感慨之作,真切表达了苏轼被贬儋州时与柳宗元被贬永州时相同的唯以"饮酒""读书"遣时度日的心情。哲宗元符二年(1099)闰九月至元符三年(1100)三月期间,琼州人姜君(即姜唐佐,字君弼)专程从学于苏轼,与其朝夕相处半年多时间。由"日与予相从"观之,他们之间亲密友好的师生关系是非同一般的。这正是东坡一贯所秉持的与人为善、广结朋友的处世态度。当姜君临别时,苏轼家徒四壁,实在拿不出什么像样的礼物赠送之,就亲自书写了柳宗元的《饮酒》与《读书》两首诗送之,权表分别之意。虽然清苦,但苏轼与姜君的师生友情是甜美而深厚的,精神世界是丰润富裕的。于姜君而言,能得到东坡大家所赐之两幅墨宝,不啻为罕世至宝也。

　　姜君慕名从学于东坡,而东坡亦"甚重其才",赞其文章"文气雄伟磊落,倏忽变化",美其言行"气和而言遒,有中州人士之风"。东坡遇赦离琼时,曾赠姜君一句诗:"沧海何曾断地脉,白袍端合破天荒。"并对他说:"异日登科,当为子成此篇。"不久,姜君果然中举,成为海南历史上第一个举人。崇宁二年(1103),姜君在汝阳遇见苏辙,时苏东坡已去世。苏辙为完成胞兄遗愿,特给姜君补足赠诗曰:"生长茅间有异芳,风流稷下古诸姜。适从琼管鱼龙窟,秀出羊城翰墨场。沧海何曾断地脉,白袍端合破天荒。锦衣他日千人看,始信东坡眼力长。"正可谓:三士情谊厚,缘分百世芳。

　　后来姜君虽然未曾进士及第,但其中举之事,对海南来说确实具有破天荒的划时代非凡意义,历代琼士无不将他作为东坡遗泽、文风开代的楷模,故琼州人士为纪念他,曾将琼府近旁"尖秀如笔"的一座小山峰命名为"雁塔峰",特取唐代中进士"雁塔题名"之意。其遗址即在今海口市海府路边上的塔光陶瓷市场内。由姜君中举之事可知,苏轼在为培养海南人才方面所做出的贡献是巨大的,在海南教育史、科举史上,以大德、大智、大爱竖立了一块辉煌的丰碑,厥功至伟,永垂不朽!

这里,有必要提一下,在不计其数的前代先贤之中,苏轼何以选中柳宗元的这两首诗书赠予姜君呢?为求其因,得就柳宗元之二诗作一简要之解读。

先看《饮酒》诗:

> 今夕少愉乐,起坐开清尊。举觞酹先酒,为我驱忧烦。须臾心自殊,顿觉天地暄。连山变幽晦,绿水函晏温。蔼蔼南郭门,树木一何繁。清阴可自庇,竟夕闻佳言。尽醉无复辞,偃卧有芳荪。彼哉晋楚富,此道未必存。

开头"今夕少愉乐"四句,直叙因夜晚忧郁不快而喝酒解忧,乃曹孟德"何以解忧?惟有杜康"(《短歌行》)之注脚。接着"须臾心自殊"四句,抒发喝酒后自身的舒心畅神与山川天地的通明温润之神奇而美妙的感觉。"蔼蔼南郭门"四句,从树木葱郁之清阴与天籁之音的环境之美,进一步凸显诗人喝酒的美妙无比之感,此时此刻诗人已完全与大自然浑融一起而不分彼此,进入了天地人和的至美境界。值得注意的是"竟夕闻佳言"一句,"佳言"当是包括风吹草木、鸟啼虫鸣等大自然所发出的各种天籁之音,它们都好像共同在向诗人尽情诉说着今夜的欢快之情,以此更加衬托出诗人饮酒之乐的心情,深化了《饮酒》主旨。最后"尽醉无复辞"四句,在前面饮酒畅神的基础上,表明诗人醉卧芳草也在所不惜之态度,将饮酒之乐推向了顶峰。末句"彼哉晋楚富,此道未必存",诗人宕开一笔,通过与晋楚富翁相比,突出自己得以尽享饮酒之乐的真谛。《孟子·公孙丑》云:"曾子曰:晋楚之富,不可及也。彼以其富,我以吾仁;彼以其爵,我以吾义。吾何慊乎哉!"如此比较,则将诗人饮酒至乐的浓郁诗意得到了空前的升华。在我国汗牛充栋的酒文化史上,柳宗元的《饮酒》不失为别具艺术魅力的千古佳作之一。

再看《读书》诗:

> 幽沉谢世事,俯默窥唐虞。上下观古今,起伏千万途。遇欣或自笑,感戚亦以吁。缥帙各舒散,前后互相逾。瘴病扰灵府,日与往昔殊。临文乍了了,彻卷兀若无。竟夕谁与言,但与竹素俱。倦极便倒卧,

熟寐乃一苏。欠伸展肢体，吟咏心自愉。得意适其适，非愿为世儒。
道尽即闭口，萧散捐囚拘。巧者为我拙，智者为我愚。书史足自悦，
安用勤与劬。贵尔六尺躯，勿为名所驱。

这是柳宗元谈读书深切体会的难得佳作。全诗可分三层，第一层为前六句，谈读书的起因及收获。"幽沉谢世事，俯默窥唐虞。"起笔交代因贬谪沉沦而静默阅读尧舜圣贤之书。"上下观古今，起伏千万途。遇欣或自笑，感戚亦以吁。"诗人在浩瀚的典籍中遨游，与古人同乐共悲，十分契合，收获良多。第二层为中间十六句，全面叙述读书的困扰与乐趣。"缥帙各舒散，前后互相逾。"写满桌皆书，杂然纷陈，表明读书正忙的情景。"瘴疴扰灵府，日与往昔殊。"言南方瘴疠之气严重，有损身心健康，记忆力衰退大不如前，所以便出现"临文乍了了，彻卷兀若无"的状况，即打开书本时似乎都清楚明了，但掩卷后又好像是一无所知。"竟夕谁与言？但与竹素俱。"写孤读书斋，彻夜与书为伴。"倦极更倒卧，熟寐乃一苏。"写读书疲倦后就卧床休息，熟睡后精神复苏又继续阅读。"欠伸展肢体，吟咏心自愉。"写读书累了就伸伸懒腰，舒展四肢，同时抑扬顿挫地吟咏诗句而使心情愉悦。"得意适其适，非愿为世儒。"写读书的意义在于与书中精神相契合，经世致用，而不愿做只会传授经学的儒生。王充《论衡·书解》云："著作者为文儒，说经为世儒。"所谓"世儒"，即指那些坐而论道只会传授经学的儒生而已，对此，柳宗元是不屑一顾、嗤之以鼻的。"道尽即闭口，萧散捐囚拘。"写读书的要旨在于精神获得自由，而不被拘囚束缚。第三层为最后六句，表明作者不为名利所驱、不为世俗指责的心态，体现了他"用之则行，舍之则藏"（《论语·述而》）的高尚情操。"巧者为我拙，智者为我愚。"此二句是说，社会上那些投机取巧者与自作聪明者，在诗人看来都是笨拙与愚蠢的。柳宗元的"智愚说"受佛学影响，同时亦与其生活遭遇密切相关，意蕴丰厚，耐人寻味。诗末四句，立意更深："书史足自悦，安用勤与劬？贵尔六尺躯，勿为名所驱。"意思是说，阅读各种书籍，了解圣贤史迹，已足以使人快乐，又何必再为追名逐利而劳碌奔波！要珍惜你那大丈夫六尺之躯，不要为名利所驱使。这是作者勉己劝人的肺腑之言，将读书之乐的意义与境界推向了一个新的高度，无疑是其读书生活的高度概括，也是其人生理想的真实写照。清人汪森《韩柳诗选》说得好："观此亦可见古人读书苦志，然乐境亦只在此。"实乃中肯之论。

由上对柳宗元《饮酒》《读书》二诗之简要解读可知，它们的确很好体现了诗人贬谪时期真实的人生态度，这对于同为贬官而又崇仰柳宗元文品与人格的苏轼而言，惺惺相惜，产生共鸣，自是甚为自然的情理之事。所以他特别喜欢这两首诗，并亲手书赠予自己的得意门生，实在是一则很有人生情味的文坛佳话。

要之，苏轼之所以将柳宗元的两首诗书赠予姜君，其意义主要有三：一是遵循中华"礼尚往来"的优秀传统，体现苏轼重情重义的美好品德。二是对后生姜君寄予厚望，希望他少烦恼，多读书，做为国为民之有用人才。三是苏轼以柳宗元《饮酒》《读书》二诗自况，表达他与柳宗元共同的贬谪心态。在与柳宗元心灵共鸣的同时，亦表达他对文学前辈柳宗元的敬慕之情。同时，也含有希望姜君多学习唐代大家柳宗元的优美诗文，以提升道德情怀与文学修养的期望。

四、唐村老人言——忧患朝野至老铭

> 儋耳进士黎子云言，城北十五里许有唐村，庄民之老曰允从者，年七十余，问子云言："宰相何苦以青苗钱困我？于官有益乎？"子云言："官患民贫富不均，富者逐什一益富，贫者取倍称，至鬻田质口不能偿，故为是法以均之。"允从笑曰："贫富之不齐，自古已然，虽天公不能齐也，子欲齐之乎？民之有贫富，由器用之有厚薄也。子欲磨其厚，等其薄，厚者未动，而薄者先穴矣！"元符三年，子云过予言此。负薪能谈王道，正谓允从辈耶？[1] 57

此文选自《东坡志林》卷二。这是一篇记录黎子云向作者转述他与允从老庄民谈论关于王安石推行青苗法问题的短文，此文借百姓之口，言新法之弊。"在宋神宗、王安石推行新法时，以苏轼的才华，只要稍加附和，进用可必；但他却反对新法，并因此离开朝廷，被投进监狱，还几乎被杀头。"[3] 14 可见，苏轼对王安石推行新法之一的青苗法的批判态度，至老未变。

为便于理解本文，有必要先对黎子云简介如下。黎子云，又名北侬，其祖先于五代末期从福建莆田渡海迁居儋州。黎子云有三个弟弟，分别是黎威、黎徽、黎先觉。黎氏兄弟聚族而居，皆酷爱读书，黎子云尤甚，是当地素享声望的书香门第。故而，人们多以"进士"称呼黎子云，此"进士"非指科举之"进士"出身也，纯粹是人们对其之称誉也。海南地方志将他列入"隐逸"或"乡贤"，乡邦之重，可以想见。黎府曾藏有《柳宗元文集》等珍贵典经，黎氏兄弟劳作之余经常吟诵。黎子云还擅长诗文，尤其是千字文。他常将千字文奉请苏轼品评，才情之高，甚得好评。为此，苏轼还特地向昌化军（即海南儋州）军使张中举荐，爱才重才，精神可嘉。如苏轼《访黎子云》云："野径行行遇小童，黎音笑语说坡翁。东行策杖寻黎老，打狗惊鸡似病风。"诗中说苏轼自己因急于见到黎子云而步履太快惹得鸡飞狗叫，别有情趣。《过黎君郊居》又云："半园荒草没佳蔬，煮得占禾半是薯。万事思量都是错，不如还叩仲尼居。"此诗感叹黎子云家境艰难，同时又劝勉他安贫乐道、潜心读书。正因为苏轼与黎子云建立了如此深厚的友谊，所以黎子云对于亦师亦友的苏轼是无话不谈的。短文《唐村老人言》便是黎子云告诉苏轼的关于他与允从老庄民谈论王安石青苗法的一段对话，说明黎子云不仅是埋头读书的人，而且也是关心时政的人。

黎子云告诉苏轼说，他曾经和城北十五里的唐村里一位七十多岁的长者允从谈论王安石新法之一的"青苗法"。所谓"青苗法"，就是当青黄不接之际，官贷钱于民，正月放而夏敛，五月放而秋敛，纳息二分。本名常平钱，民间称"青苗钱"。对此，老百姓颇为不满。故允从老人问黎子云说："宰相王安石何苦要用青苗钱来为难我们呢？这对于官府有好处吗？"黎子云答道："官府担心民间贫富不均，富人逐利而更加富有，贫者双倍偿还而更加贫困，以至于卖田卖子女都无法偿还债务，所以用'青苗法'来进行平衡。"允从笑道："贫富不均，从古至今都一样，连上天都不能平衡，你们难道能做到吗？贫富不均，就如同一个瓷器的壁有厚有薄一样，你们想把厚薄一起打磨，只怕厚的地方还未磨损，薄的地方却已磨穿了。"这些情况都是黎子云于元符三年（1100）拜访苏轼时亲自告知的。由此，苏轼感慨道："劳苦大众都能够谈论治理天下之道，不正是允从老人之辈吗？"

读此短文，给人四点体会：一是苏轼虽远谪天涯，仍然忧国忧民，关心时事。正所谓："居庙堂之高则忧其民，处江湖之远则忧其君。"（范仲淹《岳阳楼记》）二是重视人才，关爱后生，提携先进。三是立场坚定，旗帜鲜明，不做墙头草、随风柳，风骨凛凛，正气堂堂。四是具有平民意识，尊重有思想有见解有觉悟的老者，称他们是"负薪能谈王道"的智慧之辈，同时隐含有对"肉食者鄙,未能远谋"(《左传·曹刿论战》)"青苗法"的讥讽之意。

五、李氏子再生说冥间事——以阴刺阳寓意明

戊寅十一月,余在儋耳,闻城西民李氏处子病卒两日复生。余与进士何旻同往见其父,问死生状。云:初昏,若有人引去,至官府幕下。有言:"此误追。"庭下一吏云:"可且寄禁。"又一吏云:"此无罪,当放还。"见狱在地窟中,隧而出入。系者皆儋人,僧居十六七。有一妪身皆黄毛如驴马,械而坐,处子识之,盖儋僧之室也。曰:"吾坐用檀越钱物,已三易毛矣。"又一僧亦处子邻里,死已二年矣,其家方大祥,有人持盘及钱数千,云:"付某僧。"僧得钱,分数百遗门者,乃持饭入门去,系者皆争取其饭。僧饭,所食无几。又一僧至,见者擎跪作礼。僧曰:"此女可差人速送还。"送者以手擘墙壁使过,复见一河,有舟,使登之。送者以手推舟,舟跃,处子惊而寤。是僧岂所谓地藏菩萨耶?书此为世戒。[1] 98

此文选自《东坡志林》卷二。由题可知,这是一篇记录李姓女儿阴间还阳重生之冥间神奇故事。事情是这样的:哲宗绍兴五年(1098)十一月,被贬海南儋耳的苏轼听说城西李姓人家一未嫁女儿病死两天后复活的蹊跷之事。于是,苏轼就约进士何旻去拜访女儿之父,想对其女儿死而复生之事探个究竟。女儿父亲原原本本地告诉他们说:傍晚时分,好像有人带领其女儿去官府里。只听得有人说:"这人被阎王误追了。"庭下一个官员说:"可以暂时监禁起来。"又一官员说:"这女孩无罪,应当放还于人间。"女儿看见监狱在地窖深处,人可经过隧道出入。里面所关押的都是儋州人,其中僧人占十分之六七。有一位老妇女已是满头黄发,像驴马之毛颜色一样,戴着枷锁坐着。女儿认识她,原来她是儋州僧人的老婆。老妇人说:"我因为贪用了施主檀越的钱物而获罪,至今我的头发已变了三次颜色了。"女儿又见到一个邻居僧人,其父母去世两年了,家里正在举行祭祀活动。此时,见有人端着饭盘及钱币数千过来,说:"给某僧。"这位僧人就将数百钱分送给监狱守门者,接着又将饭送进监狱去,被监禁的人都抢饭吃,可这位僧人的饭已所剩很少。又见到一位僧人来了,所有人都同时举手作揖行屈身跪拜大礼。这位身份不凡的僧人说道:"这个女孩

可速派人送还人间。"于是,护送她的人用手在墙壁画出一道豁口让女儿过去。眼前忽然出现一条河,还有船,他们就唤女儿上船。护送者用手一推,船一晃动,女儿就惊醒了。故事到此结束,情节生动,对话真切,神奇有趣,颇具可读性。后来苏轼猜想,那位发令将女孩速还人间的僧人大概就是人们所说的常现身于地狱的救众生苦难的幽冥教主地藏菩萨。

　　苏轼之所以对这段冥间故事感兴趣,不仅邀约进士何旻同往亲自调查考实,而且详细记载此事经过,是因为在此阴曹地府中,执政者能够执法严正、秉公办事(老妇人占用施主的钱物而获罪)、冥间有爱、友好如春(父母去世两年的僧人将受赠的饭与钱又赠与他人)、实事求是、速纠错案(将阎王误判的李姓女儿及时放还人间),这些都是难能可贵的美德与高风。此事虽发生在阴间,但对于阳世的确具有不可多得的借鉴作用。所以,苏轼于文末特意写下了语重心长而掷地有声的五个大字:"书此为世戒。"他多么希望人世间那些掌握百姓生杀大权的执法者们能够尊重生命、秉公执法、实事求是、知错就改,真正做到以法律为准绳、以事实为依据,以民为本,立法为民。此乃苏轼撰写《李氏子再生说冥间事》的用心所在,亦是其意义与价值之所在。此文以阴刺阳,借题发挥,文笔轻松,寓意深远,委实是一篇具有启迪与警策意义的佳作。

六、信道、智法说——不畏神灵勇创新

　　　　东坡居士迁于海南,忧患之余,戊寅九月晦,游天庆观,谒北极真圣,探灵签,以决余生之祸福吉凶。其辞曰:"道以信为合,法以智为先。二者不离析,寿命不得延。"览之竦然,若有所得,书而藏之,以无忘信道、法智二者不相离之意。轼恭书:古之真人未有不以信人者。子思则曰:"自诚明谓之性。"此之谓也。孟子曰:"执中无权,由执一也。"法而不智,则天下之死法也。道不患不知,患不凝;法不患不立,患不活。以信合道,则道凝;以智先法,则法活。道凝而法活,虽度世可也,况延寿乎?[1]128

　　此文选自《东坡志林》卷三。这是一篇借助于道观问卜祸福吉凶之事而

表达自己"道凝而法活"哲学思想、法治观念及其人生态度的美文。苏轼贬谪海南期间，忧患满怀，于元符九年（1098）九月底特地去天庆观拜谒北极真圣大神，探求灵签，希冀神灵决断东坡居士晚年的祸福吉凶。结果签辞是这样写的："道家之道以诚信为合道，道家之法以智为首位。如果两者不分离，那么寿命就不长。"苏轼看后不免惊恐，似乎明白了什么，就把它写下藏起来，目的是为了记住"信道"与"法智"二者不相离的意思。苏轼回家后，经过溯古探今，反复思考，仔细琢磨，若有所悟，遂欣然恭敬地写下了这样一段话：古代有道之人没有不以诚信为人的。孔子之孙子思就说过"由至诚而有明德是圣人之性"的话。孟子也说过"执行中和而不知随时变化，就会固执拘泥于一点"的话。因此，制定法律而不以智为先，就是死的法律条文。因此，真正的道家之道不怕人不知，而是怕人们对道不凝神专一；真正的道家之法不怕人不立，而是怕人们不灵活善变。所以，以诚信合道，则道就凝神专一；以智为首位，则法就灵活善变。如果真正做到道的凝神专一与法的灵活善变的有机结合，那么，我即使脱离世俗、驾鹤仙逝也无妨，又何必在乎延年益寿呢？

苏轼就是苏轼，他不愧为世界级的"千年英雄"（2000年法国《世界报》评出12位千年英雄，苏东坡是唯一入选的中国人）。华夏五千年，唯有苏轼能够做到：儒释道三教思想自然结合，浑然圆融，因时制宜，随境而变，人情练达，世事洞明，博学古今，善待穷通，"休将白发唱黄鸡"（《浣溪沙》），"此心安处是吾乡"（《定风波》）。因此，天庆观灵签上一条关于"道以信为合，法以智为先。二者不离析，寿命不得延"之卜辞，是无论如何也吓不倒东坡居士的，相反，倒促使他追溯先贤孔子之孙子思及子思学生孟子的优秀思想，从中获得珍贵的启迪与思想理论的有力支撑，破除签辞唬人的迷障，自铸伟辞，勇创新说，最终得出"道凝而法活"的令人耳目一新的哲学观、法治观与人生观。对信道与法智二者合一境界的竭诚追求，苏轼表示了死而无憾的决绝态度，可见其自信是何等之强烈，立场是何等之坚定。

由此文所反映的东坡不畏灵签判词、勇于自创新说的事实观之，我们可以得到以下三方面的有益启示：第一，苏轼具有深厚的辩证唯物主义哲学思想与法治观念，不迷信，有觉悟，善思考，勤辨析，是"博学之，审问之，慎思之，明辨之，笃行之"（《礼记·中庸》）的杰出代表；第二，苏轼善于承传优秀传统文化精神，从中汲取思想力量，为我所用，长我智慧；第三，苏轼不唯神是听，敢于打破旧观念，创立新思想，破旧立新，精神可嘉。

通过对《东坡志林》所选六则苏轼有关儋州风土人情、世道民心以及作者自己的人生感悟的论述的解读，让我们看到了苏轼贬谪海南期间真切而生动的生活情状、思想情操、处世情义与人文情怀，具体表现在：自得其乐薄功利（《儋耳夜书》）；重情重义友谊深（《黎檬子》）；精心育才树丰碑（《别姜君》）；忧患朝野至老铭（《唐村老人言》）；以阴刺阳寓意明（《李氏子再生说冥间事》）；不畏神灵勇创新（《信道、智法说》）。苏轼这些宝贵的记载，对于研究他的思想历程、人文精神、文学价值以及海南的民风习俗，都具有重要的历史文化价值与现实启迪意义。

注　释

［1］〔宋〕苏轼著，刘文忠评注《东坡志林》，中华书局2007年版。

［2］王彬主编《唐宋八大家名篇赏析与译注·苏轼卷》，经济日报出版社1997年版。

［3］曾枣庄、曾涛选注《三苏选集》，巴蜀书社2018年版。

从《记游松风亭》谈苏轼人生理想的转变

◇成 千*

苏轼谪居惠州的时候曾经写过一篇文章《记游松风亭》,"余尝寓居惠州嘉佑寺,纵步松风亭下。足力疲乏,思欲就亭止息。望亭宇尚在木末,意谓是如何得到?良久,忽曰:'此间有什么歇不得处?'由是如挂勾之鱼,忽得解脱。若人悟此,虽兵阵相接,鼓声如雷霆,进则死敌,退则死法,当怎么时也不妨熟歇。"[1]2271 表面看似简单的记游,却蕴含颇深,可以与他一生相对照。本文拟从《记游松风亭》分析苏轼生命的三个重要时期,浅谈苏轼人生理想的转变,从而对苏轼有进一步的了解。

一、"纵步松风亭下"——初入仕途时期

(一)初入仕的顺利

北宋嘉祐元年(1056),二十一岁的苏轼和弟弟苏辙,跟父亲苏洵出川进京赶考。次年,苏轼以一篇策论文《刑赏忠厚之至论》获得主考官欧阳修的赏识,此文阐述了刑赏要以忠厚为本,要以德治国的儒家思想。高中进士的少年苏轼激情澎湃,胸中丘壑纵横,希望能大展宏图,辅佐君王成为像尧舜那样的明君。但不久,苏母程夫人去世,苏轼兄弟回乡丁忧。

三年后,嘉祐四年(1058),苏轼服丧期满,举家迁往汴京。途径忠州时写下《屈原塔》,感慨"屈原古壮士,就死意甚烈"的高洁情操,而"名声实无穷,富贵亦暂热。大夫知此理,所以持死节"[2]22 则表达自己的志向和人生道路的选择。他途经湖北秭归屈原庙时,又写下《屈原庙赋》,"生既不能力争而

---

* 作者简介:成千,惠州经济职业技术学院中文讲师。

从《记游松风亭》谈苏轼人生理想的转变

强谏兮,死犹冀其感发而改行"[1]2,再次表达了自己对屈原的敬意。屈原是历史上忠君爱国的代表人物,司马迁说:"余读《离骚》《天问》《招魂》《哀郢》,悲其志。"[3]2503 屈原一生忧国忧民,辅佐楚王,振兴楚国就是他毕生的理想。《离骚》中"岂余身之惮殃兮,恐皇舆之败绩?""长太息以掩涕兮,哀民生之多艰!"蕴含着诗人对于国家、人民命运强烈的危机感。由此可见,苏轼即将踏入仕途时,所写凭吊屈原的作品,正是他意气风发,渴望建功立业的表现。

嘉祐六年(1061),苏轼经欧阳修、杨畋等推荐,参加制科考试,写下二十五篇《进策》,提出了一整套不同的政治革新理念。其中五篇《策略》分析时局,强调改革吏治;十七篇《策别》提出对政治、经济、军事的具体革新措施;三篇《策断》分析了战争的形势,提出了一些强兵主张。值得一提的是制科这个为选拔人才而设的特别考试,"制科分五等,上二等皆虚。惟以下三等取人。然中选者,亦皆第四等。独吴正肃公(育)尝入第三等。后未有继者,至嘉祐中,苏子瞻、子由乃始皆入第三等而已,子由以言太直,为考官胡武平所驳,欲黜落,后降为第四等。设科以来,止吴正肃与子瞻(苏轼)入第三等。"[4]26《宋史·苏轼传》中记载:"仁宗初读轼、辙制策,退而喜曰:'朕今日为子孙得两宰相矣。'"[5]10819 此时的苏轼,初出茅庐,既得到了文坛的推崇,也得到了皇帝的认可,前途光明,要实现人生理想已走出了第一步。

(二)苏轼的理想

苏轼受儒家思想的影响很深,立德、立功、立言的"三不朽"是儒家对人生最高境界的追求,也是苏轼毕生追求。孔子弟子子夏说"学而优则仕",孟子说"士之仕也,犹农夫之耕也","不仕无义,君子之仕也,行其义也"[6]101。《礼记·大学》曰:"古者欲明明德于天下者,先治其国;欲治其国者,先齐其家;欲齐其家者,先修其身;欲修其身者,先正其心;欲正其心者,先诚其意;欲诚其意者,先致其知,致知在格物。格物而后知致,知致而后意诚,意诚而后心正,心正而后身修,身修而后家齐,家齐而后国治,国治而后天下平。"[7]1034 儒家认为"出仕"是知识分子的职责所在。著名的宋史学家刘子健说,宋朝的知识分子"他是一个官员,却从不把自己局限于衙门的日常争讼中,而是保持着广泛的兴趣,关心国家政策、道德水准、精英行为、哲学倾向、社会福利和教育。一句话,他关怀儒家的理想生活之道"[8]13。可见,知识分子"出仕"是途径,"关怀儒家的理想生活之道"才是目标。在苏轼仕途初期，他的兴趣还是比较单一的，主要关心国家政策,其诗文也以针砭时事的策论为主,可以看作"纵步松风亭下"的写照。这段时期的苏轼，就如"纵步"一般,胸怀青云之志,自信满满,准备大展宏图。

二、"足力疲乏，思欲就亭止息"
——大起大落时期

（一）仕途的坎坷

然而苏轼的仕途并没有一开始那么顺利，由于与王安石的矛盾激化，朝廷新旧党争日益激烈。熙宁三年（1070），王安石羽翼侍御史知杂事谢景温上奏皇帝，污蔑苏轼丁父忧归蜀时，贩卖私盐。朝廷下令严查，但"事皆无实"。为避免争端，苏轼自请外调，"上批出与知州差遣，中书不可，拟通判颍州。上又批出，改通判杭州"[9]791。从熙宁四年（1071）至元丰二年（1079），苏轼离京外任，通判杭州，知密、徐、湖三州。苏轼在自己力所能及的范围帮助民众，在杭州疏浚钱塘六井；在密州抗旱救灾，率众捕蝗；在徐州建堤抗洪，赈济饥民，劝民耕桑，寻矿采煤等，做了不少好事。他在朝廷的影响和在民间的声望如日中天，但他的非凡才干和不平则鸣的个性引起了他的敌人们的妒忌和忌惮。在精心的策划下，元丰己未（1079）苏轼被捕入狱，这就是史上著名的"乌台诗案"，这是他人生最凶险的时刻，也是他人生的最低谷。苏轼从朝官直接成了阶下囚，这在宋朝实属罕见。宋朝重视文人，据说，太祖建国之初曾立下了"不得杀士大夫，及上书言事人"的"誓碑"，并告诫"子孙有渝此誓者，天必殛之"[10]1。此后的宋代帝王皆严格奉守这一"祖宗家法"，不敢有所违逆。虽然这种说法有人持异议,据现代著名的历史学家张荫麟在《两宋史纲》中对宋太祖誓碑进行了考证，认为誓碑子虚乌有。[11]31 但是宋朝重视文人，优待士大夫是客观事实。"自太祖勒不杀士大夫之誓以诏子孙，终宋之世，文臣无欧刀之辟。张邦昌躬篡，而止于自裁；蔡京、贾似道陷国危亡，皆保首领于贬所"[12]6。惯例除叛逆谋反罪外，一般京官犯罪，只是贬黜为地方官，俸禄照旧；罪大者也不过是降级安置于"远恶军州"，"过岭"（大庾岭南）、"过海"（到海南岛）算是最重的处置，但仍然做官食禄。宋朝应该是历史上对待文人最宽松的时代了，所以苏轼下狱，如五雷轰顶，朝野震惊。

一方面苏轼的死对头千方百计想要置他于死地，另一方面朝野上下纷纷

从《记游松风亭》谈苏轼人生理想的转变

进言,如宰相吴充直言:"陛下以尧舜为法,薄魏武固宜,然魏武猜忌如此,犹能容祢衡,陛下不能容一苏轼何也?"已罢相退居金陵的王安石上书说:"安有圣世而杀才士乎?"连身患重病的曹太后也出面干预:"昔仁宗策贤良归,喜甚,曰:'吾今又为吾子孙得太平宰相两人',盖轼、辙也,而杀之可乎?"[13]44—49

在多方营救下,苏轼终于出狱,继而被贬到了黄州,其身份是"责授检校水部员外郎黄州团练副使,本州安置,不得签书公事"。团练副使是从八品官,无实际执掌,无论武官或文官均可除授,实际上,在宋代这个官衔是专门用来安置政治上失势、贬职暂不述用的官员,而且只领半俸。[14]362 无实权的官职使苏轼在关注人民疾苦时往往力不从心,生活的窘迫使得他不得不先解决自己和家人的温饱问题。黄州后期,苏轼在东坡开辟一小块菜园,亲自耕种,从未参加过农耕生活的他得到了当地很多农民的帮助,这是他地位从管理者到参与者的一个重大转变。

苏轼以为"乌台诗案"后,政治的迫害已到顶峰,自己的寄情山水,归园田居,已不足以被朝廷小人引以为患,甚至他还建了一个"雪堂",准备在黄州安老了。当他习惯并喜欢这种生活后,元丰八年(1085)三月到元祐元年(1086)八月,高太后当权,旧党得势,短短十六个月的时间里,朝廷连连提拔苏轼,召其入京,从起居舍人到中书舍人,再升为翰林学士知制诰(为皇帝起草诏书的秘书,三品),苏轼升到了他人生当中最高的职位。但因既反对王安石变法,也反对司马光尽废新法,两不相容,他只好再次自请外调杭州。元祐六年(1091),被召回京,不久又被外放颍州。元祐八年(1093)高太后去世,哲宗亲政,打压旧党,苏轼又再次遭到一连串的贬谪。就这样,苏轼遭受"乌台诗案",人生"大落";被贬黄州,逐渐适应;朝廷提拔,人生"大起";又遭贬谪,人生"大落"。从朝官到阶下囚到贬官,再到权倾一时的三品朝官,再被贬,人生遭遇如此大起大落,在中国的文人当中都实属罕见。

(二)思想的变化

这段时期苏轼的思想比较复杂,与仕途之初单纯高涨的政治热情相比,明显出现了剧烈波动。为了躲避朝廷党派纷争,熙宁四年(1071),苏轼自请离京,来到杭州任通判。熙宁年间,虽然苏轼写了如《吴中田妇叹》《初到杭州寄子由二绝》《风水洞二首和李节推》《山村五绝》等许多关注时局、揭示民间疾苦的政治诗,但更多的是大量记游、写景、宴饮诗的写作。策论已不是当时主要的写作形式,同时,作为最早出现在勾栏酒肆,士大夫认为是"小道"的词,苏轼也开始了大量的创作。"诗言志,词传情",初次遭受政治失意的苏轼思想上第一次起了涟漪。

熙宁七年(1074),时任杭州通判的苏轼与新法派的矛盾日益尖锐,朝中难以立足。为靠近济南为官的弟弟苏辙,苏轼向朝廷请求到密州任职。途中,苏轼写了一首词《沁园春·孤馆灯青》[15]134:

> 孤馆灯青,野店鸡号,旅枕梦残。渐月华收练,晨霜耿耿;云山摛锦,朝露漙漙。世路无穷,劳生有限,似此区区长鲜欢。微吟罢,凭征鞍无语,往事千端。
> 当时共客长安,似二陆初来俱少年。有笔头千字,胸中万卷;致君尧舜,此事何难?用舍由时,行藏在我,袖手何妨闲处看。身长健,但优游卒岁,且斗尊前。

当年和弟弟同中进士,还是少年,如今已沧海桑田。兄弟二人"有笔头千字,胸中万卷",因此"致君尧舜,此事何难",虽然现在遭遇挫折,但是"用舍由时,行藏在我",一个"袖手"写出了苏轼对理想实现的信心和希望。此时的苏轼仍然是那个想出仕"致尧舜"的苏轼。

宋神宗元丰元年(1078)间,苏轼在徐州作有《与梁左藏会饮傅国博家》《和子由送将官梁左藏仲通》《送将官梁左藏赴莫州》等送别梁左藏的诗词,其中《浣溪沙·彭门送梁左藏》[15]255表达了对朋友应召入京建功立业的羡慕:

> 惟见眉间一点黄,诏书催发羽书忙,从教娇泪洗红妆。上殿云霄生羽翼,论兵齿颊带风霜,归来衫袖有天香。

朋友即将"上殿云霄生羽翼,论兵齿颊带风霜",自己也多么希望如此啊,能够进京参与朝政,那么"归来衫袖有天香",此时,苏轼想出仕"致尧舜"的愿望仍然很强烈。

但是,随着朝廷政治纷争的加剧,仕途的不断改变,苏轼对自己出仕"致尧舜"的理想开始有了变通。元丰二年(1079)苏轼从徐州改知湖州,途中乘船来到张氏园亭。应张氏子弟之请，写下一篇散文《灵壁张氏园亭记》[1] 368，透露了自己对于仕途奔波的厌倦，想要在徐州买地终老的归隐心志。文章对儒家的"不仕无义"提出了不同看法，"古之君子，不必仕，不必不仕。必仕则忘其身，必不仕则忘其君。譬之饮食，适于饥饱而已。然士罕能蹈其义、赴其节。处者安于故而难出，出者狃于利而忘返。于是有违亲绝俗之讥，怀禄苟安之弊"。这是苏轼出仕思想的松动，苏轼认为忠君报国的理想不一定通过"出仕"来实现，出仕与否应该符合自己的性情与当时的形势，"行藏在我"，张氏的先君为子孙考虑深远，"使其子孙开门而出仕，则跬步市朝之上；闭门而归隐，则俯仰山林之下"是非常明智的。

"乌台诗案"是苏轼的人生转折点，命悬一线的惶恐，抱屈含冤的悲愤，出仕"致尧舜"理想的被毁，使苏轼的思想发生了重大改变。狱中，苏轼极度悲伤地给弟苏辙留下诀别诗两首[2] 998：

其一
圣主如天万物春，小臣愚暗自亡身。
百年未满先偿债，十口无归更累人。
是处青山可埋骨，他年夜雨独伤神。
与君世世为兄弟，更结来生未了因。

其二
柏台霜气夜凄凄，风动琅珰月向低。
梦绕云山心似鹿，魂飞汤火命如鸡。
额中犀角真君子，身后牛衣愧老妻。
百岁神游定何处？桐乡应在浙江西。

诗中的"小臣"对"圣主"的感伤，对未竟事业的不舍，"与君世世为兄弟，更结来生未了因"，苏轼戚戚然的心境可见一斑。

出狱后，苏轼被贬黄州。刚经历生死之变，初次被贬的他是极为愤怨的，贬途中经过湖北浠水巴河镇时，作了一首《晓至巴河口迎子由》[2] 1052，满纸愁怨。"去年御史府，举动触四壁。幽幽百尺井，仰天无一席。隔墙闻歌呼，自恨计之失。留诗不忍写，苦泪渍纸笔。"苏轼回忆往事，深恨自己处事不当，"余生复何幸，乐事有今日"。幸庆自己的死里逃生，难道自己就放弃"致尧舜"

的理想了吗?"此邦疑可老,修竹带泉石。"一个"疑"字,写出了他内心的纠结。

来到黄州后,又写下《初到黄州》[2] 1031:

> 自笑平生为口忙,老来事业转荒唐。
> 长江绕郭知鱼美,好竹连山觉笋香。
> 逐客不妨员外置,诗人例作水曹郎。
> 只惭无补丝毫事,尚费官家压酒囊。

诗中"老来事业转荒唐"对过去进行了否定,自嘲年轻时的抱负终成泡影。随着时间的流逝,寄情山水的苏轼一直在说服自己。元丰五年(1082),45岁的苏轼被贬黄州已经三年,他对遭受牢狱之灾悲愤不平的心境已慢慢平复。这一年,苏轼有很多作品。如《定风波·莫听穿林打叶声》[15] 356:

> 莫听穿林打叶声,何妨吟啸且徐行。竹杖芒鞋轻胜马,谁怕?一蓑烟雨任平生。
> 料峭春风吹酒醒,微冷,山头斜照却相迎。回首向来萧瑟处,归去,也无风雨也无晴。

三月的一天,苏轼和几个朋友相约去看田,准备在这里买田终老。不巧途中遇大雨,全身淋湿,朋友们十分狼狈,但苏轼却不以为然,吟咏自若,缓步而行。傲视风雨,"一蓑烟雨任平生"尽显他的豪迈,"回首向来萧瑟处,归去,也无风雨也无晴"结尾点睛之笔,道出了苏轼在一瞬间的顿悟,自然界的风雨稀疏平常,人生中的风雨又何足挂齿呢?不畏风雨,坚守内心,就没人能够打倒自己。这一刻,苏轼已经达到了一种佛系的超脱和豁达。

再看一首《满庭芳》[15] 458:

> 蜗角虚名,蝇头微利,算来著甚干忙。事皆前定,谁弱又谁强。
> 且趁闲身未老,须放我,些子疏狂。百年里,浑教是醉,三万六千场。
> 思量,能几许?忧愁风雨,一半相妨。又何须抵死,说短论长。
> 幸对清风皓月,苔茵展,云幕高张。江南好,千钟美酒,一曲满庭芳。

自己"致尧舜"的抱负算"蜗角虚名,蝇头微利"吗?苏轼并不是争夺名利之人,但是他远大的政治志向陷入复杂的政治党争中,屡遭小人迫害,几乎丧命。"事皆前定,谁弱又谁强",争来争去,还不如"且趁闲身未老,须放我,些子疏狂"。在《满庭芳》中,苏轼终于认识到功名利禄的尘世羁绊,超然物外,大有停歇之心。

元丰六年(1083)九月,《临江仙·夜饮东坡醒复醉》[15] 467更写出了苏轼黄州时期的矛盾心理,苏轼感慨自己忘不了对仕途的留恋,但已有了对世俗的超越:

夜饮东坡醒复醉,归来仿佛三更。家童鼻息已雷鸣。敲门都不应,倚杖听江声。长恨此身非我有,何时忘却营营。夜阑风静縠纹平。小舟从此逝,江海寄余生。

还有《赤壁赋》《后赤壁赋》《念奴娇·赤壁怀古》都写于黄州后期,无一不表现了苏轼逐渐摆脱对外在功名追求的桎梏,开始转向内心的修炼。

元丰八年(1085),苏轼结束黄州贬谪生活,被召回朝途中,写下《再过常山和昔年留别诗》[2] 1381,自感已是"伛偻山前叟",可是朝廷"迎我如迎新","那知梦幻躯,念念非昔人。江湖久放浪,朝市谁相亲"。物是人非,前途未卜,想"却寻泉源去,桃花逢避秦",但身不由己。也许苏轼已预感前路坎坷,透出了厌倦和不安,渴望归隐的强烈愿望。

苏轼这一时期的宦海沉浮,可以看作是其"足力疲乏,思欲就亭止息"的阶段,宦海波折常让他生"就亭止息"之心,而"望亭宇尚在木末,意谓是如何得到?"则表明其对精神家园的追询。

三、"此间有什么歇不得处"——岭海贬谪时期

(一)仕途的幻灭

突达权利高峰,"致尧舜"理想昙花一现后,苏轼又遭弹劾,再度被贬,从定州到英州再到惠州,谪命三改,花甲之年的苏轼最后以"责授宁远军节度副使,惠州安置,不得签书公事"来到惠州。[5] 10816(《宋史·苏轼传》)

苏轼在惠州心情是十分纠结的，朝廷的反反复复让他心有余悸，命运的不可知使他心怀疑虑，生活的多艰使他心生悲苦、虽然苏轼是戴罪之身，没有实权，"不在其位不谋其政"，但他还是尽可能地帮助百姓。他屡次通过身为提点刑狱的表兄程正辅进言，如请建惠州营房、解决惠州及整个广南东路十余个州农民纳粮难题、促成东新桥和西新桥的建成等。一方面忧心百姓疾苦，一方面又想谨慎避祸，在这种矛盾的心理纠结中，苏轼在信末尾屡屡嘱咐程正辅"请勿示人""千万密之""幸读讫，便毁之""勿令人知出于不肖也"[1]1589—1622等话。明代张萱在《惠州西湖歌》中说"惠州西湖岭之东，标名亦自东坡公。绍圣已非元祐日，惠州岂与杭州同"[16]8。此时，苏轼不是那个元祐时期权势荣耀达到极点的苏轼，惠州也不是那个当年可以动用十万民工治理西湖的杭州。

宋绍圣四年(1097)闰二月，苏轼再次接到谪命，"责授琼州别驾，昌化军(治儋州)"，儋州相当于流放，贬无再贬，苏轼离权力机关越来越远，年迈且多病的他明白此生出仕"致尧舜"的理想已彻底破灭。宋元符三年（1100），宋徽宗即位，苏轼遇赦北归，翌年七月病逝于常州。

（二）思想的成熟

岭海时期的苏轼，仕途已跌到谷底，此时的他已经很累了。寓居惠州近三年，当地丰盛的物产和淳朴的人民让他的心趋于平静和快乐。他在《食荔支二首（并引）》里说"日啖荔支三百颗，不辞长作岭南人"。[2]2192在与程正辅的书信里，他说："某睹近事，已绝北归之望。然中心甚安。未说妙理达观，但譬如原是惠州秀才，累举不第，有何不可？"[1]1593苏轼把出仕"致尧舜"当成他的人生理想，他喜爱陶渊明，但他一生都没有归隐。他忠君爱国，为百姓大胆直言，与当朝宰相王安石因为变法而针锋相对。苏轼有宰相之才，报国之志，无奈世事复杂，帝心难测，惨遭迫害，连连被贬，苏轼的满腔抱负无法施展，"致尧舜"的理想越来越渺茫，但是"此间有什么歇不得处？"抚心自问，"致尧舜"不就是希望辅佐君王成为一代明君，爱护百姓，国泰民安吗？为什么拘泥于须登上高处才能"歇"，为什么一定要到权利的巅峰才去帮助百姓，只要有爱民之心，哪样做不可以呢？这正是"此间有甚么歇不得处"的大彻大悟。

在儋州时期，也是苏轼晚年的最后一个贬谪地，虽然"此地食无肉，

从《记游松风亭》谈苏轼人生理想的转变

病无药,居无室,出无友,冬无炭,夏无寒泉。然亦未易悉数,大率皆无耳!"[1]1627(《与程秀才三首》)生活条件恶劣超乎想象,但是苏轼很快就适应了当地生活,他关心民生疾苦,和黎族人民结下了深厚的感情。苏轼还做了最重要的一件事——教育。儋州地处偏远,民风彪悍,岛上黎族同胞居多。据《万历琼州府志》记载:"其地有黎母山,诸蛮环居其下。黎分生、熟,生黎居深山,性犷悍,不服王化","熟黎,性也犷横,不问亲疏,一语不合,即持刀弓相向"[17]409。

教育能够改变彪悍的民风。在儋州,众多学子因爱慕苏轼的才气纷纷来向他学习。这与以前的苏门四学士有很大的区别,苏门四学士黄庭坚、秦观、张耒、晁补之等人,本身具有很强的文学修养,苏轼更多的是与他们政治上的共鸣,文学上的切磋。但儋州学子不一样,自苏轼来之前,儋州从来没有出过一个状元,苏轼办学后,才出了第一个举人姜唐佐。教育能够与外界搭起一座沟通的桥梁,苏轼从亲身经历中更加意识到教育的重要。苏轼一生与王安石变法密不可分,像变法中的"青苗法",本意很好,同时王安石自己在任上的时候,积极在辖区推行过,效果不错。可是一项本意很好的政策在推行的时候却变了味,其主要的原因是用人不当。变法中,执行者的道德和素质就成了这项政策正确与否的关键。儋州民风淳朴,相当于一张白纸,如何教育和引导非常关键,教育能使管理更亲民更高效。

苏轼爱百姓,从做父母官时积极解决百姓难题,到参与农业生产,用绵薄之力帮助百姓,最后办学教化百姓,苏轼找到了更好的爱民方式,就是教育,这与孔子孟子晚年的做法如出一辙。苏轼从反思中得到了启发,从圣人那里找到了方法。苏轼把中原的文明带到了儋州,这是他爱民的深刻体现。苏轼的"歇"并不是什么都不干,"授之以鱼不如授之以渔",他爱民的方式发生了根本性改变。

思想趋于成熟后,这一时期的苏轼在诗文中,很少出现那些痛楚悲愤的情绪和建功立业的期盼,更多的是心态的平和,安之若命的旷达和洒脱。如苏轼和陶诗一百零九首,其中大部分都在惠州和儋州期间所作,这足见岭海期间,苏轼对陶渊明强烈的认同感和自己人生态度的选择。"岭海时期的苏轼已完全摆脱了对外在功业的追求,全身心地沉浸在对人生的感受和生命的领悟中。"[18]343

《记游松风亭》是苏轼的名篇,文字简短,但其中的蕴意颇深。读此文时,对照苏轼人生的三个时期，可以看出苏轼人生理想的转变。从上述三个时期不难看出，苏轼"致尧舜"理想的转变经历了一个确立到动摇到幻灭的过程，变的是对外在功业的追求，不变的是永远的爱民之心。苏轼作为士大夫的杰出代表，其伟大人格永远值得我们敬仰和学习。

注 释

[1]〔宋〕苏轼著，孔凡礼点校《苏轼文集》，中华书局1986年版。

[2]〔清〕王文浩辑注，孔凡礼点校《苏轼诗集》，中华书局1982年版。

[3]〔宋〕司马迁《史记》，中华书局1959年版。

[4]〔宋〕叶梦得《石林燕语》，中华书局1984年版。

[5]〔元〕脱脱等《宋史》，中华书局1985年版。

[6] 杨逢彬注《孟子》，岳麓书社2003年版。

[7] 杨天宇《礼记译注》（下），上海古籍出版社1997年版。

[8] 刘子健著，赵冬梅译《中国转向内在——两宋之际的文化内在》，江苏人民出版社2002年版。

[9]〔元〕潜说友《咸淳临安志.文津阁四库全书》影印本，商务印书馆2005年版。

[10] 潘永因《宋稗类钞》（上册），书目文献出版社1985年版。

[11] 张荫麟《两宋史纲》，北京出版社2016年版。

[12]〔清〕王夫之《宋论》，中华书局1964年版。

[13] 莫砺锋《乌台诗案史话三：营救与出狱》，参见《古典文学知识》2008年第1期。

[14] 吕宗力《中国历代官制大辞典》，北京出版社1994年版。

[15] 邹同庆，王宗堂校注《苏轼词编年校注》，中华书局2002年版。

[16] 张友仁《惠州西湖志》，广东高等教育出版社1982年版。

[17]〔明〕戴熺，〔明〕欧阳灿总裁，〔明〕蔡光前等纂修《万历琼州府志》，海南出版社2003年版。

[18] 冷成金《苏轼的哲学观与文艺观》，学苑出版社2003年版。

苏轼的自然之思

◇刘 晗*

　　作为中国文化的集大成者，苏轼深受人们的喜爱，其丰富、和谐的人格精神更是备受推崇。后世中国人，尤其是文人的心灵世界里，无不有一个苏东坡存在。毫无疑问，苏轼的人格精神已经成为中国文人理想的人格精神范型。在自然生态危机日益严重的今天，我们尝试从生态学视角探究苏轼的人格精神，发掘其宝贵的生态智慧，不失为苏轼研究的一条可供思考的路径。苏轼一生"性好山水""独专山水乐"，自言"身行万里半天下""人间绝胜略已遍"，在丰富而多元的自然感知中形成了独特的自然观，极大地影响着其人格精神的养成。"某种意义上说，苏轼文化成果中之最精致、超迈部分，其人生哲理之领悟，均得之于对天人之际的悉心体察，得之于自然审美。"[1]中国传统哲学中的"自然"有着不同于其他文化的特质，金岳霖曾于1943年在美国讲学时，特别强调指出：汉语中的"自然"不尽是认知的对象，更是"信仰的对象"，是重要的"信念资源"，是人们"情感方面的依托"，是一个"复杂的意念图案"[2]148。对于"自然"，苏轼既有着高度的理性认知，视自然为不依人的意志为转移的自足存在；又有着独特的审美意识，善于了悟自然生命的真意与玄奥；更能对其进行道德伦理层面的审视，"仁爱万物"已高度内化为本然的生命诉求，以一颗仁爱之心化入自然。本文尝试初步探讨苏轼素朴而深刻的生态智慧，期望为应对人类生存危机提供些许参考意义。因为，日益严重的自然危机、社会危机的根源在于人类的精神危机，人类的思维模式、价值理念不发生改变，人类的生存危机就不可能得到根本解决，"拯救地球与拯救人心是一个问题的两个方面。对生态困境的救治仅仅靠科学技术的发展和科学管

---

* 作者简介：刘晗，华北水利水电大学外国语学院副教授。

理的完善是不行的,必须引进'人心'这个精神的因素"[3]。

一、怜蛾不点灯

"君看藜与藿,生意常草草"(《和子由记园中草木十一首》),"谁言霜雪苦,生意殊未足"(《御史台榆、槐、竹、柏四首》)。在苏轼的世界里,"自然"绝不仅仅意味着供人类观赏的风景,更不是供人类随意践踏的死寂存在。相反,"自然"从来都是首先作为生命而存在,天地万物有着天然的生机和意趣,无不灵动鲜活。方东美曾说:"不论有何困难,中国都喜欢用自然两字远胜过宇宙两字。"[4]128 鲁枢元也谈道:"中国古代哲学从《周易》开始,讲'生生之谓易','天地氤氲,万物化生',讲'道生万物'、'道法自然',讲'天人合一'、'民胞物与'——'自然'始终是一个'出发点',同时也是一个'制高点'。"[5]49 在中国古人心中,"自然"是一个大化流行、生机盎然的生命体,充盈着不竭的创造力。"自然"可以等同于"天""道""气"等,但又不完全相同,其间有着极为复杂的创化、生长、完成过程,中国古人用"生"予以呈现。蒙培元曾说:"生的问题是中国哲学的核心问题,体现了中国哲学的根本精神。"[6]4 "生"是中国传统文化中非常独特又非常重要的概念范畴。朱良志在《中国艺术的生命精神》一书中指出,卜辞中"生"之意主要指生长以及用以形容生长的活泼形态,以后衍生出"生长""生命""生动"等含义。"生"既指植物生命,又指动物和人的生命。同时,"生"与"性"相通,"生指生命,性有本性、本质意。即是说,生命是天地自然之本性"[7]2。天地以化成万物为根本,森林、草地、河流等都包含有活泼泼的生命和生意,这是自然存在的基本样态。

对于充盈着自然精神的万千生命,苏轼曾曰:"杀之以时,而用之有节,是待禽兽之仁也。"[8]114 "以时"就是要充分尊重动植物相对完整的自然生命周期;"节用"就是不要滥伐植物、过度捕杀动物等。人类源自自然,其生存繁衍需要一定的生产和生活资料,但要遵循"以时"和"节用"的原则,这是人类的仁德。显然,苏轼的"仁"已扩展至自然万物。"生"与"仁"之间的关系不是一个可以轻易阐述清楚的话题。孔子在建构以"仁"为核心的高度圆熟的理论体系时,有着现实的历史境遇和时代话语背景,从天道向人道的下行,呈现着极其可贵的人文主义色彩。但人道须时时效仿天道,"生"乃天之大德。因此,孔子曰:"子钓而不纲,弋不射宿"(《论语·述而》)。孟子将"亲亲而仁民,仁民而爱物"(《孟子·尽心章句》上)视为人类自然而然的道德诉求,如此,"仁"就具有了坚实的内在基础。发展至北宋,"仁者天地万物为一体"(《二程遗书·元丰己未吕与叔东见二先生语》),天地万物是同源一体的,人类应该善待生灵万物,以己之心来审视虫鱼草木之心。天地以"生"为"心",人类作为自然之子,其最高的德性就是承继、发扬自然天地的生发之心,遵循自然的"生生之道",即为"仁"。从根源而言,生生不息的自然精神,在天为"道",在人为"仁",如此,"仁"与"生"的关系就体现了人与自然的内在联系,它不仅肯定了人的自主性,也肯定了自然的内在价值。对此,蒙培元曾说:"从最广泛的意义上说,仁学是一种深层生态学。"[9]可谓深入把握了"仁"的生态意蕴。"仁"是天生之德,而天以"生"为道,那么,"仁"就体现为一种普遍的生命意识,天然地与自然内在的生机、生意联系起来。"热爱生命、热爱大自然,这是儒家的生活态度,也是整个中国文化的重要传统。"[6]159 如此,"生""生生"构成了中国古典哲学的基本精神,"德""仁"体现了中国古人尊重自然、成全万物的美好品性。

苏轼年少时,母亲程氏就教导他"不发宿藏,不残鸟雀",与自然和谐共处也成为苏轼少年时期的美好回忆:"家有五亩园,幺凤集桐花。是时乌与鹊,巢彀可俯拏。忆我与诸儿,饲食观群呀。"[10]1659 有着梧桐、乌鹊的五亩之家,是苏轼儿时的乐园。在以后成长的岁月里,苏轼从不以异己的态度对待天地万物,而是德及草木、恩施动物,有着"民胞物与"的生态情怀和宇宙风度。"我哀篮中蛤,闭口护残汁。又哀网中鱼,开口吐微湿"[10]1205,"钩帘归乳燕,穴纸出痴蝇。为鼠常留饭,怜蛾不点灯"[10]2115,将悲悯之心施加到其他物种,显示了苏轼民胞物与的仁爱精神。"同情动物是真正人道的天然要素,人们不能对此不加理睬。我以为,这是在思想的昏暗中亮起的一盏新的明灯,并越来越亮。"[11]2 对一切生命形式(有情、无情)的尊重和敬畏,实乃人类的仁德。如此,苏轼善待自然万物,实乃自我生命的内在诉求,包含着对天地万物的生态责任和道德要求。当自然生态危机日益加剧时,众多有识之士呼吁建立一种新的生态伦理观,倡导人类道德关怀的对象应指向所有存在,而"中国伦理学的伟大在于,它天然地、并在行动上同情动物"[12]75。"仁及草木""恩至禽兽"是中国传统文化留给全人类的宝贵遗产。"仲冬斩阳木,仲夏斩阴木。凡服耜,斩季材,以时入之。令万民时斩材,有期日"(《周礼·地官司徒》),"禁止伐木,毋覆巢,毋杀孩虫、胎、夭、飞鸟,毋麛,毋卵"(《礼记·月令》),

"国君春田不围泽，大夫不掩群，士不取麑卵"(《礼记·曲礼下》)，此为中国古人素朴的"生态保护"律令。"当我们希望建立新伦理时,对人性问题必须加以重新探讨,新的伦理必须建立在新的人性观上。"[13]30 而"仁者，人也"，只有真正葆有"仁"的人，才能走向真正的人的境界。"仁象征着人性在其最普通的也是最高的完善状态中的整体表现。"[14]93 正如王耘所说，"仁"是一个极为深刻的存在论范畴。一则"仁"是不依赖于任何身心之外的存在，它是反求诸己的，它是自在自足的；一则"仁"绝不是纯粹、超验的精神体验，而是具有极强的实践性。"仁"成为中国古人伦理道德的基本要求和终极实现，它深深扎根于个体生命的生存场域中，生发出绚烂的生命之花。苏轼一生尊重自然，广种草木，同情动物，充满了对天地间一切生命的热爱，这才是真正的"仁"。因为，"生命应是自然的基本存在样态。自然的魅力来自生命的魅力。当我们努力捍卫自然时，我们也在试图拯救生命"[15]20。敬畏自然、关爱自然，就是对包括人类在内的整个地球生命共同体予以敬畏和关爱。故人之行善，就是要尊重生命存在的自然而然，最大限度地维护万千生命的自在性、自足性、自为性，达至人类与自然万物共生共荣的生存圣境。

二、春到江南花自开

在苏轼看来，自然不仅表现为大化流行，是生意盎然的，更是一个春来花开、物物自成的生命世界。"细看造物初无物，春到江南花自开"[10]1252，"缥缈形才具，扶疏态自完"[10]1353，苏轼在诗文中充分展现了一个自然、自在、自为的生命世界。旦夕晨暮、雨雪雷电、生死荣枯……自然中的每一存在都有着自己的生态位,有着自己独特的生命历程。面对如此玄奥的自然存在，苏轼以"水"为喻建构了独特的思想体系。他认为，"水者，有无之际也"的形而上的特质"几于道"，"阴阳之未交，廓然无一物，而不可谓之无有，此真道之似也"[16]124。苏轼认为，"道"之无物非真"无"，而是包孕着全部的"有"，为万物化成提供了无限的可能和契机。这样的"道"本身是一种"大全"，无时无刻不处在运动变化中，"天地""阴阳""象形"等，皆出于"道"也。但"天下之至信者，惟水而已。江河之大与海之深，而可以意揣。惟其不自为形，而因物以赋形，是故千变万化而有必然之理"[8]1。"水"虽变化万千,运动无形,但都遵循着往低处流动的基本规律，此乃"水"之理也。同时，水无常形，

苏轼的自然之思

所以不会有预先规定的偏见，而能随物千变万化，但又遵循自然而然之理；亦可以因物赋形，可以遇物无伤。天下之道莫不如此。由此可知，"道"乃"一"，不变也，冰雪雨电未尝一日不变，但又不背离"道"，皆为"道"的显现。"道"为"全"，化生万物，万物皆为"道"的体现；而"一物有一物之道"，当"道"显现于万物时，就具有了各自不同的特性，"道""自"行其是，"物"各得之。"道"和"物"之间形成了具体与抽象、形而下与形而上的完美结合，既保证了"道"的绝对存有性，又保障了"物"的个体独特性。自然万物各自生成，各自圆满。因此，苏轼倡导"万物并育而不相害，道并行而不相悖"的理念，乐于承认自然万物是"道"的多元呈现，让万物自循其理，自保其性，最大限度地葆有天地万物的合理性、自由性，这使得苏轼的思想在其根基之处呈现出生态哲学的意味。

苏轼"物不相害"的哲学意识，一旦落实到对人类行为的考察，便显示出"道法自然"的生态智慧。西湖作为杭州的胜景，好似一颗遗落人间的明珠，熠熠生辉。很大程度上，西湖之美得益于苏轼的珍视和保护。苏轼曾先后两次出任杭州地方官，两次都对杭州的水费尽了心血，全面治理了西湖。当时，西湖淤塞严重，苏轼便亲率军民千余人首先疏浚了河道，并在江河连接处设置了水闸，从此"江潮不复入市"；同时采用吴人经验，有效解决了西湖水草杂生的状况；还在内湖设三座石塔，三塔环绕的范围之内严禁开发，便于涵养水源。外湖岸下则允许农户种植菱芡等水生作物，收缴的租金用于维修湖体和堤岸。通过对西湖的全面治理，既为当地居民提供了生活之需，又有效保护了西湖及其周边的生态环境。也许其意义尚远不止于此。苏轼不仅是政府官员，更是一位艺术家，有着敏锐的审美感知力和天然的审美诉求。他利用疏浚河道时产生的水草和淤泥，在湖中筑起一道通达南北的长堤，长堤上架起映波、锁澜、望山、压堤、东浦和跨虹六桥，两岸则广种草木，"堤成，植芙蓉、杨柳其上，望之如画图"[17]3423。河堤两岸还建有九个凉亭，供游人休憩。"苏堤春晓"成为西湖十大胜景之一。苏轼治理西湖，既有着为百姓谋生计的现实考虑，又充分利用了山行水势，在保护生态环境的同时营造出诗情画意的生存空间，最大限度地实现了生产、生活、生态的有机统一，使人们得以诗意地栖居。苏轼师法自然、与天合一的理念一直启迪着后人。

"万物自生自成，故天地设位而已。圣人无能，因天下之已能而遂成之。"[16]144 苏轼认为，天地只为万物自生、自成、自在提供一定的形式，并不能规范万物,即使圣人也只能顺应"自生自成"的物性,不能随意宰制或强行干预自然。在《穑说》中,苏轼认为富人之穑之所以为"美穑",就是因为"其田美而多,其食足而有余"[8]340,可以让田地有更多的休养间隙,而穷人对待田地"寸寸而取之,日夜以望之"[8]340,过分的盘剥与过度的索取破坏了土地的自然恢复能力,长年如此将使农业生产衰落下去。谪居黄州期间,苏轼带领家人垦荒于东坡,俨然一位农夫。在实际农业劳动生产中,苏轼更加领略到了万事万物的真谛。他说:"荒田虽浪莽,高庳各有适"[10]1080,认为农业生产应该因地制宜,否则就浪费了土地;又说"良农惜地力,幸此十年荒"[10]1081,倡导给土地提供一定的休息间隙,尊重自然规律,不能过分向土地索取。苏轼的这一思想获得了其弟苏辙的认可:"农夫垦田以植草木,小大长短,甘辛咸苦,皆其性也,吾无加损焉,能养而不伤耳。"(《栾城三集·藏书室记》)苏氏兄弟虽是以土地之性来阐述为学的道理,但此观念实与生态时代主张的"有机农业"理论一脉相承。此顺应自然、不过度苛求索取、让土地休养生息的主张具有强烈的生态学色彩,彰显着素朴的自然主义精神和高贵的仁爱精神。中国古人相信,人类生存于自然之中,自然是养育万物的唯一家园,而大地是其中重要的组成部分,有着繁育生命的生生之德。善待大地就是对万千生命的保护和对人类家园的守护。因此,中国古人实行休耕制度,让大地能够得到充分休息,最大限度地尽土地之性,使它充分发挥生养作用。对土地之性的尊重,充分彰显了中国古人尊重自然、敬畏存在的生态伦理道德。

苏轼认为,自然而然的世界就是一个万物循理而动的世界,任何有违"物性"的行为都会对自然生态系统造成干扰,结果只能带来混乱和悖谬。作为自然整体存在的一分子,人类只有深入把握"万物之理",才能"应物而动",实现"性"与"道"的合一。正所谓"循万物之理,无往而不自得,谓之顺"[16]148。因此,人类必须通观自然全体,抛却一己之私,顺应"物性""人性",从道的高度使万物各葆本性,各得其宜,维护自然存在的自在性、自足性。苏轼强调对自然的尊重和顺应,并不意味着在自然面前无所作为,而是不妄为。苏轼相信,在遵循自然规律的基础上,进行合乎规律的实践活动,是可以实现人与自然和谐相处的理想境地的。苏轼一生都在践行着师法自然的理念,其中尤为突出的就是对水的认知和利用。苏轼可谓深谙水之特性,在《东坡易传》中阐释"习坎"的卦辞时指出,水"因物以为形","所遇有难易,然而未尝不志于行者"[16]54。水,既可以流至湖海,也可以冲决堤坝,只有采取疏导与堵塞相结合的办法,才能有效治水。此乃顺乎自然规律的治水之道。徐州治水充分显现了苏轼对自然规律的认识和利用。熙宁十年(1077),徐州大水,苏轼一方面和军民一起加固外围的城墙,同时努力将洪水引入以前的黄河故道,最终逼退洪水,保全家园。这是师法自然抗御灾害的成功范例。苏轼还曾撰写《禹之所以通水之法》一文,文中说道:"孟子曰:'禹之治水也,水由地中行。'此禹之所以通其法也。愚窃以为治河之要,宜推其理,而酌之以人情。"[8]221 苏轼指出,治水的关键是在"水理"和"人情"之间取得和谐。水灾的发生,不仅与水的"湍悍"有关,也与人类"爱尺寸而忘千里"的目光短浅的行为有关,呼吁人类应着眼于长远,着眼于人与自然和谐共处的境界。苏轼从"天人合一"的哲学高度进行阐述,可谓独具慧眼。中华民族以农业为主,土地、水成为民族繁衍生息的根本,风调雨顺、万物繁茂、丰衣足食成为三位一体的存在,须臾不可分离。中国古人在尊重自然规律的基础上展开实践活动,既极大改善了人类的生存环境,又最大限度地保证了自然生态系统的长期稳定与和谐。这是中国古人素朴的生态意识和生态智慧。

三、坐观万景得天全

苏轼曾曰:"凡物皆有可观。苟有可观,皆有可乐,非必怪奇玮丽者也。"[8]351 如果我们乐于从生态学的视角进行观照,不难发现,此语蕴涵着丰富而深刻的生态智慧。中国古人相信,天地之间充塞着化育万物的生命力,它是一切生命的源泉。"不同形态的'气'无时不在,无处不在,万物因此呈现出一个单一的流动过程,任何事物都处于该过程之中,连万能的造物主也不例外"[18],阴阳二气的氤氲化合形成了山川河流、花草树木,人类也不例外,"我们自己本身就是'天道'不可脱离的一部分,正如山川河流一样,是'大化'合法的存有,是'气'之流动所产生的结果"[18]。自然本就是一个自足、自在、自为的存在,天地万物皆为"气"所化生,万事万物同享"道"。从生命的层面讲,天地万物均为"道"大化流行的结果,没有高低、上下、贵贱之分,无论是"怪奇玮丽"的高山大川,还是平淡无奇的花草树木,在苏轼看来,都一样灵动鲜活,充满诗意。因此,在自然面前,苏轼总是乐于做一个"闲者":"幸对清风皓月,苔茵展、云幕高张。江南好,千钟美酒,一曲满庭芳"[17]1149,"与谁同坐。明月清风我"[17]1178,以自由无碍的心境与山水草木共吐纳，同呼吸，不迎不拒，从而实现人与自然之间的无碍、无待的往来。在苏轼看来，人一旦超越了行迹和欲望的牵绊，以"道"待自然，就能在与自然的相遇相成中抵达"天全"的境界："惟有此亭无一物，坐观万景得天全。"[10]673"天全"意味着各自圆满，彼此成全。苏轼的可贵之处在于，没有用人类的尺度去衡量自然万物的价值，而是让自然万物以其所是的方式自然而然地存在着。

关键在于，人类如何完成自我超越，抵达"天全"的境界？苏轼认为，须葆有"虚静"。"虚"意味着内在的澄明，"静"意味着不自扰，也不扰乱外物。"夫人之动，以静为主。神以静舍，心以静充，志以静宁，虑以静明。其静有道，得己则静，逐物则动"[8]332，"故君子学以辨道，道以求性，正则静，静则定，定则虚，虚则明"[8]333。苏轼认为，一味追逐外物则躁动，就会偏离了生命的正道。因此，守住正道，就得到了静；得到了静，内心就会安定；内心安定，就会虚空；保持虚空，人就会透彻通明，不为外物所动。很显然，苏轼的思想深受老庄"虚静"思想的影响，同时又受儒家、佛家的影响。"清静为天下正"（《道德经·四十五章》），"道"性虚静，"'道'是合乎自然的，虚静自然状态的"[19]11。自然生养万物，化育万物，却不占有万物，宰制万物，而是任其自然发展，即虚静、无为。人，作为自然精神之子，合于"道"而生，人心与天地之心是相通的，心境原本是虚空、清静的。只不过，人类原本"虚静"的心由于纠缠于各种欲望中，逐渐与"道"相离，因此只有荡涤内心虚妄的念想，消除人为的界定与区分，不干扰自然万物的存在，才能回到生命的本源和人心的本然，进入无待、自由的境界。由此可知，苏轼的"虚静"具有形而上的本体意义，不单单指向虚空、宁静的心境，而是与人性、天性紧密相关的终极存在。在生命的根源处，"虚静"保持了人性、物性、天性的同一。

在苏轼的生命里，自然不是作为单纯的审美对象而存在，更不是抚慰身心的灵丹妙药，而是有着自我存在、自我实现的生命整体。"天地之间，物各有主。苟非吾之所有，虽一毫而莫取。"[8]6人与自然万物都共存于天地之间，物岂能为人类所占有？并且，"人之所欲无穷，而物之可以足吾欲者有尽。美恶之辨战乎中，而去取之择交乎前，则可乐者常少，而可悲者常多。是谓求祸而辞福"[17]352。人类为满足自身利益产生的欲望是无穷尽的，且常因以"小我"对待自然万物而伴随着无穷的烦恼、悲苦。因此，苏轼提倡"寓意于物"，反对"留意于物"。因为"物"乃"道"的显现，本质上是一样的，但"物"又不能等同于"道","物"的丰富性、差异性、自足性恰恰是"道"的内在要求,所以,"寓意于物"对"物"而言,最大限度保持了自然的无限多样性;对"意"而言,又实现了人与自然的同情共感。苏轼的"寓意于物"最大限度地消解了人类对自然的虚妄之心,使人类不再执着于对万事万物的占有,从而保留了人类行走在自然之中的诗意,以质朴、率性、虚静之心直面自然,在活泼、充满生机的凡常存在中见出造物者的深意。苏轼在《超然台记》中也写道:"以见余之无所往而不乐者,盖游于物之外也。"[8]351 正是因为有了"寓意于物""游于物之外"的心境,苏轼才能在天地自然中悠然自得,与山水草木交相往还,获得心灵的解脱和精神的自由。苏轼一生坎坷不断,历尽宦海沉浮,却能够将自我生命消融于自然中,敢于舍弃过多的身外之物,在困苦而真实的生存体验中逐渐达到天人合一的至境。黄州之后,真正旷达、超然、睿智的东坡形象才渐渐清晰、明朗;岭南之后,苏轼就全然进入了一个自然、自在、自由的生存极境。

苏轼终其一生都在不断地寻找"自我",还原"自我",实现"自我",主动投入自然山水,做一个自然的人、自由的人,在生气流转、意趣盎然的自然天地里,寻求生命个体存在的终极意义和价值,在纯粹的精神之乡里放歌。直到告别人世,他的志向仍在向阳的坡谷里:白云左绕,清江右回,重门洞开,林峦坌入,人在若思无思之中。因为在苏轼看来,人与天是一体的,人即自然,自然即人,彼此自立自足,而又相互依存,人与自然始终处于相遇相成的关系之中。纯真的人性即天性,天性生养万物,而不邀功、不占有,让万物得以"尽其性"。在"尽人性""尽物性"之中,"人性"与"天性"同一,即"天人合一",从而达至了生存的"天地境界"。这也是对于自然与人生的大彻大悟。到了晚年,苏轼才彻底了悟人生的真义,决计回归自然,"作个闲人。对一张琴,一壶酒,一溪云"[17]1163。可以说,苏轼的内在生命与自然精神在天人之际能够产生共鸣,完全得益于其彻底的觉解。有着彻底觉解的人,能够自觉认识到天、地、人是浑融一体的,使整个世界形成了"人天不离""物我一体"的"共存"状态。万物各有其位,各得其所,各正性命,各安其道,这是自然最和谐的存在状态。如此,老子的"见素抱朴"、庄子的"乘物游心"并不是让人类回到蒙昧的无知状态,而是"回到精神化、人文化的自然,并不是要埋没自我,消灭人生,沉没于盲目的外界。乃是将自然内在化,使自然在灵魂内放光明"[20]117。人类只有回归存在的本源,抛却物我之别、天人之分,顺应自然，葆有天性，才能够正视自我与自然的关系，认清自我在天地之中的位置及承担的责任。因此，苏轼自觉将自我生命消融于大化流行的自然中，以自然之心对待个体生命的沉浮荣辱，参天地，赞化育，与天地万物相合相生，最终达至"天人合一"的生存境界。

杜维明曾指出："我们能参与自然界生命力内部共鸣的前提，是我们自己的内在转化。除非我们能首先使我们自己的情感、思想和谐起来，否则，我们就不能与自然取得和谐，更不用说'独与天地精神往来'了。我们确与自然同源，但作为人，我们必须使自己与这样一种关系相称。"[14]5杜维明已经将孔孟的"修身养性"与老庄的"化归天地"融为一体，使新儒家的当代阐释充满了生态意蕴。在他看来，人类要融入大自然生命力的气场中去，前提是自身内部需呈现和谐的状态，使自己的情感、思想"与天地同流"。在这方面，亦儒亦道、外儒内道的苏轼足以成为一个卓越的典范。苏轼之所以能够使自我生命与自然精神融为一体，完全有赖于他的天地之心，而非一己之心。在自然面前，苏轼懂得"体"。"体"意味着人类要抛却人为的是非利害的功利考虑，使自我的生命本性得以充分实现，自觉参与到天地化育的生命场域中。正是由于有着对自然生命的独特感受和对自然精神的深刻体悟，苏轼绝不是要实现"我"对"物"的占有，而是在与自然相亲相爱、共生共荣的双向关系中，不断锻造自我，以诗人般的情怀、哲人般的睿智与天地万物融为一体，从而抵达人与自然万物同情、共感的和合之境。

注 释

[1] 薛富兴《宋代自然审美述略》，参见《贵州师范大学学报》（社会科学版）2006年第1期。

[2] 金岳霖《道·自然与人》，生活·读书·新知三联书店2005年版。

[3] 鲁枢元、夏中义《从艺术心理到精神生态》，参见《文艺理论研究》1996年第5期。

[4] 方东美《生命理想与文化类型》，中国广播电视出版社1992年版。

[5] 鲁枢元《陶渊明的幽灵》，上海文艺出版社2012年版。

[6] 蒙培元《人与自然——中国哲学生态观》，人民出版社2004年版。

[7] 朱良志《中国艺术的生命精神》，安徽教育出版社2006年版。

[8]〔宋〕苏轼著，孔凡礼点校《苏轼文集》，中华书局1986年版。

[9] 蒙培元《仁学的生态意义与价值》，参见《中国哲学史》2007年第1期。

[10]〔宋〕苏轼著，孔凡礼点校《苏轼诗集》，中华书局1982年版。

[11]［法］阿尔贝特·施韦泽《敬畏生命》，陈泽环译，上海社会科学院出版社1995年版。

[12]［法］阿尔贝特·施韦泽《敬畏生命———五十年来的基本论述》，陈泽环译，上海社会科学院出版社2003年版。

[13] 韦政通《伦理思想的突破》，四川人民出版社1988年版。

[14] 杜维明《儒家思想 以创造转化为自我认同》，生活·读书·新知三联书店2013年版。

[15]［法］塞尔日·莫斯科维奇《还自然之魅——破折号对生态运动的思考》，庄晨燕等译，生活·读书·新知三联书店2005年版。

[16]〔宋〕苏轼《东坡易传》，上海古籍出版社1989年版。

[17]〔宋〕苏轼《苏东坡全集》，北京燕山出版社2009年版。

[18] 杜维明《存有的连续性：中国人的自然观》，参见《世界哲学》2004年第1期。

[19] 陈鼓应《老子注译及评介》，中华书局1999年版。

[20] 贺麟《文化与人生》，商务印书馆1988年版。

三苏家庭教育内容与特点探析

◇刘清泉[*]

考试制约着读书，从古至今概莫能外，人们总是习惯于依据考试内容选择阅读范围。因此，从北宋科举考试的情况，来窥视三苏读书的内容，可以说是个独特的门径。北宋时期考试制度虽然屡有变革，但大致包括试论、试策、试诗赋等，司马光《贡院定夺科场不用诗赋状》说有三场考试内容"第一场试论，第二场试策，第三场试诗赋"[1]。由此可知，士子学习的内容不外乎包括六经、史书、诗赋、属对、声律等，三苏家庭教育内容也主要体现在这些方面，除此以外还有琴棋书画、佛道思想等内容。

一、主要内容

以现存关于三苏的文献作品、进论篇目和程文选本来看，三苏家庭教育的主要内容是经史，可以说三苏是经史传家。

（一）从文献作品来看

欧阳修《故霸州文安县主簿苏君墓志铭》[2]280云："年二十七始大发愤，谢其素所往来少年，闭户读书为文辞。岁余，举进士再不中，又举茂才异等不中，退而叹曰：'此不足为吾学也。'悉取所为文数百篇焚之。益闭户读书，绝笔不为文辞者五六年，乃大究六经百家之说，以考质古今治乱成败、圣贤穷达出处之际，得其精粹，涵畜充溢，抑而不发。久之，慨然曰：'可矣！'由是

---

[*] 作者简介：刘清泉，眉山市三苏文化研究院研究室主任、中国苏轼研究学会副秘书长。

下笔顷刻千言。其纵横上下，出入驰骤，必造于深微而后止。"在科举的路上，苏洵碰得头破血流，他终于醒悟过来，"此不足为吾学也"，为了科举而读书，太不值得了。于是他把所作的数百篇文章都烧毁了。据说，在两个儿子考中之后，苏洵曾感慨"老夫如登天，小儿如拾芥"，之所以科举之路难以走通，是因为他所擅长的与科举所要求的，就像两条平行线不能相交于一点。后来，他闭户读书，大究六经百家之说，最终弄清楚了古今治乱成败、圣贤穷达出处，五六年之久抑而不发，一旦下笔，顷刻千言，纵横上下，出入驰骤。由此可知，苏洵学习的主要内容是六经和诸子的著作。

苏轼《眉州远景楼记》说："吾州之俗，有近古者三。其士大夫贵经术而重氏族，其民尊吏而畏法，其农夫合耦以相助。盖有三代、汉、唐之遗风，而他郡之所莫及也。"[3]1112 这里说眉山有汉唐遗风的事情有三个：士大夫看重学习经术并重视氏族亲戚；民众尊重官府而惧怕犯法；农夫合作耕种以互相帮助。其中第一个事情是关于学习内容的，士大夫非常看重学习经术。又说："始朝廷以声律取士，而天圣以前，学者犹袭五代之弊，独吾州之士，通经学古，以西汉文词为宗师。方是时，四方指以为迂阔。至于郡县胥史，皆挟经载笔，应对进退，有足观者。"在宋仁宗天圣之前，朝廷主要以诗赋来选取进士，士子们仍旧因袭五代以来华而不实的陋习，只有眉州的士子通读经书、学习古文，以西汉质朴自由、不受形式拘束的文章作为典范。那时候，别郡的士子都认为他们的做法泥古不化。至于郡县的小吏，也都捧着经书带着笔墨，所写的公牍文字，都很有古文遗风。由此可见，当时眉山的士子主要学习六经和古文。

苏洵《上张侍郎第一书》说："洵有二子轼、辙，龆龀授经，不知他习。"[2]88 "龆"通"髫"，"龆龀"意谓垂髫换齿之时，指童年。苏轼兄弟童年时期，苏洵就开始教他们学习六经。苏轼《夜梦》诗云："夜梦嬉游童子如，父师检责惊走书。计功当毕《春秋》余，今乃始及桓、庄初。怛然悸寤心不舒，起坐有如挂钩鱼。"[4]4856 该诗作于宋哲宗绍圣四年（1097）七月十三日昌化军，六十一岁的苏轼在梦里回到童年读书的情景。父师，指父亲苏洵。苏轼兄弟幼时皆师从父亲苏洵读书。按照学习进度应当学完《春秋》，由于贪玩好耍，才刚学到鲁桓公、鲁庄公之时，听说父亲要督察，赶紧去拿书来读。从梦里惊醒过来之后，心里仍然很不舒服，就像鱼中了钩似的坐卧不安。苏辙《亡兄子瞻端明墓志铭》云："比冠，学通经史，属文日数千言。"[5]1117 成年之后，苏轼把六经和史书都学通了，写文章驾轻就熟，每天可以写几千字。苏辙《逍遥堂会宿二首并引》[5] 128 云："辙幼从子瞻读书，未尝一日相舍。"由此可知，成年之前，苏轼、苏辙兄弟主要学习的六经和史书。

苏轼《与千之侄二首》其二云："可读史书，为益不少也。"苏轼《与姪孙元老四首》其二云："然亦须多读史，务令文字华实相副，期于适用乃佳……侄孙宜熟看前、后《汉史》及韩、柳文。"苏轼《与程秀才三首》其三云："儿子到此，抄得《唐书》一部，又借得《前汉》欲抄。若了此二书，便是穷儿暴富也。"苏轼以上言论，皆提倡读史。

（二）从进论篇目来看

若从制科进论题目来窥视，苏轼兄弟参加制科考试所上进论题目如下：

从张志烈、马德富、周裕锴主编《苏轼全集校注》[3] 来看，苏轼的二十五篇进论有：中庸论（三）、大臣论（上、下）、秦论、汉高论、魏武论、伊尹论、周公论、管仲论、孙武论（上、下）、子思论、孟子论、乐毅论、荀卿论、韩非论、留侯论、贾谊论、晁错论、霍光论、扬雄论、诸葛亮论、韩愈论。

从陈宏天、高秀芳点校《苏辙集》[5] 来看，苏辙的二十五篇进论有：夏论、商论、周论、六国论、秦论、汉论、三国论、晋论、七代论、隋论、唐论、五代论、周公论、老聃论（上、下）、礼论、易论、书论、诗论、春秋论、燕赵论、蜀论、北狄论（防边论一）、西戎论（防边论二）、西南夷论（防边论三）。

苏轼之前，张方平有论[6] 114 若干：刍荛论（政体论、主柄论、选举论、官人论、宗室论、礼乐论、刑法论、武备论、食货论）、乐者天地之命论、圣王处在瘠土论、治乱刑重轻论、治地莫善于助论、禘尝治国之本论、三公为乡老论、归狱论、赵鞅论、祭仲行权论、汉功臣论、中庸论（上、中、下）、三代建国论、史记五帝本纪论、三代本纪论、四代受命论、南北正闰论、君子大居正论、诗变正论（据《张方平集》，哪些为进论篇目待定）。

苏轼之后，李清臣的二十五篇进论[6] 113 有：论略、易论（上、中、下）、春秋论上、春秋论下、礼论（上、中、下）、诗论（上、下）、史论（上、下）、四子论（上、下）、唐虞论、三代论、秦论、西汉论、东汉论、魏论、梁论、隋论、唐论、五代论（据《全宋文》第39—40册）。

由此可知，他们学习的内容为六经和史书。

（三）从科举规制来看

司马光《贡院定夺科场不用诗赋状》说有三场考试内容"第一场试论，

第二场试策,第三场试诗赋"[1]。曹安《谰言长语》载:"吴临川云:初场在通经而明理,次场在通古而善词,末场在通今而知务。"[7] 38 由此可知,北宋的科举考试主要有三场:第一场试论,又称经义,因为它是以儒家五经或六经为题,要求阐释经文义理。第二场试诗赋,看看诗赋写得怎样,是否文从字顺;第三场试策,策即策谋、策略的意思。古代的策文有制策、对策和奏策三种。制策又称策问,是朝廷选士时所出的考问题目;对策,是士子根据所问而陈述政见;奏策,又称进策,不属于考试范围,而是大臣上陈朝廷的奏文。所以,王炳照、徐勇《中国科举制度研究》说:"至宋代科举制度相对稳定之后,知识结构主要包括三个方面的内容:一是能背诵约四五十万字的《四书》《五经》;二是精通历史,尤其是政治史,以便长于策论;三是填诗赋词。"[8] 441

科举规制决定了三苏的主要学习内容是经书和史书。

魏天应编选、林子长笺注《论学绳尺》是南宋省试的程文选本,出题范围广泛,涉及朝代兴替、政治得失、制度沿革、军事成败、国计民生等方面。"从题目出处看,大致统计,全书共一百五十五篇文章。出自《汉书》约四十七篇,《论语》十一篇,《孟子》二十三篇,《荀子》十篇,扬雄之文十四篇,《文中子》五篇,唐代史实、史书及文十六篇,韩愈《原道》二篇、《进学解》一篇,以上包括同题作文,所选文都为南宋人之'论'。"[9] 68 由此亦可间接推知三苏的学习内容为经史。

二、次要内容

(一)诗词文赋之法

在科举中有诗赋的专场考试,可以肯定地说,士子必修作诗赋,必须学习诗赋的基础知识和基本技能。作诗赋的基础知识包括用韵、对仗、平仄等,苏洵对这些东西很不感兴趣,因而很不擅长。

他二十七始发愤读书,但屡次名落孙山之后,遂不再参加科举考试。这与他不擅长句读、属对、声律有关。句读即用圈(句号)和点(逗号)给文章断句,属对即对对子,声律即作诗的押韵、平仄等。他在《送石昌言使北引》中说:"吾后渐长,亦稍知读书,学句读、属对、声律,未成而废。"[2] 112

苏洵《上田枢密书》说:"曩者见执事于益州,当时之文,浅狭可笑,饥寒穷困乱其心，而声律记问又从而破坏其体，不足观也已。"[2] 69 苏洵曾拜见田枢密于成都，他说自己当时写的文章，非常浅薄、狭隘、可笑，为饥寒所困扰，内心不平静，再加之不擅长声律、记问，文章的内容、形式都不值得看。此文再次提及自己不擅长声律、记问。

苏洵《广士》说："夫人固有才智奇绝而不能为章句名数声律之学者，又有不幸而不为者。苟一之以进士、制策，是使奇才绝智有时而穷也。"[2] 157 如何广泛招揽人才呢？苏洵认为，人才之中的确有一些奇才，在章句、名数、诗歌等某一方面有所欠缺，若一刀切，都用进士、制策的方式来考试，他们就会落第出局，穷困潦倒。苏洵以自己的亲身经历，指出在朝廷招贤纳士中存在的问题。

然而，苏轼兄弟在年幼之时师从张易简在天庆观北极院、师从刘微之在州学寿昌院读书，学会了属对声律的基本知识和诗赋写作的基础技能，诗赋写作得心应手。据说，苏轼曾修改刘微之赋《鹭鸶》诗，让老师大为称赏，并生怕误了学生前程，说我不能再做你老师了。苏洵《上张侍郎第一书》说苏轼兄弟"始学声律，既成"[2] 88，童年时期开始学习声律，很快就学成了。关于作文，苏轼在《论作文》中说："'作文'，东坡教人读《战国策》，学说利害；读贾谊、晁错、赵充国章疏，学论事；读《庄子》，学论理性。又须熟读《论语》《孟子》《檀弓》，要志趣正当；读韩、柳文，记得数百篇，要知作文体面。"[3] 8899 其中开列的书单就有一长串，作文所需要的积累之多、时间之长，不可小觑，难怪有"除了读书之外，其他的都是百日之功"的俗语。

（二）子部集部

苏洵《上欧阳内翰第一书》云"由是尽烧曩时所为文数百篇，取《论语》《孟子》《韩子》及其他圣人、贤人之文，而兀然端坐，终日以读之者七八年矣"[2] 76，朱熹《晦庵先生朱文公集》卷七十四《沧州精舍论学者》亦云"老苏自言其初学为文时，取《论语》、《孟子》、韩子及其他诸贤之文，而兀然端坐，终日以读之者七八年"，由此可知，苏洵因屡试不第，于是悉焚旧稿，辍笔苦读，决心放弃科举，而自托于学术，他所读之书乃子部、集部的《论语》《孟子》《韩昌黎集》《柳河东集》等。

苏轼《乞校正陆贽奏议上进札子》："六经三史、诸子百家，非无可观，皆足为治。"[3] 3566 六经指《诗》、《书》、《周易》、《春秋》、《礼》、《乐》（佚），三史指《史记》《汉书》《后汉书》，除了六经三史之外，诸子百家也是学习的重要内容。苏辙《亡兄子瞻端明墓志铭》云："公之于文，得之于天，少与辙皆师先君。初好贾谊、陆贽书，论古今治乱，不为空言。既而读《庄子》，喟然叹息曰：'吾昔有见于中，口未能言，今见《庄子》，得吾心矣。'"[3] 1117 小时候师从父亲苏洵读书，最初苏轼对贾谊、陆贽的文章特别感兴趣，后来读《庄子》引起共鸣，说自己原来心里有感受，就是不能张嘴说出来、用手写出来，而庄子却能"道人所未道"，因而钟情于《庄子》。苏辙《上两制诸公书》云"辙读书至于诸子百家纷纭同异之辩"，说自己遍览诸子百家之书，并弄清楚他们的同异之处。苏辙《东轩记》谈及读《论语》时说："余昔少年读书，窃尝怪颜子以箪食瓢饮居于陋巷，人不堪其忧，颜子不改其乐。私以为虽不欲仕，然抱关击柝，尚可自养，而不害于学，何至困辱贫窭自苦如此！"[5] 405

至于读文集，从苏轼对乡贤的接受可以见出端倪。苏轼对司马相如的文学十分推崇，而对他的政绩却极力贬斥。感叹相如病痛缠身，仍然著述甚多，是一个难得的人才。认为相如与卓文君私奔之举，以及炫耀乡里的行径，实不可取。贬斥他"谄事"武帝，认为开西南夷，给蜀人带来灾难；鼓动武帝封禅，无耻之极。苏轼对扬雄亦既有接受又有批判。对扬雄最为核心的哲学思想持肯定的态度，批评扬雄对老子学说的过分推崇，对他淡泊名利表示钦佩，对他老而无子表示同情，对他不遇于时表示理解，对他学术成就表示肯定，对他载酒问字表示认同。不过，他批评扬雄"好为艰深之词，以文浅易之说"却很尖锐。

苏轼对李白、杜甫推崇备至，他在《书黄子思诗集后》中说"李太白、杜子美以英玮绝世之姿，凌跨百代，古今诗人尽废"[3] 7598，说他们以才能杰出冠绝当代的姿态，逾越百代，在他们面前，古代的当代的诗人都被淹没了。苏轼、李白文艺思想均受庄子影响，苏轼追求行云流水似的自然平淡，李白追求清水芙蓉似的自然真率。在诗词中他们对月与酒的意象使用有着共同的偏好，苏轼的《水调歌头》和李白的《把酒问月》有异曲同工之妙。苏轼称赞杜甫诗才纵横，众体兼备，足以掩盖前代诗坛名家之风流，并将李、杜并称，共尊为诗坛巨擘，有诗云："谁知杜陵杰，名与谪仙高。"[4] 545 苏轼在诗歌创作实践中，套用杜诗的题材、袭用杜诗句意、化用杜诗语典等，对后世诗人产生了深远影响。由此可知,苏轼从小熟读李白、杜甫诗集,受其影响之大。

(三)琴棋书画

三苏皆擅长弹琴,家中有传世雷琴,苏轼曾作《家藏雷琴》云:

> 余家有琴,其面皆作蛇蚹纹,其上池铭云:"开元十年造,雅州灵关村。"其下池铭云:"雷家记八日合。"不晓其"八日合"为何等语也?其岳不容指,而弦不先文,此最琴之妙,而雷琴独然。求其法不可得,乃破其所藏雷琴求之。琴声出于两池间,其背微隆,若薤叶然,声欲出而隘,徘回不去,乃有余韵,此最不传之妙。[3] 8025

此文作于元丰四年(1081)六月黄州,文中描写家传雷琴的制作时间为开元十年(722)、制作地点为雅州灵关村,雷琴面上状如蛇腹横鳞之纹,实为琴漆之断纹,是古琴年代久远的标志,琴的外形特点"其背微隆,若薤叶然",这样的品质,无疑是世间千金难买的乐器。

雷琴,又称雷氏琴、雷公琴,由于蜀王杨秀(隋文帝之子)的喜好,隋唐时期蜀琴名匠辈出,最为著名者首推雷氏家族。雷家斫琴技艺精湛,因而雷琴名扬天下,苏轼之文屡有提及。如《记游定惠院》云"醉卧小板阁上,稍醒,闻坐客崔成老弹雷氏琴,作悲风晓月,铮铮然,意非人间也"[3] 8074,《游桓山记》亦云"登桓山,入石室,使道士戴日祥鼓雷氏之琴,操《履霜》之遗音"[3] 1166。今藏北京故宫博物院的唐代雷琴"九霄环佩",背上有题为苏轼记的一首诗"蔼蔼春风细,琅琅环珮音。垂簾新燕语,沧海老龙吟",腹内刻有"开元癸丑三年斫"的字样,可知并非三苏之家传,但此琴极有可能是苏轼《游桓山记》中道士戴日祥所弹之雷氏琴。[10] 313

早在宋仁宗嘉祐四年(1059)冬,三苏父子从水路南行赴京,夜泊戎州(今宜宾),在船上聆听父亲抚琴,苏轼便作《舟中听大人弹琴》[4] 19,前边四句点题写深夜听大人弹琴,中间十句写由听琴而生议论,叹古器残缺古琴独在,然而琴声却变得声音浮脆、古意渺茫,末尾二句呼应请求大人再弹一首古琴曲。这是苏轼最早的一首有关音乐的诗歌,反映了苏洵高超的琴艺,以及崇尚古乐而不满新曲的倾向,从中亦可以看出古琴对苏轼的影响。涉及苏家传世雷琴的作品,还有苏轼的《次韵子由以诗见报编礼公,借雷琴记旧曲》[4] 295、苏辙的《大人久废弹琴，比借人雷琴以记旧曲，十得三四，率尔拜呈》[5] 21。2010年10月，在杭州首届佛教文化节开幕式上，古琴弹奏家李祥霆即兴弹奏古琴"九霄环佩"，此琴为香港何作如先生收藏。琴面为暗红色，漆面布满断纹，背池上刻篆书"九霄环佩"、下刻"汾阳世胄国景旧藏"，池下方刻"清和"篆文印章、"东坡苏轼珍赏"印章，腹内刻"至德丙申"（756）年款，为唐肃宗继位大典时所制，距今已有一千二百五十多年。李祥霆说，根据印章推测，此琴极有可能是苏轼珍藏、赏玩、弹奏过的古琴。

对于琴棋，苏轼在《书林道人论琴棋》[3] 8049 说"不通此二技"，苏轼《观棋并引》云"予素不解棋"，北宋陈正敏撰《遁斋闲览》亦云："子瞻尝自言，平生三不如人，谓著棋、吃酒、唱曲也。"即苏轼曾经说自己平生在下棋、吃酒和唱曲三个方面不如别人。技不如人，但丝毫不影响他对博弈活动的浓厚兴趣，甚至整天看别人下棋仍然兴致勃勃，"竟日不以为厌也"。苏轼《观棋》[4] 4984 诗作于元符元年（1098），为到儋后第二年。前十句写独自游览庐山白鹤观听棋，后十句写观看儿子苏过与儋守张中对弈，"胜固欣然，败亦可喜"表现了超然于是非得失之外的境界。

三苏祠有洗砚池遗址，为苏轼兄弟小时候，练习书法之后，淘洗毛笔、砚台的水池。苏轼十二岁时，于纱縠行故居，发现一块天石砚，父亲苏洵手刻木匣受砚，并激励他的写作兴趣，说这是你文章发达的祥瑞之兆。苏轼元丰七年（1084）曾作《天石砚铭并叙》[3] 2099 以记此事，苏辙《缸砚赋·叙》云："先蜀之老有姓滕者，能以药煮瓦石，使软可割如土，尝以破酿酒缸为砚，极美。蜀人往往得之，以为异物。余兄子瞻尝游益州，有以其一遗之。子瞻以授余，因为之赋。"[5] 329 可见，小时候兄弟俩都有自己心爱之砚。苏轼的书法名列"宋四家"之首，绘画为"湖州竹派"的重要代表之一，苏洵、苏辙也有书法传世，其作品亦让人惊叹。

（四）佛家道家

北宋时期的四川，佛教、道教皆有浓厚氛围，苏轼外公和母亲都信佛，因此苏轼兄弟小时候便受佛道濡染。苏轼《十八大阿罗汉颂·叙》云"轼外祖父程公少时游京师，还遇蜀乱，绝粮不能归，因卧旅舍。有僧十六人往见之，曰：'我，公之邑人也。'各以钱二百贷之，公以是得归，竟不知僧所在。公曰：'此阿罗汉也。'岁设大供四。公年九十，凡设二百馀供。"[3] 2247 苏轼兄弟有不少诗文提及阅读佛教经典，如苏轼的《子由生日，以檀香观音像及新合印香银篆盘为寿》云："君少与我师皇坟，旁资老聃释迦文。"[4] 4291 少，年少之时；皇坟，三皇之《三坟书》，指儒家经典；老聃，老子；释迦，佛教始祖释迦牟尼。意谓少时阅读儒家经典的同时，也偶尔阅读一些道家、佛家的书籍。《次韵子由浴罢》："《楞严》在床头，妙偈时仰读。"[4] 4959 《和子由四首·送春》："凭君借取《法界观》，一洗人间万事非。"[4] 1265 苏辙的《春尽》："《楞严》十卷几回读，法酒三升是客同。"[5] 914 《春深三首》其二："三十年前诵《圆觉》，年来虽老解安心。"[5] 935 《书金刚经后二首》其一："又读《金刚经》，说四果人，须陀洹名为入流，而无所入，不入色声香味触法，是名须陀洹。"[5] 1113

苏轼说"吾八岁入小学，以道士张易简为师"（《道士张易简》），"眉山道士张易简，教小学，常百人，予幼时亦与焉。居天庆观北极院，予盖从之三年"（《众妙堂记》），师从道士张易简三年，道家思想在苏轼幼小的心灵中留下深深的烙印。苏辙《龙川略志》亦云"余幼居乡间，从子瞻读书天庆观"[11] 5。因此曾一度有不结婚、不为官、入深山、苦修行的想法，由于父母的强烈反对，而未能如愿。数十年后，他与同样好道的刘宜翁的书信中，回忆青少年时期这段经历时说，"轼龆龀好道，本不欲婚宦，为父兄所强，一落世网，不能自道。然未尝一念忘此心也"。在《与王庠五首》其一中说"轼少时本欲逃窜山林，父兄不许，迫以婚宦，故汩没至今"[3] 6585。后来又入城西寿昌院州学读书约两年，之后就在家里由苏洵亲授以书。苏洵传授的主要是科举考试必读之书，诸如经史子集等，估计苏轼兄弟兴趣所及，会阅读家中藏书中的道家书籍。从《陈太初尸解》《众妙堂记》《题李伯祥诗》《却鼠刀铭》《思堂记》《题李伯祥诗》等文中可以窥见道家的影响。

另外，苏轼兄弟幼时喜读《山海经》，那些神话故事深深地吸引着他们，从后来的作品中，可以看出那些神话的痕迹。以苏轼300多首词为例，可知其中的神话意象极为丰富，可分为神女意象、神物意象、神境意象三类。苏词中或显或隐出现的神女意象有巫山神女、湘水女神、姑射仙人、缑山仙子，如《南歌子·云鬓裁新绿》："待歌凝立翠筵中，一朵彩云何事，下巫峰。"[12] 640 神物，神灵、怪异之物，苏词中的神物意象主要是神兽和神药，如《殢人娇·戏邦直》："向青琐、隙中偷觑。元来便是，共彩鸾仙侣。"[12] 148 借"彩鸾仙侣"典故戏贺李邦直新婚。神境，指传说中神人居住之地。苏词中既有神山海岛等自然神境意象，又有"瑶台阆苑""玉堂金阙"等人文神仙居所。如《桃源忆故人·暮春》："华胥梦断人何处？听得莺啼红树。"[12] 835 以传说中的理想国度"华胥"喻指美妙的梦境。

三、主要特点

三苏家庭教育内容丰富多彩，其主要特点是什么呢？我以为是养德、有用和广博，下边加以简要阐述。

（一）养德

在家庭教育中，三苏阅读的书籍，其目的皆在于养德。养德与养气，词异而意同。

在眉山三苏祠飨殿，苏洵龛顶上有一块牌匾"养气"，是乾隆二十年（1755）眉州知州张兑和撰书的，出自《孟子》，为"我善养吾浩然之气"的缩写，也是三苏父子为人、为文、为官的根本。所谓"气"，乃空气、大气之谓也，人须臾不可离开，引申而言，像空气一样的仁义礼智信等品德，亦为人类发展不可或缺之气也。人生天地之间需要养气，以上达天道的精神修养，下学地道的知识经验。"养气"二字有点类似柏格森所说的人格上的"生机勃勃"的"元气"，更简单地说，就是充塞于天地之间的人求善、求正义的一种精神。

苏洵在《木假山记》中表达了喜欢中峰伟岸端重，而两旁二峰虽势服于中峰，但凛然绝无阿谀奉承之意。这正是做人的道理。苏洵的一生，虽然坎坷曲折，但他不谄媚权贵。这样一种气节，同时也言传身教给了苏轼兄弟，在宦海中沉浮的苏轼兄弟，无论是官场得意之时，抑或屡遭贬谪之日，都时时不忘父亲的教诲。父亲的木假山，永远矗立在他们面前，木假山的伟岸庄重、刚直不阿的形态，成了苏轼兄弟一生为人的准则。

苏轼认为"士以气为主"，这里的"气"指伟大的精神、崇高的品德和顽强的活力，至大至刚，磅礴天地，如李白的不媚权势、敢于犯众的傲骨，韩愈的良知以及实践的自信与自觉，亦正如苏轼在政治斗争中所表现出来的光明磊落、刚正不阿等品格。在宋神宗、王安石推行新法时，以苏轼的才华，只要稍加附和，即获权柄，但他却反对新法，并因此离开朝廷，投进监狱。在高太后、司马光当政时，以他们对他的器重，只要稍加附和，或稍微收敛自己的言行，不要太锋芒毕露，不难位至宰相，但他却反对尽废新法，并因此而不安于朝，奔波于朝廷和地方上。苏轼之所以为苏轼，就在于他不易所为而求免祸之气节，即"富贵不能淫，贫贱不能移，威武不能屈"的大丈夫气节。

苏辙十九岁进士及第之后，为拜谒韩琦作《上枢密韩太尉书》[5]381。认为"文不可学而能"，不得不为之文，不得已而言之文，才是天下之至文。文既是气的表现，因此只有气充乎其中、溢乎其外之文，才是最好的文章。认为"气可以养而致"，引用孟子"我善养吾浩然之气"作为论据。强调阅历对养气为文的作用，发展了孟子提高道德修养的养气途径。苏辙认为百氏之书不足以激发其志气，只有行天下，周游四海名山大川，与豪俊交游，"尽天下之大观"，才能养其浩然之气，写出"颇有奇气"的好文章。

总之，三苏读书的目的在于养护自己的浩然之气、在于修养自己高尚的品德，因此他们阅读的书籍具有养德的特征。

（二）有用

苏洵大器晚成，立志向学是关键。正因为他明确了救时、济世的学习目的，才能在二十七岁始大发愤，刻苦读书。苏轼兄弟也有明确的学习目的，学以有为、报国利民是从小就埋藏在心里的种子。不学时文、学习古文、有为而作，是苏洵对苏轼兄弟的明确要求。

苏洵宦学之时，对"偶俪工巧"的时文便很反感，而对"追摹秦汉"的古文心向往之。当他接触了心仪已久的"诗文革新"文人，如川籍学者张俞，鲁人尗绎先生等，便视作师友，学习借鉴，并且将其诗文用作二子学习的典范，提倡诗文像五谷疗饥、药石伐病一样，要有为而作，言必中当世之过：

> 昔我先君适京师，与卿士大夫游，归以语轼曰："自今以往，文章其日工，而道将散矣。士慕远而忽近，贵华而贱实，吾已见其兆矣。"以鲁人尗绎先生之诗文十余篇示轼曰："小子识之。后数十年，天下无复为斯文者也。"先生之诗文，皆有为而作，精悍确苦，言必中当世之故。凿凿乎如五谷必可以疗饥，断断乎如药石必可以伐病。[3]968

苏轼兄弟明确的学习目的,是苏洵以学授其子的结果。眉山三苏祠名匾"是父是子",切中肯綮,意思是说没有苏洵这样的父亲,就不会有苏轼、苏辙这样的儿子。

苏轼一生深受儒释道思想的影响,而以儒家思想为主,但是自南宋汪应辰始认为,苏轼对儒释道的态度,以黄州为界,前后期不同:前期主异,认为儒与释道是对立的;后期主同,融合儒释道。之后,有不少人呼应之。对此,曾枣庄《论苏轼对释、道态度的前后一致性》认为:"苏轼一生在政治上都在'辟佛老',而在其他方面他一生又都在'融合佛老'。总之,他在融其所认为可融,辟其所认为不可不辟。"[13] 18

前期,苏轼在《韩非子论》中认为:"商鞅、韩非求为其说而不得,得其所以轻天下而齐万物之术,是以敢为残忍而无疑。"[3] 346 正是老庄的"轻天下,齐万物之术"造成了法家的"敢为残忍而无疑",因此"申、韩之罪",是"老聃、庄周使然"。但是,苏轼在贬官黄州以前亦用道家清静无为的思想反对新法扰民。后期,苏轼关于儒释道可以相通的言论就更多、更鲜明了。苏轼《跋子由老子解后》云:"使战国时有此书,则无商鞅、韩非;使汉初有此书,则孔、老为一;晋、宋间有此书,则佛、老不为二。"[3] 7434 但是,他在政治上继续辟佛老,如他在《居士集叙》说:"自汉以来,道术不出于孔氏而乱天下者多矣。晋以老、庄亡,梁以佛亡。"[3] 977

"为我所用"或者"有用于世"的思想方法,贯穿于三苏的方方面面,少时读书、写作皆具有"有用世于"的特征。

(三)广博

三苏家庭教育的内容非常广博,尤其体现在苏轼身上。苏轼《祭龙井辩才文》说:"孔老异门,儒释分宫。又于其间,禅律相攻。我见大海,有北南东。江河虽殊,其至则同。"[3] 7067 此文作于元祐六年(1091)十月颍州。辩才,俗姓徐,名元净,字无象,杭之於潜人。年二十五,恩赐紫衣及辩才号。元祐六年(1091)九月乙卯无疾而终,此文为祭辩才而作。在苏轼看来,虽然孔子、老子的学说各异,儒家、佛家的理论不同,但是儒家、释家、道家之间,甚至他们自己的门派之间,譬如禅宗、律宗之间互相攻击,就太不应该了,其实儒家、释家、道家就像不同的江河一样,它们的宗旨就像大海一样,尽管江河从东南西北不同方向奔腾而下,但最终目标都是大海的怀抱。既然儒释道三教的宗旨无异，那么它们必定殊途同归。虽然苏轼以儒为主，但是并不排斥佛老，他思想开放、兼容并包、海纳百川，终有大海气象，因此"韩潮苏海"之谓。著名学者、复旦大学教授王水照先生为三苏祠题词云："说不全、说不完、说不透，永远的苏东坡。"

苏轼无书不读，诸如儒学经典、诸子百家、前朝历史、中医中药、佛教道教、音乐舞蹈、饮食养生、格致方技、天文博物、自然物理等皆有涉猎。这竟然成为宋代新儒学派等的攻击对象，批评为"驳杂""不纯""不正""多变""学无定见"等。南宋道学集大成者朱熹的《杂学辨》，极力批评苏轼的《东坡易传》，说它驳杂，"用释、老之说"，就是其中掺杂了佛家、道家的思想，认为不符合自孟子以来儒家传人所理解的《周易》的原初思想，但也承认其"于物理上亦有看得着处"。

总之，三苏所读之书籍、所读的内容，具有广博的特征。

注　释

[1]〔宋〕司马光《温国文正司马公文集》，涵芬楼《四部丛刊》本。
[2] 曾枣庄、舒大刚主编《三苏全书》第六册，语文出版社2001年版。
[3] 张志烈、马德富、周裕锴主编《苏轼全集校注》（文集），河北人民出版社2010年版。
[4] 张志烈、马德富、周裕锴主编《苏轼全集校注》（诗集），河北人民出版社2010年版。
[5] 陈宏天、高秀芳点校《苏辙集》，中华书局1990年版。
[6] 吴建辉《宋代试论与文学》，岳麓书社2009年版。
[7] 曹安辑《谰言长语》，中华书局1991年版。
[8] 王炳照、徐勇《中国科举制度研究》，河北人民出版社2002年版。
[9] 吴建辉《宋代试论与文学》，岳麓书社2009年版。
[10] 范子烨《竹林轩学术随笔》，凤凰出版社2012年版。
[11] 胡先西译注《龙川略志译注》，西南交通大学出版社2018年版。
[12] 张志烈、马德富、周裕锴主编《苏轼全集校注》（词集），河北人民出版社2010年版。
[13] 曾枣庄《苏轼论集》，巴蜀书社2018年版。

东坡栽松史实探析[1]

◇何 勇*

我国劳动人民栽培松树有着悠久的历史,并在长期的生产斗争中积累了丰富经验。早在宋代就有了关于栽松的文字记载:"宋代,蜀人热爱植树,尤好种松,一是渊源于太祖课民种树,神宗蠲免竹木之税;二是受制于畲田撂荒地的大量出现。"[2]163北宋大文豪苏轼就是当时一位喜好并倡导栽松的热心人,他在《戏作种松》一诗中写道:"我昔少年日,种松满东岗。初移一寸根,琐细如插秧……不见十余年,想作龙蛇长。"[3]1027-1028关于苏轼爱松植松一事,虽然可从他《予少年颇知种松,手植数万株,皆中梁柱矣……》一诗对当时植树"露宿泥行草棘中,十年春雨养髯龙"[3]1902的艰辛情形的追记中得到证实,但最有说服力的却是其文集中《种松法》《记松》《种松得徕字》等对松树的采种育苗、栽植成林、抚育管理和资源利用等生产技术进行论述的诗文。

一、采集良种

若要采集到品质优良的种子,必须在正确的采种时期进行采种。松树的种粒小,对松树种子的采集,宜在球果成熟而种子未凋落时。即既要在成熟以后采集,又不能让种子散失,更应当把握好采种季节。对此,苏东坡《种松法》一文开篇即道:"十月以后,冬至以前,松实结熟而未落,折取,并蕚(连球果之意)收之竹器中,悬之风道。未熟则不生,过熟则随风飞去。至春初,敲取其实……"[4]2361以古称"山松"的马尾松为例,此树经五至六年开始结实,十年后结实渐多,约每隔二至三年丰产一次。其球果十月中旬到十二

---

*作者简介:何勇,四川省洪雅县国有林场林业高级工程师,瓦屋山国家森林公园管理中心副主任,洪雅县第十届、眉山市第四届政协委员,洪雅县党外知识分子联谊会副秘书长。

月上旬（国历）成熟。为了提高种子品质，就应严格把握成熟期，适时采收大型球果。即需在马尾松球果由青绿色变为栗褐色、鳞片尚未开裂时进行采集。

二、贮藏种子

松树种子是播种培育松树实生苗的繁殖体，其发芽力和生根率决定了出苗率，在扦插、萌条等无性繁殖技术尚不成熟的宋代，苏轼《种松得徕字》中"青松种不生，百株望一枚"[3]921—922一句说明了宋代松树种苗格外珍贵。古时人们对种子的贮藏，大致采取球果贮藏、干藏和湿藏三种方法。根据近代研究的结果，松树等针叶树的种子如果留在球果内，连同球果贮藏起来，更有利于保存发芽力，这就是所谓的球果贮藏法。《种松法》认为关于松种的贮藏应该在十月以后冬至以前，种子成熟而尚未脱落的时候，连同球果采回，收藏在竹筐里，然后挂在当风之处。这说明在九百多年前的宋朝，人们已经开始用球果贮藏法来贮藏松种了。这种方法的缺点是连同球果一起贮藏体积过大，应用在大规模生产中有一定的困难；但如果数量不多，那么为了长期保存优良品种，该法还是很好的。

三、整地植苗

栽植树苗所用的植穴除深度之外对于宽度也有要求，这主要是由于在植穴里要施用基肥，或调成混浆，为树苗根系创造良好的环境，使树苗在栽植之后，得以长期保持湿润并能很快地成活。《中国农史专题资料汇编——中国林业技术史料初步研究》引用了《东坡杂记》中关于植松的方法："种松法大概与竹同。只要根实，不令摇动，自然活。今移树者以小牌记取南枝，不若先凿窟。沃水浇泥方栽，筑令实，不可蹈（脚踏）。仍多以木扶之，恐风摇动其顶（树顶），则根摆，虽尺许之木，亦不活。根不摇，虽大可活。更（再），茎上无使枝叶繁，则不招风"，"栽松时，去松中大根，唯留四旁须根，则无不偃盖。一年之计，种之以竹；十年之计，种之以木"[5]161，"打浆栽植，较之保持原有方向（记取南枝）栽植，更为重要"[5]102。事实证明，此种方法极为合理，是很有必要的。只是植穴的规格绝不可随意确定，必须以树苗的大小为依据。因为植穴过深、过大或过浅、过小，都不合理，都会给林业生产带来很大损失。

苏轼《戏作种松》中言："初移一寸根，琐细如插秧。"[3]1027—1028 前句说栽松要用小苗，因为小苗容易成活；后句则说的是造林密度。松树有喜光、侧枝扩展的特性，初植密度适当大一些，可培养通直圆满的干形，提高木材利用率（待林分郁闭以后，可通过间伐、修枝提供小径级用材和薪炭材）。此观点也与"疏栽桐，密栽松"的农谚相一致。同理，《东坡杂记》中也认为栽松只要根部充实，不使动摇，松苗自然成活，说明了栽松覆土以后捣实的重要性。至于打浆栽植的树木，就不必再用"杵捣""脚踏"的方法，因为打浆栽植的树木，其根系和土壤能够密切接触，就没有杵捣和脚踏的必要了。

四、播种造林

松树造林有"植苗造林"和"播种造林"两种方法。《种松法》中言："至春初，敲取其实，以大铁锥入荒茅地中数寸，置数粒其中，得春雨自生。自采实至种，皆以不犯手气为佳。"[4]2361 此即是说松的播种造林时节为初春，方法是用大的铁锥（类似于现在约一米长、一端磨尖的钢筋或铁棒），在荒山的茅草地（土壤）上钻取深约数寸的穴，穴中播入种子数粒，松种便能发芽成长。这种方法属局部播种造林的方法，成本低，费工少，多用于大面积的荒山造林。对于杂草较少、土壤比较湿润以及鸟害轻微的造林地，采用播种造林能获得良好效果。这种方法目前在宜林荒山面积大、劳力缺乏、交通不便又无天然下种母树的深山区仍然具有较大的实际意义。

五、抚育管理

抚育是造林工作的继续，是加速林木生长、提高木材质量和缩短林木培育期的有效经营措施。松树的抚育管理包括幼林抚育和成林抚育。《种松法》中言："松性至坚悍（适应性强），然始生至脆弱，多畏日与牛羊，故须荒茅地，以茅阴障日。若白地（杂草不生之地），当杂大麦数十粒种之，赖麦阴乃活。须护以棘，日使人行视，三五年乃成。"[4]2361 此即是说松树虽然适应性较强，但在幼苗时期也比较柔弱，不耐日晒，且需防牛羊食害。因此在荒山茅地上进行播种造林时，应利用茅草为幼苗造成庇荫；如果是在不毛之地播种，则应与数十粒大麦混合播种，松苗有了大麦的庇荫才能成长。对此，《戏作种松》亦有"二年黄茅下，——攒麦芒。三年出蓬艾，满山散牛羊"[3]1028 的记述。这种利用覆盖植物保护幼苗的措施，无论是帮助幼苗抵抗外界的不良侵害，还是对有关苗木进行引种工作都十分必要。

（一）幼林抚育

幼林抚育，主要指对幼苗幼树的除草、松土。就马尾松而言，初期生长比较缓慢，但三至五年后即郁闭成林。因此有"三年不见树，五年不见人"的俗语。在播种造林时，利用林地上的茅草或和大麦同时播作，作为幼苗的荫蔽，可使幼苗安全地成长。用荆棘保护，每天派人巡视，三五年便能成林。这种苗期管理，一方面是在覆土之后稍加镇压，随即盖草，以保持床面湿润，避免雨水冲击床面，以利种子发芽；另一方面是在揭草后安排专人看守驱鸟，直到幼苗种壳脱落为止，以利全苗，这大约需要十至十五天时间。此措施反映了宋代人们在土地利用方面既具有了林粮间作的可贵经验，又具有了播种后防止兽害的栽培管护经验。

（二）成林抚育

成林抚育，是指幼林郁闭后进行的修枝和生长间伐等管理。马尾松五至六年生时，是修枝最适宜的起始年龄。苏东坡《种松法》中言，松树"五年之后，乃可洗（修剪之意）其下枝使高；七年之后，乃可去其细密者使大"[4]2361。此即是说松五年生时，可以修去下枝（只限于剔剪最下一轮，再多反而会妨碍生长），以促进其生长得更高；七年生之后，才能将树之细小或过密之处（指主干纤弱、株距较密的树木）加以疏伐，以促其直径生长。这说明了松树进行修枝的年龄以及修枝和疏伐对林木生长发育的作用。通过修剔疏剪、适当整枝，不但可使松林保持郁闭，而且还可以去掉被害枯枝，消灭越冬幼虫，从而达到防治病虫害的目的；通过生长间伐砍掉主干纤弱和株距过密的树木，可使留量足够、间距均匀的树木充分得到光照、水分和营养，使其长高，尤其可使其增粗。苏东坡爱松、栽松也护松，深知植树造林成活不易，曾在《万松亭并叙》中写道："去未十年，而松之存者十不及三四。伤来者之不嗣（继承、接续）其意也……天公不救斧斤厄，野火解怜冰雪姿"[3]1027，不仅对前人所植松树遭遇乱砍滥伐、森林火灾感到无比惋惜与愤慨，也从侧面流露出内心朴实的森林生态保护思想。

六、资源利用

《东坡八首并叙》其六"种枣期可剥,种松期可斫。事在十年外,吾计亦已悫"[3]1082 几句阐明了苏轼种松用于生产、生活的观念。关于松树资源的利用,《苏轼文集》中有《记松》《服松脂法》《松气炼砂》等多则记述,其中《记松》所载尤为全面:"松之有利于世者甚博。松花、脂、茯苓,服之皆长生。其节煮之以酿酒,愈风痹,强腰足。其根、皮食之肤革(肌肤)香,久则香闻下风数十步外。其实食之滋血髓,研为膏,入漓酒中,则醇酽可饮。其明为烛,其烟为墨。其皮上藓为艾纳,聚诸香烟。其材产西北者至良,名黄松,坚韧冠百木。略数其用於世,凡十有一。不是闲居,不能究物理之精如此也。"[4]2590 这些通俗易懂的记述说明苏轼对于松树在生活中的用途所知甚精,更体现了他探索、普及松树资源综合利用经验的科学态度。

七、延伸佐证

宋英宗治平三年(1066),二十九岁的苏东坡扶丧返乡、为父守孝,并于神宗熙宁元年(1068)春季在眉山家乡山坡上种植了三万棵松苗。东坡栽松的成活率颇高,陈师道在《后山谈丛》中还特别记载了"东坡居士种松法"。一代文豪苏东坡作为朝廷命官却能以"种松满东岗"为乐,这亦可证明在宋代,四川眉山一带存在不少荒山,营造松树林已蔚然成风。《中国农史专题资料汇编——中国林业技术史料初步研究》引述《东坡杂记》及苏轼《种松法》《种松得徕字》等专门记载种松造林之法的诗文,不仅证明了当时已能在较大面积的土地上进行成片造林,对于今日四川眉山的东坡、彭山、洪雅、丹棱、青神等区县的马尾松林肇兴于宋代亦是一个佐证,同时也说明了在宋以后人们仍坚守着爱松、养松的历史传统。

"草木如名节,久而后成"[3](《偶书》)。苏轼能够爱松、植松,也与他在神宗元丰四年(1081)谪居黄州后,因生活困窘而躬耕劳作的生活经历息息相关。当时他以老农自居,亲手开垦黄州城东的坡地,播稻种麦,植枣栽松,以住所周围"处处松木郁盛"为乐,并自取了"东坡居士"的名号。哲宗元祐年间(1086—1094),苏轼画下《偃松图》,以行楷"眉山苏轼"为款识,流传至今，成为绝世珍品；元祐八年（1093），苏轼出任定州太守，采用黍麦、松节等原料发酵创酿了松醪酒，并撰《中山松醪赋》一文；绍圣四年（1097）被放逐儋州后仍开课讲学，又利用海南多松树、多烟煤的自然条件制成了"东坡墨"。细细品读作为其田园生活实录的"我在东坡下，躬耕三亩园"[3]1444（《用旧韵送鲁元翰知洺州》）、"种枣期可剥，种松期可斫"[3]1082（《东坡八首并叙》其六）等句，试着理解苏轼执着现实、自力更生的实践精神，静静体会他在绍圣元年（1094）贬谪惠州、寓居嘉佑寺时"纵步"山野、苦中作乐的情怀与对自然的思索、感悟，我们不难理解诗人"东坡居士"这一名号所寓藏的深意——坚守自我尊严的同时实现对自然与自我的双重超越。诗人不离现实却又不拘泥于现实，而是以一颗任真自适的心灵在更高的层次上观照现实，对现实悲剧性进行审美超越。正是这种自由无碍的心灵与审美的人生视角使得苏轼作为封建士大夫人格的最高峰千古垂辉。

注　释

[1] 此文部分内容曾发表于《中国林业》2000年第6期。

[2] 杨玉坡、李承彪主编《四川森林》，中国林业出版社1992年版。

[3] 孔凡礼点校《苏轼诗集》，中华书局1982年版。

[4] 孔凡礼点校《苏轼文集》，中华书局1986年版。

[5] 干铎主编《中国农史专题资料汇编——中国林业技术史料初步研究》，农业出版社1964年版。

《宋苏适墓志及其他》之价值
——探索三苏坟之锁钥

◇乔建功　王文一[*]

1972年6月,河南省郏县茨芭公社苏坟寺大队的社员在三苏坟院外南约110米处农田浇地时,发现一处水灌不止的洞穴,随即报告县文化部门,又上报至省文管单位。于是,河南省文物研究所委派1965年毕业于北京大学考古专业的李绍连先生[1]前来三苏坟进行考古发掘。经过一个多月的清理考察,最后确认是北宋后期苏辙次子苏适(字仲南)夫妇[2]的合葬墓(世称苏仲南墓)。李绍连先生就其发掘过程和考古结论写下这篇《宋苏适墓志及其他》(以下简称《墓志》)。此文刊载于《文物》杂志1973年第7期,后收入郏县档案馆《三苏坟资料汇编》。遗憾的是,《汇编》只收入了其文字部分。笔者觅得当年《文物》杂志的原刊,对刊中所附苏适及夫人黄氏墓室的各种测绘图形反复揣摩,2018年5月又前往郑州拜访了年届七十九岁的李绍连先生。谈到当年对苏仲南墓的考古发掘,李绍连先生仍记忆犹新,尤其对苏仲南墓为何处于坟院之外这一问题仍在继续思考。笔者现将近年的体会草就于此,聊作对李老及学界的汇报。

一、苏轼葬郏铁证

《墓志》前半部分介绍了苏仲南墓的所在位置、发掘背景、墓室形制及出土的墓志铭和残存器物情况,并刊载了苏仲南墓志铭,黄氏墓志铭从略;后

---

* 作者简介:乔建功,河南省郏县财政局退休干部。王文一,中国收藏家协会会员。

半部分介绍了其他考古调研情况，以黄氏墓志铭"宣和五年十月与先人合葬于少保[3]坟东南之隅"[4]66为依据，参照南宋孙汝听《苏颍滨年表》及《东坡先生墓志铭》，证明苏辙、苏轼葬郏无疑。在谈到苏仲南墓为何处于"三苏坟"院之外时，文章列举了几种情况，最后推测原因可能是原来坟院规模较大，此坟本是包括在坟院之内的。

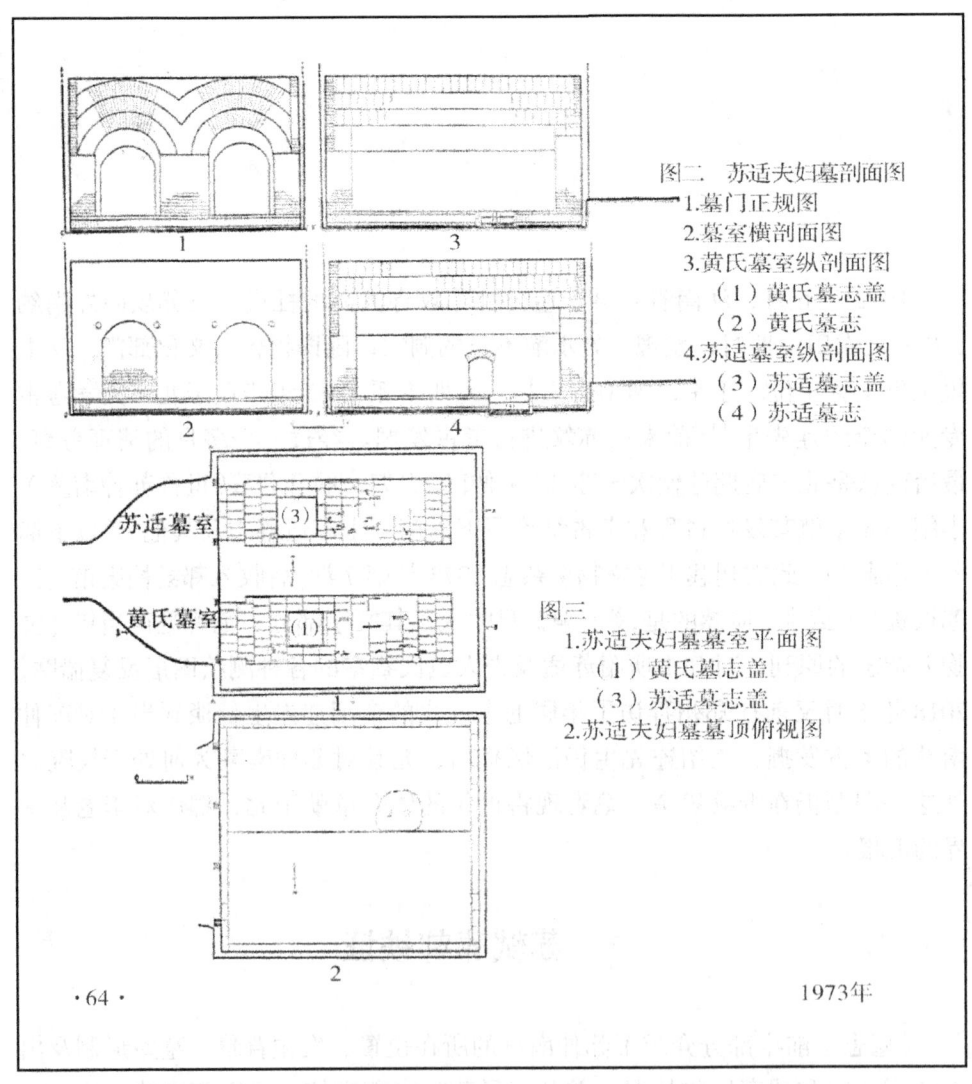

图1　苏适夫妇合葬墓测绘图（《宋苏适墓志及其他》原图）

《宋苏适墓志及其他》之价值

苏适夫妇墓志铭的出土为苏轼葬郏提供了直接证据，消除了学术界对苏轼葬郏的质疑，对苏轼葬郏的真实性起到了一锤定音的作用。2005 年 5 月，国家文物局古建筑组组长、中国文物协会会长罗哲文，国家历史文化名城保护专家委员会副主任、中国城市规划设计院高级顾问郑孝燮，北京故宫博物院研究员、国家文物局博物馆专家组长、国家文物局原局长吕济民等一行在三苏园看到苏仲南及黄氏墓志铭时，连说"苏轼葬郏，铁证如山"。

二、苏坟葬法凸显

近年，对三苏文化的研究逐步深入。随着国人文化水平的提高，人们渴求知识、对一些问题追本溯源的欲望愈加强烈，来三苏园游览的人们屡屡问及苏仲南墓及苏迟夫人梁氏墓为何孤零零处在坟院之外等问题。笔者认为，《墓志》是三苏园迄今唯一具有现代科学意义的考古学术报告，具有很高的学术水平并包含了诸多科研要素，其历史价值远不止于目前对其的认知。文中许多测绘数据和实物论述，都是研究苏坟的珍贵资料，不啻破解苏坟奥秘的锁钥。只要认真读懂这篇弥足珍贵的文章，三苏坟的很多疑难问题便都可得到解决。

《墓志》开篇提到"苏适墓的方向为南偏西 87 度……两墓门朝西"[4]63。这意味着再偏 3 度，苏仲南墓就是正西的方向了。难怪 1986 年 8 月郏县人民政府为苏适树立的墓碑基本上就是面西而立。而早在北宋崇宁三年（1104）八月，苏辙在《遣适归祭东茔文》中说："兄轼已没，遗言葬汝。辙与妇史，夙约归祔。常指庚穴，以敕诸子。"[5]1393 苏辙此文言明自己的墓葬须为庚穴。所谓"庚穴"，在堪舆学中的全称是"甲山庚向穴"。这个山位是最靠近酉向（正西方）的一个山位，再向西偏 7.5 度就进入卯山酉向穴（正东西）的区域。由此证明，"庚穴"的方位和苏仲南墓的"南偏西 87 度"极相吻合，仅仅表述不同而已。二者相互印证，说明苏辙墓、苏仲南墓，依此类推苏坟的所有墓葬都应该是甲山庚向（即南偏西 87 度）。应该说，苏仲南墓相当于苏坟的一个标准参照物（即样板墓），对苏仲南墓的考古发掘为我们探究苏坟葬法掀开了神秘的一角。《墓志》于此功莫大焉。

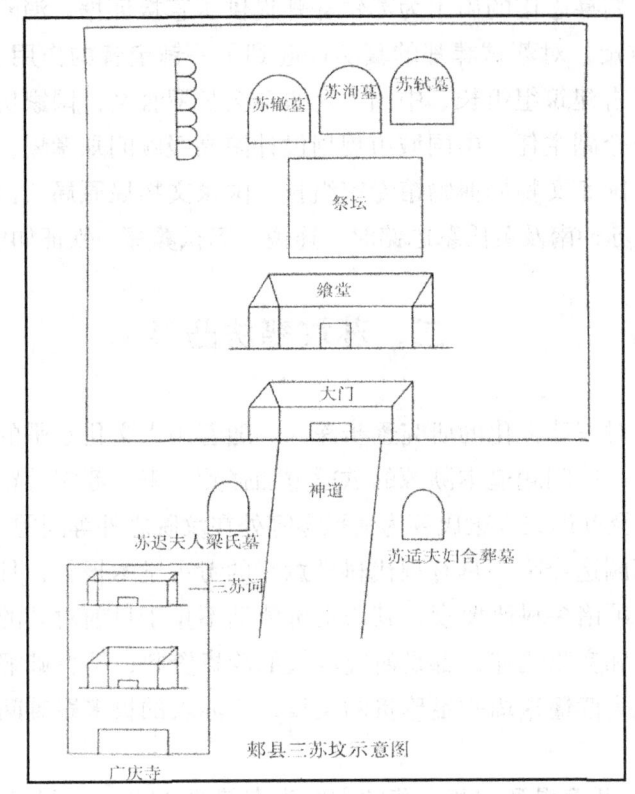

图2 三苏坟现状示意图

但是，神道以西与苏仲南墓遥遥相对的苏迟夫人梁氏墓碑，为何面东而立呢？让我们看看此墓的发现过程，就会自然明白其中原因。明崇祯十七年（1644），三苏坟遭土贼吴宗圣的破坏性盗掘。顺治三年（1646）秋，清朝立国后郏县的第二任知县张笃行到任，随即便处决了吴宗圣。次年清明，张笃行带领主簿乔钵前往祭扫苏坟。乔钵在回忆发现梁氏墓的经过时写道："坟之外有二冢。数百年来，未有知为苏氏者。南一墓为盗发矣，俯其穴，得志铭，始知为夫人。尔时暴骨在野，于草蓬磥魂中得顶骨二，胫骨三，零骨三十六屑。丙戌清明，具衣冠而重葬焉。夫人姓梁氏，为宋状元灏之曾孙女，适苏迟，为子由之长子。二子：曰简、曰策。"[6]542 从中可以看出发现苏迟夫人梁氏墓时的仓促与凄凉。乔钵文中虽然没有记载梁氏墓室的走向，但据理推测也应该和苏适墓室的走向一样是"南偏西87度"，肉眼看起来基本是东、西走向。只是后来委托绅士王德淳为梁氏竖石表墓时，因树碑处狼藉一片，无法搞清墓首、墓尾的位置，再加上墓的东侧是通往坟院的道路，自然就把梁氏墓碑面东而立了（篇幅所限，坟院内的六公子墓另有所述）。

尽管梁氏墓和苏仲南墓处在坟院之外，且都是偶然发现的，但却证实了它们是苏家后裔的真茔，说明此处就是苏家子辈坟墓的位置。近年研究表明，苏家子辈六人中有五人都大体可以确定葬于此处[7]，只有苏迟后来在南宋为官，死后葬浙江兰溪灵洞，故此处只有夫人梁氏墓。因此，在梁氏墓和苏仲南墓的延伸线上，应仍有六个子辈坟墓存在。那么，这六个坟墓该怎么排列呢？它们的葬法是什么呢？

《墓志》及附图均表明，"苏适墓室居北，南为其妻黄氏墓室"[4]63，合葬墓"两墓门朝西"。苏适墓室居北，即靠右；黄氏墓室居南，即靠左。因此，这两个墓室是尚右的（即以右为上）。再来看梁氏墓和苏仲南墓的位置排列。苏迟为苏辙长子，其夫人梁氏墓居右；苏适为苏辙次子，其墓居左。因此，子辈坟墓的排列也是尚右的。二者相互印证，可以断定苏坟葬法为尚右。但堪舆学中墓室位置通常尚左，这种尚右的葬法在中原地区一般很少使用，堪舆学中称之为"蝎子倒卷帘"葬法。这样一来就很容易推断，苏辙三子苏远及黄氏（即八郎妇）合葬墓应在苏仲南墓左边东南约八十米处（因苏适墓与梁氏墓距离约八十米）。进而推之，梁氏墓右边西北方向依次应该为苏轼一房三个儿子的坟墓。这种同辈按长幼次序依次排列的葬法，在堪舆学中称为"鱼贯葬"（也称"排棺葬"或"一条鞭法"）。

确定族茔所崇尚的方位十分重要，它是确定其他葬法秩序的纲领，丝毫不容忽视。2012年笔者撰《二苏墓葬位置变迁探考》[8]，因受堪舆学传统墓室尚左的影响，曾推导出苏坟同辈排列为夹棺葬法。直到看过《墓志》，反复揣摩其中的附图，真切辨认出苏适墓室居北（即靠右），黄氏墓室居南（即靠左）时，方领悟到苏坟葬法为尚右。又请教堪舆学者，方知此为蝎子倒卷帘葬法，痛感原来所推的夹棺葬葬法及《苏坟原貌示意图》是有误的。谨对上述之误特以补正，深表歉意。

综上所述，苏坟采用的是蝎子倒卷帘葬法，墓穴方位是甲山庚向穴，同辈坟墓排列为鱼贯葬法。

三、二苏真茔安在

根据以上所推测葬法，再看坟院内的二苏坟墓（暂不论及元末添置的苏洵衣冠冢）就不能不使人疑窦丛生。第一，坟院内的二苏墓碑皆面南而立，与甲山庚向穴（南偏西87度）的走向大相径庭；第二，苏轼墓居左，苏辙墓居右，根本不符合尚右的蝎子倒卷帘葬法；第三，当年无论苏轼还是苏辙都是与各自夫人同穴安葬的，而现在的墓碑仅标明"宋东坡子瞻苏先生墓"和"宋颍滨子由苏先生墓"，显然名实不符；第四，《墓志》言苏仲南墓距坟院大门115米，而大门距二苏坟墓又百米之多，两代坟墓相距半里之遥，历来为人们所诟病；第五，根据《墓志》所载苏仲南墓志铭，苏适与夫人黄氏"合葬于汝州郏城上瑞里先茔之东南巽隅"[4]66，也就是说，从苏辙墓看苏仲南墓应为东南45°角的位置，但现在看其夹角充其量不过20度。很明显，是苏辙墓的方位有误；第六，崇祯十七年（1644）土贼吴宗圣曾盗掘二苏坟墓，结果"至底无所见"[9]62。退一万步言，若是真墓，即使棺木尸骨完全腐朽，也应该挖出二苏的墓志铭。因此，"至底无所见"用事实充分说明了坟院内的二苏坟墓并非真茔。那么，二苏真茔究竟在什么地方呢？

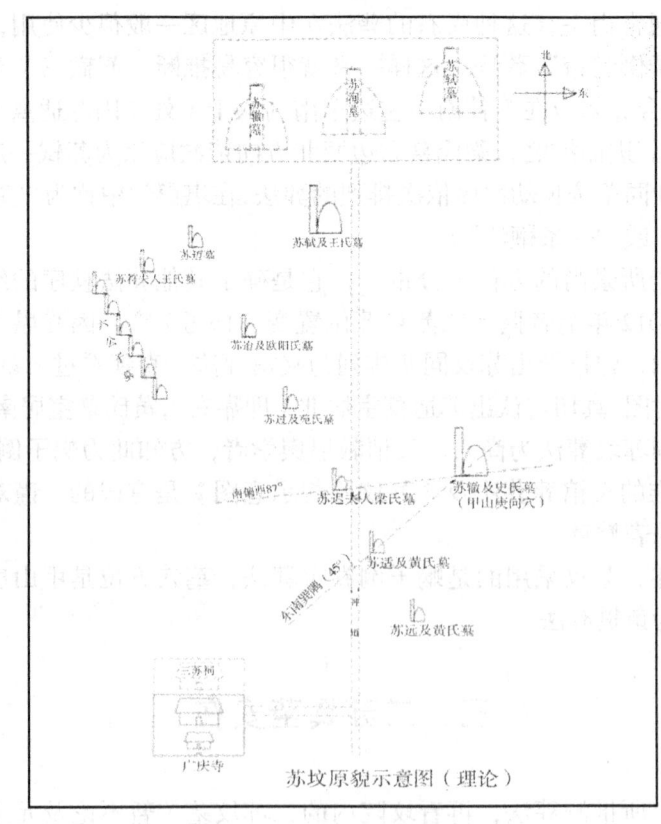

图3　苏坟原貌示意图

苏仲南墓志铭载，苏适夫妇"合葬于汝州郏城上瑞里先茔之东南巽隅"[4]66，也就是说，苏辙真茔应在苏仲南墓东南45度角的反射线上。根据上文可知，苏辙真茔与梁氏墓都应该是甲山庚向穴（即南偏西87度）。那么，顺梁氏墓可做一南偏西87度反射线，这两条反射线在东北方向的交叉点，就应该是苏辙真茔的位置所在。在这个位置上，苏辙真茔与梁氏墓处于南偏西87度的一条线上，均符合甲山庚向穴，于此看苏仲南墓又为东南45度角方向，同时也对应老百姓所说的"老爹脚蹬长子头"的习俗。事有凑巧，2003年5月挖土机在神道东侧挖土修路时，在苏仲南墓东北方约60米处曾挖到一墓葬。遗憾的是，第二天就把其封填起来了。现在看来，此墓葬即疑为苏辙真茔。事后笔者在此处捡到一块36厘米×14厘米×6厘米的墓葬砖，保存至今。

确定了苏辙真茔的位置，就很容易找到苏轼真茔的位置。按照蝎子倒卷帘葬法，苏轼真茔应在苏辙真茔右边西北方约240（3×80）米处，并且与其长子苏迟墓同在南偏西87度的一条线上。苏迟墓左边东南方依次应该是苏迨与其夫人欧阳氏合葬墓及苏过与其夫人范氏合葬墓。《同治三年郏县志·仝轨〈苏坟〉》载："梁氏墓北有墓一，不知葬何人？"[10]408 20世纪七八十年代，人们也曾隐约看到在梁氏墓北七八十米处有一外露墓穴。现在看来，此处疑为苏过墓。

其实，苏坟的墓葬都比较浅。《墓志》载，苏适墓室"距地表深2.15米"[4]63，但苏适墓室高1.74米。如此算来，苏适墓室顶部距地表只有0.41米。这意味着，用铁锹挖两刃就能挖到苏适墓室的顶部。难怪1972年当地农民浇地就能发现苏适墓，也难怪顺治四年（1647）清明主薄乔钵"俯其穴，得志铭，始知为夫人"。以上所述的疑似苏辙墓和苏过墓，也都说明了这个问题。因此在这里只要稍加注意，不时就有发现墓葬的可能。所以随着时光的流逝，二苏真茔及其他墓葬的发现只是时间早晚问题。

近年研究表明，所谓的"三苏坟"实际上埋葬着苏家祖孙五代人，其中有文字可考的二十多人，是苏家流寓在外颇具规模的族茔，其准确称谓应为"苏坟"。那么，以上理论推导的苏坟格局为什么与苏坟现状存在如此大的差异呢？难道说在苏坟近千年的历史上发生过鲜为人知的沧桑变迁吗？

四、探秘苏坟变迁

要想探究苏坟沧桑变迁的奥秘，首先应读懂两块碑刻。一块为三苏园中年代最为久远的"苑中碑"，记载的是金末正大二年至三年（1225—1226）秋，京西路司农少卿苑中前来祭扫苏坟所作的《题二苏坟》诗及随行的屈子元、史学为之所题的跋。其中诗曰："天涯流落两丘土，玉树并掩佳城中。举杯三酹不忍去，万叶索索声秋空。"[9]11 跋中说："墓之侧，贤士大夫留诗者甚多。"[9]12 这些都说明时至金末苏坟所呈现的是一片祥和景象。

另一块是尚野撰写的《二苏先生墓碑记》，记述的是元初元贞元年（1295），元好问之子汝州知州元㧑（字叔仪）整修二苏墓碑的始末。碑文开头言："二苏先生俱葬汝州郏城峨眉山。至元乙酉（至元二十二年，1285），予倅是州，因得访焉。闻诸父老，墓侧题咏甚多，所及见者司农少卿苑中、屈子元而已。家绝展省之礼，官失樵采之禁，日月云迈，将复沦没，莫知谁何。斧斤相寻，草木已空。穴狐兔而袭风霜，见崩于紫云之梦。顾虽马医夏畦之墓，尚有所主，文章事业如二苏公，陵夷磨灭若是，良可叹已！"[9]46 他们看到的苏坟景象是树木尽伐，野草横生，狐兔乱窜，坟墓夷为平地，一片荒芜凄凉。尚野先生感叹，普通老百姓的坟墓尚有墓表碑记，而二苏的坟墓竟磨灭得找不到痕迹，唯一看得到的就是"苑中碑"了。这是苏坟历史上遭受的最严重的一次破坏。

从苑中看到的"玉树并掩佳城中"之景，到元叔仪看到的"将复沦没，莫知谁何"，时隔约七十年。这七十年间究竟发生了什么，使苏坟展现出如此的沧桑巨变？

金史告诉我们，这七十年间正是蒙古强盛崛起的时期，是"元灭金，绝宋室"的重大历史变革时期。就在苑中拜谒苏坟后的第六年（正大九年，1232）正月，这里爆发了史上著名的三峰山大战。金将完颜合达奉命放弃邓州，星夜驰援汴京，行至钧州（河南禹州）三峰山（距郏仅20公里）处，遭遇蒙古铁骑南北两路大军的夹击。一场血战，金军势如山崩，十五万金兵被消灭殆尽。接着，蒙古大军全力围攻汴京。十二月，金哀宗准备出逃西奔，但"是日，巩昌元帅完颜忽斜虎至自金昌，为上言京西三百里之间无井灶，不可往"[11]262。此时已造成开封以西三百里没有人烟，郏城苏坟正在三百里之内，可见战争之惨烈。于是哀宗只得南走归德，继奔蔡州（汝南）。1233年，蒙古与南宋合力攻打蔡州，相约成功之日以河南之地归还宋人，南宋信以为真。1234年蔡州陷落，哀宗自杀，金亡。于是南宋趁蒙古北还之际，发兵收复了汴京和洛阳中原大地。蒙古闻讯大怒，发兵南下将宋兵逐退，战事又起。战场西自汉中，东至江汉，而以襄樊争夺战最为激烈。蒙古大军攻城略地，善用骑兵，时东时西，来去飘忽，驰骋千里，常常先把广大农村地面摧毁殆尽，孤立重要的城镇据点，最后围而破之。这是蒙古人惯用的"游击蹂躏，破面攻点"的战略战术[12]93。广袤中原，铁骑纵横，白骨遍野，血流漂橹。郏城苏坟地处汴京、洛阳与襄樊之间，饱受战争破坏的程度可想而知。直到元成宗元贞元年（1295），元叔仪前来苏坟祭拜，看到苏坟凄凉一片的景象。

元叔仪面对"将复沦没，莫知谁何"的苏坟，"彷徨不能去"，只得在认为合适的地方堆起二苏先生的坟墓，并"立门墙以限樵采，既而擘窠大字以表墓所"[9]46。在这样的情况下，出于祭祀需要所建的二苏坟墓及墓碑，当然只会树立二苏各自的墓碑，而无法顾及与各自夫人的合葬墓，也无暇考虑苏坟原有的葬法。但是一旦有了准确的参照物进行比对，其舛误之处自然显露无遗。

其后历经八百余年，经过四个朝代的更迭，苏坟虽又遭受过数次重大破坏，但二苏的坟墓再也没有"将复沦没，莫知谁何"之类的记载。就这样，元叔仪堆起的二苏坟冢以及元末杨允附庸堆起的苏洵衣冠冢便一直流传至今，被世人当作真茔。其实，《墓志》在为苏轼葬郏提供铁证的同时，也对现有二苏坟墓的真实性提出了质疑。既然苏仲南墓是经过考古发掘证实的苏家后裔墓葬，那么相比之下，二苏坟墓的诸多差异岂不令人深思吗？

悠悠千载，对苏仲南墓的考古发掘和李绍连先生的《墓志》，不仅为苏轼葬郏提供了铁证，更为我们提供了打开苏坟奥秘的锁钥，使我们找到了苏坟葬法的线索，从而理顺了苏坟前前后后历经千年的沧桑变迁。相信今后在学界的共同努力下，《墓志》的历史价值和现实意义必将会得到进一步的认识。

注 释

[1] 李绍连（1939—），1965年7月毕业于北京大学历史系考古专业，先后在河南省文物研究所、河南省博物馆、河南省社会科学院考古研究所等单位工作。长期潜心研究中国新石器时代文化、先秦史和炎黄文化，出版《华夏文明之源》等八部专著，发表学术论文百余篇，在学术上有重大理论建树，1993年被评为对国家有突出贡献的专家。

[2]苏适（kuò），字仲南，苏辙次子，熙宁元年（1068）生于眉山老家。官至承议郎，通判广信军（河南信阳），宣和四年（1122）九月卒于任所。妻黄氏，龙图阁学士、淮南路监司黄寔（字师是）之女，先苏适半年亡。宣和五年（1123）十月，苏适夫妇合葬于汝州郏城上瑞里其父苏辙墓东南。黄寔另一女嫁苏辙三子苏远。苏适《宋史》无传，夫妇葬此史书无载，此处也无坟墓标志，此次发掘后方知。

[3]据孔凡礼《苏辙年谱》，政和二年（1112）十月三日苏辙卒，十一月十二日朝廷追复苏辙端明殿学士，特赐宣奉大夫，赐少保。

[4]李绍连《宋苏适墓志及其他》，参见《文物》1973年第7期。

[5]〔宋〕苏辙《栾城集》，上海古籍出版社1987年版。

[6]平顶山市政协编委会《苏东坡与平顶山》，河南大学出版社2008年版。

[7]乔建功《三苏坟究竟葬几人》，参见《平顶山学院学报》2013年第6期。

[8]乔建功《二苏墓葬位置变迁探考》，参见《乐山师范学院学报》2016年第5期。

[9]郏县档案馆《三苏坟资料汇编》，河南大学出版社1986年版。

[10]《同治三年郏县志》，郑州市美术印刷厂1983年版。

[11]《金史》，中华书局2001年版。

[12]陈致平《中华通史·元史》，花城出版社1996年版。

影印清光绪戊申至宣统己酉端方宝华盦重刊明成化本《东坡七集》前言

◇曾祥波[*]

苏轼（1036—1101），字子瞻，眉州眉山（今四川眉山）人。宋仁宗嘉祐二年（1057）进士，后对制策入三等。神宗熙宁变法中，因与王安石新党政见不合，外任杭州、密州等地。元丰二年（1079）因"乌台诗案"入狱，结案特贬黄州。他随遇而安，筑居雪堂，自号"东坡居士"。元祐更化，被召还朝，历任中书舍人、翰林学士知制诰、礼部尚书等，其间曾因党争一度外任杭州。绍圣初，哲宗亲政，恢复变法国是，新党起复，苏轼坐元祐党籍历谪惠州、儋州。建中靖国元年（1101），以徽宗即位遇赦北还，卒于常州归途。神宗、哲宗两朝政治风云造就了苏轼的坎壈人生，同时也成就了苏轼"浑涵光芒，雄视百代"（《宋史》本传）的艺术。苏轼的文章与欧阳修并称"欧苏"，诗歌与黄庭坚并称"苏黄"，词与辛弃疾并称"苏辛"，书法入宋"四大家"之列，绘画与文同齐名。苏轼与父亲苏洵、弟弟苏辙一门"三苏"并列"唐宋古文八大家"。黄庭坚、秦观、晁补之、张耒、陈师道、李廌等文坛俊才皆出苏门。可以说，苏轼是宋代最伟大的文人。苏东坡已经成为宋代文化的一个符号，成为中国文人的一种象征，对后世产生着巨大而深远的影响。

苏轼去世后，苏辙撰《亡兄子瞻端明墓志铭》（《栾城集》卷二十二）列举其生平著述说："有《东坡集》四十卷《后集》二十卷《奏议》十五卷、《内制》十卷、《外制》三卷。公诗本似李、杜，晚喜陶渊明，追和之者几遍，凡四卷。"《宋史》本传承袭苏辙《墓志铭》之说，仅将"喜陶渊明追和之"

---

[*] 作者简介：曾祥波，中国人民大学文学院副教授。

云云径写作"《和陶诗》四卷"。另外,《宋史·艺文志》载"东坡前、后集七十卷",不确,当以《墓志铭》及《宋史》本传所载"《东坡集》四十卷、《后集》二十卷"共六十卷为准。上述六集九十二卷,就是苏集定本的最早情况。六集中,《东坡集》四十卷又称《前集》,为苏轼手定,南宋胡仔《苕溪渔隐丛话后集》卷二十八说:"世传《前集》乃东坡手自编者,随其出处,古律诗相间,谬误绝少……《后集》乃后人所编。"《后集》二十卷可能源于刘沔编纂之本,苏轼曾寓目并表示满意(苏轼《答刘沔都漕书》称其"掇拾编缀,略无遗者……无一篇伪者,又少谬讹"),后来也许又有补充编纂(孙觌《与苏守季文》称"《东坡后集》或云即刘元忠所集二十卷,则容有未尽也",钱求赤《书东坡后集》则认为《后集》经苏轼之子苏过之手编成)。《奏议》《外制》《内制》三集二十八卷,是苏轼任职期间的公文写作(《外制》《内制》与中书舍人、翰林学士知制诰的经历有关),按照宋人文集编撰的习惯,很可能在苏轼生前就由他亲自编定。《和陶诗》四卷,苏轼自己说出于手定:"吾前后和其诗凡百数十篇……集而并录之,以遗后之君子。"(见苏辙《子瞻和陶渊明诗集引》引苏轼语)由此可见,六集皆出于苏轼生前手定或寓目认可,是东坡著述中流传有绪、最为可靠的文本。

"六集"本系统定型之后,才出现了书贾编刊的所谓"类编""大全集"坊本系统,其质量远低于"六集"本。需要指出,在"六集""类编大全集"两大系统之外,还存在一批苏轼著述文献,它们大约可以分为两类:第一类如《南行集》《岐梁集》《钱塘集》《超然集》《黄楼集》《眉山集》《武功集》《雪堂集》《黄冈小集》《仇池集》《毗陵集》《兰台集》《玉局集》《海上老人集》等(见明代《重编东坡外集》卷首序),从题名看属于一官一集、一地一集、一事一集的出于作者自定的"即时性"编撰方式,可能是"六集"本的更早文献源头,今皆不存。第二类包括《应诏集》十卷(见晁公武《郡斋读书志》衢本卷十九)、《东坡先生别集》三十二卷、《续别集》八卷(见《读书附志》卷下)、《东坡遗编》(见明代《重编东坡外集》卷首序)、《东坡外集》(今存明代《重编东坡外集》)等,从题名及现存内容看大约出于"六集"本形成之后,属于"六集"之外的苏轼作品辑佚补编性质。第二类文献逐渐进入"东坡六集"本系统,构成了宋、明两代"东坡七集"本。

宋代从"六集"走向"七集"的详尽过程,已经难以厘清。从今存宋庆元蜀刻大小字本残帙(刘尚荣《苏轼著作版本论丛》认为大字本、小字本即

影印清光绪戊申至宣统己酉端方宝华盦重刊明成化本《东坡七集》前言

洪迈《容斋五笔》所载"眉山功德寺所刻大、小二本",二本字体有别而内容全同)的篇目编次特点,可以看出大致端倪:大字本,今存台北"中央图书馆"藏《东坡集》卷十七,天津图书馆藏《奏议》卷二。小字本,今存国家图书馆藏《应诏集》十卷。很明显,大字本之《东坡集》《奏议》为"六集"原目,小字本之《应诏集》原非"六集"之目。二本内容既然全同,则《应诏集》当与"六集"原目合而计之,其数恰为"七集"。宋庆元蜀刻大小字本残帙可能是现存"东坡七集"系统的最早版本。其他宋刻残帙,据刘尚荣《苏轼著作版本论丛》、祝尚书《宋人别集叙录》著录今存四种,分别是黄州北宋末刻南宋递修本(上海图书馆藏残本六卷及零叶若干,国家图书馆藏残叶若干汇订为一册,台北"中央图书馆"藏《和陶诗》四卷、《奏议集》十五卷)、孝宗朝刊大字本(国家图书馆藏残本三十卷,日本宫内厅书陵部藏残本四十五卷)、孝宗朝刊每行二十字本(日本内阁文库藏残本二十三卷)、孝宗朝刊小字本(国家图书馆藏残本十九卷)。这四种残帙因其存留篇目皆属于"六集"原目范围,无法判断是否属于"七集"系统。

元代,"东坡六集""七集"未见刻本著录。

明代"东坡七集",以明成化四年(1468)程宗吉州刻本为最古。程刻"东坡七集"本保持了宋代"七集"系统基本框架("仍依旧本卷帙"),又有两点变化:第一,多出《续集》十二卷。第二,将《和陶诗》合为一卷,并纳入《续集》。据李绍为程刻"七集"所作《重刊苏文忠公全集序》所说"旧本无而新本有者,则为《续集》并刻之",可知《续集》出自程刻首创,故丁丙指出"《续集》晁、陈两家皆不著录,实始于此刻"(《善本书室藏书志》卷二十七)。从这两点变化可以复原宋刻"七集"到程刻"七集"的承袭演变轨迹如下:

宋刻"东坡七集"="东坡六集"原目(《东坡集》《后集》《奏议》《内制》《外制》《和陶诗》)+《应诏集》十卷

程刻"东坡七集"="六集"之五(《东坡集》《后集》《奏议》《内制》《外制》)+《应诏集》十卷+《续集》十二卷(含《和陶诗》)

可以想见,程宗为了将宋代"东坡六集"之后陆续出现的辑佚补编东坡作品尽量多地纳入自己的新刻"七集",故打破了宋刻"东坡七集"仅增入《应诏集》十卷的体例,进一步增入了自己新编、包含了大量佚诗逸文的《续集》十二卷。这样一来,宋代"七集"将变为明刻"八集",这一名称前所未有,不如"七集"之名广为人熟知,易于接受。于是,程宗的处理办法是将宋刻"七集"之一《和陶诗》的独立性取消，内容整体纳入《续集》，成为次一层级的文本单元。经此调整，程刻遂得以保留"七集"之数，仍以"东坡七集"之名行世。傅增湘曾表示不理解程刻"七集"对《和陶诗》的单独处理，说"《续集》为程氏所编，采各集所无之诗文而并《和陶诗》于其中，此其异耳"(《藏园群书题记》三集卷六)，或未体察程氏苦心。

可以说，苏轼著述中来源最早、最能体现作者编撰意图、流传有绪的可靠文本，首推"东坡七集"系统。"东坡七集"的宋刻仅存残帙若干，元刻未见著录存世。"东坡七集"存世完帙之最古者，首推明代程宗刻成化本。程刻虽对宋刻"七集"有所改动，但仅为个别框架调整，线索清晰，易于寻绎，且《续集》增补东坡佚文虽或未免疏漏，然亦不无踵增擘补之功。要之，程刻成化本"东坡七集"可称东坡诗文存世之最佳读本。成化本"东坡七集"存世尚有十余部（见祝尚书《宋人别集叙录·东坡集》）。嘉靖十三年（1534），江西布政司曾校勘重刊成化本，删削重复，订正文字，傅增湘认为嘉靖刻本态度精谨、足为后式（《藏园群书题记》三集卷六）。嘉靖本今存世二十余部（见祝尚书《宋人别集叙录·东坡集》）。清光绪三十四年（1908）至宣统元年（1909）间，时任两江总督端方在南京以丁丙"善本书室"藏成化本为底本，由官方出资，委托缪荃孙校订重刊"东坡七集"。缪荃孙在刊刻中发现成化本"讹字记不胜记"（缪荃孙《跋》），汇集了嘉靖本与钱求赤据宋刻而成之校本，对成化本的文字讹误与原版模糊之处加以订正，并附《校记》以资说明。由此可见，端方宝华盦重刊明成化本可谓后出转精，更便阅读。此本字大行疏，墨色如漆，尤堪捧玩。自问世之日，即为藏家所重，是清季之佳椠，时至今日，愈不易得。民国时期，中华书局编"四部备要"收录坡集，即以此本排印，然经梓民之手，终隔一间。今入选国家图书馆出版社编"国学基本典籍丛刊"，以简装灰度影印的方式出版，原迹宛然如在，甚便读者。世之嗜苏者既以坡文为精金美玉，今捧椟获珠，必有以识匦之美也，故略述其源流，以为鼓吹云尔。

东坡本色与苏诗评点

◇樊庆彦[*]

"本色"是中国古代诗学批评体系中的重要范畴,自宋代正式提出,经过陈师道、刘克庄、严羽等人的开拓和推进日渐成熟,并于其后各个时期的诗学批评视域中不断丰富和完善。而对于"本色"的认识也从宋人关注诗人本位拓展到明清时期的关注诗歌内容、风格、情感、语言等方面,指向诗人的主体风格及创作所呈现出来的主要特色和整体面貌,如明陆时雍《唐诗镜》卷五十一《晚唐第三》论温庭筠《兰塘词》云:"深著语,浅著情,是温家本色。"又如明郑鄤《峚阳草堂诗文集》文集卷八《刘小善制义序》认为李白诗:"'圣代复元古,垂衣贵清真。'此自青莲本色。"再如清翁方纲《石洲诗话》卷一评储光羲《张谷田舍》:"'碓喧春涧满,梯倚绿桑斜。'虽只小小格致,然此等诗,却是储诗本色。"[1]这体现了"本色论"在明清诗学批评体系中的多方突破和全面展开,自然也在明清时期盛行的诗歌评点中得以呈现。尤其是对于此际颇受欢迎的苏轼诗歌,评点者多称赏其诗风"本色"。其中诸如刘辰翁、方回、袁宏道、萧奇中、查慎行、汪师韩、纪昀、杭世骏、何焯、严虞惇、王文诰、翁同书、何绍基等,颇多名家的未刊批语,不但为解读苏诗提供了新的文献和路径,而且这些评点对于确立苏诗的文学史地位,以及认识苏诗的审美内蕴不无价值和意义。

---

[*] 作者简介:樊庆彦,山东大学文学院副教授,博士研究生导师。
  基金项目:本文系全国高等院校古籍整理研究工作委员会资助一般项目《苏集叙录》(项目编号:1747)与山东省社会科学规划研究一般项目《苏轼诗文评点研究》(项目编号:14CWXJ20)的阶段性成果。

一

苏轼在诗歌创作上力求"自出己意"[2]688（严羽《沧浪诗话·诗辨》），不随人后，独具特色，对于重在直觉体悟的评点者来说自然多关注其艺术"本色"。如刘辰翁评《申王画马图》曰："极是本色。"[3]《八月十七复登望海楼自和前篇是日榜出余与试官两人复留五首》之"楼上烟云怪不来"一诗，纪昀评曰："本色得好。"纪昀评《饮湖上初晴后雨二首》曰："二诗本色却佳。"《百步洪二首》之"长洪斗落生跳波"一诗，赖山阳评曰："此诗是东坡本色。"方东树评《聚星堂雪》曰："本色正锋。"等等。那么，苏诗具体呈现为怎样独特的本色呢？评点者们也有各自的见解。如《和子由渑池怀旧》开篇："人生到处知何似，应似飞鸿踏雪泥。泥上偶然留指爪，鸿飞那复计东西。"纪昀评曰："前四句单行入律，唐人旧格；而意境恣逸，则东坡本色。"《病中闻子由得告不赴商州三首》之"病中闻汝免来商"一首，赵克宜辑《角山楼苏诗评注汇钞》评曰："意蕴藉而语气却快，此东坡本色也。"纪昀评《渼陂鱼》曰："窄韵巧押，神锋骏利，东坡本色。"又评《僧清顺新作垂云亭》曰："力摹昌黎，而气机流走处，仍是本色耳。摹古须见几分本色，方不是双钩填廓。"又评《谢郡人田贺二生献花》曰："本色语极雅健。此老境不易效，无其火候而效之，便入香山门户。"赖山阳评《书韩干牧马图》曰："雄杰，公本色。"钱廷锦评《铁拄杖》曰："便似老杜，而一种奔轶之气，自是公本色。"纪昀评《雨后荇菜圃》曰："淳古中自作本色。"赵克宜辑《角山楼苏诗评注汇钞》中评《初秋寄子由》曰："落笔便极痛快，此公本色。"纪昀评《次韵林子中春日新堤书事见寄》曰："气机疏畅，东坡七绝之本色，所乏沉实之致耳。"赵克宜辑《角山楼苏诗评注汇钞》评《次韵范纯父涵星砚月石风林屏诗》曰："篇中亦是本色清快语，未见深至。"何焯评《游博罗香积寺》曰："通首流逸，是坡公本色。"《和移居二首》之"我岂丁令威"一首，纪昀评曰："绾合有致，此是东坡本色。"等等。以上评语从语言、句法、结构、意境等不同方面论及苏轼的诗风特点。

在诗歌语言的运用方面，最能体现出苏轼的艺术个性。苏轼特别喜爱韩愈"豪放奇险"的诗风，他认为："诗之美者，莫如韩退之，然诗格之变，自退之始。"[2]166（王直方《王直方诗话》）故其也喜用怪词险韵，且难中见巧，如苏轼《石鼓歌》中就有"维鳟""瞉轂""耆耉""虓虎""鞭柅"等怪癖词字，袁宏道评曰："道古不减昌黎。"《书韩幹牧马图》中云"骓駓骃骆骊騮驈，白鱼赤兔骍皇騜。"杭世骏评曰："柏梁体应有此句法，从韩文公《陆浑山火》来，后人遂转相仿效。"翁同书评曰："本昌黎《陆浑山火》诗'鸦鸱雕鹰雉鹄鹍'句法，渔洋谓本《急就篇》。"另如《渼陂鱼》《雪后书北台壁》《送陈睦和知潭州》等都是窄韵巧押的范例，艺术功力甚至要超过韩愈。但不同的是"昌黎好用险韵，以尽其锻炼；东坡则不择韵，而但抒其意之所欲言"[2]1312（赵翼《瓯北诗话》）。故而苏轼又能"自趋昌黎一格，而洋洋洒洒，益放厥辞"[5]。对于苏轼的《与顿起孙勉泛舟探韵得未字》，纪昀评之曰："窄韵巧押，东坡长技。昌黎亦能押窄韵，而自然则逊矣。"

  苏轼的豪放自由性格也使得他在艺术手法上经常突破近体诗的种种束缚和羁绊，借用形式较为自由的散文之字、句、章法来进行诗歌写作，亦即所谓的"以文为诗"。赵翼评价苏轼云："东坡大气旋转，虽不屑于句法字法中别求新奇，则笔力所到，自成创格。"[2]1310（赵翼《瓯北诗话》）此乃言苏轼不但在创作过程中奇思天外，而且艺术手法亦不循常规，经常运用一些特殊格式。如苏诗善用对语，评者便有所论及。如《二十七日自阳平至斜谷宿于南山中蟠龙寺》，翁同书评曰："自首至尾皆用对语。"何焯亦曰："自起至结，无一语不属对，章法独创。"而汪师韩则将苏诗的用对与前人加以比照："颜谢以后，古诗多有对偶终篇者。入唐，遂以有声病者为律，无声病者为古。至于七言古体，亦时一有之。若少陵之'霜皮溜雨四十围，黛色参天二千尺。子规夜啼山竹裂，王母昼下云旗翻'。昌黎之'大蛇中断丧前王，群马南渡开新主。何人有酒身无事，谁家种竹门可欵'。硬语排奡。视唐初四子及元白诸家之宛然律调者，不可同日语也。若其自首至尾，无句不对，无对不瑰伟绝特，则惟轼集中有之，实为创格，此作亦其一也。其中写景处，语刻画而句浑成，读之可怖、可喜，笔力奇绝。"这当属于古人用属对的形象诠释。何绍基同样认为苏诗具有一种波澜壮阔的气势和恣肆纵放的意境，如其评《游径山》"遒劲跌宕，有骏马奔川之势"；评《真兴寺阁》"一气持满，坡集中亦属仅见"；评《司竹监烧苇园因召都巡检柴贻勖左藏以其徒会猎园下》"波澜逋峭"。而在何绍基看来，这种气势和意境在苏诗的入笔与结语上表现得尤为明显，如《留题延生观后山上小堂》首联云"溪山愈好意无厌,上到巉巉第几尖",何氏评曰"起得突远";评《常润道中有怀钱塘寄述古五首》"起有力";评《监试呈诸试官》曰"亦是作论起结,激昂生态";评《秦穆公墓》"通首似论矣,赖有结语便有神";评《大秦寺》"结句亦宕甚"。虽点到即止,却一语中的。

苏轼在谈到创作经验时曾说:"某平生无快意事,惟作文章意之所到,则笔力曲折,无不尽意。"[2]151(何薳《春渚纪闻》)由此可知他在诗歌创作上是非常重视构思的。刘辰翁的评点涉及苏诗结构的起承转结,如其评《次韵王晋卿上元侍燕端门》首句"起得好";评《四时词》其三首句"起得又好";评《送王伯扬守虢》"结得太速";评《次韵王定国谢韩子华过饮》"谁要卿料理,欲说且止止"二句"转得又奇";评《书王定国所藏烟江叠嶂图》"山耶云耶远莫知"句"接得妙",这对汪师韩等人颇多启发。汪师韩评点苏诗每以分解为主,亦以起承转合为法,在串解诗作的章法结构、段落层次中品评创作得失。如其评《入峡》诗云:"用险韵作长律,尽如其意之所出,固称体大,亦由思精。首二句虚笼以作起局。'长江'六句又作总挈。其'入峡'十二句,峡中之景物也;'绝涧'十二句,峡中之人事也;'气候'八句,则言人居峡之陋;'叹息'八句,则言已入峡之劳。至'独爱孤栖鹘'以下十二句,前六句单就孤鹘写其高超自得之乐;后六句以我之局促与鸟之飞扬两相对照,作开合之势,知高超之乐则知高遁之甘矣。章法明嫙,如观远岫,列秀青青。"作者采取抽丝剥笋之法,逐层分析,思路清晰,推断严谨,不但点出了苏诗的写作特点,更是阐发出了诗旨题意。查慎行也关注到了苏诗的谋篇布局。如其评《游金山寺》云"起结奇横",评诗中"羁愁畏晚寻归楫"二句"二语作转捩"。又如评《傅尧俞济源草堂》云:"直到第五、六方说明诗旨,章法奇绝。"评《送曾子固倅越得燕字》"翁今自憔悴"二句,"入题飘忽",评末联"结意独远,三百篇所谓赋而比也"。而赵克宜同样重视苏诗的脉络结构。苏轼《竹枝歌》序云:"《竹枝歌》本楚声,幽怨恻怛,若有所深悲者。岂亦往者之所见有足怨者欤?夫伤二妃而哀屈原,思怀王而怜项羽,此亦楚人之意相传而然者。且其山川风俗鄙野勤苦之态,固已见于前人之作与今子由之诗。故特缘楚人畴昔之意,为一篇九章,以补其所未道者。"赵氏照据序文论此诗结构云:"依序重伤二妃、哀屈原、思怀王、怀项羽,平列四段,下三段事本相因,惟此处('水滨击鼓何喧阗'句)是突接。"既脉络清楚,又简便省力。又如评《出峡》，谓起处"以宾形主，双起总顿"；谓"东西径千里，……高绝每先上"句"四语虚领下文"；谓"忆从巫庙回""以下追叙"；谓"玉虚悔不至"则是"以未至之处反托所已至，用笔已妙矣，又以所不知名者多于所知（指'峡山富奇伟'四句），将前文一齐托空，两重裹结，运掉自如"；而"今朝脱重险"六句"此方入题，篇幅已毕，格意绝奇"。经赵氏如此评点，《出峡》之诗的脉络结构便清晰地展现了出来。

由此观之，苏轼作诗习惯于任意挥洒，放笔纵意，"觉来落笔不经意"[4]829（《仆曩于长安陈汉卿家见吴道子画佛碎烂可惜其后十余年复见之于鲜于子骏家则已装背完好子骏以见遗作诗谢之》），"兴来一挥百纸尽"[4]236（《石苍舒醉墨堂》），一气呵成，一挥而就，使得苏诗"气象宏阔"[6]111，"不啻长江大河，汪洋恣肆，变化万状"[2]474（王十朋《王状元集注分类东坡先生诗序》），"如屈注天潢，倒涟沧海，变眩百怪，终归雄浑"[2]681（敖陶孙《臞翁诗评》）。可以说，意境开阔、想象独特、出奇制胜、自由奔放是苏诗的艺术特点，而其本色则可以归之为豪放。钱锺书先生甚至认为："李白之后，古代大约没有人能够赶得上苏轼这种豪放。"[7]62

二

苏轼一生历经北宋仁宗、英宗、神宗、哲宗、徽宗五代皇帝，这段时期朝廷内忧外患愈发严重，社会危机急剧发展，政治局面动荡不安。苏轼也深陷其中，宦海沉浮，几多波折，经历了两次"在朝——外放——贬居"的起落过程。曲折的际遇，多变的环境，丰富的生活，通达的思想，造成了他复杂矛盾而又经常变动的意识形态和艺术追求，也必然要对他诗歌的内容和形式产生影响乃至制约作用，使得其诗之豪放本色亦有所变化，这种变化可以大体分为前后三个阶段。

公元1069年（北宋熙宁二年）王安石新法实施以前为第一阶段。苏轼好友释参寥曾说："东坡天才无施不可，以少也，实嗜梦得诗，故造词遣言，峻峙渊深，时有梦得波峭。"[2]328（朱弁《曲洧旧闻》）苏轼少时作诗学刘禹锡，好骂而语多讥讽，如《寄题清溪寺》《夜泊牛口》等诗，喜欢议论，笔露锋芒，正是学梦得诗的现实批判精神与战斗性。但由于作者此时意气风发、欲有所为、"奋厉有当世志"[2]63（《东坡先生墓志铭》），又缺少深刻的生活经历与人生感悟，故所发议论往往流于空泛，审美意蕴比较淡薄，不够感人。虽也写出了像《过巴东县不泊闻颇有莱公遗迹》这样精练警策、"一往骏爽"（纪昀评语）的佳作，但毕竟为数不多。从北宋嘉祐六年（1061）冬赴凤翔任，苏轼诗歌创作在题材内容、思想观念上开始发生了变化，艺术上也成熟了许多。这时苏轼刚出仕不久，一面对仕宦人生感到迷惘与怀疑，一面又刻意探索人生的真谛，企图寻找一种永恒的人生价值。兼之北宋诗歌革新运动提倡宗韩学杜，他在这一时期的诗作更多地受到了杜诗沉郁顿挫和韩诗雄奇险怪的风格影响，而增强了腾挪跌宕之感。因此诗风虽初见豪放，却在意境恣肆的背后回旋着低沉的咏叹。如《送安惇秀才失解西归》"狂谋谬算百不遂，惟有霜鬓来如期"，安惇秀才怀才不遇，屡困场屋，苏轼于为其失解送别之时，借机抒发自己远大志向无从实现的牢骚不平，但言外亦不无怅惘、迷茫的叹息。杭世骏批曰："此诗宜书座右，为狂谋谬算者痛下针砭，只是敷衍沈攸之两言，而清劲之气，令人言下猛省。"《辛丑十一月十九日既与子由别于郑州西门之外马上赋诗一篇寄之》，汪师韩评曰："轼与其弟辙友爱特至，时辙以父洵被命修礼书，旁无侍子，因奏乞留养亲，轼赴凤翔签判之任，既别而作此诗。起句突兀，有意味。前叙既别之深情，后忆昔年之旧约，亦知人生要有别，转进一层，曲折遒宕。轼是时年甫二十六，而诗格老成如是。"而其结语"君知此意不可忘，慎勿苦爱高官职"，陈仁锡眉批曰："公志如此，犹栖仕宦，非其志也。"何绍基眉批曰："时坡公甫出仕，已作此语，而一生为官职所羁，何耶？"又如《凤翔八观·王维吴道子画》一诗，纪昀评曰："奇气纵横，而句句浑成深稳。"何焯评曰："句句写出雄放清厚精神。"这个时期在艺术上最有代表性的是《石鼓》，"波澜老成，纯乎少陵"（何焯评语），"雄文健笔，句奇语重，气魄与韩退之作相埒"（汪师韩评语），纵横开阖、大起大落，如鹰隼掠空，有奔腾浩瀚之势，堪与韩愈的《石鼓》相媲美，形象地诠释了苏轼"以议论为诗、以才学为诗、以文字为诗"[2]688（严羽《沧浪诗话·诗辨》）的特点。

从新法实行到1079年被贬黄州止为第二阶段。这时的苏轼因反对新法，"不避陛下雷霆之威，安石狼虎之怒，上书对策，直陈得失"[2]269（邵博《邵氏闻见后录》），在政治上受到打击排挤，先后外任杭、密、徐、湖等地，甚至被羁狱中。这使他不仅能够正视现实，慨叹"宏才乏近用，巧舞困短袖"[4]425（《次韵答章传道见赠》），以嘲谑的心情揭示官场的龌龊，而且更严肃地审视人生，企图建立一种合理化的生活法则，故出现了谐、理二趣共存的特色。诗风转为恣肆豪放并显现出思想的敏锐和深刻，具有浓厚的幽默的政治抒情意味，促进了艺术的进一步成熟。如《送曾子固倅越得燕字》起句"醉翁门下士，杂沓难为贤"，指的是同年曾巩因劝谏挚友王安石变法不果而被调离京师，作者在这里表达的分明是对王安石变法的不满，对此何绍基批曰："言贤者之多也，语淡意激。"《出颍口初见淮山是日至寿州》将古诗的声调运用于七律，构成一种特殊的音乐美，以映衬其郁勃不平之气，正如王士禛所谓"苍莽历落中自成音节"[2]1149（王士禛《分甘余话》）者，故而汪师韩评曰："宛是拗体律诗，有古趣兼有逸趣。"又如《次韵子由柳湖感物》，翁同书评曰："为'柳'解嘲，为'松'寄慨，总是不平之鸣。"又曰："子由原作，先说柳，后说松，末以'物生禀受，久已异世俗，何始分愚贤'结之。故先生诗有讥评，不少借语。"何绍基亦认为："是足为柳解嘲矣。"而《雨中游天竺灵感观音院》一首，乃是写"杭俗祈晴雨西，祷大士下天竺，岂宋时即有，此风即坡翁笃信佛氏河下，语亦会嘲讽"（何焯评语）；"以讥废业而事虚无也"（钱廷锦评语）；"刺当事之不恤民也，妙于不尽其词"，"似谚似谣，盎然古趣"（纪昀评语）。此外如《和柳子玉过陈绝粮二首》，"淡语传神"，"愤懑而出和平，故但觉沉着，而不露怒张"（纪昀评语）。《泗州僧伽塔》"极力作摆脱语，纯是涉理路，而仍清空如话"（纪昀评语）。《吉祥寺赏牡丹》"豪嬉有致"（何绍基评语）。而且此际"东坡长于趣"[2]1528（刘熙载《艺概》）的天性也使得其诗颇含"谐风"，如刘辰翁评《次韵舒教授寄李公择》曰"言多善谐"，评《戏书吴江三贤画像》曰"三诗皆戏语"。何绍基则认为《安州老人食蜜歌》"恰似饮茶甘苦杂，不如食蜜中边甜"两句，将佛祖作为"调侃"对象，而《叶教授和溽字韵诗复次韵为戏记龙井之游》之诗亦语含"戏谑"，等等。都彰显了苏诗"俊逸豪丽"[2]1030（胡应麟《诗薮·外编》）而又挥洒自如的特点。

1080年被贬黄州以后为第三阶段。苏轼主动请求外任，企图远离统治阶级内部斗争的漩涡，避开是非，保全自身。而且诗人在宦海中经过大起大落之后，也促使他对人生进行检索和反思，开始倾向佛老，藉以解脱痛苦。他在专注于自然美和生活美的同时，更重视心灵的恬适自得和精神的超凡脱俗。这个时期的诗作，有如智慧老人妙解人生的独语，于清淡的诗味中抒发着高远的情思，具有一种超然之风神。谪黄期间，苏轼与子由相见共游寒溪西山，兄弟同遭贬逐理应不胜感怆，但东坡诗云："吾侪流落岂天意，自坐迂阔非人挤。"萧奇中评曰："可以安命，可以乐天。"纪昀感叹曰："东坡难得此和平之音。"翁同书则认为此乃"诗人忠厚之旨"。由此方东树也评曰："'吾侪'二句，作诗意旨。凡作诗，必有此等语，乃见意旨。"此际创作的《东坡八首》也是"柴桑真面目，愈淡愈永，愈浅愈厚。读之百回不厌"（何焯评语），"首首清朴，句句自然，真气流行，奇趣尽溢，似此乃不为杜、韩牢笼"（杭世骏评语）。这既是苏轼落其虚华而磨砺自己，也是调整心态不怨天尤人的表现。而当诗人贬谪惠、儋期间，更是"祸福苦乐，念念迁逝，无足留胸中者"[8]1681（《与孙志康二首》）。因而，苏轼"诗意悠然，而放逐之情不直露"（《桄榔杖寄张文潜一首时初闻黄鲁直迁黔南范淳父九疑也》刘弘评语）。其心态愈发超脱坦然，诗风亦更趋于古朴平淡。如其《和陶诗》"极平浅而有深味，神似陶公"（《和归园田居六首》潘奕隽评语），"有自然之乐，形神俱似陶公"（《和游斜川正月五日与儿子过出游作》潘奕隽评语）。其《和贫士七首》亦是"淡语超绝"（何绍基评语），"数首平淡，气味与陶为近"（何焯评语），"置之陶集中，几不可辨"（纪昀评语）。

但是，因为苏轼诗风的多样性与兼容性，其诗歌创作也是多种风格并存，并非严格遵循这三个阶段的变化过程。比如，在北宋元丰戊午苏轼外放徐州尚未被贬黄州期间所作《雨中过舒教授》一诗，查慎行评曰"诗境淡静，耐人玩味"；纪昀评曰"淡远，有王、韦之意"；钱廷锦评曰"似柳州"；何焯评曰"愈炼愈淡，愈曲愈静"；汪师韩评曰"一种闲情逸趣，煅炼出以淡雅。任拈一语，无不静气迎人"。又如汪师韩评此际所作《答仲屯田次韵》，曰"寥亮清音，超心炼冶"；评《台头寺步月得人字》曰"清辉娱人，穆然意远"。诗风已经显现出平淡的特点。而在元丰五年（1082）苏轼谪任黄州时仍作有"排宕兀傲，奇气纵横"（纪昀评语）的《次韵孔毅父久旱已而甚雨》，元丰七年（1084）在常州时作有"盘空硬语，具体昌黎"（汪师韩评语）的《次韵王定国南迁回见寄》，甚至在元祐辛未谪守颍州时所作《次前韵送刘景文》诗，依然"墨气淋漓，一往酣畅"（纪昀评语）；"极曲折顿宕、抑扬爽朗之妙"（潘奕隽评语）；"情事曲折裁约，以入有韵之言,徘徊俯仰,逸趣横生。一唱三叹,声坎坎于青云矣"(汪师韩评语);"此独数语简净,而俯仰飞散,遥遥有百年万里之悲"(何焯评语)。不过整体观之,苏轼诗歌创作的三个阶段可谓是其发展链条上很有顺序的互相联系的环节,而通过评点者对其诗歌的美学风格批评,不仅让我们看到了贯穿在这些作品中的作者的思想感情、性格特点、审美趣味、艺术修养,由此也得知了苏诗之本色的演变过程与整体风貌。

三

苏诗是宋诗的杰出代表。宋人面对登峰造极、兴象玲珑的唐诗,而欲有所突破,"于是反思转向,自觉地运用心力去经营诗歌的形式美,将诗歌美学的内涵,诸如词句的排列、意象的组合、修辞的运用、技巧的精化等等,做淋漓尽致的发挥和研究"。[9]314相较于唐人,宋人对于诗歌特色或艺术风格的自觉省察,"大致表现在六个方面:一、出位之思,注重整合融会;二、翻转变异,强调推陈出新;三、转益多师,题材拓展广博;四、深造有得,内容体现深远;五、精益求精,努力技法洗练;六、别裁创获,期于自成一家。此六者相激相荡,交互影响,于是形成宋诗的特色"。[9]303而这在苏轼身上得到了充分体现。评点者在论及苏诗时,也往往喜欢用"唐音""唐韵"与"宋格""宋调"等概念,从唐宋诗对比的角度进行探讨,这不但是关乎朝代的概念,更是针对"本色"的概念。苏轼一方面能够继承诗学传统,广泛接受唐人之影响,融众长于一炉,重托物兴寄,意与境会,显示了其与唐诗学一致的审美取向;另一方面又有所取舍超越,重以文为诗,好议论说理,喜逞才擅辩,显示了宋诗学的独特风尚。这在其诗歌创作中成为一种艺术优势,故而能够时作"唐音",时作"宋调",并由此表现为鲜明的"本色"特点。

苏轼注重诗歌的托物兴寄,意与境会,他不仅推崇陶渊明的"采菊东篱下,悠然见南山"[8]2092(《题渊明饮酒诗后》),也欣赏柳宗元的"孤舟蓑笠翁,独钓寒江雪"[8]2119(《书郑谷诗》),认为"诗人有写物之功"[8]2143(《评诗人写物》),要能够"类有所感,托物以发"[8]2100(《辨杜子美杜鹃诗》),"因感微物,以寄妙理"[8]1619(《与程正辅七十一首》),达到形神俱似,情景交融,天然凑泊之境界。他还十分重视通过摹写景物来借以传达主体之情思，如其描写西湖欲雪之景："天欲雪，云满湖，楼台明灭山有无。水清石出鱼可数，林深无人鸟相呼"[4]317—318《腊日游孤山访惠勤惠思二僧》），追求一种既生动真切不为浮泛、又意味深远颇有余韵之境界，这与唐诗重"兴象"是一致的。又如《南堂》第五首，"扫地焚香闭阁眠，簟纹如水帐如烟。客来梦觉知何处，挂起西窗浪接天"，描写诗人扫地焚香、闭门昼眠的情景。诗中所描绘的清凉如水的竹席和轻柔似烟的纱帐，正是宜于做一场好梦的场所，于是诗人很快进入到深深的睡乡中。当有客来临惊醒他时，作者对于仍在美丽梦境中迷离惝恍、不知身处何所的情状描写十分真切。末句以西窗外碧浪连天、浩渺无边的清远壮阔之景作结，衬托了诗人超然尘外的闲静心境。但此种心境，并非来自一般士大夫优游卒岁的生活，而是源于诗人善处逆境的旷达性情。与前四首相比，诗中更能凸显出一种潇洒清旷的宁静之美。纪昀据而评曰："此首兴象自然，不似前四首有宋人桠杈之状。"又如《行琼儋间肩舆坐睡梦中得句云千山动鳞甲万谷酣笙钟觉而遇清风急雨戏作此数句》，想象瑰奇，气势宏阔，意象组合严谨跌宕，又时时夹以抒情议论，令人荡气回肠，神与物游，堪与李白《梦游天姥吟留别》相媲美，故而纪昀评曰："以杳冥诡异之词，抒雄阔奇伟之气，而不露圭角，不使粗豪，故为上乘。"此外如《席上代人赠别三首》"凄音怨乱不成歌"一首，杭世骏评点曰："却是唐音，可为知者道也。"《虔州八境图》"涛头寂寞打城还"一首，纪昀评曰："此首纯是唐音。"也都指出诗歌具有唐诗一唱三叹、余味无穷的风格特点。而《有美堂暴雨》"浙东飞雨过江来"，冯班评曰："大手如此才力，何必唐诗？"汪师韩评《次韵黄庭坚鲁直画马试院中作》曰："此格乃《禁脔》所谓'促句换韵'者，唐诗惟岑参有之，后人遂以此诗为岑嘉州体，要其源，固出于秦碑也。是须适然得之，不由作意，令转换承接，一气卷舒，不可增减，方称入妙。若惟是三句一换韵，三迭而止，以此为新，亦何难能之有。此篇次韵自然，又且奇气勃窣，实较黄庭坚原唱为更胜。"则从另一面揭示了苏诗的这一特点。

苏轼善于学习唐人，尤其喜欢学杜，故也主张像杜甫一样"读书破万卷，下笔如有神"[10]9（《奉赠韦左丞丈二十二韵》），而且受宋人重视提高学术修养的影响，十分看重以才学为诗。如其曰："别来十年学不厌，读破万卷诗愈美。"[4]233（《送任伋通判黄州建及其兄孜》）"诗人雕刻闲草木，搜抉肝肾神应哭。不如默诵千万首，左抽右取谈笑足。"[4]1157（《次韵孔毅父集古人句见赠五首》其四）便是要博览诗书，来增强学养，提高创作水平，如此方能左右逢源，得心应手。反之，苏轼认为孟浩然之诗："韵高而才短，如造内法酒手，而无材料尔。"[4]138（陈师道《后山诗话》）虽有高情远韵，但缺少丰厚蕴涵。而且，苏轼认为作诗既要积学而得，才能才思敏捷，又要千锤百炼，不见斧凿之痕，"清诗要锻炼，乃得铅中银"[4]2442（《崔文学甲携文见过萧然有出尘之姿问之则孙介》），最终达到"新诗如弹丸，脱手不暂停"[4]949（《次韵答参寥》）之境地。这也显示出宋诗与唐诗不同之处，亦即所谓之"宋格"或"宋调"。"东坡博集群籍，左抽右取，纵横恣肆，隶事精切，如不著力；尤熟于史汉、六朝唐史，《庄》、《列》、《楞严》、《黄庭》诸经，及李、杜、韩、白诗；故如万斛泉源，随地喷涌，未有羌无故实者。"[2]1991（张道《苏亭诗话》）可谓是宋诗风格的代表者。如《吊天竺海月辩师三首》纪昀评曰："三首皆不脱宋格。"《盐官绝句四首》纪昀评曰："四首俱不脱宋调。"《除夜野宿常州城外二首》赵克宜辑《角山楼苏诗评注汇钞》评曰："二诗亦皆宋调。"其中亦注意到宋格之所长，如《赠钱道人》纪昀评曰："纯为介甫辈发，全用宋格，然自是一种不可磨灭文字。"《广倅萧大夫借前韵见赠复和答之》第二首"赠我皆强韵，知君得异书"句，赵克宜辑《角山楼苏诗评注汇钞》评曰："次联宋格之佳者。"纪昀评《王中父哀词》曰："纯是宋格，而气体浑阔，无江西生硬之痕"；评《无言亭》曰"气机一片。此宋格而不嫌宋格者，《无言亭》先是宋题，不得不作宋诗矣"；评《送蜀僧去尘》"谁为善相宁嫌瘦，复有知音可废弹"句，曰"五、六是到骨宋格，然用意甚深"；评《首夏官舍即事》"吾庐想见无限好，客子倦游胡不归"句，曰"三、四宋调之清历者"。但是如果掌控不好，则容易显出宋格之弊，筋脉毕露，流入油滑，缺乏形象美。纪昀便对"宋调"颇有微词，如评《除夜野宿常州城外二首》其二"老去怕看新历日，退归拟学旧桃符"句，曰"三、四是到地宋格，在东坡不妨，学之便入恶趣"；评《臂痛谒告作三绝句示四君子》曰"三首到骨宋格，废之则不能，效之则不必"；评《二乐榭》曰"此则宋格之恶者"；评《虔州八境图》"使君那暇日参禅"一首，曰"此则纯是宋格，语亦少味"；评《留别金山宝觉圆通二长老》"康济此身殊有道，医治外物本无方"句，曰"此则宋调之取厌者"；评《次韵刘贡父李公择见寄二首》其一"曲无和者应思郢，论少卑之且借秦"句，曰"三、四宋调之不佳者"。方东树也不喜宋调,如评《次韵穆父尚书侍祠郊丘瞻望天光退而相庆引满醉吟》"喜气到君浮白里,丰年及我挂冠前"句,曰"三、四宋调,吾不取";评《八月七日初入赣过惶恐滩》曰"此亦宋调,吾不取";评《狱中寄子由二首》其一,曰"此亦宋调,虽有警句,吾不取"。当然,后代诗人有祖唐祧宋之不同,对于诗歌风格亦各有好尚。如《白鹤峰新居欲成夜过西邻翟秀才二首》其一"系闷岂无罗带水,割愁还有剑铓山"句,查慎行评曰:"属对绝工,移唐音作宋调,使事天然。"纪昀则反驳曰:"余谓此种终是小样,不可揭以为式。"但纪昀同样不满于"唐音"末流的空疏无当,如其评《望云楼》曰:"纯用宋格,然较胜唐装门面腔。"在他看来,学习前人的正确途径尤贵于坚持本色,如其评《泛颍》曰"源出次山,而运以本色机轴,遂成奇调";评《行琼儋间舆坐睡梦中得句云千山动鳞甲万谷酣笙钟觉而遇清风急雨戏作此数句》曰"源出太白,而运以己法,不袭其貌,故能各有千秋"。能够在传承中创新,这也是苏诗能够长存文学史的一个重要原因。

另外可以看到,苏轼对唐音宋调的兼擅并举,代表了宋人为创建宋诗本色所做的理论思考与实践努力,也表明宋调的形成与唐音有着密切的关联。唐诗传统在宋人心目中变成了继承与创新的对立统一体,二者之间相互交合,作为同一事物的两个不同方面,又共同促进诗歌的发展和风格的嬗变。虽然从评点本身来看,此类批评方式多是主观感悟,又主要侧重于字句、用语等细节分析,往往略嫌琐碎,显得语焉不详。但是毋庸置疑,其中闪烁的思想火花,对于我们进行苏诗研究乃至中国文学批评史研究具有重要参考价值。

四

一般来说,每个作家都有其独特且较为稳定的艺术风格,所谓"子美不能为太白之飘逸,太白不能为子美之沉郁"[11]168。但苏轼却能够于豪放之外而渐为平淡之风,既能歌"唐音",又可咏"宋调",其"本色"可谓是稳定性与变动性、多样性与兼容性的统一。其主要原因是苏轼"英才绝识,卓冠一世。平生斟酌经传,贯穿子史,下至小说杂记,佛经道书,古诗方言,莫不毕究。故虽天地之造化,古今之兴替,风俗之消长,与夫山川草木禽兽，鳞介昆虫之属，亦皆洞其机而贯其妙"[2]474（张道《苏亭诗话》）。他博学多识，涉猎广泛，转益多师，兼收并蓄，堪称"胸有洪炉，金、银、铅、锡，皆归熔铸"[2]1223（沈德潜《说诗晬语》）。就苏诗而言，乃经历了一个初学梦得，经李、杜而入陶的过程。苏轼曾自谓："子美之诗，退之之文，鲁公之书，皆集大成者也。学诗当以子美为师，有规矩，故可学。"[2]138（陈师道《后山诗话》）尤其是其晚年作品，既能"深入少陵堂奥"[2]328（朱弁《曲洧旧闻》），又能得杜诗之"老而严"[2]402（胡仔《苕溪渔隐丛话·后集》）。苏辙说："公诗本似李、杜，晚喜陶渊明，追和之者几遍。"[2]72（《东坡先生墓志铭》）陈师道则云："苏诗始学刘禹锡，故多怨刺，……晚学太白，至其得意，则似之矣。"[2]138（陈师道《后山诗话》）张戒亦谓："苏子瞻学刘梦得，学白乐天、太白，晚而学渊明。"[2]300（张戒《岁寒堂诗话》）这些见解虽不完全一致，但说明了苏诗具有集大成的特性。

评点者对苏诗与前人之间的渊源关系亦有精妙的论说与评析。如查慎行评点苏诗，打破了诗与文之间的界限，指出苏诗中变化莫测、匪夷所思的艺术想象与庄子之文有着密切的联系。如《赠眼医王彦若》描写针灸大夫医术高妙之语，纵横捭阖，挥洒自如，查氏评云："游刃有余，汪洋恣肆，漆园之言也。不谓有韵之文，亦能驰骋至此。"可谓发前人所未发。又如评《次韵郭功甫二首》其一"臭腐神奇，语出庄子"，评《影答形》"无心但因物"二句"理本漆园"，等等。皆见识独到，颇为可取。而于苏诗的众多渊薮之中，查慎行对苏轼学杜之评价不仅较为全面，也较前人更为深入。如其评《倦夜》"通首俱得少陵神味"，评《新年五首》其二"格律纯学少陵"，评《新居》"朝阳入北林"四句"神似少陵"，等等。都显示出查氏有意识地将两位大诗人联系起来，以说明苏诗艺术创作上的前后继承关系。不仅如此，查氏有时更是将苏诗与杜诗的具体作品加以比较，如其评《寓居定惠院之东杂花满山有海棠一株土人不知贵也》云："读前半，竟似海棠曲矣，妙在'先生饱食'一转。此种诗境，从少陵《乐游园歌》得来，同其神理而化其畦畛，斯为千古绝作。"全诗由"海棠"而生发感慨，在结构、立意与情调等不同层面皆与杜诗相似。查氏称此诗堪得杜之"神理"，认识到二者之间存有紧密关联，体现出了评者较高的审美感悟力。

何焯于此亦多所洞见，对苏诗学唐有着精到认识，如其评《和子由踏青》"人闲正好路旁饮,麦短未怕游车轮"句,曰"学昌黎气味颇似";评《石鼓》"忆昔周宣歌《鸿雁》,……岂有名字记谁某"一段,"此段波澜老成,纯乎少陵";评《宋叔达家听琵琶》"似义山体";评《和子由中秋见月》"逼近太白";评《端午遍游诸寺得禅字》"已得柳州深致"。不惟如此,何焯评点苏诗颇为客观,其中既有赞赏之语,如评《司竹监烧苇园因召都巡检柴贻勖左藏以其徒会猎园下》"迎人截来莙逢箭,避犬逸去穷投置"句,"《羽猎赋》逊其精炼";评《游金山寺》"微风万顷靴文细,断霞半空鱼尾赤"句,"缥缈无迹,并非青莲所及"。但也时见批评之言,如评《有以官法酒见饷者因用前韵求述古为移厨饮湖上》曰"香山后身",指出其冗沓、率意之弊。又如评《真兴寺阁》"侧身送落日,引手攀飞星"句,曰"二句终逊'七星在北户'矣";评《秋怀二首》曰"此等极学晋宋人语,但无远旨";等等。此均中肯之论。

汪师韩亦认为苏轼"无所不学,亦无所不工"[2]1811（汪师韩《苏诗选评笺释叙》),其诗兼具众家之长。如其评《荆州十首》:"俯仰陈迹,怀古者所同。悲壮慷慨,则唐贤得意笔也。"评《荔支叹》:"'君不见'一段,百端交集,一篇之奇横在此。诗本为荔枝发叹,忽说到茶,又说到牡丹,其胸中郁勃,有不可以已而言,斯至言至文也。"乃是称苏诗具有杜甫诗歌沉郁顿挫的风格。又如其评《书丹元子所示李太白真》:"笔歌墨舞,实有手弄白日、顶摩青穹之气概,足为白写照矣。赵葵《行营集录》云,神宗一日与近臣论人才,因曰:'轼方古人孰比?'近臣曰:'颇似李白。'上曰:'不然。白有轼之才,无轼之学。'神宗之知轼者深,虽李定华百方媒孽,而终得保全也。"评《行琼儋间肩舆坐睡梦中得句云千山动鳞甲万谷酣笙钟觉而遇清风急雨戏作此数句》:"行荒远僻陋之地,作骑龙弄凤之思,一气浩歌而出,天风浪浪,海山苍苍,足当司空图'豪放'二字。"乃是说苏诗具有李白诗歌豪迈不羁的风格。再如其评《雨后行菜圃》:"质而实绮,癯而实腴,得陶公《田园诸诗》之神髓。"评《安州老人食蜜歌》:"游戏三昧,掣电机锋,合之以成绝世奇作。昔轼尝引佛言'譬如食蜜,中边皆甜'之语以论陶、柳诗,谓'人食五味,知其甘苦,皆是能分别其"中边"者,百无一二也'。如此篇,其亦诗之'中边皆甜'者乎?"则是认为苏诗具有陶潜诗歌清新雅淡的风格。

纪昀也极为注意苏诗对前代文学的继承与借鉴,并屡屡加以对照和提示。他先后拿来与苏诗进行比较的诗人与流派有:"宋子侯、陈林、曹植、左思、陶渊明、张九龄、陈子昂、孟浩然、王伟、崔颢、李白、高适、岑参、杜甫、元结、刘长卿、韦应物、张籍、王建、孟郊、贾岛、韩愈、柳宗元、白居易、杜牧、李商隐、皮日休、陆龟蒙,以及《庄子》、汉赋、齐梁体、初唐体、晚唐五代体、武功派、九僧派,等等,难以遍举。"[12]10如其评《腊日游孤山访惠勤惠思二僧》:"其源出于古乐府。"评《颍州初别子由二首》之"征帆挂西风"一首:"用李陵'且复立斯须'意。"评《参寥上人初得智果院会者十六人分韵赋诗轼得心字》:"起二句全袭左思。"评《次韵刘贡父独直省中》:"首句用杜预语。"评《和子由闻子瞻将如终南太平宫溪堂读书》:"此一段纯是陶诗气脉。"评《游道场山何山》:"纯用唐人转韵格。"评《于潜令刁同年野翁亭》:"似晚唐人七古下调。"评《新城陈氏园次晁补之韵》:"忽作王、孟清音。"评《次韵黄鲁直画马试院中作》:"此格本之嘉州《走马川》诗。"评《襄阳乐府三篇·上堵吟》:"有太白之意。"评《次韵张安道读杜诗》:"句句似杜。"评《和拟古九首》之"有客叩我门"一首:"结二句调用刘随州。"评《新居》:"正在韦、柳间。"评《新滩》"纯是香山门径。"评《僧清顺新作垂云亭》:"力摹昌黎。"评《太白山下早行至横渠镇书崇寿院壁》:"首句直写刘方平语。"评《襄阳乐府三篇·襄阳乐》:"似张、王不着意作。"评《读孟郊诗二首》:"二首即作'东野体'。"评《李钤辖坐上分题戴花》:"气味似玉溪生。"评《谢人惠云巾方舃二首》:"纯作皮、陆格。"等等。举凡汉唐之间,尤其是唐人有成就者均曾提及,用以说明苏诗的艺术渊源。不但可见纪昀视野之开阔,也足见苏轼接受前代文学影响之广泛。

　　同时,苏诗具有如此之特色,还因为作者能够师法古人却又独出机杼,所谓"出新意于法度之中,寄妙理于豪放之外"[8]2210(《书吴道子画后》)。同样,"东坡诗如'成都画手开十眉''楚山固多猿,青者黠而寿',皆出新意于法度,表前贤所未到"[2]254(吕本中《童蒙诗训》)。而且苏轼"敏捷善谑"[2]23(王辟之《渑水燕谈录》),乐观旷达,阅历丰富,思想融通,能够以宽广的胸襟去拥抱大千世界,以深邃的目光去审视艺术对象,别具慧眼,坚持本色,所以凡物皆有可观,到处都能发现美的存在,"其尤不可及者,天生健笔一枝,爽如哀梨,快如并剪,有必达之隐,无难显之情"[2]1306(赵翼《瓯北诗话》)。形成了其作品的多重艺术意境和艺术特色，从而在题材内容和表现手法两方面开辟了新的天地，也奠定了苏诗的文学史地位。正如叶燮所说："苏轼之诗，其境界皆开辟古今之所未有，天地万物，嬉笑怒骂，无不鼓舞于笔端，而适其意之所欲出。此韩愈后之一大变也，而盛极矣！"[2]1119（叶燮《原诗》）朱自清也高度赞赏曰："子瞻气象宏阔，铺叙婉转，子美之后，一人而已……而世之訾宋诗者，独于子瞻不敢轻议。"[6]111

评点者在对苏轼诗歌"本色"的批评中，较为准确地揭橥和挖掘出作品所蕴涵的美学意义与艺术价值，既有整体风貌的把握，亦能反映出苏轼不同人生阶段的艺术追求，为读者开启了积极的导向作用。可以说是评点"通作者之志，开览者之心"[13]133，促进了读者与评者、作者的心灵融合。但相对于其他传统批评方式，评点者对于苏轼诗歌"本色"的阐释，多是简约玄远的直观感悟，而鲜有深邃宏通的理性阐发，其中所评既有一语中的的讲解，也有穿凿附会的臆说，更有重复雷同的赘舌。究其原因，一方面缘于中国古代一以贯之的美学批评传统，批评者往往用凝练传神的语言，将其对于艺术的审美经验的独特感受，生动形象地表现出来，是一种精神本质上的"形而上"的批评。钟嵘《诗品》、刘勰《文心雕龙》、皎然《诗式》、司空图《二十四诗品》等皆是如此，评点者们亦受此影响。另一方面囿于评点这种批评方式的自身特点，评点者品鉴文本时随手批阅。因而，对于苏轼诗歌多偏重艺术分析，寻绎诗外之味，相对忽略作品的理论阐释，故时有将苏诗内涵平面化、肤浅化的倾向，难以探究其深层意蕴。且在批评观念上表现出主观性、随意性和印象化的倾向，容易忽视结合作者的时代环境、生平思想等外部因素去知人论世，难以进行全局性的展开研究。但这也是评点的客观缺陷所致，我们不能因此而否认其所具有的价值。

注　释

[1] 在明清诗学批评体系中，"本色"还逐步扩展到指代某个时期或特定历史阶段的诗歌的主体特征、风格和面貌。参见潘明福、王兆鹏《中国诗学批评视域中的"本色论"》，《文艺理论研究》2013年第4期。

[2] 四川大学中文系唐宋文学研究室编《苏轼资料汇编》，中华书局2004年版。

[3] 本文所引苏诗评语，有些来自曾枣庄主编《苏诗汇评》，四川文艺出版社2000年版；有些则是笔者从全国各地图书馆所辑苏诗未刊本评语。文中不再一一注明出处。

[4]〔宋〕苏轼,(清)王文诰辑注,孔凡礼点校《苏轼诗集》,中华书局1982年版。

[5]严恩绂《东坡诗渊源之商榷》,《文史杂志》第5卷1—2期合刊,中华书局民国三十四年(1945)1月中华书局版。

[6]朱自清选注《宋五家诗钞》,上海古籍出版社1981年版。

[7]钱锺书选注《宋诗选注》,人民文学出版社2005年版。

[8]〔宋〕苏轼,孔凡礼注《苏轼文集》,中华书局1986年版。

[9]张高评《宋诗特色之自觉与形成》,参见北京大学古文献研究所、四川大学古籍研究所编《国际宋代文化研讨会论文集》,四川大学出版社1991年版。

[10]〔唐〕杜甫《杜工部集》,岳麓书社1989年版。

[11]〔宋〕严羽著,郭绍虞校释《沧浪诗话校释》,人民文学出版社1961年版。

[12]项楚《读〈纪评苏诗〉》,参见苏轼研究学会编《东坡诗论丛》,四川人民出版社1983年版。

[13]〔明〕袁无涯《忠义水浒全书发凡》,参见朱一玄编《水浒传资料汇编》,南开大学出版社2002年版。

"艺"与"道":南宋初中期的苏词接受

◇邓 静[*]

伴随着高宗、孝宗朝的"崇苏热",苏词逐渐深入文人视野,并成为词人模仿的对象。探索苏词与南宋词人的关系逐渐成为研究重点,涉及具体词学理论批评又多集中于"以诗为词""词为诗之裔"、豪放词风等观点。限于文本形态,南宋初中期的词学批评方面涉及苏词时,则以王灼、胡寅、胡仔等人观点略而论之。词话最初依托于诗话,扩而言之,则寄身于笔记小说、文人序跋,后者往往包含丰富而琐碎的词学原始资料。沿着苏词接受梳理南宋初中期的笔记序跋,我们可以发现词学建设在南宋文人"谈话"中逐渐变得清晰,孕育着一种准规范的词学理论。

一、词论的存在形态

词学的繁荣自然是以词的繁荣为基础,对词体起源、词人评析、词派梳理、词法总结等都是词学所涵盖的内容。讨论词学内容自然离不开词学所存在的生态环境,即词学是以何种方式存在,文人是以何种态度和方式参与词学建设,词学生态如何影响词人的接受。在开始论述之前,先要说明词学以什么形态存在。

在南宋初中期,词学的生态基础在于词话,得力于宋代文人喜著述、好谈论这一士风,词话的产生与发展正是依附于诗文品评,以"话"的形式存在于笔记小说中。"以资谈助"乃北宋笔记著述的重要目的之一,故多以

---

[*] 作者简介:邓静,中国人民大学文学院博士研究生。

"谈""语""话"名之,论事则略记见闻,论辞则时见妙语,以有所发见而自命游戏风流。宋庠整理《杨文公谈苑》、孙升撰《孙公谈圃》、旧题孔仲平撰《孙氏谈苑》、蔡绦撰《铁围山丛谈》、王谠撰《唐语林》等等,命名皆遵此例。正如《六一诗话》以"资闲谈"首发其端,《杨文公谈苑》原名《南阳谈薮》,乃是"门生故人往往削牍藏弄以为谈助"[1]1。作者也多有言其著述背景和动机,上官融《友会谈丛》自言:"每接缙绅先生,首闻名辈剧谈正论之暇,开樽抵掌之余,或引所闻,辄形纪录,并谐辞俚,非由臆说,亦综辑之。"[2]1 不仅北宋如此,这种著述心态还延续到南宋高宗、孝宗时期,周辉《清波杂志》乃"早侍先生长者,与聆前言往行有可传者,岁晚遗忘,十不二三。暇日因笔之,非曰著述"[3]47。虽不无自谦之意,背后的著述逻辑则是承认并遵循了宋代文人笔记的游戏心态。叶梦得《避暑录话》明言"士大夫作小说,杂记所闻见,本以为游戏"[4]62,可为之心态总结。文人词话散见于笔记小说,自然也有这种游戏化的著述背景,即论词来自文人雅士助乐为兴的琐屑小语,又反用之于助乐为兴。朱弁《续骫骳说》所论多为近人乐府歌词,"述所见闻以贻好事","信笔而书,无有伦次,岂可仿佛前辈施诸尊俎,掀髯捧腹之具"[5]650,自言论词乃是供人一笑耳。

作者虽自言多有游戏之意,实有道存焉。张贵谟为周辉《清波杂志》序:"纪前言往行及耳目所接,虽寻常细事,多有益风教,及可补野史所阙遗者。"[3]45 有益风教则是士人责任感在笔记中的体现。故内容广涉博取,不为一体一式所限,凡所见闻皆可入书,广见闻、助谈资、资考证、遗子孙、益教化,材料多来自他者,但亦有借他人话语为己论道,材料的选择与否、考证评点均可见作者治学态度和喜尚好恶。叶梦得颇通朝章国典,所著《石林燕语》尤详典制,可补史传之阙,《避暑录话》足资见闻,然其学宗王安石,尚不免有"多阴抑元祐,而曲解绍圣"[6]537 之讥,可见作者著述亦有态度。至于沈作喆聊以自娱的《寓简》,因其学乃宗苏轼,至于书中非王安石、程子,论养身禅悦皆承苏之言。此种好恶皆会影响作者论诗词文的态度,往往宗旨非一,论文多有抵牾也在情理之中。罗大经《鹤林玉露》多有论诗话,于学术方面多引朱熹、张栻、真德秀等道学家言论,于文学又盛称欧苏,从道学论文学则言词科不当学,从文学论道学则言词科当习,持论两端。虽不免矛盾,正可见作者虽曰游戏,实寓论断于其中,实以游戏之态度著论道之书。

潜在的著述背景所生成的文本形态,不仅影响了宋代的词学存在形态,也影响了词学的基本理念。词话散见于笔记中，加之游戏的著述心态，内容驳杂，转相引述，重见迭出，同时缺乏系统性和严谨性，过于简短而无法产生系统而理论的词学阐释。游戏的著述心态故多录风流奇异之事，往往不重考证材料出处真伪，更助长了好异之心，不近情理之事亦多有记载，所记颇为猥杂而近于小说。因此，学者在论及南宋初中期的词学理论对苏词的接受，往往只能浮光掠影引述个人观点，而无法上升到系统的理论层次。但词学的发展并非停滞不前，正是在反复的记载讨论中词学得以建设，苏词得到认同。例如文人多记苏词本事，正可代表文人对词的"小道""风流"观的理解，作词本身即是文人自我生命力的展示，在转录和谈论中自然也包含对生命力的重新发掘和珍视。因诗与文仍是文人公共社会领域中的正式文体，关心的是补世论道、言性说理的宏大话题，因而事关词体的来源、正道与旁支等根本性问题仍然被笼罩于诗学的光辉之下，难以充分展开论述，但对诗文艺术的评点自然也渗透到词艺点评，可发现文人对词法的探索和思考。

又，此时文人编选词集多有序跋，可以发现对词的认识逐步从"小道"的应酬交际工具向"性命情理"之载体过渡。向子諲、张浚、张元干、张孝祥、辛弃疾等人，以词抒发襟抱、论说时政、杂入经理之学，对传统词风冲击甚大。文人也公然以沉浸词道自乐，词开始以一种重要的形态参与文人公共生活。创作的丰富倒逼理论建设，在南宋初中期的文人世界中，词虽然不能完全摆脱娱宾遣兴的"小道"观念，但文人多有为友人词集作序跋，必然涉及词的思想内涵、艺术风貌、成就地位、渊源等，较为理论的词学批评便孕育其中。相比较北宋的笔记小说，这一时期的跋语、序文中词论的理论性和系统性有明显提高。与此同时，词的道德化或义理化的倾向正逐步加强，词的美学品格也在重新构建。词人作词既以经济义理自诩，又与"忠君爱国"的襟怀抱负和论道说理的理学背景相叠加，促使南宋初中期词和词论的转向，隐含的逻辑则是词从"儿女子语"转向"文士语"，以表达高雅的文人精神世界之词为佳，从以北宋为宗到以南宋变调为傲。非独作词如此，词集、词选亦有此取向。邓子勉先生言："从词学发展的角度来说，宋词的强盛时期是在南宋。"原因在于这一时期，一是词人将词收入全集的现象已经非常普遍，二是词集大量刊行和传抄，三是词集选本的大量编印。[7]7-8 词集选本的趋势则是汰俗去艳，归之雅正合度。曾慥绍兴年间所选《乐府雅词》，"涉谐谑则去之"，"当时小人，或作艳曲，谬为公（欧阳修）词，今悉删除"，[8]5 选词趣味较之

"艺"与"道":南宋初中期的苏词接受

《花间集》可谓差别甚远。"志趣萧散,浮沉末僚"的张侃自编《跋拣词》,收前人之词和词论,收录标准乃"若夫泥纸上之空言,极舞裙之逸乐,非惟违道,适以伐性,予则不取"[7]556。将词视为修身养性之具,有补名教。黄大舆所选《梅苑》即取诗人托物取兴之意。词在托物取兴方面与诗骚有共同之处,显然有以之为雅之意。或许这些理论并非出自词派建构的考虑,但所展现出正经高雅的文人精神,换言之,渗透文人主体精神的"文士之词"也是文人兴趣所在。

总之,在南宋初中期,与词人接受苏词影响而创作并行不悖,文人在笔记和序跋中已经开始从理论上谈论苏词,尽管它是琐碎的,但共同构成了苏词接受的原生态。要想讨论南宋初中期宋人笔记中的苏词接受复杂的局面,自然绕不过这一历史事实。通过对这些言论的梳理,可以发现文人正逐步从理论方面认识和评价苏词的异质性,对苏词的关注焦点随着词和词论的深入发展而有所转移,这也就是本文接下来所要论述的内容。

二、风流游戏

相对于诗文而言,词乃是与道始终保持一定距离的且带有消遣性的艺术,学者以宋世风流来阐释词体兴盛的原因。[9]词人本身极有风流之趣,亦视能唱曲作词、即雅即俗为风流,围绕词所发生的本事自然也就带有风流性质,而作词、论词也就带有消遣、消费、娱乐等性质。郭绍虞曾评《六一诗话》,"于诗论方面无多阐发,只为小说家言而已"[10]409,此语也适用于宋代多数笔记小说。本因著述态度不严谨,体裁近于小说,著录重点乃是逸闻轶事。而笔记作于文人闲暇之余,以一种游戏的态度重新体味往日的生活经验,着之以自娱和娱人,它能缓解道所带来的承重感和压迫感,是政治道德秩序之外的供士人栖息谈论的家园。自娱和娱人的创作目的更容易导向词话中的"风流"论,文人在对前人"风流"的阐释和追述本身也就参与了词学"风流论"的建构,产生了一种"于我心有戚戚焉"的共鸣。

叶梦得《岩下放言》记载苏轼论黄庭坚和张志和《渔父词》,感慨道:"前辈风流略尽,念之慨然。山栖谷隐,要不可无方外之士时相周旋。余非鲁公,固不能致志和,然亦安得一似之者而与游也。"[7]269又《邵氏闻见后录》记载黄庭坚于东坡贴下书也是一种风流,"予意韩退之、张籍翰墨间,亦无此一段风流耳"[7]487。在叶梦得和邵博看来,这种文人间的交往赞赏乃至惺惺相惜是一种风流。而在苏轼自己也以风流自赏，"回首长安佳丽地。三十年前，我是风流帅。为向青楼寻旧事。花枝缺处余名字"[11]109（《蝶恋花·送潘大临》），流连花丛是风流，"着棋、吃酒、唱曲也"也是风流。前雅后俗，实际上推崇的都是一种游离于道、游心于艺、不拘于正道、挥洒性情的风流观。

　　这种风流又包含着游戏观念，故多记"戏谑""游戏"本事，自然我们不能将"风流"和"游戏"画等号。苏轼本人以才思敏捷、好乐善谑著名，正如王辟之所评苏轼"虽才行高世而遇人温厚，有片善可取者，辄与之倾尽城府，论辩唱酬，间以谈谑，以是尤为士大夫所爱"[12]21。《东坡志林》《仇池笔记》及各式题跋中记载了不少苏轼评词的连珠妙语，黄庭坚、李之仪、阮阅、陈师道等友人或门人多著录苏轼论词言语。这些原始材料便为其提供了丰富的谈资，在转录过程中，对前人的再评点又使转录者扮演了诠释者的角色，其评点又为后来的词学理论专著积累了丰富的理论资源。如宋人笔记所频繁记载的苏轼评黄庭坚所和张志和的渔父词，最能体现苏轼和转录者的游戏心态。"鲁直作此词，清新婉丽，问其得意处，自言以山光水色替其玉肌花貌，自以为得渔父家风。然才出新妇矶，又入女儿浦，此渔父无乃太澜浪乎？"[7]99（《跋黔安居士渔父词》）此语为《岩下放言》《五总志》《乐府雅词》《苕溪渔隐丛话》《能改斋漫录》《野客丛书》等所转录。诗歌方面的苏黄优劣论在南宋已成为热点话题，但显然还没有延伸到词论，苏轼以戏语评之，后人也以游戏的心态记载此事，本无意区分优劣。在宋人看来，具备了才思，即使论人论事稍显促狭也无甚大碍，不拘常礼，故作曲解反而能凸显词人性情。但戏语并非于诗学毫无建设，苏轼话语中所提倡的乃是一种清真天然、不加雕琢、直书性情的审美，事实上"清"的确也成为南宋文人论词的核心概念之一。

　　这种"游戏""风流"观，最直接的体现乃是大量记载苏轼作词本事，尤其是与乐妓等女性相关的苏词本事，甚至明显近乎小说虚构的词话，文人也津津乐道，往往不惮篇幅过长。欧阳炯《花间集序》言词"自南朝之宫体，扇北里之倡风"，词带声色已成为社会共识，宋代乐妓活动随着城市的繁荣较之唐代有过之而无不及，文人未尝一日不宴饮，酒席之间以乐妓佐兴，或携妓出行亦被视为风流韵事。当然苏轼也不例外，文人也不甚避讳此等行迹。施德操《北窗炙輠录》：

　　　　东坡待过客，非其人，则盛列妓女，奏丝竹之声，聒两耳，至

"艺"与"道":南宋初中期的苏词接受

有终席不交一谈者,其人往返,更谓待己之厚也。值有佳客至,则屏去妓乐,杯酒之间惟终日笑谈耳。[13] 175

施德操,高宗绍兴时人,又多与张九成等理学家游,学者称持正先生,另著有《孟子发题》一卷。《北窗炙輠录》所记多当时前辈盛德之事,立身行己可为士大夫观法者,近似儒家者言。以近理学家身份记载苏轼此事而无甚批评,隐约透出的乃是宋人在自持和自娱二者的微妙平衡,也是宋人尚义理而又入世的精神风貌。又胡仔《苕溪渔隐丛话》记载《东皋杂录》曰:

东坡自钱塘被召,过京口,林子中作守,郡有会,坐中营妓出牒,郑容求落籍,高莹求从良,子中命呈东坡,坡索笔为《减字木兰花》书牒后云:"郑庄好客,容我楼前先堕帻。落笔生风,籍籍声名不负公。高山白早,莹骨柔肌那解老。从此南徐,良夜清风月满湖。"暗用此八字于句端也。[12] 414

此事孙宗鉴《东皋杂录》、陈善《扪虱新话》亦录,陈善评苏轼"此老真尔狡狯耶",胡仔言《聚兰集》另载有此词。又《苕溪渔隐词话》记载苏轼携妓作《南歌子》访大通禅师,《春渚纪闻》记苏轼作海棠诗遗李琦,《挥尘录》记苏轼携妓聚会,《西湖游览志》记苏轼作《惜分飞》词赠妓琼芳等,皆是与乐妓相关的词本事。文人所津津乐道本事的根源正是在于雅俗相间、卓荦不群的苏轼风度,若能在倚红偎翠、杯盏往来中不失文人品识格调,也是风流。

不限于乐妓,苏词与其他女性的本事也是文人所乐于关注的话题。苏轼有妾曰朝云、榴花,苏词也多有为二人而发,文人也乐道之。释惠洪《冷斋夜话》、邵博《邵氏闻见后录》、袁文《瓮牖闲评》、龚颐正《芥隐笔记》、陈鹄《耆旧续闻》都记载苏轼《西江月·梅花》乃为悼朝云而作。故事尚简略,无太多发挥之处,而其他名篇则不然。

苏轼《卜算子·黄州定慧院寓居作》乃其名篇,后人多以为此乃苏轼托物起兴自况之作,然而在南宋初中期的文人笔下多认为此词乃为一女子而发。吴曾《能改斋漫录》略载潘邠老言此词乃为王氏女子而发。李如箎《东园丛说》所记细节更为详尽,也更戏剧化:

愚幼年尝见先人与王子家同直阁论文，王子家言及苏公少年时常夜读书，邻家豪右之女常窃听之，一夕来奔，苏公不纳，而约以登第后聘以为室。暨公既第，已别娶。仕宦岁久，访问其所适何人，以守前言不嫁而死。[7] 437—438

更逐句分析每句词的本义以对应所记载的故事，并感慨世人因为不明故事妄改词文，"愚每举此一事为人言之，莫以为然，此可与深于词者语，岂流俗之所能识也哉！"[7] 438 王楙《野客丛书》转录《能改斋漫录》故事，又言其此词东坡在惠州白鹤观所作，非黄州也。

然尝见临江人王说梦得，谓此词东坡在惠州白鹤观所作，非黄州也。惠有温都监女，颇有色，年十六，不肯嫁人。闻东坡至，喜谓人曰："此吾婿也。"每夜闻坡讽咏，则徘徊窗外，坡觉而推窗，则其女逾墙而去。坡从而物色之，温具言其然，坡曰："吾当呼王郎与子为姻。"未几，坡过海，此议不谐，其女遂卒，葬于沙滩之侧。坡回惠日，女已死矣，怅然，为赋此词，坡盖借鸿为喻，非真言鸿也。[7] 1058

较之《东园丛说》又更近于小说。虽故事结尾加了一句，"说之言如此，其说得之广人蒲仲通，未知是否？姑志于此，以俟询访"[7] 1058。此种故事的流行，自然与"词盖本管弦冶荡之音"（《四库全书总目·乐章集提要》）相关，文人著述正反映这一社会共识。但明知真假难辨，文人仍记载并津津乐道其细节，"作意好奇"的心态也很难说与记载者的游戏心态无关。无独有偶，袁文《瓮牖闲评》也略载此事之后，又详细记载苏轼与友人游湖见一美女子，有感而作《江神子·凤凰山下雨初晴》，并认为"此词岂不更奇于《卜算子》耶"[7] 1037，"奇"字则直接道出了文人著录的隐秘心态。

在梳理苏词接受中，此等资料因为多关注苏词"写什么"，缺乏较大的理论价值和阐释空间而被忽略，但它却是苏词进入后世文人视野最常见的形态，所反映的也是南宋初中期文人对词最直接的看法，但并非毫无建设，它包含了文人对生机、博学、趣味、私人空间的推崇，而这种推崇往往是以诗文为潜在背景的，故也为讨论词法"怎么写"提供了基础。

"艺"与"道":南宋初中期的苏词接受

三、词法探索

笔记小说又有辨出处、资考证、论法度,也论及词章法度。文人屡称作词为游戏翰墨,但并非完全忽视作词艺术,相反对词艺的探讨在北宋就已经成为文人谈词的重要内容,到南宋更是如此。谢桃坊先生将沈义父《乐府指迷》、张炎《词源》、陆辅之《词旨》三部词学专著视为词学的真正建立。吴熊和先生也认为:"南宋后期论词重点转向讲习与传授词法,这一过程始于姜夔,而大备于张炎。"[14] 88 词学理论并非凭空产生,当我们以这种前理论的心态去审视南宋初中期笔记中的相关词话,我们发现他们已经试图用一种公共的理论术语去总结作词方法,为时人提供可资借鉴的作词经验。或许可以说在南宋初中期的文人笔记中,词话则逐渐有南北宋之别,即从北宋到南宋的转变:从"写什么"到"怎么写"。

正如郭绍虞先生言"南渡诗人大抵自江西诗入"[15] 85,论诗亦多从江西诗法。受诗文这种强势文体的影响,对诗法、文法的争论和总结也渗透到词话,加之论词者或是江西派中人,或有师脉、交友背景,往往有诗学著作,转而论词自然带江西之风,尤其是江西诗派的诗话理论如关于用事、句法、下字、化用等亦为论词所吸收,较前人多有新意。胡仔《苕溪渔隐丛话》乃继阮阅《诗话总龟》而作,胡仔正处于"苏黄诗学复振之时,竭力推重元祐诸君"[14] 83-84,论诗亦论词,其前集卷五十九、后集卷三十九专论词,以致后人辑录其词论共计二百四十则,又名《苕溪渔隐词话》。胡仔谈论苏词不同前人泛论,深入文本层面好论作词之法。陆游曾师江西诗人,后虽入室操戈,但并不反对诗有其法,只是"法"的出处不同,论词少本事而多评点。与陆游交往的曾季狸也是如此,曾师吕本中,吕本中论诗文本取苏黄著有《紫薇诗话》,曾著有《艇斋诗话》,论诗近江西派,所多载江西派逸闻轶事,论词亦沿用江西术语。这种不重宏观而重枝叶、不重内容而重技法的论词话语,既有将词作为一种精致艺术的努力,又因为论词者本身的严肃态度,使词话偏离游戏意味而趋向规范指导,从而建构严肃词道。范温《潜斋诗眼》论秦观词:

复诵淮海小词云:"杜鹃声里斜阳暮。"公曰:"此词高妙,但既云'斜阳',又云'暮',则重出也。"欲改"斜阳"作"帘栊"。余曰:既言"孤馆闭春寒",似无帘栊。公曰:"亭传虽未必有帘,有亦无害。"余曰:"此词本模写牢落之状,若曰'帘栊',恐损初意。"先生曰:"极难得好字,当徐思之。"然余因此晓句法,不当重叠。[7] 327

范温为吕本中表叔,论诗讲求有来处,尤其重字眼句法,乃江西诗派主张。所引词乃秦观名篇《踏莎行·郴州旅舍》,苏轼言其"斜阳""暮"重出,乃有句法之病,欲改"帘栊",范温尚认为不当,谨慎如此,正符合其"句法当一字为工"的理论主张。这显然已经超出"资闲谈"的著述主张,而带有明显的作词指导意味。

词学规范所论及的是"怎么写"的问题,首先关心的是怎样以有限之才生发无穷诗意。黄庭坚"夺胎换骨法"的成功经验提供了理论基础,苏词则为之提供了经典范本,二者一拍即合。南宋初中期的文人多用此法论苏词,通过对苏词的再解构发现并规范了作词之法,促进了词法理论化。稍晚于黄庭坚的释惠洪《冷斋夜话》中直接引用黄庭坚此语,举苏轼"万事到头终是梦,休休休,明日黄花蝶也愁"句乃是化用王安石《菊》诗,是为换骨法。此条被张镃《皇朝仕学规范》转录。张镃自序此书乃"瘖瘵前哲,采撷旧闻,凡言动举措粹然中道,可按为法程者,悉派分鳞次,萃为矩编,自便省阅"[16]。显然《规范》有"法"之意。此书分为作诗、作文等六类,实不及论作词,然而转录此论即认可苏词中确实有夺胎换骨之法,可以之为法式。曾季狸则逐句分析:

东坡《和章质夫杨花词》云:"思量却是,无情有思。"用老杜"落絮游丝亦有情"也。"梦随风万里,寻郎去处,依前被,莺呼起。"即唐人诗云:"打起黄莺儿,莫教枝上啼。几回惊妾梦,不得到辽西。""细看来不是杨花,点点是离人泪。"即唐人诗云:"时人有酒送张八,惟我无酒送张八。君有陌上梅花红,尽是离人眼中血。"皆夺胎换骨手。[12] 418

可以看出,曾氏所依赖的不是他人话头而是经典文本,以词的文本分析逐渐取代了词的即时谈论,即文本艺术取代了话语艺术。他从诗论那里得到启发,将词引向"正途",一种供文人发现、欣赏并创造的艺术,而这本身就

"艺"与"道":南宋初中期的苏词接受

是以"经典"建构"规范"的过程。

在其他人笔下,我们也可以发现,文人论词的焦点也逐渐向词句、词篇是如何被创造的这一过程集中。周紫芝《竹坡老人诗话》记苏词用白乐天语,"非点铁成黄金手不能为此也"[7] 289,邵博《邵氏闻见后录》记苏轼别李公择词用韩愈《与孟东野书》语意,张邦基《墨庄漫录》记苏轼《梅花词》用《梦看梨花云歌》诗意,胡仔《苕溪渔隐丛话》记苏词"快哉亭"用徐骑省《徐孺子亭记》语意,曾季狸《艇斋诗话》记《水调歌头》用谢庄《月赋》语意等,皆是此类。词篇者如《竹坡诗话》和《墨庄漫录》记苏轼度《洞仙歌》诗为《洞仙歌令》;《苕溪渔隐丛话》记苏轼读陶渊明《归去来兮辞》为《哨遍》,改琴曲《瑶池燕》作《瑶池燕·飞花成阵》,隐括韩愈《听颖师弹琴》为《水调歌头》等。在词论家那里,考证出处则成了逆向分解的艺术,词是可以还原成具体历史文本的,与其说这是文人展示博学功底的游戏,但无形中却起到了接渡后学的作用,为后人提供了一套作词的艺术。

对词艺的规范还体现在对经典文本的原初形态的尊崇和维护。虽屡经党禁,南宋初中期苏词真迹保存尤多,形式包括真迹、刻石、题词不等,但因为流传的种种原因,通行版本往往与真本有所出入。从接受层面来讲,传播过程中的谬误也是接受,是基于接受者在各式环境下对词进行的有意识或无意识的改写,尤其是对于词这种配乐文体意义重大。南宋初中期文人不约而同推崇真迹,显然是基于文人文本的视角认为苏词的原初形态具有不可随意改定的经典性,有意无意忽视了部分苏词不合乐这一历史事实。王楙《野客丛书》记载一例讹误:

> 淮东将领王智夫言:尝见东坡亲染所制《水调》词,其间谓"羽扇纶巾,谈笑间,樯橹灰飞烟灭",知后人讹为"强虏"。仆考《周瑜传》:"黄盖烧曹公船,时风猛,悉延烧岸上营落,烟焰涨天。"知"樯橹"为信然。[7] 1058

"强虏"事见张端义《贵耳集》记李季章(当作"李章")奉使北庭对使者答语,乃故意折北庭使者,事出有权,而王楙仍加以考证以明苏词原文合乎情理。又赵彦卫《云麓漫钞》记:

版行东坡长短句《贺新郎》词云"乳燕飞华屋",尝见其真迹,乃"栖华屋"。《水调歌》词版行者末云"但愿人长久",真迹云"但得人长久",以此知前辈文章为后人妄改亦多矣。[7] 931—932

直斥后人妄改,态度更加明显。又,洪迈《容斋续笔》记载元不伐家有鲁直所书东坡《念奴娇》与今人歌不同者数处;曾季狸《艇斋诗话》记印本"牛衣古柳卖黄瓜",原本乃"半依古柳卖黄瓜";周必大《益公题跋》记《满庭芳》"归马注平坡",意为归兴之快,印本以"注"为"驻";又有邵博《邵氏闻见后录》记词刻本妄改"文君壻知否"为"文君细知否"等等,不一而足。文人耿耿于真迹或原作,除了求真和维护经典意识,更因为文字乃作者"心声心画",观原作可以体味作者本意,发人深思。但同样亦不敢专以石刻、手书为是,因作者往往自改其词。苏轼更是如此,何薳《春渚纪闻》记苏轼作诗也改定多处,以为"虽大手笔不以一时笔快为定,而惮于屡改也"。[12] 160 曾季狸记《大江东去词》苏轼自改"三国周郎赤壁"为"当时周郎赤壁"。周必大所题苏轼真迹颇多,对其异处往往不惮篇幅详加记载,原因即《题汪逵季路所藏墨迹三轴(录东坡轴)》所言,"学者因前辈著述,而观其所改定,思过半矣"[12] 552。无独有偶,费衮《梁溪漫志》亦言:"蜀中石刻东坡文字稿,其改窜处甚多,玩味之可发学者文思。"[12] 676 所思者乃作者作词心思,意欲以为法也。

词学史上一大公案——关于"苏词如诗"的争论,也涉及词的艺术规范即"法"的争论。陈应行、胡仔、叶适、孙奕、阮阅、王楙等文人都转录了"苏词如诗"语,或言论人非全才不能兼善,承认作词乃苏词短处,或回避此问题,举例说明苏轼佳词甚多,并非全不合乐,但基本认同"苏词如诗"在于其有不合乐之处。较有建设性的反对者如晁无咎、王灼、陆游,分条列举如下:

> 东坡词,人谓多不谐音律,然居士词横放杰出,自是曲子中缚不住者。[7] 715

> 长短句虽至本朝盛,而前人自立,与真情衰矣。东坡先生非心醉于音律者,偶尔作歌,指出向上一路,新天下耳目,弄笔者始知自振。今少年妄谓东坡移诗律作长短句,十有八九不学柳耆卿,则学曹元宠,

"艺"与"道":南宋初中期的苏词接受

虽可笑,亦毋用笑也。[7]578

世言东坡不能歌,故所作乐府词多不协,晁以道云:"绍圣初,与东坡别于汴上,东坡酒酣,自歌《古阳关》。"则公非不能歌,但豪放,不喜裁剪以就声律耳。[7]825

无论是"曲子中缚不住",还是"非心醉于音律者",更或是"豪放不喜裁剪以就声律",显然,文人在理论层面尚承认词是依附于音乐的一种诗体。但论苏词的合理性时,多同将其不谐音律的事实转化成"法"与"变"的合理性问题,合乐谐律为常法,反之为权变,"不协音律"就被改造成苏轼有意为之的主观意愿。接下来,要想论证苏词"变"具有合法性,先要论证苏轼本人能歌、晓音律,其词可歌,因为知法才能通变。

词论者论证的思路和陆游一样,即举例说明,南宋初中期的文人大量记载苏轼本人能歌、自歌其词或后人歌苏词的例子,原因或在于此。兹举数例:

歌者袁绹,……遂共登金山山顶之妙高台,命绹歌其《水调歌头》曰:"明月几时有,把酒问青天。"歌罢,坡为起舞……[7]372

东坡云:"玄真语极丽,恨其曲度不传。"加数语,以《浣溪沙》歌之……[7]483

元不伐家有鲁直所书东坡《念奴娇》,与今人歌不同者数处,……[12]504

庐山道人崔闲,遵客也,妙于琴理,常恨此曲无词,乃谱其声,请于东坡居士子瞻,以补其阙。然后声词皆备,遂为琴中绝妙,好事者争传。[12]22

东坡和之,若豪放不入律吕,徐而视之,声韵谐婉。[12]325

东坡少年遇美人喜《洞仙歌》,又邂逅处景色暗相似,故隐括稍协律以赠之也。[12]298

这些事实或许可以表明苏轼并非不懂音律，作词是按声谱词，词是声韵谐婉，苏词可歌，苏轼或后人皆可歌苏词，包括《水调歌头》《念奴娇》。"独嬉弄于乐府之余，而寓以诗人句法"[7]124，原本乃黄庭坚评晏几道的"诗人句法"，到了南宋便成了有意革新词体词风的方法论。苏轼有意革词之弊，"以诗为词"的方法导致"词如诗"效果，苏词的异质性显然具有了合理性。陈应行序张孝祥词乃继东坡之后，汤衡序直言，"元祐诸公嬉弄乐府，寓以诗人句法，无一毫浮靡之气，实自东坡发之"，"骏发踔厉，寓以诗人句法者也。"[7]926—927《总目提要》评戴复古《石屏词》，"以诗为词，时出新意，无一语蹈袭也"[6]785，即点明戴复古"以诗为词"法在作词方面的革新意义。

无论是"夺胎换骨"还是"以诗为词"，以致对异文的记录，至于其他对名物、用事的考证，对句法、字法的评点，文人的视野始终离不开对"词艺"的关注。虽没有产生如沈义父《乐府指迷》这样的理论专著，但大批文人论词从资闲谈转向对方法技艺的探索，本身就将词论引入正途，也为后人作词和论词提供了方法之门。

四、词道建构

以诗法为参照规范词法还不能使词体脱离技艺的范畴，要想提升词体，就必须从根本上解决词体起源、词旨内容、词人地位、词风雅淫等问题，显然南宋初中期文人选择的策略是使词向诗靠拢，去俗趋雅，即以诗道论词，构建雅化的词道。学者早已指出南宋词有雅化、义理化的发展倾向，词从"小道"的应酬交际工具向言"性命情理"、展示士大夫精神世界和文人高雅品位的载体过渡，词被赋予了严肃的社会功能，具有和诗一样的重大意义。词学也不例外，也处在变革之中，而苏词在这一历史进程中发挥了典范意义。

提升词体，构建词道，首先需要解决的是词的起源问题。北宋中期，词已经成为士大夫交往酬赠的重要文体，与其说这是倚声之词，更像是文人趣味的优雅展示，文辞内容意义多于音乐意义。词的创作之盛超过理论之建构，文人作词虽乐此不疲，但词体为"小道"的观念仍根深蒂固，柳永的遭遇即是例证。如何提高词体，为词注入士大夫精神，使创作合理化，苏轼为词源提供了一个抽象的解释，即"诗词同源论"：《与蔡景繁书》中"颁示

"艺"与"道":南宋初中期的苏词接受

新词,古人长短诗也"[17];《祭张子野文》中"清诗绝俗,甚典而丽,搜研物情,刮发幽翳。微词宛转,盖诗之裔"[17]。但苏轼并没有论证词是否如何自诗体演变来,这种粗糙的理论到了南宋显然不合时宜。典雅词、义理词形成潮流,文人词进一步案头化,词的独立性受到诗的挑战,时代的理学背景,文人对词既轻视又看重的矛盾心理,都使词论需要进一步精细化、理论化、系统化。沿着苏轼提供的道路追溯词的起源,或从配乐形式,或从句式长短,文人找到了不同答案:朱弁认为起源于六朝;朱熹认为词自古乐府"泛声添字"而来;王灼认为"古歌变为古乐府,古乐府变为今曲子,其本一也"[7]570,直接将词的起源追溯到了唐虞时;张侃则追溯到《赓载歌》、虞舜古代乐曲《南风》;陆游《自制近体乐府序》认为倚声之词起于晚唐;周必大认为起于汉魏乐府等等。关于词的起源,学术界成果迭出,在此不赘述。但文人是基于词体功用观追述词体起源,而非从纯文学理论出发。虽源头不一,但却多指向批评当下,以张侃、朱翌、陆游为例:

> 然乐府之坏始于玉台杂体,而《后庭花》等曲流入淫佚,极而变为倚声。[7]556

> 今不复有歌诗者,淫声日盛,闾巷猥亵之谈,肆言于内集公燕之上,士大夫不以为非,可怪也。[7]542

> 风、雅、颂之后为骚,为赋,为曲,为引,为行,为谣,为歌,千余年后乃有倚声制辞,起于唐之季世,则其变愈薄,可胜叹哉![7]828

世俗日降,文体代变,越变越薄,以致今日"祖风扫地"。换言之,当务之急是要以诗道振兴词道,以儒家诗教理论来使词道德化、政治化,极力向诗靠拢。评词的标准自然也以功用观为标的,曾协《题侯齐彦乐府后》用半个篇幅阐述了儒家诗教理论,批评今日之词"排比声韵,流连光景,为人作容姿,不几于倡优畜之也",才转而评价侯词:

> 一旦出乐府十九篇,简而当,直而婉,惓惓而不伤,耿耿而不迫,其志在于转而上闻,非为取一时声名而已也。意气格力,盖余事耳。[7]743

评词思路就是南宋初中期文人论词的理论整合。詹效之评曹冠词:"窃尝玩味之,旨趣纯深,中含法度,使人一唱而三叹,盖其得于六义之遗意,纯乎雅正者也","剗斯作也,和而不流,足以感发人之善心,将有采诗者播而飏之,以补乐府之阙,其有助于教化,岂浅浅哉?"[7]841—842(《燕喜词》序)同样以儒家诗教理论论词,重在功用论。同苏轼隐括《归去来兮辞》为《哨遍》一样,曹冠有隐括苏轼《赤壁赋》为《哨遍》,以写达观之怀,寓超然之兴,曹冠乃有意学苏轼以词表达士大夫的精神境界。另陈鬷且论曹冠词,重在人品词品统一,同样比之苏轼。显然文人已经意识到苏轼有意背离"娱宾遣兴"的作词传统,用相对直率的方式表达对现实的感受和哲思,可见时人眼中苏词具有的巨大阐释空间对于构建词道的经典意义。结合其官僚文人的身份,文人重点解读的是苏词的"忠君爱国"和风流高迈两方面。

在苏轼"词乃诗之苗裔"的前提下,"以诗为词"的苏词理论上就自然包含儒家诗教,反言之,以此思路来阐释苏词,发掘苏词中的经骚之意便在情理之中,即以诗论词,用诗道传统去发掘词中的微言大义。以诗论词和以词论词,导致对一首词旨的诠释往往前后相差极大。如《卜算子·黄州定慧院寓居作》一首,袁文《瓮牖闲评》、吴曾《能改斋漫录》、李如箎《东园丛说》、王楙《野客丛书》皆言为一女子所作,不过地点和具体人物有出入。但同时期的鲖阳居士、曾丰,后有俞文豹均以儒家诗教释之,兹举黄昇和曾丰评点为例:

  缺月,刺明微也;漏断,暗时也;幽人,不得志也;独往来,无助也;惊鸿,贤人不安也;回头爱君不忘也;无人省,君不察也;"拣尽寒枝不肯栖",不偷安于高位也;"寂寞吴江冷",非所安也。此与考槃诗极相似。[18]36

  文忠苏公文章妙天下,长短句特绪余耳,犹有与道德合者。"缺月疏桐"一章,触兴于"惊鸿",发乎情性也,收思于"洲冷",归乎礼义也。……道德之美,腴于根而盎于华,不能不激,和而不流,要其情性则适,揆之礼仪而安,非欲为词也。[7]1026

"艺"与"道":南宋初中期的苏词接受

  袁文等遵循了词为"小道"的训词传统,并不过度阐释,但编《复雅歌词》的鲷阳居士以"雅"为准的,以解经之法解苏词,拟之《国风》,显然有以之为词家正统之意。曾丰以理学家身份论词,极力发掘词的道德内容,挽和诗骚,侧在苏词与道德相合,符合儒家发于情性、归乎礼仪和温柔敦厚的主张。不过,前者在内容,后者在理论。又《古今事文类聚》转录《复雅歌词》一例,"神宗问内侍外面新行小词,内侍录此呈进,读至'又恐琼楼玉宇,高处不胜寒',上曰:'苏轼终是爱君。'"[19] 925—176 亦可见其论词倾向。从黄庭坚评"词意高妙,非吃烟火食人语"[7] 117 到鲷阳居士、曾丰的评语,诠释相差之大,除了"诗无达诂"之外,更取决于论词之人所持的立场和态度。又项安世《项氏家说》评《贺新郎·乳燕飞华屋》则完全按照《离骚》君臣遇合之难的思路来诠释:

    苏公"乳燕飞华屋"之词,兴寄最深,有《离骚经》之遗法,盖以兴君臣遇合之难,一篇之中,殆不止三致意焉。"瑶台"之梦,主恩之难常也;"幽独"之情,臣心之不变也;"恐西风之惊绿",忧谗之深也;冀君来而共泣,忠爱之至也。其首尾布置,全类《邶·柏舟》。或者不察其意,多疑末章专赋石榴,似与上章不属,而不知此篇意最融贯也。[7] 950

  与鲷阳居士类似,以离骚经法解词,逐句释意,牵强附会之处自不待言。但《古今词话》记乃是苏轼戏作与一官妓秀兰,胡仔《苕溪渔隐丛话》颇讥其妄,曾季貍《艇斋诗话》言在杭州万顷寺作与一歌者,陈鹄《耆旧续闻》言乃寄朝云之词,以陈鹄所记最近本事。正如陈黯《燕喜词》序所言:"东坡平日耿介直谅,故其为人似其人也。"[7] 841 又胡仔《苕溪渔隐丛话》转记杨湜《古今词话》,"坡以谗言谪居黄州,郁郁不得志,凡赋诗缀词,必写其所怀,然一日不负朝廷,其怀君之心,末句可见矣"[7] 728。文人以苏词为准的,提升词体,要求词承载政治道德内容,词风要归于雅正中和,大有反"变"为"正"的趋势。当然,对于苏词的过分解读和拔高并不是文人论词常态,是文人在崇苏热和词道建构叙事下的狂热反应,此也屡被后人讥其妄。南宋初中期文人仿照诗学,基于儒家诗教观来解读苏词内容,试图建构的是词品与人品的二而一关系,表现在词论中则是因人论词和因词论人往往兼而有之。当然,学者认为是高宗、孝宗的"崇苏热"等原因导致了时人对苏词的经典化,也是原因之一。[20]

· 269 ·

心画心声，构建词品与人品二而一，也包含南宋初中期文人论苏词非功利的一面。词到南宋，成为士大夫高雅趣味的代言。南宋初中期文人仍多以官僚文人为主，但亦不妨游戏翰墨，带有士大夫超逸高雅气度的词特别受到欢迎，这一类词多以"清""逸""妙"等为特征。周必大以文坛盟主身份论词尤具有代表性，评黄庭坚蜀中诗词"词章翰墨日益超妙"[7]873，评吴芾诗词"意远而辞达，使人读之，萧然有出尘之想"[7]888，可见趣味风尚。苏词也是如此，较之豪放，这一风格的苏词往往最为文人接受。黄庭坚评苏词《卜算子》"语意高妙，似非吃烟火食人语，非胸中有万卷书，笔下无一点尘俗气，孰能如此"[7]117，就成了南宋人论词的话头，黄昇、胡仔、王楙都曾转录这则评语，如邓椿评皇族宗室赵士暕《乌夜啼》"扫除凡语，飘然寄兴于烟霞之外"[21]，又陈应行序《于湖先生长短句》独推"读之泠然洒然，真非烟火食人辞语""潇洒出尘之姿，自在如神之笔，迈往凌云之气"[7]919，皆是自黄庭坚评语化来，也可为佐证。对苏词评价也是如此。其中以王灼、胡寅的观点最为著名，王灼评语如"高处出身入天，平处尚临镜笑春，不顾侪辈"[7]576。胡寅《向芗林〈酒边集〉后序》："及眉山苏氏，一洗绮罗香泽之态，摆脱绸缪宛转之度，使人登高望远，举首高歌，而逸怀浩气超然乎尘垢之外，于是花间为皂隶，而柳氏为舆台矣。"[7]545又胡仔评《贺新郎》词"冠绝古今，托意高远"[7]735，而斥柳永浅近卑俗，都侧重在苏词较之别人高妙超逸一面，其中无疑有苏轼人格加成的原因。王楙《野客丛书》直言《西江月》词乃"道人所不能到之妙，夺天地造化之巧，故有谪罚之语"[7]1052。非词高妙，实乃苏轼精神境界高妙而至。词风甚至成为苏轼的标志，文人有以其词风辨作品真伪，早在《冷斋夜话》中就以"醉墨超放"断《虞美人·波声拍枕长淮晓》为苏轼所作，后费衮《梁溪漫志》也认为《戚氏·玉龟山》非东坡所作，"东坡御风骑气，下笔真神仙语。此等鄙俚猥俗之词，殆是教坊倡优所为，虽东坡灶下老婢亦不作此语，而顾称誉若此，岂果端叔之言邪？恐疑误后人，不可以不辨"[7]948。所断虽误，与曾慥去欧阳修俗词逻辑类同，但却反映出文人相信且着力建构人品与词品具有统一性，或有出于有意使词远离政治道德生活，而趋近文人本身精神境界的努力，努力建构一种带有道德疏离感的"诗人之词"。

最后则是关于苏词地位的评定。文人已经意识到苏词开辟了有别于花间、柳氏一脉的词风，王灼、胡寅的推崇即立足于词，尽管没有像陈傅良那样推

"艺"与"道"：南宋初中期的苏词接受

崇苏文为"宋一经"地明确推崇苏词。但文人作词有意以苏词为法，词集序跋中也有意通过发现当代词人与苏词的渊源，试图建立一条以苏词为始的词派。南宋以后，半边国土沦陷，曹冠、向子諲、陈亮、张元干、朱敦儒、辛弃疾等词壮怀激烈、慷慨激昂，自觉将苏词豪放的风格引为先驱和同调。谢尧仁《张于湖先生集序》中言张孝祥词以苏轼为自比，自认尚未能超越苏词；辛弃疾《念奴娇·瓢泉酒酣和东坡韵》直言用东坡词韵而明壮志未酬之志；曹冠《惜芳菲》"寓意登临诗与酒。豪气直冲牛斗。挥翰风雷吼。我生嗟在东坡后"，以豪放自许等等，自然是文学创作方面的相似性，尚不能上升到理论程度。但这一时期文人词集刊行，词集多有序跋，文人评点虽有标榜失实之嫌，但却也表达了词人和评点者的词学理想而具有重要意义。刘辰翁《辛稼轩词序》以"以稼轩为坡公少子"[7]1586；曾丰《知稼翁词序》以为苏词合于道德[7]1026；关注《石林词跋》言叶梦得"能于简淡，时出雄杰，合处不减靖节、东坡之妙"[7]613；刘淮《方是贤居士小集序》"诗摩香山之垒，词拍稼轩之肩。至若松江《哨遍》，直欲与苏仙争衡"[7]945，等等。此类序跋在探究词人与苏轼的关系上尚处于单纯的类比，但却也指出词坛上存在追和苏词之风，从而在比较中确立词人之间的渊源联系。王灼《碧鸡漫志》早指出后人学苏，如"晁无咎、黄鲁直皆学东坡，韵制得七八。黄晚年闲放于狭邪，故有少疏荡处。后来学东坡者，叶少蕴、蒲大受亦得六七，其才力比晁、黄差劣。苏在庭、石耆翁入东坡之门矣，短气跼步，不能进也。赵德麟、李方叔皆东坡客，其气味殊不近，赵婉而李俊，各有所长"[7]578。其所列举的词人除黄庭坚外，他词影响力较弱，且并非基于词风相近而立论，词派意识不强。但汪莘自序其词：

> 唐宋以来，词人多矣。其词主乎淫，谓不淫非词也。余谓词何必淫，顾所寓何如耳。余于词所喜爱者三人焉：盖自东坡而一变，其豪妙之气隐隐然流出言外，天然绝世，不假振作；二变而为朱希真，多尘外之想，虽杂以微尘，而其清气自不可没；三变而为辛稼轩，乃写其胸中事，尤好称渊明。此词之三变也。[7]1068

汪莘本是南宋奇士，所评三人虽标准非一，显然个人词风好尚在豪放一脉，其词规模苏辛，近于粗豪，且不多协音律，得于此亦失于此。重要的是，他所建构的乃是自苏轼至朱敦儒再至辛弃疾一脉,以为此乃宋词三变,显然有血脉派别意识,初步勾勒出苏辛一脉的微观脉络。又,从反面亦可见苏辛词自成一派,如王炎《松窗丑镜序》言"长短句有晏、贺、秦、晁"[7]1012,又《长短句序》"长短句命名曰曲,取其曲尽人情,惟婉转妩媚为善,豪壮语何贵焉"[7]1010,显然不以苏词为法,又回避了南宋词坛上的苏词后劲,可见文人亦有意构建词派,维护词体的独立性,以之为准的主观意图,也可视为作为异类的苏词反向促进了词道建设。

总之,南宋初中期的文人多以笔记小说和序跋的方式,或出于资闲谈的目的论及苏词,虽没有产生系统的词学理论专著,但却客观记录了词坛词学从"艺"走向"道"的原始生态,这也是苏词接受的文化背景和真实存在状态。当然,词道构建有理学家的影响,也存在如陈善、王炎等以花间为正宗的词论者,对苏词颇不以为是,两论并存,这也是苏词接受的另一面,当另作文探讨。

注 释

[1]〔宋〕杨亿口述,黄鉴笔录,宋庠整理《杨文公谈苑》,上海古籍出版社1993年版。

[2]〔宋〕上官融《友会谈丛》序,中华书局1991年版。

[3]周辉《清波杂志》,参见《历代笔记小说大观》,上海古籍出版社2012年版。

[4]〔宋〕叶梦得《避暑录话》,上海书店1990年版。

[5]〔宋〕朱弁《续骫骳说》,参见《笔记小说大观》卷三十八,江苏广陵古籍刻印社1995年版。

[6]司马朝军编撰《四库全书总目精华录》,武汉大学出版社2008年版。

[7]邓子勉编《宋金元词话全编》,凤凰出版社2008年版。

[8]〔宋〕曾慥辑《乐府雅词》,辽宁教育出版社,1997年版。

[9]韩经太《宋词与宋世风流》,参见《中国社会科学》1994年第6期。

[10]郭绍虞《中国文学批评史》,商务印书馆2010年版。

[11]〔宋〕苏轼《苏词全集》,上海古籍出版社2009年版。

[12]四川大学中文系唐宋文学研究室编《苏轼资料汇编》,中华书局2004年版。

[13]〔宋〕施德操《北窗炙輠录》,参见《全宋笔记》第三编第九册,大象出版社2008年版。

[14]吴熊和《吴熊和词学论集》,杭州大学出版社1999年版。

[15]郭绍虞《宋诗话考》,中华书局1979年版。
[16]〔宋〕张镃《皇朝仕学规范》,明洪武末年蜀府刊本。
[17]〔宋〕苏轼《苏文忠公全集》,明成化本。
[18]〔宋〕黄昇辑,王雪玲、周晓薇校点《花庵词选》,辽宁教育出版社1997年版。
[19]〔宋〕祝穆《古今事文类聚》,上海古籍出版社1992年版。
[20]沈松勤《宋室南渡后的"崇苏热"与词学命运》,参见《文学评论》2005年第2期。
[21]〔宋〕邓椿《画继》卷二,明津逮秘书本。

"岛佛共坡仙"：苏轼接受的别样形态
——以清代文人赵怀玉为例

◇蓝士英[*]

"岛佛共坡仙"一句出自清代著名诗人赵怀玉笔下，"岛佛"指贾岛，"坡仙"即东坡。东坡、贾岛在创作上反差极大，一是崇尚自然，一是推重苦吟。两人最为人所知的关联之处，可能就是东坡对贾岛与孟郊的"郊寒岛瘦"这一评价了。赵怀玉将两人相提并论，是偶然之举还是别有深意？本文拟对此略做探讨。

清代乾嘉时期，常州诗人名动海内，赵翼和"毗陵七子"尤甚。赵翼是"江右三大家"之一，赵怀玉有"吴郡诗名赵味辛"的美誉，黄仲则曾被视为"乾隆六十年间江南第一诗人"，洪亮吉、孙星衍也声名赫赫。乾嘉常州诗人在当时成就瞩目已是学界共识。严迪昌《清诗史》中即说："乾隆时期，常州这个'部落'最称鼎盛，诗、文、词、画、经学、史学莫不名家辈出，即以诗论，先是黄景仁洪亮吉称'洪、黄'，后又加上孙星衍，称'三家'，又添进赵怀玉为'孙洪黄赵'，最后则有'毗陵七子'之号。这个群体，除了黄景仁外，洪亮吉名声影响最大。"[1]924 朱则杰所著《清诗史》中也认为常州"乾嘉之际是一个人文最盛的时期。就文学而言，在诗歌方面，从赵翼开始，涌现出黄景仁、洪亮吉和前面提到的孙星衍、王采薇夫妇等许多著名诗人，形成'常州四子''毗陵七子'等不少作家集团"[2]298，认为赵翼是"性灵派的附翼"[2]270，黄景仁也是"紧步袁枚后尘，在创作上大都沿着自抒性灵、自由独创的道路继续前进"[2]292。

---

[*] 作者简介：蓝士英，江苏理工学院人文学院副教授。
江苏省哲学社会科学一般项目"赵怀玉文集整理与研究"（项目号：16ZWB003）阶段性成果；江苏理工学院国家社科基金培育项目"苏南谱牒文献与家族文化传承研究"（项目号：KYY16502）阶段性成果。

刘世南《清诗流派史》则认为常州诗人对袁枚抱着"和而不同"的态度[3]410。诚然,常州诗人多自具面目,各有追求,赵怀玉正是如此。

赵怀玉(1747—1823),字映川(或印川),又字亿孙(或亿生),号味辛,并曾自称"秘柯居士""舣舟亭长""栖园""小聚沙庵主人"等,晚号收庵,名列"毗陵七子"之中。乾隆四十五年(1780),高宗南巡召试赐举人,授内阁中书。出为山东青州府海防同知,署登州、兖州知府。之后丁父忧归,遂不复出。晚主通州石港书院、陕西关中书院、湖州爱山书院讲席。著有《亦有生斋集》《亦有生斋续集》《收庵居士自叙年谱略》等,与孙星衍、洪亮吉、黄仲则并称"孙洪黄赵"。有"毗陵文献"之称,在诗、词、古文、骈文、诗学、文献整理与刊刻、古籍收藏等方面皆有建树。

一、赵怀玉对苏东坡的接受

清代常州诗学有仰苏、宗苏的风气。据赵怀玉《〈竹初诗钞〉序》云:"吾乡风雅盛于康熙间,邹进士、董文学倡国依社,后君家湘灵继开毗陵诗派,学者翕然从之,于后复有醉吟、浣花、峨眉,一时旗鼓竞雄,故查悔余尝称吾常为诗国。"[4]第1460册第2页(钱维乔《竹初诗钞》)其中"峨眉"即指苏东坡,"宗少陵者为浣花社;宗东坡者为峨眉社;遇二公生日,集社之人祀之,颇极一时之盛"[5](文卷四《〈息养斋诗〉序》)。于此可见,从清初开始,苏东坡就在常州文坛上具有重要影响。刘勇刚《试论苏东坡对常州地域文化的影响》一文引当代散文家陈肃《藤花一城吹古香》为证,指出常州的著名文人如赵翼、洪亮吉、管松崖、恽南田、黄仲则、赵怀玉等,"他们是在敬仰苏学士的氛围里成长起来的"[6]4,又"清代常州诗人邵长蘅、陈维崧、黄永、陈玉璂、徐永宣、黄景仁、赵翼、洪亮吉、赵怀玉等都写过怀苏的诗歌,并深得苏诗之精髓"[6]4。

当然,清代常州文人仰苏、宗苏之风,并非一地独有。论其渊源,或与吴地诗学发展大有关系。清代吴地诗学发轫之初,钱谦益影响最甚,而"钱谦益论诗,反对死摹盛唐,自作已阑入苏轼、陆游,影响所及,吴下诗人,趋向于宋人一派。有学步范成大的长洲汪琬,有盛称苏轼的吴江叶燮"[7]9。而钱谦益族孙钱陆灿,正是清代常州文坛领军人物,常州郡诗学"大半自虞山钱湘灵启之"[8](卷四《〈鹊印堂诗〉序》)。钱湘灵即钱陆灿,"字尔弢,号圆沙,常熟人……其诗富于才情。稍伤率易。文则力矫其时欧曾之习。务为高古……晚岁多客武进。受其陶成者。若胡香昊、陈炼、唐恽宸、董大儒、大伦、恽鹤孙、许璇耀、庄楷令舆、钱名世，皆以诗有名于时"[9]310。上文所述钱陆灿之得意门生，皆为常地望族子弟，故常州诗学得以不断传承。如钱氏弟子恽日初，"及门林立，如董琪、陶自悦、杨宗发、杨昌言、龚士荐、蒋金式最知名"[10]第371册第152页（汤修业《赖古斋文集》）。其中"龚士荐"，"字彦吉。号复园。策子。家贫。游食四方。以教授生徒自给。能古文辞。诗初学晚唐。后乃学宋。尤笃好东坡。当世名流。无不纳交"[9]428。"笃好东坡"的龚士荐，文集由"门人赵侗敩搜其稿。为《复园诗钞》八卷。并策所撰《晋之诗钞》三卷合刻之"；"赵侗敩"则为怀玉祖父，"士荐第三女适蒋。为洪亮吉外祖母。见亮吉所撰《外家纪闻》"[9]428。由此可见，类似钱陆灿——恽日初——龚士荐——赵侗敩——赵怀玉、洪亮吉这样的文脉传承，在常州诗坛自有渊源。

另外，"盛称苏轼的吴江叶燮"，其门弟子中最著名者有沈德潜。沈氏对吴地诗坛的影响自不必赘言；而叶燮对于赵怀玉而言则另有特殊意义。怀玉母亲叶氏，苏州府长洲县人浙江宁绍台道叶士宽之女，"长洲叶氏自莫厘峰迁居郡城，世通显"[5]（文卷十四《屈安人叶氏家传》）。叶氏代有闻人，入清后首位名显者即为叶燮，"二十五世燮，字星期，号已畦，世称横山先生，官江苏宝应县知县，国史文苑列传，所著《已畦文集》二十一卷、《诗集》十四卷、残余稿，一卷、《原诗》四卷"[11]333。怀玉外祖父为苏州叶氏第二十八世。怀玉受母族影响很大。童蒙时期，母亲教之以诗文，"然先宜人虽钟爱，未尝姑息，夜从塾中出，必置诸膝上，教以诗文，且为训诂，必令上口而后已"[12]；外祖授其以礼仪，怀玉于《奉题外王父叶公士宽遗像四十韵》一诗中云："余时方稚齿，公喜顾垂髫。养正从蒙始，修仪戒俗浇。"[5]（诗卷五）句下有小注："公每教怀玉习揖让之节。"叶氏诗学推崇苏轼而传于怀玉，由此可见东坡对怀玉诗歌影响之深。

清代常州文人景仰东坡，不仅产生了大量"怀苏"的诗歌，还存在其他诸多表现。谭坤《论清代常州文人对苏轼的接受》一文论述得非常具体，认为清代常州文人接受苏轼诗学精神的滋养和人格风范的熏陶，主要体现在四个方面：一是在东坡生辰、忌日，举行祭祀活动；二是涵泳东坡诗歌，步武东坡诗韵；三是吟咏东坡遗迹，仰慕东坡人格风范；四是研究东坡诗歌，传承东坡诗学精神。因此清代常州形成了文人自觉接受东坡诗学精神的文学传统。[13]32—38 文中所言的四个方面，涵盖了常州文人仰苏、宗苏的各种表现，于此可见清代常州文坛的风尚与活动取向，包括文人的交游与创作都与东坡有着千丝万缕的联系。而赵怀玉在每一方面几乎都是典型例证。比如在祭祀活动方面，根据谭坤的统计，怀玉有十六首[14]祭祀东坡的诗歌；在步武东坡诗韵方面则列举了怀玉的八篇诗歌，实际上共有十五篇三十二首诗歌；在吟咏东坡遗迹及对东坡诗歌的研究方面，怀玉的名字也是频频出现。

当然，仰苏、宗苏不仅是清代常州文人的风尚，也是有清一代文坛的普遍风气。即以东坡生日设祀一事而言，朱则杰的个案研究《毕沅"苏文忠公生日设祀"集会唱和考论》、衣若芬的通代研究《时间·物质·记忆——清代寿苏会之文化图景》均可证明这一点。怀玉置身其中，自然会受到时代风气的熏陶。

二、赵怀玉对贾岛诗歌的接受

怀玉诗文中直接提及贾岛处不如东坡之多。但如同对东坡一样，怀玉对贾岛的兴趣亦是伴随其终身的。

怀玉现存诗文中第一篇标明用韵的诗作《除夜俗缘摆脱略尽，于味辛斋中祭诗，以"劳吾精神"为韵》即与贾岛有关，诗题中"祭诗""劳吾精神"者，源于后唐冯贽《云仙散录》"祭诗"条："《金门岁节》曰：贾岛常以岁除取一年所得诗，祭以酒脯，曰：'劳吾精神，以是补之。'"[15]92 由此可见，怀玉祭诗之举是对贾岛的仿效。诗作以"劳吾精神"为韵，则表现了对贾岛作诗苦吟态度的体认。诗作共四首，其中最明显地体现出对贾岛的认同的是第三首："砚北空低首，篇章耻未精。有灵怜岛瘦，无力薄元轻。擘脯还堆楄，倾醪恰满觥。效颦空复尔，千载寄遥情。"[5]（诗卷一）怀玉此诗作于乾隆三十三年（1769），由此可见怀玉在诗文创作上很早便有自觉而严格的要求，对"岛瘦"之风亦有偏爱。再以《喜月》为例："雨久不逢月，高楼弄影初。倦犹千遍看，愁向一宵除。情话忘深坐，浮生悟僦居。何须怪贾岛，身欲化蟾蜍。"[5]（诗卷七）诗中写醉心观月，千遍不倦，而诗意便取自贾岛《玩月》："寒月破东北，贾生立西南。西南立倚何，立倚青青杉。……却坐竹丛外，清思刮幽潜。量知爱月人，身愿化为蟾。"[16]两诗对照，可知怀玉诗末句便是袭用贾岛诗之末句而来。

怀玉对贾岛的推崇除了表现为诗文创作上对贾岛进行模仿借鉴，更为明显的表现就是效仿贾岛举行岁末祭诗。或是独自进行，或是友朋共举，一直到临终前最后一个除夕。道光二年（1822），怀玉依旧于"小除夕招同人寝室祭诗，亦循岁例也"[12]。在清代，与怀玉之举类似的岁末祭诗屡见不鲜，故罗时进先生认为，贾岛祭诗之举在其身后逐渐演变为一种文化习俗，"进入清代后，仿岛祭诗在文人中逐渐成风"[17]56。不过，像怀玉这样为之持守一生的，则应该是少数。当一种行为变成习惯，甚至是一种信仰之后，我们不难看出这种行为的象征意义："个人据其定义他们的世界、表达他们的感情、作出他们的判断"[18]176，即如怀玉，一面认为贾岛是诗人的范型，官虽卑而诗名不朽："长江祠墓至今存，过客重招西峤魂。但有诗名尚千古，可知人不在官尊。"[5]（诗卷十七《房山吊贾阆仙》）一面在祭诗时感慨仕途艰难，作诗也难臻至境："昔过房山墓，今从画里看。世方尊作佛，身竟屈于官。辛苦诗难就，峥嵘岁易阑。与君同一唧，落叶梦长安。"[5]（诗卷二十三《题贾阆仙祭诗图》）

怀玉对诗歌创作的虔敬、对于"不朽"的执着，祭诗之举是一个有力的证明。写作是一场绝望的竞赛，个体生命的有限性导致诗人随时都可能突然退出比赛；而终点的遥遥无期更难免会让人气馁。时至清代，面对前人珠玉在前的境况，极易产生一种难以超越的心理失落，即使偶获时誉，也难以消除文人对于无数潜在的诗家同辈的忧虑；而真正欲以立言留名后世的诗人，心里的忧虑就更重。首先他们担心被后人遗忘；其次后人作为裁判究竟如何投票，又绝非自己所能左右。岁末祭诗，既是对焦虑的一种抚慰，也是文人不能释怀的表现。

然而经过呕心沥血的努力，怀玉之诗终究在当日文坛占有了一席之地。作为"毗陵七子"之一，其诗"典赡之至，弥见从容""清而能婉，久而能新"[4]第1469册第120页（吴锡麒《有正味斋骈体文》续集卷一《赵味辛诗集序》），"如鲍家骢马，骨瘦步工"[19]，且有"渊渊金石之声，落落星河之色"，可谓"相如病久，终是文豪；子美官卑，徒成诗史"[5]（《亦有生斋集》陆继辂诗序）。故杨芳灿序其文集云："味辛先生，儒林丈人，词坛尊宿，多识前代之载，工为古人之文，海内诵其诗篇，士流奉为矩矱。"[4]第1477册第234页（杨芳灿《芙蓉山馆全集》文钞卷六《赵味辛先生〈亦有生斋诗文集〉序》）

三、"岛佛共坡仙"的别样形态

清代,无论是在东坡生辰之日祭苏、寿苏,还是除夕之时仿贾岛祭诗都非常盛行。比如洪亮吉,祭东坡作有《十二月十九日卷施阁招同人祀苏文忠公即席赋一章并邀诸人同作》[20]一诗,祭贾岛又有《小除日邀同吴侍读锡麒、戴吉士殿泗、赵舍人怀玉、温舍人汝能、方比部体、刘舍人锡五、伊比部秉绶、叶舍人继雯、张检讨问陶、彭明经蕙交、戴礼部敦元集卷施阁祭诗作》[20]一诗。怀玉亦参加了这两次祭祀活动并皆有诗,诗题分别是《是晚洪大亮吉复以东坡生日招同人集卷施阁归而作歌》[5](诗卷十五)和《小除夕集卷施阁仿唐人贾阆仙祭诗例作》[5](诗卷十五)。

不过,其时文人对苏轼或贾岛的祭祀多只取其一。比如怀玉知交翁方纲,"作寿苏之会,展开了终其一生的二十余次寿苏会,是为迄今个人招集次数最多的寿苏会"[21]60,但翁方纲却罕有除夕仿贾岛祭诗之举,且对时人学岛颇不以为然。其《复初斋集·近人有仿张为〈主客图〉取张司业、贾长江以下五律成集者,赋此正之四首》对"近人"[1]907("近人"指高密诗派之"三李")严辞告诫,认为贾岛五律殊非得杜之真髓:"如何凭窘步,骚雅欲追攀?"在诗注中既一语道断"唐五言律诗,继少陵者樊川玉溪耳",将贾岛排除在外,又直言不讳"此仿《主客图》者,正坐一窘字"[22]。严迪昌以为,"寒瘦"诗风自然不宏阔,其"窘"是必然的。艺术个性上呈现"窘"态而不雄肆开阔,恰恰是心态冷落的外在表现。翁方纲对高密诗风的抨击,是乾、嘉之际朝野诗派间的又一次冲突。[1]907

可是,揆诸怀玉的创作活动,似又不见此种冲突。怀玉也在朝为官,却对贾岛颇怀好感,晚年更是将贾岛与东坡相提并论。对于怀玉而言,祭苏祭岛均是年末必举之仪。如其《除日》诗:"酒脯初陈桦烛然,阆仙端合配坡仙是日祭诗以东坡画像与贾长江并悬于室。精神敝尽聪明损,尚有诗多胜去年。"[5](诗卷二十四)《岁暮杂诗》亦云:"瓣香沿岁例,岛佛共坡仙每腊月十九日及小除夕,辄为贾长江与苏端明设祀。愧咏长安叶,遑思阳羡田。民愚尚巫觋,俗多备牲牷。拟汰非其鬼,家规准古编常俗年终祀神多不合礼,吾家相沿亦未能免,欲辑书训,后病未暇也。"[8](卷一)

上文讲过,怀玉对东坡可谓情有独钟。每逢东坡生辰之日即作祭祀活动;

· 279 ·

亦能熟诵东坡诗歌，并时步其韵，屡传其神；而观东坡遗迹遗物，则表现了其追慕东坡之心。暮年时尚"取苏子瞻氏'有酒学仙、无酒学佛'之言，作《二学图》，而命方履篯为之记"[4]第1516册第500页（《赵收庵先生二学图记》，方履篯《万善花室文稿》）。爱屋及乌，怀玉还曾校勘东坡之子苏过的文集《斜川集》，使尘封数百年的文献重见天日："沉晦伏匿，至六百数十年，而卒显于右文之世，不可谓非幸矣"[5]（文卷二《校刻〈斜川集〉序》)，并认为苏过的诗文"具有家法。东坡好和陶，而叔党有小斜川之作；东坡善言兵，而叔党有论黎事之书。出处进退，未忘家国，使天假以年，名或不在父下"[5]（文卷二《校刻〈斜川集〉序》），对苏过可谓推崇备至，于此也可见怀玉对东坡的熟谙程度。

怀玉既爱东坡，又复追贾岛。怀玉推重东坡，对东坡诗文及其好尚也当了然于胸；然而东坡以"岛瘦"评价贾岛，其诗中也多有轻视贾岛之处，如"君看押强韵，已胜郊与岛"[23]卷二十三"定非郊与岛，笔势江河宽"[23]卷二十八之类。但怀玉却不以为意，对"岛瘦"之风依旧颇为偏爱，不惟自己以"骨瘦"自居，对友朋之"瘦"也颇为称许。如其赞友人诗句"高怀竞爽素商节，瘦句直追无本僧"[5]（诗卷四《为汤大令大奎题吟秋图卷子兼送北行》），"书瘦可通神，身瘦则多寿。惟此骨嶙峋，实禀气灵秀"[5]（诗卷十八《瘦石篇为陈上舍用光赋》）等。时人对怀玉也颇以"工愁""骨瘦"形容之，除了广为人知的洪亮吉所评"如鲍家骢马，骨瘦步工"[19]之语外，其他如管干贞云"工愁工病最才多，念我烟波尚孤往"[10]第383册第682页（《味辛舍人书来索题昨岁秋江送别图补作代书》，管干贞《松厓诗钞》），何道生"舍人今通才，五世绍华胄。眉宇何轩昂，骨格极清瘦"[10]第481册第43页（《赵恭毅公世德诗题后为味辛舍人怀玉作》，何道生《双藤书屋诗集》）等等，皆可为证。

怀玉之举看似唐突东坡，但细加思索，实恰得东坡之精髓。东坡胸襟超旷，对于不同文风能够兼容并蓄，"短长肥瘠各有态""淡妆浓抹总相宜"。怀玉同宗东坡、贾岛，恰恰是对东坡精神的继承，在东坡接受史上也呈现了独特样态。

这种样态并非始自怀玉，宋时便已有之："湖海几经年，论交岂偶然。坐间尊岛佛，客里识坡仙。解使任心服，还羞懒腹便。拈来唐句法，元入小乘禅。"[24]（卷二百九十四《顺适堂吟稿续集》）不过此处虽将"岛佛"与"坡仙"并举，实际上还是有所区分的。而到了怀玉则真正对二者不分轩轾了，从怀玉好友吴锡麒的评价中也可看出这一点："味辛妙寻静契，躭味道腴。以为煨芋之缘,可缔诸南岳;烧笋之约,当践乎东坡。不必学结夏之头陀,作打钟之行者。惟是茶烟一榻,米汁三升。鱼梵乍闻,答之贾岛之佛;凫灯未灭,坐如摩诘之禅。但期著书之等身,不必将铜而鍱腹。"[4]第1469册第1页(《赵味辛舍人穹窿读书图序》,吴锡麒《有正味斋骈体文》)所谓"烧笋之约,当践乎东坡",是强调如东坡之爱竹;所谓"答之贾岛之佛",则是"但期著书之等身",学苏亦兼仿岛,并将其与自我的立身处世、人生追求融为一体,在学苏之人中算得上是别开生面了。

结　语

赵怀玉对东坡心慕手追,生平"皈心到大坡"[5](诗卷十七《东坡生日集芥室销寒之集于是止矣,因纪以诗》),然而,东坡毕竟难以企及,"公名久炳穹壤闲,我疾不称而没世。公髯绝伦轶羣姿,我苦捻断徒吟诗"[5](诗卷二十六《往在京师,罗山人聘画东坡先生像赠余,出入携之,垂二十载,人皆以为与余相肖,但差肥耳,山斋无事,因题一诗》)。怀玉渴望如东坡一样大名彪炳,体现出其对诗文价值的珍视,也是乾嘉士人别样雄心的展现。中国传统文化中"三不朽"的人生追求,历来是仁人志士力图实现的最终价值。"立德"最高,盖立德"知易行难",始者易而终者难。持守一身的道德,稍一轻忽即可能前功尽弃;"立功"次之,然立功依赖极大的偶然性,若非生逢其时、身登其位,亦难有实现之机;故相比之下,"立言"的实现所面临的阻碍较小,再加上乾嘉之际的文坛具备了相应的条件,"立言"遂成为了文人学者的自觉追求。故怀玉羡东坡大名而难以企及,则学贾岛之"苦吟",倡扬"但有诗名尚千古,可知人不在官尊"[5](诗卷十七《房山吊贾阆仙》)。前人祭悼贾岛,往往因其诗尚苦吟,又加仕途困顿,遂生同情之心或共鸣之意;怀玉则在凸显贾岛千古诗名的同时,展现了对文人潜心创作的重视和藐视世俗功名的不凡气度。在后世仰苏、学苏的风气中呈现出了一种独特的样态,为东坡研究提供了一个特殊的视角。

注　释

[1] 严迪昌《清诗史》,浙江古籍出版社2002年版。

[2] 朱则杰《清诗史》,江苏古籍出版社2000年版。

[3] 刘世南《清诗流派史》,人民文学出版社2004年版。

[4]《续修四库全书》编委会编《续修四库全书》,上海古籍出版社2002年版。

[5] 赵怀玉《亦有生斋集》,道光元年(1821)刻本。另:醉吟诗社,"康熙间杨研堂先生维坤集醉吟诗社,同人于白太傅生日设祀赋诗而作也。是集九人,取九老之意,诗僧仁杲与焉,其后研堂生辰,同人复于寿白轩集咏,可谓一时之盛"(《为杨上舍大墉题寿白轩遗墨》),见《亦有生斋续集》卷三;浣花会,康熙三十四年(1695),武进庄楷、恽格、胡香昊、唐恽宸、陈炼、董大伦举浣花会纪念杜甫,见《武进阳湖合志》卷二十六《人物·文学》。

[6] 刘勇刚《试论苏东坡对常州地域文化的影响》,参见《常州工学院学报》2004年第5期。

[7] 钱仲联《三百年来江苏的古典诗歌》,参见《梦苕庵清代文学论集》,齐鲁书社1983年版。

[8] 〔清〕赵怀玉《亦有生斋续集》,道光元年(1821)刻本。

[9] 邓之诚《清诗纪事初编》,上海古籍出版社2012年版。

[10]《清代诗文集汇编》编纂委员会编《清代诗文集汇编》,上海古籍出版社2010年版。

[11] 叶德辉《叶德辉文集》,华东师范大学出版社2010年版。

[12] 赵怀玉《收庵居士自叙年谱略》,道光十二年(1832)刻本。

[13] 谭坤《论清代常州文人对苏轼的接受》,参见《江苏理工学院学报》2018年第1期。

[14] 此数字有误,应当是十一篇十八首诗歌。再将《亦有生斋续集》诗词一并统计,加上《十二月十九日雪》(《亦有生斋续集》卷二)、《角招·十二月十九日修东坡先生生日之祀》(《亦有生斋续集》卷七),则共有二十首。

[15] 冯贽编,张力伟点校《云仙散录》,中华书局2008年版。

[16] 〔唐〕贾岛《长江集》卷一,四部丛刊景明翻宋本。

[17] 罗时进《作为清代文学批评形式的"岁末祭诗"》,参见《文艺研究》2017年第8期。

[18] 〔美〕克利福德·格尔茨《文化的解释》,韩莉译,译林出版社2014年版。

[19] 〔清〕洪亮吉《北江诗话》卷一,清光绪授经堂刻洪北江全集本。

[20] 〔清〕洪亮吉《卷施阁集》诗卷十七,清光绪三年(1877)洪氏授经堂刻洪北江全集增修本。

[21] 衣若芬《时间·物质·记忆——清代寿苏会之文化图景》,参见《长江学术》2016年第4期。

[22] 〔清〕翁方纲《复初斋诗集》卷六十三,清刻本。

[23] 〔宋〕苏轼撰,施元之注《施注苏诗》,清文渊阁四库全书本。

[24] 〔宋〕陈思辑,陈世隆补辑《两宋名贤小集》,清文渊阁四库全书本。

论何绍基诗"逼肖苏诗"的艺术特征

◇ 兰石洪[*]

　　道咸宗宋诗风代表人物何绍基（1799—1873）着力追摹苏诗，金天羽称他为"晚清诗人学苏最工者"（《艺林九友歌序》）[1]220，钱仲联亦称他为"晚清学苏第一人"[2]403。苏轼是何氏最为心仪的古代文人，其《东坡生日作束研生》云："独于坡也何私焉，岂非节义文章全。兼以谐藻辉山川，爱极顽艳包媸妍。……或谓踪迹同臞仙，诚有微尚愿勉旃。"[3]531《眉州试毕敬谒三苏祠》云："登州看云海，岭外借笠屐。春风西湖堤，大雪黄州壁。东坡旧游处，一一我留迹。"何氏作诗最喜步苏诗之韵，有意识追踪苏轼行迹，从清远脱俗的人格魅力到轶尘绝迹的性情胸襟再到关心民瘼的政治态度以及翻澜不穷、百态横生的诗文艺术，都让他对坡公钦佩不已。可惜金天羽、钱仲联只是下了一个感悟式的判语，到底其诗逼肖苏诗的表现何在，学界对此问题的探讨并未展开，本文拟以探讨何诗逼肖苏诗的艺术特征。

一

　　钱仲联先生说："人皆知东坡诗长处在'笔所未到气已吞'，不知其消息在于'交柯乱叶动无数，一一皆可寻其源'。"[2]280钱老认为苏诗具有放笔纵意而又精微入神的特点，用苏轼自己的话就是"始知真放本精微"（《子由新修汝州龙兴寺吴画壁》）。何诗亦具有苏诗豪放而又精微的特点。

　　首先，何绍基善于用酣畅淋漓、一气呵成的语言传达"了然于心""了然于口和手"的事物神理。何氏主张写诗"要意为主，韵为辅"（《与汪菊士论诗》），又积学不倦，学问事理、性情胸襟一发为诗，酣畅淋漓，自然成文，故其诗有"随

---

[*] 作者简介：兰石洪，贵州师范学院文学院副教授。

境触发,郁勃横恣,适如其意之所欲出"[4] 101—102 的特点,适近于苏轼自己所云"好诗如脱兔,下笔先落鹘"(《送欧阳推官赴华州监酒》)的特点。何氏古体诗多写得酣畅淋漓,如《大人命题顾南雅丈画唐梅》:

> 丈人倾墨先得根。墨气已化垂天云,凡物愈古愈奇逸。阅历世变精灵出,何况梅花性屈强。岂肯布叶安花守恒律,丈人觑觑天与笔。旋牵盘旋想精实,古梅神来追不及。万叶万枝到仓卒,忽作横枝千丈势。化作奇龙来据地,不知是花是鳞甲。鼓努抟拽成拗枝,掷笔一笑下真宰。果是生成不添改,世间凡卉徒纷纷。挽回元气二千载,归来展向退思堂。儿童走看喜欲狂,糊壁不用锦绣装。纸墨十日尚透湿,上有黑龙潭下万年不动水光。命儿作诗不许怪,儿诗已出梅花外。万里同云雪来大,此是梅花真世界。踏雪走叩丈人庐,若斯异景奇情又是如何画?[3] 80

钱仲联先生评此诗云:"笔墨酣饱,真写得出。"[2] 337 全诗紧扣"唐梅"的苍老奇逸随物赋形,突出图中古梅倔强苍道、势如奇龙、鼓努抟拗、元气淋漓的特点。古梅的相应画法亦如古梅的腾骧变化,顾纯画梅得解衣槃礴之妙,振笔直遂,兔起鹘落,尽摄神理。语势亦如震荡乾坤的古梅那样酣畅淋漓,一气呵成,自然流走。

其次,何诗的豪放酣畅并非一味粗豪,适近于苏诗"体物常常达到精细入微的传神程度"[5] 161 的特点。何氏冥搜造微,善体物理,或状难写之形,如在目前;或探赜入微,肖物之神。如乳虎的形象本难以刻画,而何氏用"乳子嬉游荒谷中,虽然不啸也生风"(《题蒋濂画乳虎》)表现画中乳虎天真而威武的形象,栩栩如生。又如《秋夜有怀》:"云影扫开星点乱,树声敲碎月光多。"上句刻画云影飘拂、月华流泻、疏星闪烁不定的天空夜景,下句描摹轻风吹动树叶沙沙有声,月光从树叶筛漏出来的近景,"敲碎"由听觉转到视觉,这种探赜入微的体物技巧令人叫绝!再如其《虎爪笋》对形状奇怪竹笋的刻画:

> 竹根穿石石虎踞,竹学虎腾成虎怒。攫拿芒角亘横互,迸力摇山爪齐露。清晨钩锸破樵屦,樵斧无声剥爪去。堂前苛客把杯倨,见之眦裂涎争注,一握倍敌双螯柱。虎兮虎兮倒卧几阅春山春,掌

指虽出仍藏身。清刚之气可以化俗腑,世间龙肉徒纷纷。待余饱食纵汝挟云走,慎勿转跃石底矻矻先求伸。"[3]71

诗中运用夸张、拟人、比喻等修辞格,选用传神的动词、形容词表现竹笋的怪状和生命力。此诗前四句描写虎爪状笋,有活虎飞腾之势,爪牙蓄千钧之力,如虎搏人状,栩栩如生,映现眼前;中间写食客狼吞虎咽状,幽默生动;最后借题发挥,聊借卧虎喻己怀抱利器,壮志难酬。其《题陈忠愍公遗像练栗人属作》着力表现英烈的毅魄忠魂,绘声绘影,毛发俱动,入木三分,力透纸背:"遗貌觥觥面铁色,惨淡风霆绕烟墨。忠魂到处若留影,阴气满天来杀贼。"如钱仲联《近代诗评》所评:"何东洲绍基如写生高手,焕发神明。"[6]

何氏意适辞达而又体物细微,能使得其诗鲜明生动的意象豁然流溢楮墨,近似于苏诗"天生健笔一枝,爽如哀梨,快如并剪,有必达之隐,无难显之情"[7]56透辟爽快而又体物精微的特点,在以学问相高的清代学人之诗中独具特色,没有乾嘉宋诗派诗人翁方纲枯窘滞涩、厉鹗冷僻饾饤的流弊,比之宋诗派其他成员如程恩泽、祁巂藻、莫友芝等人,更富于诗意,更少佶屈聱牙的学究习气。

二

苏轼诗文得益于《庄子》和《华严经》,有如宋人敖陶孙所说的"屈注天潢,倒连沧海,变眩百怪"[8]18(《诗人玉屑》卷二引),驱雷斥电,想落天外,天风海雨,辐辏笔端,有着浓郁的浪漫主义色彩。何绍基曾在《汤海秋诗集序》中说:"吾楚人为诗而不求之于屈子之《离骚》《九歌》《天问》诸篇,是数典而忘其祖也。"何诗亦具有想象丰富、主体情感浓郁的浪漫主义特点。

第一,何诗想象力丰富,有时不屑对客观事物做细致的描写,而纯任想象之驰骋。如《柁》:"一柁孤羁在船底,终夜兀兀鸣不已。似语天寒岁云暮,游子胡为在万里?嗟余首夏辞长安,南溟誓逐鲲鹏抟。谁期有璞不可献,深山婉转徒自看。扬帆忽复泛湘水,倚间人在浮云端。乾坤俯仰万感集,霜叶作语多辛酸!何年持节与王事?万里乘风等儿戏。方期乘木济大川,莫再蒙头恋朝寐。"[3]43—44此诗由船柁声联想到自己求仕多年,却难以一售,和船柁一样只能自鸣不已,不能一展宏图,为国家鸣。诗隐括了庄子、李白、韩愈等人的典故,想象丰富,意象跳跃性大。《如游城西碧落寺》则类似西方意识流作品,缓缓写观景过程中的意识流泻,此诗神似韩愈《山石》诗,以散句单行之笔写所见所感,语言古朴,用笔狠重,想象丰富,任凭自己意识流泻于物,景物无不带上浓烈主观色彩,有点像西方意识流作品。

何氏题画诗更体现了诗人"神驰六合,挥斥八极"的想象力。如《忠州道中阅石涛画次韵题册后》:

老夫昨日偶穿山,险被云封不得还。扶杖归来寻水墨,笔锋点破万峰颜。曾穿庐阜入黄山,携得松云满担还。今日画船称使者,镜中犹是野夫颜。[3] 309

此二诗写何氏神思驰骛,神游画中,不知何者为画何者为诗人的赏画乐趣。石涛搜尽奇峰打草稿,其山水画尽得造化之妙。其一云诗人玩摩其画,沉浸、神游画中,差点迷了路,一"点"字,斩钉截铁,极形容其画直截山水神理也!可理解为诗人公干之余游山玩水、穿行忠州山道中差点迷路,山环水绕,和石涛山水画何其相似!其二云诗人阅画,在画中体验山水之乐,神游名山大阜,画的魅力如同音乐三日绕梁,画面还老萦绕在脑海中,老觉得自己烟云缭绕,堂堂学使犹带有"野夫"之颜,沉浸画中不能自拔。也可理解为画面勾起了自己温馨的旅游经历,回想起来烟云满怀,虽是朝廷命官,内心仍向往"濠上之乐",石涛的画撩起了自己"野性",犹带"野夫颜"。我们不得不为诗人的构思和出人意表的想象力叹服。谭献《复堂词录叙》谓"作者之用心未必然,而读者之用心何必不然"[9] 77,这两首诗韵味无穷,见仁见智,不可胶着理解。

第二,跟苏轼一样,何绍基善于设譬,极尽比附之能事,用精妙的比喻表现其想象力。"东坡的比喻自然妥帖,使人读来浑然不觉"[10] 249,何诗设喻精妙自然,可与坡公平分秋色。或用前人难以想到的书法形象譬喻景物或情怀,如"江南春水初生时,一波千折碧成篆"(《题吴冠英春水归帆图兼示叶香士叠前韵》),"诗怀万里寥天鹤,书势千年宛颈鹅"(《研生将返石潭度岁》);或兼用通感、曲喻传达景物之神,如"微月带云楼兽栋,繁星如雨湿羊裘"(《七日宿金顶寺》),着一"湿"字表现寒夜高山的星繁月淡之景,也巧妙传达诗人流连星空景色不觉山间湿冷露气沾湿衣服的特殊感受;或者将反差极大的喻体组合一起,凸显语言的张力,如"三月酷热不可襦,饥蚊如虎争啮肤。

岂料清风大月夜,冰肌玉骨逢仙姝"(《龙兰簃望如招游水北山庄月下初尝荔枝》),前两句兼用夸张,突出蚊子凶悍,后两句用冰肌玉骨之仙女譬喻荔枝,清尘绝俗,一丑极,一雅极,形成了诗文内在脉络的中断、撞击,使诗句充满了张力;或者以虚喻实,或以虚喻虚,或虚实互化,创造出内蕴极其丰富的形象,以取得惊人的陌生化效果。以虚喻实如"快尝嘉果真嘉州,似咀新诗坡与涪",两者都有味外之味、余香满口的共同点,用虚的读苏黄诗的感受喻实的尝荔枝的美味,实在难得。以虚喻虚如"别来弹指二十年,梦似游鱼无可捕"(《沛宁舟中题贾丹生大明湖图卷》),喻体水中游鱼若即若离、若隐若现,是很虚幻的喻体,用以比喻如电如幻的梦幻人生,却让人产生咀嚼不尽的意味。这些精妙生新的比喻是何氏以故为新、不甘牛后的创新精神的生动体现,比之于苏诗亦毫不逊色。

东坡"还有一个绝技,就是连用多个比喻来形容一个对象,前人称之博喻,或称'比喻中的车轮战术'"[10]249,其《百步洪》连用七喻比拟水势,博喻联翩,极尽譬喻之能事。何绍基更是对博喻手法变本加厉,大加运用。被钱仲联《论近代诗四十家》誉为"奇想破空,可称杰构"[11]139的七古名篇《飞云岩》,描写"黔南第一盛景"飞云岩,以云喻石壁,以芸芸众生喻"云",连环套喻,翻澜不穷,变化万千,极尽奇谲变化之妙:

垂天之云向天布,来为人间沛甘澍。功成气猛不自收,太古阴风莽吹迓。云欲上天天谓顽,太虚缥缈无由还。云欲回山断根络,鏖秘岩扃无住着。忙云失势化闲云,云自无心不悔错。幻为百千万亿云,云云一气相合分。一云乍起一云落,一云向前一云却。一云奋舞一云懒,一云欢喜一云愕。大云睢盱母覆子,小云番戢鱼吹水。丑云惩缩妍云笑,痴云疑立灵云诡。睡云颓散欲着床,淡云散涣偏成绮……如鬼如神如将相,如屋如塔如桥梁。如龟蛇蛰虎兕吼,鸾凤蚡蚨虹龙纠。世间人我与众生,云无不无无不有……白龙同云自天下,云不飞回龙亦罢……寄语看诗读记人,我所道云都是石。[3]206—207

奇想联翩,妙喻迭出,把人带入一个瑰丽多姿的幻化世界。直到末尾,读者尚且意犹未尽,诗人不得不作说明,"我所道云都是石"。全诗纯用口语,酣畅淋漓,一气呵成。钱仲联评此诗说:"七古奇作,断推《飞云岩》为压卷。……此诗具如来三十二种相,八十种好。一结画龙点睛,化堆垛为烟云,斯为神奇。"[2]336—337 又如《望雪同子毅作》用造语险峭、连绵不断的比喻表现自己雪中所见所闻所感受:"狂风感夜气,驰骤声相及。寒棱悬空中,相逼苦迫急。萧如洞壑閟,矗若波涛立。捷如剑侠过,慄似荒鬼入。镜哑月魄瘦,脂枯日轮涩。青山空峥嵘,流水忘于邑。孤熊黑蹲塑,老蚊暗有泣……"[3]123—124

三

苏轼认为:"街谈市巷语,皆可入诗,但要人熔化耳。"(周紫芝《竹坡诗话》引)[12]354 后人评苏诗亦云:"街谈巷说,俚鄙之言,一经坡手,似神仙点瓦砾为黄金,自有妙处。"[13]105 这二句表明,苏诗从题材来看,善于以故为新,"将平凡、常见的生活内容升华进入诗的境界"[10]241;从语言来看,善于以俗为雅,将方言俗语淘洗加工成诗的语言。何诗亦深得苏轼"以故为新,以俗为雅"之妙,举凡琐细闲事、新鲜事物、鄙语俗言皆入于诗,化为妙篇。

第一,从题材上来看,何绍基善于将琐细闲事娓娓道来,融入文人的高雅情趣。如他的诗对洗脚、午睡、苦热等琐细闲事津津乐道。洗脚在别人看来粗俗不堪、不宜入诗,他却不厌其烦地写了两次,化鄙俗为文雅,写得细腻、风趣。第一首《濯足》主要细腻描写濯足过程,用春风拂人形象譬喻洗脚时五体舒畅、飘飘欲仙的感觉,最后根据自己体会水到渠成地阐明"从来万物理,要自卑者先"的哲理。第二首写法上一波三折,有散文开阖变化、起承转合之妙。先用议论开头,手足头目是大自然所赐,不应有轻重主次之分,不爱惜足圣人都不会高兴,是引起;接着四句简练写濯足,是承接;接下来忽而又宕开一笔,不顺着上文意写濯足之乐,反而为洗掉脚上京华带来的香尘感到惋惜,忆及京华紫陌红尘、放旷不羁的生活,是转折;最后是合,折回眼前,尽情享受濯足之乐,又神思驰逸,在缈缈幻想游仙中收束全诗,显得余音袅袅,不绝如缕。为使此题材雅化,诗人选用一些书面化甚至生僻的词汇,如"奇蚌""攩抄""婴婉""双骭""韈屦"等,从而把这种常人看来的鄙俗题材写得如此出神入化,其化俗为雅的技巧比东坡有过之而无不及之妙。

何氏善于从前人看来鄙俗不堪的琐碎题材中提炼出富于诗意的情节。如《兜子》:"一方兜子两竿竹,穿破荒荒猿鸟群。莫怪舆人肩荷重,归装添载两山云。"前二句把乡村简易轿子兜子写得风趣生动,何氏用旅途观景看山的新鲜感受冲淡无聊、单调甚至困乏的旅途心绪;第三句又流露出自己餍足山水坐轿时间之久给舆人增添麻烦产生的不安;第四句则传达这次简易旅行给自己带来的欢悦和满足。短短四句,包蕴的内容和感情如此丰富,可见何氏化俗事苦事为妙诗的才能。又如《十一月初八日舟中坐饥甚》写饥饿体验,却没有详细叙写自己饥寒困苦的状况和原因,而是以豪迈的笔调写自己在饥饿状态驾驭万物,体验诗之妙境。再如《败笔》以自己平时练字写秃了扔掉的毛笔为题材,生发"最怜无罪已遭斥,未尽厥能偏易舍"的感慨,和韩愈《毛颖传》立意相似。这些琐碎俗事经过何氏的提炼和生发,变成诗意盎然的妙章,跟苏、黄等人的题材取向一致,体现了宋诗派对题材的开拓和深化之功。

第二,从语言上看,何绍基像苏诗那样善于熔铸鄙言俗语,增添了幽默风趣的情味。苏诗注意吸收新鲜活泼的口语入诗,《诗人玉屑》卷六引《西清诗话》云:"诗家不妨间用俗语,尤见功夫……东坡亦有之:'避谤诗寻医,畏病酒入务。'又云:'风来震泽帆初饱,雨入松江水渐肥','寻医''入务''风饱''水肥',皆俗语也。"[14]136 何诗在这方面深得苏诗点化俗语之妙。如《渡沅》:"今日渡沅江,明日渡沅江。一日一回渡,风横雨不降。五里渡沅水,十里渡沅水。一日两回渡,……"[3]200 采用新鲜朴实的民歌语汇入诗,令人耳目一新。《木皮殿》:"步出泥水中,走上木皮殿。燃灯寻衲子,照见菩萨面。低眉已睡著,见客色不变。待客睡着时,才把光明现。"[3]349 此诗纯用口语,类似"打油诗",但又不失幽默风趣。《上亭驿》:"一曲淋铃泪万行,三郎侥幸此郎当。后来南内听秋雨,谁制新声奏上皇。"[3]299 此诗前二句以湖南方言"郎当"("郎当"谓人游手好闲,不务正业)讥刺唐明皇荒淫怠政造成的恶果,后二句以典雅的语言写唐明皇返回长安幽居生活的凄苦,包含了诗人的同情,泼辣、文雅语言风格的巧妙组合给这首七绝平添了感情张力和语言张力。如第二句换成其他典雅的书面词,肯定无此效果。但陈衍却认为何绍基这种做法有失文雅:"至间喜用通俗语词,如'湘省厘捐薪水宽,坐卡如斯况做官''鄂州试上火轮船''北看郡桌两衙门''昨日开场大雅班''花翎兵备早扬誉''自鸣洋钟将报十'等句,为世诟病,不可谓非本色之过也。"[15]75—76 其实从生活中镕铸语汇、自铸新词是文学推陈出新的重要途径,"但寻牛矢觅归路,家在牛栏西复西"(《被酒独行,遍至子云、威、徽、先觉四黎之舍三首》)、"三杯软饱后,一枕黑甜余"(《发广州》)已成为苏诗"以俗为雅"的经典范例,陈衍的指责不足为训。反而何绍基和郑珍这方面的努力格外值得学界珍视,在某种程度上改变了宋诗派其他诗人片面从书本中撷拾典故语汇、佶屈聱牙的诗风。

第三,"肯放坡诗百态新"(元好问),求新求异是苏诗的重要特点。如苏诗写前人很少吟咏的农具写入诗中,如吟咏水车、秧马等新式农具,而且写得灵动有趣。何氏亦大胆将新鲜事物写入诗中。如《达奚司空像》追溯基督教在中国流布的历史,表达对当时基督教流遍中国的隐忧:"习耶稣法重礼拜,风教正类西斑牛。永乐朝贡王不返,司空殉主或有由。今日天主教,流传遍中国。"[3] 574《乘火轮船游澳门与香港作往返三日约水程二千里》则是晚清诗界革命融汇新题材、新词汇的先声:"水激水沸水轮转,舟得轮转疑有神。约三时许七百里,海行更比江行驶。不帆不篙惟恃炉,炉中石炭气焰粗。有时热逼颇难避,海风一凉人意苏。一日澳门住,一日香港息。澳门半华夷,香港真外国。一层坡岭一层屋,街石磨平莹如玉。初更月出门尽闭,只许夷车莽驰逐。"[3] 572—573 何氏诗中对坐轮船感受的描写传神逼真,又流露出诗人对香港英夷横行的深切忧虑。

四

"以文为诗,自昌黎始;至东坡益大放厥词,别开生面,成一代之大观"[7] 56,"坡诗纵横如古文"[16] 241,"以文为诗"是苏诗的重要特点,何诗亦深得苏诗"以文为诗"之长。何绍基跟古文大家龚自珍、梅曾亮、姚莹、曾国藩等过从甚密,着力追摹杜、韩、苏、黄诗歌,以文为诗在其长篇古体诗中表现得尤为突出。

首先,何诗吸收古文章法特点,将诗写得纵横开阖、抑扬跌宕。古体诗本来便于才华横溢的诗人驰骋文思,何绍基又有意以分合、收纵、跌宕、顿挫的散文章法为之,因而就使其诗章法层次严密,而又能汪洋恣肆、波澜起伏。如《题王蓬心先生永州画册》共一百二十三句,八百六十一字,分为五层。第一层写看画,描写画面及由画面联想到自己髫龄随父离开家乡未能充分领略家乡山水之美;第二层写赠画,友人慷慨赠送,自己得以神游家乡山山水水,以解思乡之苦;第三层评画,以董其昌、王蓬心为例阐明画家亲历山水对创作的重要性;第四层写想画,自己酷嗜王蓬心画,还因为自己父亲是王的州学弟子,并想到另一位对父亲有知遇之恩的老师——谏臣兼书画家的钱南园,睹物思人,又想起父亲幼年失怙、困苦淬砺求学情景;第五层写家乡友人相招,自己王命在身不能应邀游玩,只能凭画摩挲。此诗笔势奇纵,一气奔赴中又有顿挫之妙,类似古文的章法。又如前面提到的《濯足》,章法类似散文起承转合的结构;《飞云岩》饱蘸彩笔浓墨铺陈形形色色、变化多姿的"云",神似《庄子》汪洋恣肆又脉络分明的章法特点。其诗集中不少这样的古体长诗,毋须多举。

其次,何诗还较多地引进散文的句式字法,而能做到驾驭自如,自然妥帖。何诗古体多单行散句,如卷六《题伍燕堂丈流觞图》三十六句全都为单行的散句,卷十《牟珠洞》二十四句也全都是单行散句,卷八《题陈忠愍公化成遗像练栗人属作》四十句除了"息肩暂见时事解,蹙额何时祸源塞"为偶句外,其余均为单行散句。不少五七言古体,通篇不见对偶,这都是古文的用语习惯。卷二《王先生诗》全用散文句式笔法写,如同有韵之文。何诗还时常揉进散文中的语气词,有意中断流畅之意脉,增加诗歌句式力度,如:"儿今老矣癖更甚,谓笔外韵公观之。"(《题蓬樵癸丑画册信笔疾书有怀海琴》)"吾师今已矣,哲人忽而萎。"(《秋镫课读图诗为程镇北作》)"集成各有荔枝作,嘉州之游何壮邪!"(《余既作啖荔诗王梅溪……》)或像自己钦佩的秀水派钱载及其师程恩泽一样,也喜欢从句调上见变化,于整齐中见变化,如《元象》:"石根水怒水根石,天外山惊山外天。"《画山》:"世人爱山不识画,可信天工难假借。世人见画不识山,墨采笔痕谁脱化?"《蒋芗泉方伯送酒》:"来时如风去如雨,不知定洒谁家土?来时如雨去如风,雨屦一笠先腾空。"或以散文句法打破诗歌韵律,增加诗歌句律的拗峭色彩,扭转乾嘉诗风的平易力弱,如《五月望日得雨深透次日中丞有诗索和》:"如万马走坂,如群鹰脱绦。"(一四式)《生日书怀》:"生我者父母,成我者舅爷。"(三二式)《题瘗鹤铭寄还杨龙石》:"有十许字悬茅厅,是真水拓留古馨。"(一三三式)

再次,何氏好"以议论为诗",又能以"议论带情韵而行",这是何诗近于苏诗"以文为诗"的又一特点。有学者认为"苏诗中的议论,多是借助形象化的文学语言"[17]86,"理趣诗的核心价值不在'理'而在'趣',只有洋溢在字里行间的趣味才是理趣诗成功的关键。东坡的理趣诗就是如此"[10]246。苏轼"以议论为诗"的成功之处就在于诗中议论既形象又有趣。何氏"平日肆力于经史百子、许、郑诸家之学"[18]889,其诗集中谈论文艺、探讨学术的诗七百余首,几占其诗总数二千四百余首的三分之一。何绍基并非像前辈翁方纲等人那样"借五七字为注疏考据尾闾之泄也"[19] 464,而是看重学养、学理在诗中渗透的深厚气味:"作诗文必须胸有积轴,气味始能深厚,然亦须读书……诗文中不可无考据。"(《题冯鲁川小像册论诗》)何诗实践了其诗歌渗透学问、学养的理论,诗中议论往往能够将学问、情思水乳交融,擅长用形象生动的诗歌语言拈出发人深省的文艺哲理。如《题石涛画册吴平斋藏》云:"本色不出不高,本色不脱不超。探遍奇山打稿,岂知别有石涛。"表达其不断外师造化从而脱化创新的美学观,议论精警透辟。又如《王子梅盗诗图》:

  膏火自焚木自寇,性灵自泄谁与守?况兼钩距穷物情,造化难扃百穿漏。诗先有盗盗乃生,盗诗者以不平平。劝君从此但寂坐,剖斗折衡民不争。[3] 270

  这是一首融趣味性、学理性、人文性于一炉的佳作。一、二句,起笔突兀,"膏火自焚木自寇"出自《庄子·人世间》"山木,自寇也;膏火,自煎也",意谓造化"性灵自泄",无人为造化守护奥秘。三、四句表现王子梅"偷觑天巧""扃穿造化"的艺术窥探力,其诗其画"穷尽物情"。五、六句,诗人大胆"偷觑天巧",用以浇释胸中的郁勃不平之气,从而达到心理平衡。七、八句用调侃的语气劝慰友人王子梅收藏他的灵心慧性,这样才能臻于"剖斗折衡民不争"(用《庄子·胠箧》"剖斗折衡,而民不争"典)恬淡无为的天成之境,实则诗人认为王子梅于画还只达"天机迥高,思与神合"的"神格",尚未臻至"笔简形具,得之自然"的"逸格",最后两句又包含着何氏对友人提升画境的期待。全诗以"盗"生发,调侃友人,富于诙谐幽默的情趣;诗用典贴切,以议论为主,但议论中含有丰富的感情(赞美、惊叹、期待)和富于表现力的描写(造化难扃百穿漏),蕴含着深刻的艺术哲理,情、事、理水乳交融。何氏此类诗很多,用诗形象地阐发艺术理论比纯用无韵之文表达更富于诗味,往往也更精妙。

  何诗借鉴散文章法句法字法及说理方法的诗学实践活动有效地推动了不同文体互相资取、深化文艺创作规律的探讨,跟程恩泽、曾国藩、郑珍等人一起,以矫健雄浑的诗风力挽"浓腻浮滑,到了极弊"[11] 115的乾嘉诗风,扩大了宋诗运动的影响。

论何绍基诗"逼肖苏诗"的艺术特征

五

何诗以苏诗为宗尚,崇尚"奇趣""闲情"风格的兼容,何氏《与汪菊士论诗》云:"诗贵有奇趣,却不是说怪话,正须得至理,理到至处,发以仄径,乃成奇趣。诗贵有闲情,不是懒散,心会不可言传;又意境到那里,不肯使人不知,又不肯使人遽知,故有此闲情。"[3] 822《次韵答方世箴同年世弟》云:"碧海鲸鱼才力健,美人香草性灵多。"包含至理的"奇趣"通过"仄径"发越出来,呈现出碧海鲸鱼的奇峭雄肆之美;难以言传的"闲情"含蓄蕴藉地抒发出来,呈现出美人香草的冲逸平淡之美。何诗诗歌实践了他提出的诗学理想,康发祥《伯山诗话再续集》评何诗云:"其灏瀚曼衍之作,是以龙门之文,参以昌黎之诗而成钜制者。"[20] 10004 其诗雄放淋漓中"时有闲淡冲逸之致,不徒以振迈豪荡为奇"[21] 901(杨杏农《何蝯叟诗序》)。如其书法:"沉雄峭拔,行体尤于恣肆中见其逸气,往往一行之中,或而似壮士斗力,筋骨涌现,忽又如衔杯勒马,意态超然。"[22] 4041 既雄浑峭拔,又意态超逸,其诗总体上近于苏诗"癯而实腴""刚健含婀娜"的"清雄"之风。

何氏古体诗多写得雄浑壮阔。何氏咏书题画诗写得笔势骞腾,跌宕飞动,其写闽黔川陕桂的山水诗亦多呈现雄浑壮阔之美。北宋画论家郭熙在《林泉高致·山水训》中提出"三远":"高远之色清明,深远之色重晦,平远之色有明有晦。高远之势突兀,深远之意重叠,平远之意冲融而缥缥渺渺。"[23] 232 这是他对山水画意境的一种概括,远才有意境,才余味曲包。这种画论与山水诗相通。清人施补华指出:"杜甫入蜀诸诗,须玩其镌刻山水,于谢康乐外另辟一境。"又说:"盖平远山水,可以王、孟派写之;奇峭山水,须用镌刻之笔。"[24] 979—980 何绍基的西南山水诗很多类似杜甫"奇峭""入蜀镌刻山水"之作,意境深远;而写闽、岱、嵩、桂地的山水诗大致类似谢灵运的刻研精炼之作,意境高远。这两类诗总体上呈现出雄浑壮阔之健美风格。其实何绍基有些七律也写得这样元气淋漓,雄浑壮丽,意境深远,富有力感。如《元象》:"仰睇高峰俯瞰川,鸟飞猿渡共盘旋。石根水怒水根石,天外山惊山外天。形色千章乱昏昼,虚空一气作云烟。厌观人世闲情景,元象来窥太始前。"[3] 200 诗人运用高远、深远相结合的视点,总揽大局,从大处落笔,仰观则高峰插天,虚空一气,天云重迭,俯视则鸟飞猿渡,水石搏击,千嶂昏暗,意境雄浑壮阔,仿佛回到了太始远古，诗末以景喻事，揭露人世社会的混浊纷争，表达出对现实愤懑和不平的意旨。这样的七律还有《荥泽》《宁羌州》等诗。

何氏近体诗尤其是七绝多富于平远山水的冲逸娴雅之美。何绍基长篇古体诗和少数短篇近体刻画山水之作，深得山水高远、深远之意境。"'高'与'深'的形相，都带有刚性的、积极而进取性的意味；'平'的形相，则带有柔性的、消极而放任的意味。因此，平远较之高远与深远，更能表现山水画得以成立的精神性格。"[25] 264 何氏那些雄浑刚健之作，犹如山水画中的青绿山水，大气磅礴；而那些富于阴柔之美的作品则如平远山水，一抹荒村，一道残阳，一泓清泉，格调清新，冲澹平和，余味深远，有韵外之致，比"高远""深远"山水更具韵外之致，言外之味，堪称"逸品"。如《夜泊》："芦花瑟瑟水沈沈，柔橹音希夜已深。凉月一村舟欲泊，不闻弦管但闻砧。"[3] 119《水口驿》："言语侏离解候茶，风灯照夜鬓堆鸦。一江秋雾如春暖，香遍珠兰茉莉花。"[3] 150 芦花瑟瑟，碧水沈沈，凉月水村，砧声隐约，于万籁俱寂中感到诗人心地的空明；语言侏离，香满江浒，此诗宛如民俗风情画卷，仿佛看到了古代江南驿站周边繁华的场景。此类诗和王、孟静谧淡雅、含蓄蕴藉的山水清音相类似，以风神情韵擅长。他精通画理，受宋元以来山水画文人画影响，致力于追求诗的韵外之味。

何氏还有不少意象繁密、画面跳跃、诗思多变近于坡公清新生动而又雄浑变幻的诗。如《山雨》："短笠团团避树枝，初凉天气野行宜。溪云到处自相聚，山雨忽来人不知。马上衣巾任沾湿，村边瓜豆也离披。新晴尽放峰峦出，万瀑齐飞又一奇。"[3] 195《策骑遇雨》："柳丝刚拂帽檐低，一阵轰雷似鼓鼙。骤雨惊回奔马外，斜阳忽出断云西。"[3]285 这两首诗有意追踪苏轼写雨的诗，前诗近于苏诗《新城道中》（东风知我欲山行），后诗近于《望湖楼醉书》（黑云翻墨未遮山）。二诗均写诗人旅途遇雨情景，均以繁密多变的意象表现倏忽突变的天气，一句一幅生动画面，画面之间的流动衔接又出人意表，仿佛彼此画面互不相干，却又草蛇灰线脉络清晰，既清新生动又雄浑变幻。

总之，善于体物，想象奇肆，化俗为雅，以文为诗，雄放闲逸的诗风等均是何绍基诗逼肖苏诗的艺术特征。除了取法苏诗，何氏还取法韩愈、陶渊明诗，如他在《腊月十九日季寿丈招同人拜坡公生日有诗命次韵》中所云："平生尚友惟三公，渊明老去韩苏从。"如果仔细阅读其诗，何氏对谢灵运、杜甫、王维、孟浩然的山水诗艺术也是有所吸纳的，对黄庭坚诗拗峭兀傲的诗风亦加以追摹。更重要的是何氏以造化为师,向其他艺术借鉴,其《爱山》:"诗人爱山如骨肉,终日推篷看不足。诗人腹底本无诗,日把青山当书读。"[3]41《张石州次韵见赠复答》:"暂宜读画比看山。"最后,何氏也有"不独专于诗,斯有得于诗之外矣"[21]898(杨季鸾《使黔草序》)的原因,得之于性情、学问、阅历,得之于其他艺术的滋养和旁通。毋庸讳言,何氏逼肖苏诗的同时,亦同样存在苏诗的流弊。坡公诗本身就有"波澜富而句律疏"(刘克庄《后村诗话》)、粗豪无余韵的流弊,被元好问讥为"沧海横流"。"取法乎上,仅得其中",何诗的流弊更严重。钱仲联评何绍基"古体最见笔力",何氏古体诗有郁勃恣肆、雄放畅达的优点,也存在过度"散文化""议论化"产生的结构松散、主旨表达不集中以及句式拗折生硬、意脉不畅、缺少余韵的不足。同时,逼似苏诗或许会淹没诗人独特的创作个性,毕竟何诗并不如其书法那样个性鲜明、独成一体,其诗确实存在能入不能出的局限。在宋诗派诸人中,他并未臻至郑珍那种个性鲜明、诗艺浑成的境界,更不要说坡公了。

注 释

[1] 金天羽《天放楼诗文集》,上海古籍出版社 2007 年版。

[2] 钱仲联《梦苕庵诗话》,参见《民国诗话丛编》,上海古籍出版社 2002 年版。

[3] 何书置等点校《何绍基诗文集》,岳麓书社 1992 年版。

[4] 林昌彝《射鹰楼诗话》,上海古籍出版社 1988 年版。

[5] 谢桃坊《苏轼诗研究》,巴蜀书社 1987 年版。

[6] 钱仲联《近代诗评》,参见《学衡》1926 年第 51 期。

[7] 〔清〕赵翼《瓯北诗话》,人民文学出版社 2005 年版。

[8] 〔宋〕魏庆之《诗人玉屑》,上海古籍出版社 1978 年版。

[9] 郭绍虞《历代文论选》,上海古籍出版社 2000 年版。

[10] 莫砺锋《漫话东坡》,凤凰出版社 2008 年版。

[11] 钱仲联《梦苕庵清代文学论集》,齐鲁书社 1983 年版。

[12] 〔清〕何文焕《历代诗话》,中华书局 1981 年版。

[13] 〔宋〕朱弁《风月堂诗话》,〔宋〕惠洪等《冷斋夜话·风月堂诗话·环溪诗话》,中华书局 1988 年版。

[14] 魏庆之《诗人玉屑》,上海古籍出版社 1978 年版。

[15] 陈衍《近代诗钞·何绍基》,商务印书馆 1923 年排印本。

[16]〔清〕方东树《昭昧詹言》,人民文学出版社 2006 年版。
[17] 刘乃昌《苏轼文学论集》,齐鲁书社 1982 年版。
[18] 朱琦《使黔草序》,转引自何绍基《东洲草堂诗集》,上海古籍出版社 2006 年版。
[19] 钱锺书《谈艺录》,生活·读书·新知三联书店 2001 年版。
[20] 钱仲联《清诗纪事》,江苏古籍出版社 1989 年版。
[21] 何绍基《东洲草堂诗集》,上海古籍出版社 2006 年版。
[22] 徐珂《清稗类钞·子贞太史工书》,中华书局 1984 年版。
[23] 潘运告《中国历代画论选》,湖南美术出版社 2007 年版。
[24] 施补华《岘佣说诗》,上海古籍出版社 1963 年版。
[25] 徐复观《中国艺术精神》,广西师范大学出版社 2007 年版。

苏轼、黄庭坚传世书迹的文献价值与文本意义

◇程圳生[*]

宋人赵彦卫《云麓漫钞》记录：

> 版行东坡长短句，《贺新郎词》云："乳燕飞华屋。"尝见其真迹，乃"栖华屋"。《水调歌词》，版行者末云："但愿人长久。"真迹云："但得人长久。"以此知前辈文章为后人妄改亦多矣。[1] 57

在这则材料中，值得注意的是"版行""真迹"这两个关键词。所谓"版行"即刊刻本文献，所谓"真迹"即作者笔迹草稿文献，赵彦卫通过比对两者内容上的差异，认为这是"前辈文章为后人妄改"所致。据此可知，南宋人已关注到别集版本差异的问题及笔迹草稿的文献价值。宋人对别集版本差异的关注反映了别集的编纂与刊刻在宋代的普遍及繁荣。宋世已实现从士族门阀政治向平民士大夫政治的转变，科举文人士大夫成为执政阶层核心，有宋一代又始终施行右文政策，因之，文人成为时代主体，文化自然也得到高度的发展，陈寅恪先生即言："华夏民族之文化，历数千年之演进，造极于赵宋之世。"[2] 277 文人地位的抬升及群体的扩大使得图书典籍的需求日益倍增，这为书籍经济的繁荣提供了可能，印刷术的日新月异则为书籍经济的发展提供了技术层面的支撑，凡此皆宋人更为关注于编纂、刊刻别集的物质基础及文化生态。实际上，更为重要的是，"作者对自己文集（别集）的编纂所表现出来的自觉性的普遍化。这种文集编纂上的自觉性，也就是对定稿制

---

* 作者简介：程圳生，深圳实验学校教师。
基金项目："北京大学翁洪武科研原创基金"项目阶段成果（项目号：X2017110）。

定过程的自觉,即如何将草稿(未定稿)修订为定本或者说定稿(最终稿)"。[3] 197 进一步说,宋人对于编纂自己或当代名家文集的自觉性超乎以往的时代,笔者以为这种自觉性表现为两方面,一方面是作者本人有意识地不断修订自己的作品,并自觉地、有所去留地编纂自己的文集;一方面则是环绕于作者周边的文人自觉地关注作者传世文稿,并基于此审定诗文,最终自觉编纂相关别集、年谱及诗注等。从文本的生成,到文本的定稿,再到文集的刊刻流布,期间文本从书迹到定本的过程涉及诸多环节,或修改、或遗漏、或传抄错讹、或刊刻脱衍,这些细节都会导致同一诗文出现异文现象,因之,作者的手稿,或者接近于作者手稿的一手资料就显得尤为重要,这对于校勘文本从而恢复文本原貌具有重要的意义。宋代已从写本时代步入刻本时代,典籍多以雕版刻本呈现,这时作者的手稿就显得尤为珍贵,相较于规范整齐的雕刻字体,多作涂改的稿本更能展现作者的情思,因而更具"生命意识",勾乙增删的笔墨线条将文人为文为学的甘苦历程具象化,这无疑对我们考察古人创作心态及创作过程深有裨益,对于疏证刻本错讹、补充刻本缺失也深具文献价值。本文主要从苏轼、黄庭坚传世书迹入手,通过考察稿本与后世刻本的异同、稿本中的涂改墨迹等,探索文本生成及传世书法的文献价值。

一、苏轼传世书迹题跋与今本内容之异同

北宋新旧党争尤为激烈,不同集团间的士大夫相互倾轧,得势一方往往禁毁敌方文集著述,以此党同伐异。至徽宗崇宁年间,以蔡京等人为首的"新党"更是立"元祐党籍碑",对碑中之人一网贬斥,"(崇宁元年)九月己亥,立党人碑于端礼门,籍元符末上书人,分邪、正等黜陟之。时元祐、元符末群贤贬窜死徙者略尽,蔡京犹未惬意,乃与其客强浚明、叶梦得,籍宰执司马光……凡百二十人,等其罪状,谓之奸党,请御书刻石于端礼门"[4] 482—483。"(崇宁二年)三月乙酉,诏党人子弟毋得至阙下。寻又诏:'元符末上书进士充三舍生者罢归。以元祐学术聚徒教授者,监司觉察,必罚无赦。元符上书邪等人亦无得至京师。'"[4] 484 "崇宁三年(1104)正月,诏三苏集及苏门学士黄庭坚、张耒、晁补之、秦观等集并毁板。"[5] 2041 苏轼及黄庭坚的著述及手迹即在"元祐党禁"这种紧张局势下遭毁甚繁,所幸的是,相较于其他宋人,作为"宋

四家"之一的苏轼,其书迹流传至今的不可谓不多,据刘正成先生、刘奇晋先生等考订,含宋拓笔迹在内的苏轼书法凡一百六十四件[6]。这些书迹被视为书法艺术品的同时,亦可被视为宋人别集的"手稿""草稿",它们是最接近文本原貌的一手资料,因之具有丰富的文献价值,本节主要关注东坡题跋书帖。黄庭坚在《跋东坡叙英皇事帖》中记录:

> 余尝评东坡善书,乃其天性。往尝于东坡见手泽二囊,中有似柳公权、诸遂良者数纸,绝胜平时所作徐浩体字。又尝为余临一卷鲁公帖,凡二十许纸,皆得六七,殆非学所能到。手泽袋盖二十余,皆平生作字,语意类小人不欲闻者,辄付诸郎入袋中,死而后可出示人者也。[7] 295

由此可知,苏轼习惯将部分手稿放入囊中以便收集,待死后方示人,这则材料事实上反映了苏轼潜意识中编纂文集的自觉性,其一,"手泽"袋的功能是储稿,表明苏轼有意识地收集这些记录平素见闻的手稿;其二,所谓"语意类小人不欲闻者,辄付诸郎入袋中,死而后可出示人者也",即表明苏轼出于政治、人事关系的考虑,希望等其死后才将这些"私人领域"的文本"公开化",文本从"私"到"公"的转变必然要经历"手稿"向"定稿"的转变,而实现这种转变的枢纽环节即编纂刊布,显然苏轼希望这些手稿得以编纂成集。值得注意的是,陈振孙《直斋书录解题》录《东坡手泽》三卷,曰:"今俗本《大全集》中所谓《志林》者也。"[8] 6042 又考苏轼《与郑靖老四首之三》:"别来百罹,不可胜言,置之不足道也。《志林》竟未成,但草得《书传》十三卷,甚赖公两借书籍检阅也。"[9] 1675 由此可知,《东坡志林》在宋时或被称为《东坡手泽》,苏轼曾有意编纂《志林》但并未如愿,后人依据苏轼"手泽袋"中的手稿编纂《东坡手泽》,此即今本《东坡志林》,将现存伶仃的苏轼题跋书迹与《东坡志林》相关内容比对,两者内容确实大体一致。据笔者考察,苏轼传世题跋墨迹大致有六通,分别为《南轩梦语帖》《记子由梦中诗帖》《题王晋卿诗后》《跋挑耳图帖》《祷雨帖》《跋吏部陈公诗帖》,此六通墨迹内容与今本文集所录内容文意大致相同,但皆有异处,考察如下。

(一)《南轩梦语帖》与今本《梦南轩》之异同

台北故宫博物院藏有苏轼行书墨迹《南轩梦语帖》[6](图1)一通,纸本,凡七行，笔者录释文如下：

元祐八年八月十一日将朝尚早，假寐，梦归□行宅，遍历蔬圃中。已而坐于南轩，见庄客数人方运土塞小池，土中得两芦菔根，客喜食之。予取笔作一篇文，有数句云："坐于南轩，对修竹数百，野鸟数千。"既觉，惘然思之。南轩，先君名之曰"来风"者也。轼。

该帖内容与《东坡志林》卷一《梦南轩》[10] 19 相同，唯墨迹尾处较《东坡志林·梦南轩》多一"轼"字，乃苏轼落款。从纸本内容考察，该墨迹第二行第二字残缺不清，通过《东坡志林》可补足该字为"穀"，全句为"元祐八年八月十一日将朝尚早，假寐，梦归穀行宅，遍历蔬圃中"。又考《苏轼文集》卷七十一《梦南轩》[9] 2778，其部分字句与墨迹内容有所不同，具体如下：

1. "梦归穀行宅，遍历蔬圃中"，《苏轼文集·梦南轩》"圃"作"园"。
2. "既觉，惘然思之"，《苏轼文集·梦南轩》为"惘然怀思久之"。

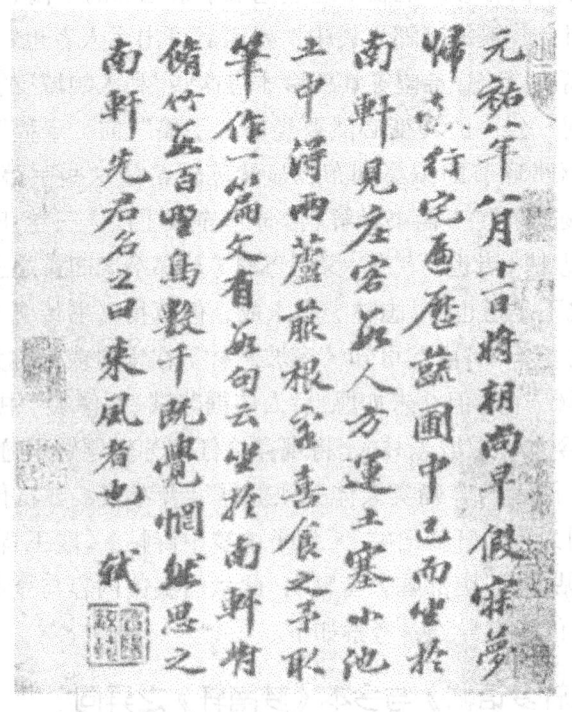

图1　台北故宫博物院藏《南轩梦语帖》

此为苏轼任端明殿学士兼翰林学士侍读学士、守礼部尚书时作,"蒙行宅"乃苏轼四川故居,苏轼在朝颇受攻击,苏轼文集与墨迹的异文极有可能乃苏轼后来修改手稿所导致。"怀思久之"更能体现苏轼此时怀思父亲、欲远离政治倾轧、归乡寻安之心。

(二)《记子由梦中诗帖》与今本《记子由梦》《书子由梦中诗》异同

台北故宫博物院藏有苏轼另一纸本行书墨迹《记子由梦中诗帖》[6] 199（图2）,该墨迹凡八行,笔者录释文如下:

元丰八年正月旦日,子由梦李士宁,草草为具,梦中赠一绝句云:"先生惠然肯见客,旋买鸡豚旋烹炙。人间饮酒未须嫌,归去蓬莱却无喫。"明年闰二月六日为予道之,书以遗过子。坡翁。

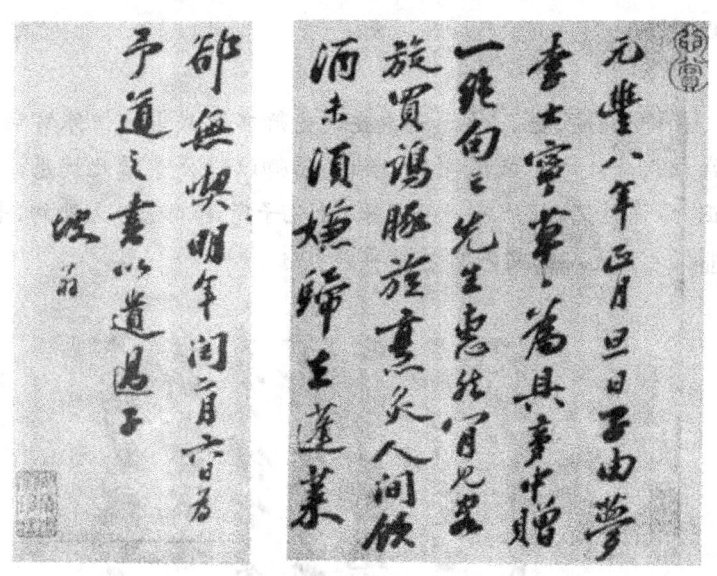

图2　台北故宫博物院藏《记子由梦中诗帖》

从"元丰八年正月旦日"及"明年闰二月六日"可知此帖作于元祐元年（1086）苏轼任起居舍人时,此时苏轼五十一岁,其书法已步入成熟期,从帖中书法考察,其用墨浓重,笔势与行气一气呵成,字体大小错落有致,姿态横生,尽显苏体书法特色。

该帖内容与王松龄点校版《东坡志林·记子由梦》不同处如下:

1."人间饮酒未须嫌",《东坡志林·记子由梦》作"间"为"闲"[10] 16。

2.墨迹尾处多"坡翁"二字落款。

显然,据苏轼原帖墨迹可知《东坡志林》"闲"字为误,盖"間"与"閒"写法相似,后世在刊刻传抄间产生此错讹,故知文本从草稿走向定稿、从初版走向再版,其过程皆极易产生"脱衍错讹"问题,因之,作为第一手资料的墨迹手稿就显得极具文献价值,它有助于我们从根本上疏证、校勘文本传播过程中产生的文献问题。

又考《苏轼文集》卷六十八《诗词题跋·书子由梦中诗》,墨迹与之亦有所出入,具体如下:"子由梦李士宁,草草为具",《苏轼文集·书子由梦中诗》作"子由梦李士宁相过,草草为具",衍"相过"二字。

(三)《题王晋卿诗后》墨迹与今本内容之异同

故宫博物院藏有苏轼纸本墨迹《题王晋卿诗后》[6]201(图3)一通,凡七行,笔者录释文如下:

> 晋卿为仆所累。仆既谪齐安,晋卿亦贬武当。饥寒穷困,本书生常分,仆处之不戚戚固宜,独怪晋卿以贵公子雁此忧患,而不失其正,诗词益工,超然有世外之乐,此孔子所谓"可与久处约、长处乐"者耶!元祐元年九月八日苏轼书。

图3 故宫博物院藏《题王晋卿诗后》

从帖末落款"元祐元年九月八日苏轼书"可知，此帖苏轼作于元祐元年（1086）任中书舍人、知制诰期间，《苏轼诗集》卷二十七《和王晋卿（并引）》云："驸马都尉王诜晋卿，功臣全斌之后也。元丰二年，予得罪贬黄冈，而晋卿亦坐累远谪，不相闻者七年。予既召用，晋卿亦还朝，相见殿门外，感叹之余，作诗相属，托物悲慨，阨穷而不怨，泰而不骄。怜其贵公子有志如此，故和其韵。"[11] 1422—1423 则此帖与《和王晋卿》时间上相近，王诜与苏轼多有交游，二人皆喜欢书画及文物收藏，同为当时有名的收藏家，"乌台诗案"事发，政敌攻讦苏轼"作诗赋及诸般文字寄送王诜等，致有镂刻印行，各系讥讽朝廷，谤讪中外"[11] 1422，王诜也因此颇受牵连，贬昭化军节度行军司马、均州安置，故元祐元年（1086）苏王重逢，苏轼有此感慨诗文。考《苏轼文集》卷六十八《题王晋卿诗后》，与该帖部分内容有所不同，主要如下：

1."饥寒穷困，本书生常分，仆处<u>之</u>不戚戚固宜"，《苏轼文集》作"仆处不戚戚固宜"，去"之"字。

2."此孔子所谓'可与久处约、长处乐'者<u>耶</u>！"，《苏轼文集》少语气词"耶"。

3.墨迹尾处多"苏轼书"三字落款。

（四）《跋挑耳图帖》与《跋南唐挑耳图》内容之异同

南京大学历史系文物室藏有苏轼绢本行书墨迹《跋挑耳图帖》[6] 278（图4），凡十行，笔者录释文如下：

> 王晋卿尝暴得耳聋，意不能堪，求方于仆。仆答之云："君是将种，断头穴胸，当无所惜，两耳堪作底用，割舍不得？限三日疾去，不去，割取我耳。"晋卿洒然而悟。三日，病良已，以颂示仆云："老婆心急频相劝，性难只得三日限。我耳已<u>较</u>君不割，且喜两家<u>趋</u>平善。"今见定国所藏《挑耳图》，云得之晋卿，聊识此事。元祐六年八月二日，轼书。

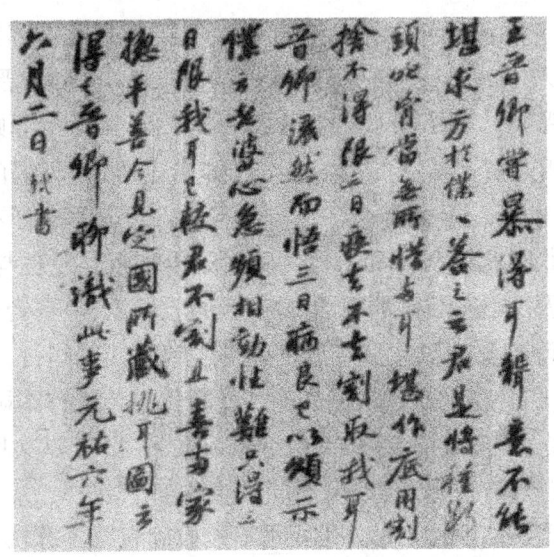

图4　南京大学历史系文物室藏有苏轼绢本行书墨迹《跋挑耳图帖》

该帖内容与《苏轼文集》卷七十《书画题跋·跋南唐挑耳图》[9]2217有较多异处，具体如下：

1."老**婆**心急频相劝"，《苏轼文集》作"老**坡**心急频相劝"。孔凡礼校勘云："'坡'原作'婆'。《书画鉴影》卷一有此文，今据改。按：'老坡'乃指东坡。"[9]2217

2."我耳已**较**君不割"，《苏轼文集》"较"作"效"。孔凡礼校勘云："'效'原作'校'，今从《外集》。《书画鉴影》、汲古阁刊《东坡题跋》'效'作'较'。"[9]2217

3."且喜两家**揔**平善"，《苏轼文集》"揔"作"都"，孔凡礼校勘云："'都'原作'揔'，今从《书画鉴影》。"[9]2218

其实，苏轼好友赵令畤《侯鲭录》亦载有此跋，其《东坡戏答王晋卿治耳疾方》录：

东坡云：王晋卿尝暴得耳疾，意不能堪，求方于仆，仆答之曰："君是将种，断头穴胸，当无所惜，两耳堪作底用，割舍不得！限三日疾去，不去，割取我耳。"晋卿洒然而悟，三日，病良已，以诗示仆云:"老婆心急频相劝,<u>令严</u>只得三日限。我耳已<u>聪</u>君不割,且喜两家<u>皆</u>平善。"今定国所藏挑耳图,<u>得之晋卿,聊识此耳。</u>[12]89

从赵令畤《侯鲭录》所录跋文考察,其亦与苏轼原帖内容有所出入,如"仆答之<u>曰</u>"原帖为"仆答之云","以<u>诗</u>示仆云"原帖为"以<u>颂</u>示仆云","令严只得三日限"原帖为"<u>性难</u>只得三日限","我耳已聪君不割,且喜两家皆平善"原帖为"我耳已<u>较</u>君不割,且喜两家揔平善","<u>得之晋卿</u>"原帖为"云得之晋卿","<u>聊识此耳</u>"原帖为"聊识此事。元祐六年八月二日,<u>轼书</u>。"

综上而言,该文在《苏轼文集》《书画鉴影》《侯鲭录》等不同书籍中呈现多种差异,其差异处主要集中在"老婆心急频相劝,性难只得三日限。我耳已较君不割,且喜两家揔平善"处,尤其"婆""较""总"三字,其中"较"字孔凡礼校勘云:"'效'原作'校',今从《外集》。《书画鉴影》、汲古阁刊《东坡题跋》'效'作'较'。"[9]2217 则其有"校""效""较"多种异文,若非有东坡墨迹比对,则全然不知原迹为"较"。孔凡礼又认为:"'坡'原作'婆'。《书画鉴影》卷一有此文,今据改。按:'老坡'乃指东坡。"[9]2217 若按"东坡"意,则"坡"似乎更符合,然苏轼笔迹却是白纸黑字"婆"字,则该字应不是"坡",苏轼本人绝不至于将自己的"坡"笔误为"婆"。由此可知,文本从草稿走向定稿,从初版走向再版,其流布间极易出现"脱衍错讹"问题,作者个体所要表达的文意具有独特性,非后世读者所能轻易准确猜测,因之,作者手稿对于文献校勘具有重要价值,它能帮助后世学者尽可能接近作者原意地恢复文本原貌。

(五)《祷雨帖》与《书颍州祷雨诗》内容之异同

《祷雨帖》[6]294—300(图5)是苏轼"墨戏"代表作之一,其释文如下:

元祐六年十月,颍州久旱,闻颍上有张龙公神,极灵异,乃斋戒,遣男迨与州学教授陈履常往祷之。迨亦颇<u>信</u>,敬沐浴斋居而往。明日,当以龙骨至,天色少变。<u>庶几得雨雪乎? 廿六日,轼书。</u>

<u>廿八日,与景贶、履常同访二欧阳,</u>作诗云:"后夜龙作雨,天明雪填渠。梦回闻剥啄,<u>谁乎赵陈予?</u>"景贶抚掌曰:"句法甚新,<u>前人未有</u>此法。"季默曰:"有之。长官请客吏请客,目曰'主簿少府我',即<u>此法也</u>。"相与笑语。至三更归时,<u>星斗粲然</u>,就枕<u>未几</u>

雨已鸣檐矣。至朔旦日雪作，五人者复会于郡斋。既叹仰龙公之威德，复嘉诗语之不谬。季默欲书之，以为异日一笑。是日，景贶出追诗云："吾侪归卧髀肉裂，会友携壶劳行役。"仆笑曰："是儿也，好勇过我。

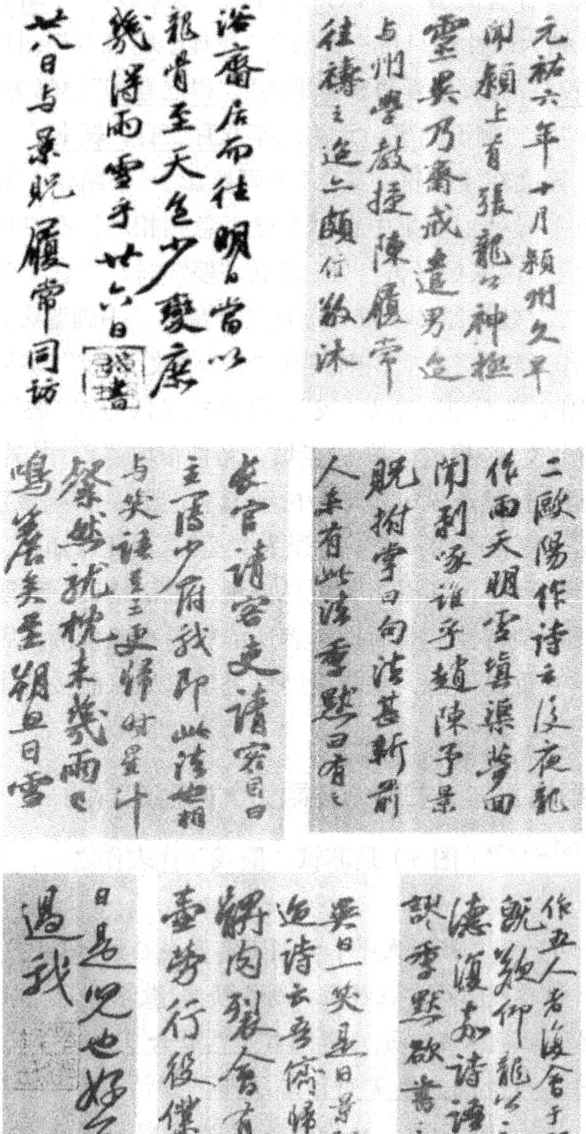

图5 苏轼《祷雨帖》

《苏轼文集》卷六十八《诗词题跋·书颍州祷雨诗》录有此跋，但内容与墨迹存有差异（异文处已用划线、加粗字体标出）：

元祐六年十月，颍州久旱，闻颍上有张龙公神**祠**，极灵异，乃斋**戒**，遣男迨与州学教授陈履常往祷之。迨亦颇信**道教**，沐浴斋居而往。明日，当以龙骨至，天色少变。<u>**二十六日，会景贶、履常、二欧阳**</u>，作诗云："后夜龙作**云**，天明雪填渠。梦回闻剥啄，谁呼赵陈予？"景贶拊掌曰："句法甚新，前**此**未有此法。"季默曰："有之。长官请客吏请客，目曰'主簿少府我'，即此**语**也。"相与笑语。至三更归时，星斗**灿**然，就枕未几**而**雨已鸣檐矣。<u>**至朔旦日**</u>，作五人者复会于郡斋。既**感叹**龙公之威德，复**喜**诗语之不谬。季默欲书之，以为异日一笑。是日，景贶出迨诗云："吾侪归卧髀**骨**裂，会友携壶劳行役。"仆笑曰："是**男**也，好勇过我。"[9] 2147

从划线加粗内容看，该笔迹跋文与今本跋文存在较多异文，但大多为不碍于文意的小差异，值得注意的主要有两处：

1. 笔迹跋文"<u>廿六日，轼书。廿八日，与景贶、履常同访二欧阳</u>"，《苏轼文集·书颍州祷雨诗》为"<u>二十六日，会景贶、履常、二欧阳</u>"，显然笔迹跋文可纠正《苏轼文集》之误，从苏轼《祷雨帖》笔迹看，该跋文实际是分两次撰写的，第一次书于"廿六日"，记录祷雨情况，第二次则记录"廿八日"祷雨诗创作过程及后来之事，最终形成整则跋文，文本在传播过程中产生脱衍错讹，后学误将落款时间"廿六日"作为苏轼与赵令畤、陈师道、二欧阳讨论祷雨诗的时间，故有《书颍州祷雨诗》之误。从图5苏轼《祷雨帖》笔迹看，"廿六日，轼书"与"廿八日，与景贶、履常同访"分属不同行，"廿六日，轼书"于前一行行末，"廿八日"于后一行行首，两者分明易辨，然《书颍州祷雨诗》却将两者混淆，则知文本在传播过程中极易产生错讹，"不应错之处"也常常会出现意料之外的错误，故对文献加以甄别、运用笔迹草稿进行互证就显得尤有意义。

2. 《苏轼文集·书颍州祷雨诗》曰："至朔<u>旦日</u>，作五人者复会于郡斋"，此句文义不通，考笔迹跋文则为"至朔旦<u>日雪</u>作，五人者复会于郡斋"，显然后者是原文，而《书颍州祷雨诗》乃脱去"雪"字，则知古人文章字字珠玑，脱一字则文意千差万别。

二、黄庭坚传世书迹与文本生成

  正如前文所考，苏轼笔迹题跋与今本题跋内容上常常出现异文现象，排除一些明显因文本传播错讹产生的差异，其他异文大多以个别字或语气词之不同呈现，并不妨碍文本整体文意，有时甚至使语句较墨迹草稿更为精炼，导致这种情况出现的原因除上文所引赵彦卫《云麓漫钞》认为的："以此知前辈文章为后人妄改亦多矣"[1] 57 外，还很有可能与作者本人删改有关。其实，相较于以前的朝代，宋人更为热忱与执着于对自己文稿进行删改，《云麓漫钞》同样记录：

  宋景文公修《唐书》，稿用表纸朱界，贴界以墨笔书旧文，傍以朱笔改之。尝见所修韩退之传，稿末云"学者仰之如泰山北斗"，涂之，改云"景星凤凰"，复涂之，仍书"泰山北斗"字。[1] 57

  从这则材料中，我们可以窥见宋祁修稿过程中的纠结，则知为文之难古今一样，实际上不止宋祁如此，执掌文柄的欧阳修亦如此，宋人陈善就记载："世传欧阳公平昔为文，每草就纸上，净讫即黏挂斋壁，卧兴看之，屡思屡改，至有终篇不留一字者。盖其精如此。大抵文以精故工，以工故传远。"[13] 何薳《春渚纪闻·作文不惮屡改》更为详细地记录到：

  自昔词人琢磨之苦，至有一字穷岁月，十年成一赋者。白乐天诗词，疑皆冲口而成，及见今人所藏遗稿，涂窜甚多。欧阳文忠公作文既毕，贴之墙壁，坐卧观之，改正尽善，方出以示人。薳尝于文忠公诸孙望之处，得东坡先生数诗稿，其和欧叔弼诗云"渊明为小邑"，继圈去"为"字，改作"求"字，又连涂"小邑"二字，作"县令"字，凡三改乃成今句。至"胡椒铢两多，安用八百斛"，初云"胡椒亦安用，乃贮八百斛"，若如初语，未免后人疵议。又知虽大手笔，不以一时笔快为定，而惮于屡改也。[14] 102

陈善、何薳都描述到欧阳修的修稿方式，欧阳修将文稿挂在墙壁，仰卧间屡思屡改，最后原稿不留一个字，这种修稿方式实质反映了宋人精益求精的创作心态。何薳更是具体到苏轼的诗稿，指出苏轼是通过"圈改""连涂""凡三改乃成今句"等多重环节实现改稿，两代文宗尚且如此，可见宋人修稿之精，凡此皆反映了文本生成之不易。

精良修稿的创作态度同样也传承到黄庭坚身上，作为苏门学士之一，黄庭坚亦以精益求精的创作心态为文，其修稿方法可谓与苏轼一脉相承，这在黄庭坚传世书法《王长者墓志铭稿》[6]25—28（局部见图6）、《史翊正墓志铭稿》[6]212—214（局部见图7）中得到实态化印证，从两份传世墨迹草稿看，其修稿方式与何薳《春渚纪闻·作文不惮屡改》中记录的苏轼"圈改""连涂""凡三改乃成今句"等形式一致，由此我们可以一窥宋人是如何建构文本、删改文本，最终实现文本定稿。《王长者墓志铭稿》《史翊正墓志铭稿》被后世整合为《王史二氏墓志铭稿卷》，纸本现藏于日本东京国立博物馆，据水赉佑先生考证《王长者墓志铭稿》约书于元祐元年（1086），《史翊正墓志铭稿》则约书于哲宗元符二年（1099）。则前者为黄庭坚四十二岁前后作品，后者为五十五岁前后作品，两者相距十三年，故后者较为成熟，两者用笔皆清挺秀拔，但《王长者墓志铭稿》线条及结体较为均匀中和，有二王笔意，而《史翊正墓志铭稿》则擒纵自如，多有中宫收紧、撇捺开张、横画一波三折的山谷书法特点，故知山谷十年间临池不辍，晚年书法迈向成熟。通过对两份传世墨迹书法进行考察，大致可归纳出黄庭坚的修稿方式主要为圈改、画弧线补入、涂抹等。

（一）圈改

在两份墨迹草稿中，圈改最明显的是《王长者墓志铭稿》，如图6日本东京国立博物馆藏《王史二氏墓志铭稿卷·王长者墓志铭稿（局部）》，在该图中，仅十四行字就多达二十八处圈改，可见黄庭坚修稿之精。由两份墨迹可知，其圈可用于二途，一种为画圈去之，一种为画圈改之。所谓画圈去之就是所圈内容视为删除，如图6第六行"以其业分任诸子○○○○○独徜徉于"，此四圈为删除原内容之意。所谓画圈改之则为圈出内容，并从旁改正，如初稿：

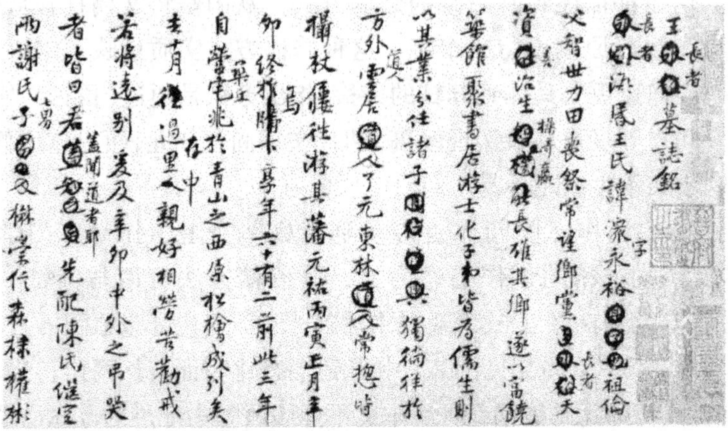

图 6　日本东京国立博物馆藏《王史二氏墓志铭稿卷 · 王长者墓志铭稿（局部）》

王永裕墓志铭。永裕海昏王氏，讳潈，永裕其字也，长者海昏王氏，讳潈，字永裕。祖伦、父智，世力田，丧祭常望乡党。至永裕天资能治生，智机能，长雄其乡，遂以富饶。筑馆聚书，居游士，化子弟皆为儒生。则以其业分任诸子，○○○○，独徜徉于方外，云居道人了元、东林道人常总，皆摄杖屦往游其藩。

黄庭坚分别在圈旁或圈前补入修订的字，从而形成定稿：

王长者墓志铭。长者海昏王氏，讳潈，字永裕。祖伦、父智，世力田，丧祭常望乡党。长者天资善治生，操奇赢，长雄其乡，……道人云居了元、东林常总，皆摄杖屦往游其藩。

显然改稿后的文本较为精炼，可见即使如黄庭坚这样的千古文豪，创作一篇传世佳作亦需不断地删改锤炼。值得注意的是，黄庭坚会将某些字圈出重写一遍，如图 7《史翊正墓志铭稿》末“人皆汲汲，仰仰掇俯拾……君独徐徐，书耕笔耡锄”，黄庭坚将“仰”圈出并重写，将原写为“耡”的字圈出重写为“锄”，这大概是因为原字写得不好，故重书之，由此可见黄庭坚写稿之精细。

苏轼、黄庭坚传世书迹的文献价值与文本意义

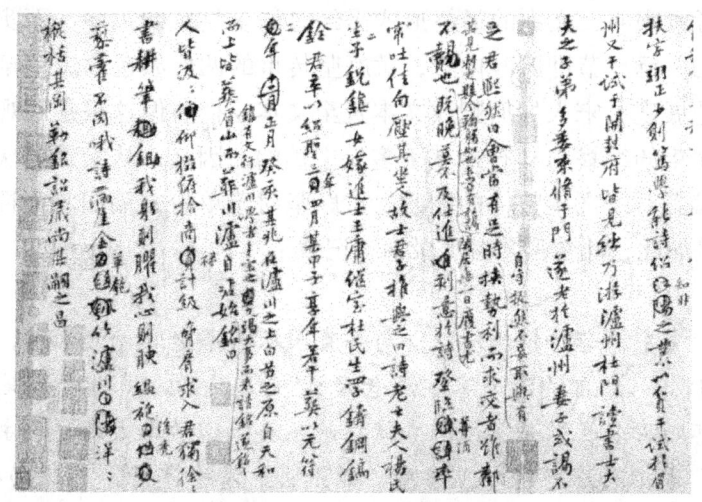

图7　日本东京国立博物馆藏《王史二氏墓志铭稿卷·史翊正墓志铭稿（局部）》

（二）画弧线补入内容

这种方式主要出现在《史翊正墓志铭稿》中，如图7多达四处，此方法多为补入较长语句时用，如"妻子或褐不足，君熙然曰：'会当有足时'"，黄庭坚于"时"字末画一细长弧线，补入"自守挺然，不妄取与。有"一句，又于"挟势利而求交者，虽邻不亲也"末处补入"其见刺史县令，鞠躬如也，未尝有私谒"，又于"既晚莫不及仕进"末补入"闲居无一日废书，尤"。黄庭坚在原稿的基础上通过此方法补入大量语句，从而使文本更加饱满扎实，人物塑造更加丰满形象。

（三）涂抹

涂抹是历代常见的修稿方式，黄庭坚的涂抹以清秀的形式进行，主要为画一"瘦硬"竖线或点一"墨点"并从旁修正，如《王长者墓志铭稿》中"自**营宅兆**筑丘于青山之西原，松桧成列矣。去十月·，过存里中·亲好，相劳苦劝戒，若将远别，爰及辛卯"，黄庭坚在"营宅兆"三字行中画一细线并从旁改为"筑丘"，又用小墨点将"去十月·，过存里中·亲好"句中两字删去。由此看来，黄庭坚非常注重卷面的整洁，涂抹皆以"细小"笔画进行，力求不影响稿本美观。

·311·

上述考察表明，文本的最终形成需经过许多复杂的工序，而实现草稿向定稿转变的关键环节即删改内容，黄庭坚传世的两份墨迹墓志铭草稿为我们实实在在地展现了宋人如何删改文本直至文本定稿。但这只是微观层次的删改，文人文集的编纂与刊布是基于多份文稿的，因之，从宏观层次着眼，则是作者或编者对于文集整体的删改，黄庭坚对于单份文稿如此重视，对于文集整体也是如此，叶梦得《避暑录话》记载：

> 俞澹字清老，扬州人，少与鲁直同从孙莘老学于涟水军。鲁直时年十七八，自称清风客。清老云："奇逸通脱，真骥子堕地也。"尝见其赠清老长歌一篇，与今诗格绝不类，似学李太白，而书乃学周越。元祐间清老携以见鲁直，欲毁去，清老不肯，乃跋而归之。黄元明云鲁直旧有诗千余篇，中岁焚三之二，存者无几，故自名《焦尾集》。其后稍自喜，以为可传，故复名《敝帚集》。晚岁复刊定，止三百八篇，而不克成。今传于世者，尚几千篇也。[15] 130

在这则材料中，我们可以看到黄庭坚对于集子整体的态度及删改方法，所谓"中岁焚三之二，存者无几，故自名《焦尾集》。其后稍自喜，以为可传，故复名《敝帚集》"即如《王长者墓志铭稿》《史翊正墓志铭稿》中的"圈改""涂抹""画弧线补文"，黄庭坚以"焚毁"作为宏观层面的修改方式，将文集中不符合自己要求的内容"删除"，从而使别集成为精品。值得注意的是，这则材料反映了黄庭坚动态的审定标准，"元祐间清老携以见鲁直，欲毁去，清老不肯，乃跋而归之"表明随着阅历及学识的增长，黄庭坚对自己文稿的审定标准也随之变化，显然，黄庭坚欲毁此稿的原因有二：其一，少年时的诗已不符合此时黄庭坚的要求；其二，少年时黄庭坚的书法已不符合此时黄庭坚的要求。"与今诗格绝不类，似学李太白，而书乃学周越"反映了这种分野，在诗歌方面，"与今诗格绝不类"显然透露出了黄庭坚诗学审美已出现了变化，至于书法方面，黄庭坚《书草老杜诗后与黄斌老》说："予学草书三十馀年，初以周越为师，故二十年抖擞俗气不脱。晚得苏才翁、子美书观之，乃得古人笔意。其后又得张长史、僧怀素、高闲墨迹，乃窥笔法之妙。"[16] 1587 考《宣和书谱》："文臣周越，字子发，淄州人，官至主客郎中。天圣、庆历间以书显，学者翕然宗之。落笔刚劲足法度，字字不妄作，然而真行尤入妙，草字入能也。

越之家昆季子姪，无不能书，亦其所渐者然耶。说者以谓怀素作字，正合越之俭劣；若方古人，固为得笔，傥灭俗气，当为第一流矣。"[17] 184 则知黄庭坚早年是学习时人周越书法，及至晚年，黄庭坚回过头来严厉地批评自己因此"二十年抖擞俗气不脱"，黄庭坚美学思想主"不俗""尚韵"，其《书嵇叔夜诗与侄榎》言："余尝为诸子弟言：'士生于世，可以百为，惟不可俗，俗便不可医也。'或问不俗之状，余曰：'难言也，视其平居无异于俗人，临大节而不可夺，此不俗人也。'士之处世，或出或处，或刚或柔，未易以一节尽其蕴，然率以是观之。"[16] 1587 黄庭坚以"俗"批评自己早年的书法，可见其对早年作品不满程度之深，在黄庭坚看来，其早年书法是"不可医"的，这也就无怪乎"元祐间清老携以见鲁直，欲毁去，清老不肯，乃跋而归之"了。

综上而论，文本的生成需通过多道复杂而持久的筛选程序。从微观着眼，单篇文本需要作者"当时"的删减增改才能形成，上文所述黄庭坚传世书法《王长者墓志铭稿》《史翊正墓志铭稿》即为实实在在的范本，而伴随作者本人审美的变化，作者也常常会在"后来"对这些单篇文本进行小幅度修改。从宏观着眼，整体文本的形成是基于多份文稿的，伴随阅历及学识的增长，作者常常会以更高的标准审视过去的作品群，因之，许多不符合标准的"旧作"会被予以删改。

三、余　论

《曲洧旧闻》载："古语云：'大匠不示人以璞。'盖恐人见其斧凿痕迹也。黄鲁直于相国寺得宋子京唐史稿一册，归而熟视之，自是文章日进。此无他也，见其窜易句字与初造意不同，而识其用意所起故也。"[18] 142 朱弁这则记录简明扼要地反映了墨迹草稿的文献价值，黄庭坚通过观看宋祁的文本草稿悟得为文之法，这表明相较于规范整齐的印刷字体，多做涂改的稿本更具个体"生命意识"，前文所引大量的苏轼、黄庭坚墨迹书法正是最好的实证，其稿本或涂或圈，文字或修或改，但通篇不失"书卷气韵"，其原因在于勾乙增删的笔墨线条将文人为文为学的甘苦历程具象化，从而更丰满地展现作者的才情、思绪，这也是多有涂改的《兰亭序》《祭侄文稿》《黄州寒食帖》被推为天下三大行书的原因，这些稿本无疑对我们理解文本生成之不易、考察古人创作心态及创作过程深有裨益。文本从书迹草稿走向刊定本需经历修改、传抄、刊刻诸多环节，期间极易出现"脱、衍、错、讹"等问题，与此同时，作者随着阅历与学识的增进，也常常会以更高的标准修订过去的作品，这些都是版本出现不同的主要原因，上文所述苏轼墨迹题跋与今本题跋内容上的差异即为最好的实证，通过对稿本的考察可纠正这些不足。

注　释

［1］〔宋〕赵彦卫撰，傅根清点校《云麓漫钞》，中华书局1996年版。

［2］陈寅恪《金明馆丛稿二编》，生活·读书·新知三联书店2001年版。

［3］［日］浅见洋二《文本的密码：社会语境中的宋代文学》，复旦大学出版社2017年版。

［4］〔明〕陈邦瞻《宋史纪事本末》，中华书局2015年版。

［5］杨仲良撰，李之亮校点《皇宋通鉴长编纪事本末》，黑龙江人民出版社2006年版。

［6］刘正成主编《中国书法全集》，荣宝斋出版社1991年版。

［7］曾枣庄、刘琳主编《全宋文》第一〇六册，上海辞书出版社2006年版。

［8］马端临撰，上海师范大学古籍研究所，华东师范大学古籍研究所点校《文献通考》，中华书局2011年版。

［9］〔宋〕苏轼撰，孔凡礼点校《苏轼文集》，中华书局1986年版。

［10］〔宋〕苏轼撰，王松龄点校《东坡志林》，中华书局1981年版。

［11］〔清〕王文诰《苏轼诗集》，中华书局1982年版。

［12］〔宋〕赵令畤撰，孔凡礼点校《侯鲭录》，中华书局2002年版。

［13］吴文治主编《宋诗话全编》，江苏古籍出版社1998年版。

［14］〔宋〕何薳撰，张明华点校《春渚纪闻》，中华书局1983年版。

［15］〔宋〕叶梦得撰，田松青、徐时仪校点《避暑录话》，上海古籍出版社2012年版。

［16］〔宋〕黄庭坚著，郑永晓整理《黄庭坚全集辑校编年》，江西人民出版社2008年版。

［17］佚名著，王群栗校注《宣和书谱》，浙江人民美术出版社2012年版。

［18］〔宋〕朱弁撰，孔凡礼点校《曲洧旧闻》，中华书局2002年版。

充分认识东坡文化对海南旅游发展的意义

◇冷成金 刘梦晓*

2018年11月18日上午，东坡文化与儋州旅游开发专题讲座在南开大学附属中学儋州市第一中学的东坡讲堂内开讲。中国人民大学文学院教授、中国苏轼研究会副会长、海南苏学研究会名誉会长冷成金教授做了《东坡文化与儋州旅游开发》的专题讲座，重点阐述了儋州东坡文化的特质和意义，并从东坡文化和旅游如何结合入手给出独到建议。海南日报记者刘梦晓就此进行了专题采访。

一、居儋三年，苏东坡达到了传统士大夫人格的最高峰

在记者问到海南苏东坡文化有什么特点时，冷成金教授用三句话来概括："东坡居儋三年，把儒、释、道文化的精华发展到了极致，其人格境界达到了传统士大夫人格的最高峰，为我们弘扬传统文化树立了鲜活的样板。"

冷成金说，苏轼初到儋州，看到黎民大多不事农业，主食只有薯芋、鱼类，而且喜欢赌博，他想到的是"咨尔汉黎，均是一民"，于是便着手设馆办学，劝人耕耘戒赌，并指导百姓挖井取水，采摘草药治病。第二年春天，苏轼创作了著名的《减字木兰花·己卯儋耳春词》："春牛春杖，无限春光来海上。便丐春工，染得桃花似肉红。　春幡春胜，一阵春风吹酒醒。不似天涯，卷起杨花似雪花。"东坡在渡海前写道："某垂老投荒，无复生还之望。……今到海南，首当做棺，次便做墓。……死即葬于海外，生不契棺，死不扶柩。"足

---

* 作者简介：冷成金，中国人民大学文学院教授。刘梦晓，海南日报记者。

见其悲痛与决绝之心，但该词却了无贬谪之苦痛、生活之艰辛，流溢的是对海南的热爱之情和对生命的欢欣与喜悦。该词充分表达了苏轼当时的心境，可以说这时的东坡已经实现了对艰难现实的审美超越，即将艰苦的生活转化为审美的人格境界。三年后，苏东坡离开海南时留恋地写下了《别海南黎民表》："我本儋耳人，寄生西蜀州。忽然跨海去，譬如事远游。"更是直接将海南当作了自己的家，建构起了精神的家园，达到了"此心安处即吾乡"的至高精神境界。在这一时期，苏轼彻底摆脱了外物的束缚和羁绊，以"吾生本无待"和"思我无所思"态度来对待世事人生，即以人类历史的合理性为自己生命实践的唯一依据，真正建立起了不唯古，不唯书，不唯上，不唯权，只唯民，唯实，唯善，唯美的文化人格。故海南时期的东坡时时可学，处处可学，是我们弘扬优秀传统文化的鲜活样板。

二、东坡文化生于孤岛而又反哺内地

在记者问及海南的东坡文化对于大陆的意义时，冷成金教授特别强调："东坡文化是人类文明史上唯一一个产生于孤岛，却又反哺于内地乃至于影响世界的文化。"冷成金说："琼海水暖，儋州土厚，因此养育出儋州的东坡文化。海南岛虽孤悬于海外，却可以产生影响内地的东坡文化，全因海南的人情醇厚。倘若儋州人情不纯美，不能厚德载物，就不可能产生东坡居儋三年的东坡文化。"

冷成金说，苏东坡初到海南时，曾受到当地官员的热情接待，但朝廷上的政敌却逼迫他搬出官舍。此时，当地人民给了他很大帮助，为他在桃椰林下修建房屋，并给他送来粮食、果蔬和猎物。当他酒醉夜归时，黎童总会给他指路，乡邻不时也会来看他是否平安归来。他北归过润州时，有人问他："海南风土人情如何？"他回答说："风土极善，人情不恶。"这是东坡对海南人民的深情赞美。

冷成金说，东坡贬居惠州和儋州近六年的岭海时期，可谓惠儋一体，但儋州为最，在苏轼的整个生命历程中，儋州时期达到了中国士大夫人格的最高境界，我们学习东坡精神和东坡文化，主要就是学习这一时期。从这一意义上说，东坡文化生于孤岛而又反哺中原乃至影响世界。这也是海南东坡文化的一个极为突出的特点。

冷成金说,东坡与海南已融为一体。琼州人姜唐佐曾拜苏东坡为师,从学半年,他赴广州应试时,东坡曾在其扇上题诗曰:"沧海何曾断地脉,珠崖从此破天荒。"并承诺他中举后再续后两句,后来姜唐佐果然成为海南有史以来的第一位举人。然而此时东坡已经去世,其弟苏辙续完此诗。"沧海何曾断地脉,珠崖从此破天荒",姜唐佐哪能当得起如此的期许,这或许是东坡自谓。今天,我们以这两句诗来评价苏轼对海南文化的贡献,不正十分恰切吗?

三、东坡文化代表海南旅游的高度

在记者问及东坡文化与海南旅游发展的关系时,冷成金教授用三句话进行了概括:"如果说海南的风光旅游代表了海南旅游文化的广度,海南的民俗旅游代表了海南旅游文化的深度,那么,东坡文化就代表了海南旅游文化的高度。"

冷成金说,在世界各个岛屿旅游中,不缺少美丽的自然风光,也不缺少丰富多彩的民俗,但东坡文化所代表的高度,是世界所有岛屿旅游中绝无仅有的。这是海南旅游的最重要的特色之一,应该给予充分重视。

冷成金说,"千年英雄"苏东坡是中国文人的杰出代表,东坡文化不仅是中华优秀传统文化的重要组成部分,更是儋州和海南的一张无可比拟的文化名片。弘扬东坡文化,传承东坡精神,提升人文素养,对推动儋州和海南文化与旅游融合发展,促进海南自由贸易区、自由贸易港建设有着重要的现实意义。

四、海南应该建立国家级东坡文化馆,创办东坡诗词文化节

对于如何具体促进东坡文化与旅游开发的问题,冷成金教授给出了两点建议:一是建立国家级东坡馆,二是创办东坡诗词文化节。

冷成金指出,海南是世界少有的既有优美自然环境,又有丰厚人文资源的国际旅游目的地。冷成金从海南的经济和旅游两个方面入手,客观分析了

海南经济发展模式和旅游发展趋势，指出海南必然成为改革开放再出发的试验田，必然成为中华民族伟大复兴的桥头堡，因此，文化创意产业将会成为未来海南的支柱性产业之一。东坡文化，作为最具有辨识度，最具有传播力和最具持久性的文化 IP，必然成为海南文化创意的最重要的核心之一。

冷成金认为，海南现在就应该筹划建立国家级东坡文化馆，以最先进的理念、最先进的设施和最引人入胜的情景设计再现以东坡居儋三年为核心的东坡一生的重要事迹和诗文情景，在东坡文化的体验中使人的知识得到丰富，境界得到提升。应将东坡文化馆打造成游、研、学、住、培训和养生为一体的综合体，在一定意义上使之成为海南旅游重要目的地。同时，还应该创办东坡诗词文化节，吸引全世界的华人来此创作诗词，使海南真正成为诗乡歌海，将诗词文化节办成海南旅游者的精神家园。

另外，冷成金还建议，海南有着极为丰富的民间歌舞宝藏，应该像当年的李广田整理民间叙事长诗阿诗玛那样，对这些民间歌舞进行再创造，使之焕发出时代的活力，为海南旅游提供不尽的文化动力。

冷成金教授认为，苏轼对中国文化的重大影响不仅限于文学艺术方面，而是多方面的。东坡文化对海南旅游发展的意义和价值更是具有极端的特殊性，在人类文明史上恐怕是绝无仅有的。东坡文化既具有儒、释、道等至高层面的形上价值，又具有饮食医养等形下层面的实用价值，并将形下层面导向形而上的超越。特别需要看到的是，东坡的"快乐"精神对当今很多的病态社会心理具有极强的"治愈"效应。东坡文化的这些特点，与当今海南的建设开发相遇合，是真正的千载难逢的"天赐良机"。东坡文化助力海南建设国际旅游岛和自贸区，同时，这一建设过程又深入开掘和极大地弘扬了东坡文化，这一良性互动过程，将为文化与经济的互动发展创造历史性的范例。

试论苏东坡的贵族精神及其当代价值

◇杨子怡[*]

什么是贵族和贵族精神？一直是人们所关注的问题。笔者以为，贵族是一个有文化教养的有一定地位的特殊群体，在他们身上常表现出一种对社会的责任感与担当，在困难面前表现出百折不挠的自信姿态，在高压下表现出一种自由灵魂。因此，贵族精神应该有这么几个资质：一是文化的教养，珍惜名誉，不以享乐为人生之目的，有高尚的道德情操。二是有责任与担当，以天下为己任，敢于批判现实中的丑陋，为民请命。三是有一种不惧高压、超越强权、我行我素的自由灵魂和豁达心态以及无所畏惧的勇敢。四是显现贵族气质的一种自信、自豪与正义。有了以上这些才可说具有了贵族精神。

中国古代很早就有贵族与贵族精神。周代大大小小的诸侯国首领其实就是当时的一些贵族，即所谓君子。同时上古的一些武士也是贵族，如顾颉刚先生在其《论士与文士之蜕化》中所言："吾国古代之士皆武士也，有统驭平民之权利，亦有执干戈以卫社稷之义务，故谓之'国士'，以示其地位之高。"但到了孔子时代，奴隶制趋于解体，社会趋于平民化，君子群体发生了变化，士分化成两种不同的群体，一是教育较低下的庶人、侠士与食客；一是教养较高的文化人，读书人。孔子当时大倡儒学，其实他的目的就是要在平民化的社会中重塑君子人格、回归士人精神，也即贵族精神。《论语》中就有孔子师生对士人精神的一些描述：

> 子贡问曰："何如斯可谓之士矣？"子曰："行之有耻，使于四方，不辱君命，可谓士矣。"曰："敢问其次？"曰："宗族称孝焉，乡党

---

[*] 作者简介：杨子怡，广东惠州经济职业技术学院教授。

称弟焉。"曰:"敢问其次?"曰:"言必信,行必果,硁硁然小人哉!抑亦可以为次矣。"曰:"今之从政者何如?"子曰:"噫,斗筲之人,何足道也。"

在孔子看来,尽管士人精神有层级不同之区别,但能在知耻有礼、不辱使命、孝悌修身、讲究诚信之中有一于此,也可谓士人了。孔子对君子人格、士人精神的张扬对后代影响颇大。尽管贵族这个阶层慢慢消失,也尽管贵族精神遭到挫折以致在社会中逐渐消亡,但它仍顽强地存活在历代文人士大夫的血脉之中,历代的很多儒士身上都保存了这种贵族精神。北宋的苏东坡就是一个鲜活的例子,检诸他的思想与言行,我们欣喜地看到,在他身上典型地表现出古代君子人格与士人精神,其特质很合乎上述笔者对贵族精神的定义。

一、优秀的文化教养养成了东坡的贵族品格

苏轼的贵族精神之生成与他的文化教养是密切相关的。苏轼出生在一个文化世家中。据其父苏洵《苏氏族谱》推考,其先祖汉有苏章,至唐有苏味道,唐武则天时做到宰相,后因罪贬眉州刺史。味道死,有子在眉山定居下来,其名不可考,但苏泾就是其后。从苏泾开始,苏家在眉州有可靠的记载,泾生釿,釿有五子,最小为祜,祜生杲,杲生苏序,序有子澹、涣、洵。其祖苏序对苏轼是有影响的,据苏轼《与曾子固书》说:"祖殁,轼年十二矣,尚能记忆其为人。"序虽无功名,但文化教养高,"晚好为诗,能自道,敏捷立成,不求甚工,有所欲言,一发于言,比没,得数千首"(《苏廷评行状》)。苏轼的敏捷就与其祖相同。苏序的豪爽旷达个性也被苏轼所髓传。当然影响苏轼最大的是其父苏洵。苏洵虽是大器晚成,但后来终成一代古文大家。苏轼与弟苏辙古文深受苏洵影响,苏辙在《再祭亡兄端明兄》一文中就说过:"惟我与兄,出处皆同。幼学无师,先君是从。游戏图书,寤寐是从。"苏辙《亡兄子瞻端明墓志铭》也记载兄长少年与他一同师事父亲习古文的过程:"少与辙皆师先君,初好贾谊、陆贽书、论古今治乱,不为空言。"在父亲的教育及影响下,兄弟二人都成为一代大文豪。像这种一门父子三人都成为大文豪,在当时也是少见的,是典型的文化世家。据史载苏洵也是一个鲠直敢言、光明

磊落的人，这种带有贵族精神的个性也影响着兄弟二人。

对苏轼兄弟影响甚大的还有他们的母亲程氏。程氏也是出身名门世家，文化教养极高。据《程夫人墓志铭》载："夫人喜读书，皆识其大义。轼、辙之幼也，夫人亲教之曰：'汝读书勿效曹耦止欲以书自名而已。'每称引古人名节以励之，曰：'汝果能死直道，吾无戚焉。'"[1] 17 她是一个十分崇敬节义的人，对儿子要求极严，经常以古代节义之士作为榜样来规范儿子，希望儿子不要辜负自己的"志"，诚如《栾城后集》卷十二《颖滨遗老传》上所言："母成国太夫人程氏，亦好读书，明识过人，志节凛然，每语其家人，二子必不负吾志。"[1] 17 众所周知的程夫人以范滂为榜样教子就是一例。她经常向儿子讲述范滂的节操，当苏轼说要做范滂时，她当即高兴地说："吾有子矣。"[1] 28 除了对儿子表示充分的肯定外，还以范母自许。母亲的教育，经典的学习，对苏轼的品格之养成影响是至关重要的。从此，他一生以范滂为榜样鞭策自己，把节操、忠义看得比生命还重要。在他的诗文中常常表现出来，如"未成报国惭书剑"（《九月二十日微雪》）、"国恩久未报，念此惭且泚"（《自仙游回至黑水》）、"只因未报君恩重，清梦时时到玉堂"[2] 19（《和章七出守湖州》）。即使遭遇挫折，也不改初心："虽废弃，未忘为国家虑也。"（《与滕达道书》）俗话说，吃一亏长一智，一生坎坷的他本应有些收敛或做派有些变化，但他仍然我行我素，不改初衷，儋耳遇赦北归时说："不有益于今，必有觉于后，决不碌碌与草木同腐。"（《答李方叔书》，《苏轼文集》卷五十三）这种俯仰不随人的操守和一心报国的大节，正是失之已久的贵族品格与精神。它们的形成是与苏轼的家庭教养及与文化世家的影响密不可分的。

二、苏轼贵族精神表现之一：敢于担当，不忘责任

贵族精神固然离不开文化的教养，但这还不是最重要的。最重要的是看其在社会中具有怎样的表现，看他是否有责任感与使命意识。当今社会，人们往往把权力与地位当作攫取好处的资本，而忘记了与之相匹配的责任与担当。古代社会却不是这样，权力越大，地位越高，其责任也越大。他们往往把自己当作社会的主人，在他们的潜意识里，"先天下之忧而忧，后天下之乐而乐"是自己的本分，我不下地狱谁下地狱，我不赴死谁赴死，身先士卒，一往无前是自己应尽的责任与本分。

在我国古代，看重名誉，勇于担当，不忘责任的贵族精神存活在许多文人士大夫身上。苏轼身上尤为突出。苏轼从小就胸怀大志，立志要干一番大事业。这从他很多诗文中可以看出来。如："早岁便怀齐物志"（《次韵柳子玉过陈绝粮》）、"少年有奇志，欲和南风琴"（《张安道见示近诗》）、"少年带刀剑，但识从军乐"（《次韵和王巩六首》其二）、"少年好远游，荡志隘八荒。九夷为藩篱，四海环我堂。庐生与若士，何足期渺茫"[1]28（《和陶拟古》）。志隘八荒，藩篱九夷，堂睨四海，刀剑报国，何等博大之心胸与奇志。即使平时的闲居读书也离不了兴亡治乱："闭门书史丛，开口治乱根。"[1]29（《栾城集》卷七《次韵子瞻见寄》）他并不停留于口上，他的一生，无论在朝还是赋闲在野，都忘不了自己的责任与担当。一生不忘"许国"，不忘"康时"，诚如他在《望湖亭》诗中所说的："许国心犹在，康时术已虚。"身在朝廷，他总是不忘自己的责任，不敢明哲保身、蝇营狗苟，取悦人君，总是说真话说直话，"言必中当世之过。凿凿乎如五谷可以疗饥，断断乎如药石必可以伐病"（《凫绎先生诗集叙》）。作为言官，他在朝时敢于言事，勤于言事，能根据实际情况为朝廷提出一些措施。例如他在《辩试馆职策问札子》一文中就历述其在仁宗、神宗、哲宗三朝的政治立场。仁宗因循守旧，所以他着重"劝仁宗励精庶政，督察百姓，果断而行"；神宗敢作敢为，励精图治，所以他着重"劝神宗忠恕仁厚，含垢纳污，屈己以裕人"。元祐初，废除新法，"多行仁宗故事"，苏轼又强调新法"不可尽废"，主张"参用所长"。因为在他看来"圣人之治天下，宽猛相济，君臣之间，可否相济。若上之所可，不问其是非，不亦可之；上之所否，不问其曲直，下亦否之；则是晏子所谓以水济水，谁能食之？"一个君子应该和而不同，不能投君所好。即使得罪权臣他也在所不惜，因为忠心许国，直言康时是君子的责任与义务。正是因为这种责任与义务使他无论是在朝还是在野，无论是为官还是被贬逐，都一如既往，无怨无悔。在徐州、黄州、惠州、儋州等地方，都忘不了为民造福，报国之心始终如一，比如在杭州任上被召回朝廷时，他向朝廷上《杭州召还乞郡状》，其中云："若朝廷不以臣不才，犹欲驱使，或除一重难边郡，臣不敢辞避，报国之心，死而后已。"[3]682 即使在九死一生的贬谪中也从来没有动摇过自己的信念与决心，如在儋遇赦北归时他就说："不有益于今，必有觉于后，决不碌碌与草木同腐。"（《答李方叔书》，《苏轼文集》卷五十三）他常常把为国家、为人民做成一点事看成是一种极大的荣耀，即使遭到不公平待遇也不改初心。相反，常常为自己的无所作为而悔恨深深:"未成报国惭书剑"(《九月二十日微雪》)、"国君久未报,念此惭且沘"(《自仙游回至黑水》。从他的这些言行可看出,敢于担当,不忘责任的贵族精神在他身上表现得十分突出。

东坡一生大爱,济人无数,助人无数。如其第二次守杭时,筹资兴办公立医院。苏辙《东坡先生墓志铭》载:"公又多作饘粥药剂,遣吏挟医,分坊治病,活者甚众。公曰:'杭、水陆之会,因疫病死比他处常多。'乃哀羡缗得二千,复发私囊得黄金五十两,以作病坊。稍蓄钱粮以待之。至于今不废。"他还将自己收集的药方介绍与民间,防病治病,活民无数。他在《圣散子后序》中说:"去年春,杭之民病,得此药全活者,不可胜数。所有皆中下品药,约计每千钱即得千服,所济已及千人。"宋人将其偏方汇编成册,取名为《苏学士方》。后人又将沈括收集的药方与其合在一起,名为《苏沈良方》。居官一方不忘造福百姓,真正的宅心仁厚者,令人钦佩的贵族精神。

三、东坡贵族精神表现之二: 不惧强权,敢于批判,我行我素

有自由的灵魂,有独立的意志,在权力与金钱面前敢于说不;而且具有知性与道德的自主性,能够超越时尚与潮流,不为政治强权与多数人的意见所奴役;面对强权,敢于说不,坚持己见,我行我素,自由挥洒,坚持独立的人格,敢为真理和正义献身,这也是贵族精神的一种最突出的表现。陈独秀在其《敬告青年》一文中说得很明白:"有独立心而勇敢者曰贵族道德。"这种贵族道德正是孔子极力呵护与坚持的所谓"君子"人格。孔子《论语》中谈君子人格的地方很多,在他看来,君子人格最大的标准就是:仁者不忧,知者不惑,勇者不惧。从不忧、不惑、不惧可见君子不仅仅是德行意义上的,还有知识和实务方面的要求。也就是说,君子须有爱心、有专业知识、勤勉肯干,这其实是孔子心目中的精英形象,这样的人,必将有益于社会:"己欲立而立人,己欲达而达人。"人人都说好、谁也不得罪的,孔子斥之为"乡愿,德之贼也"。因此,君子的一个最基本的要求就是敢于直言,敢于说真话,不能阿谀强权,说违心的话,不与时俗同流合污,这即孔子所说的君子"群而不党""和而不同"。说真话当然有违强权,当然得有批判现实的精神。

揆之东坡,儒学的这种君子人格也即贵族精神与品格在东坡身上表现得

淋漓尽致。他是一个深受儒家传统文化影响的人，古代的贵族精神深深地渗入他的骨髓里，对古代的一些贵族精神十分膜拜，如他在《屈原塔》中就屈原表示出无比尊崇："屈原古壮士，就死意甚烈。……丈夫知此理，所以持死节。"在《留侯论》中，他对张良的大节亦十分仰慕，认为"古之所谓豪杰之士，必有过人之节，人情有所不能忍者，匹夫见辱，拔剑而起，挺身而斗，此不足为勇也。天下有大勇者，卒然临之而不惊，无故加之而不怒，此其所挟持者甚大，而其志甚远矣"，面对死亡坦然"不惊"正是一种贵族气质。苏轼不但膜拜古代贵族精神，他自己也处处以自身的言行在呵护这种精神。无论是在仁宗朝、神宗朝还是哲宗朝，他从来不改说真话的本色。如在《御试制科策》中他就敢于"直言"仁宗时的"当世之故，无所委曲"[4]327，批评仁宗"军冗而未练""官冗而未澄""庠序兴而礼乐未具"，甚至敢于"妄论陛下之不勤"、批评"陛下未得御臣之术""德有所未至，教有所未孚""天下之所以不尽被其泽者，便嬖小人附于左右"[4]379—389。言辞之激烈令人咋舌。在哲宗朝他仍直谏如故，他也深知说真话是有凶险的，但他已经有了思想准备："台谏若以此言臣，朝廷若以此罪臣，则斧钺之诛，其甘如荠。"（《辩试馆职策问札子》其二）这种面对"斧钺"而"甘如荠"的做派与他所赞扬的屈原"抱死节"、张良的"卒然临之而不惊"以及法国路易十六的坦然受死是何等的相似。这种我行我素的独立自由之个性，虽然易陷于群小的围攻之中，但他不改初衷。他在其《杭州召还乞郡状》一文中就把自己的态度做了说明："危言危行独立不同以犯众怒者所从来远矣。臣若贪得患失，随世俯仰，改其常度，则陛下亦安所用臣。若守其初心，始终不变，则群小侧目，必无安理。虽蒙二圣深知，亦终恐不胜众，所以反复计虑，莫如求去。"为了不让皇帝为难也不让自己屈志，唯一的办法是求去，远离朝廷政治中心，为民办点实事。他当着垂帘的太皇太后表示"报国之心，死而后已"[4]116（苏轼《杭州召还乞郡状》）。《东坡事类》中甚赞东坡"不惟文章可以盖代，而政事忠亮，风节凛凛，过人远甚"。书中并举了一个小故事：元祐七年（1092），皇上在南郊举行祭祀，当时他不过是一个小小的卤簿使。当时国太公主率百许牛车横冲直撞，御史中丞李端等不敢言，苏轼马上自己向皇上"直奏"，批评宫中"犊车冲撞卤簿，公然乱行，恐累二圣所以明祀之意，谨弹劾以闻"，此奏得到皇上采纳，自此中宫人只能迎于朱雀门下，"明日亦不复出"[5]84。不畏权贵，直谏直言，君子人格在他身上表露无遗。

这种批判精神也常常表现在他的诗作中。他写了不少"悲歌为黎元"的政治讽喻诗。如《许州西湖》之"但恐城市欢，不知田野怆。颖州七不登，野气长苍莽"，谴责地方官吏役民开湖游春而不顾连年饥荒中的百姓之苦；《送黄师是赴两浙宪之》"哀哉吴越人，久为江湖吞。官自倒帑廪，饱不及黎元"，抨击官场挥霍公帑而不顾百姓处于水火之中的现实；贬黄州时作《五禽言》《鱼蛮子》等诗，借渡河农夫和渔民一家控诉地租剥削之残酷性；贬惠州时作有《荔支叹》一诗，借史讽实，批判官僚政客谄媚迎合、争宠买宠、坑害百姓的可耻行径，并指名道姓直指本朝权贵。铮铮铁骨，令人肃然。他还常借诗针砭时弊。如《山村五绝》皆针对王安石变法中的一些流弊诸如盐法、青苗法等进行讥诮，也因而得罪权臣。如其二诗云："烟雨濛濛鸡犬声，有生何处不安生。但教黄犊无人佩，布谷何劳也劝耕。"当时贩私盐者多带刀杖，故此诗取西汉龚遂令人卖剑买牛、卖刀买犊之事，讥盐法太急。直言敢谏自然得罪权臣，东坡一生仕途多舛流落地方多与此有关。元祐五年（1090）右谏议大夫兼侍讲范祖禹上呈札子，乞太皇太后高氏早日赐召还在杭州任上的苏轼，其疏中云："臣窃观轼忠义许国，遇事敢言，一心不回，无所顾望。然其立朝多得谤毁，盖以刚直疾恶，国排奸邪，尤为王安石、吕惠卿之党所憎，腾口于台谏之门，未必非此辈也。陛下举直错枉，别白邪正，以致今日之治，如轼者岂宜使之久去朝廷？"[6]这段话对我们了解东坡十分重要，"遇事敢言，一心不回，无所顾望"正是苏轼身上从传统文化中继承下来的君子人格，也就是我们今天失之已久的贵族精神。贵族精神中一个重要特质是勇敢，为正义敢于牺牲自己，这种人在古代是人们所崇敬的"国士"，其表现出的就是一种贵族精神。

四、东坡贵族精神表现之三：倜傥不羁、自信慷慨

倜傥豪迈，则为人也慷慨仁厚，不图私利，不涉私愤；自信，则斗也君子，争也君子，尊重对手，讲究公平对等。

欧洲的骑士精神即贵族精神，包含了以下内容：其一，尊重对手的宽容精神；其二，慷慨解囊的倜傥风度；其三，自信而又豪放不羁的人生态度。这种贵族精神与气质在我国古代一直存活着，如大家所熟知的宋襄公泓水之战的故事，当楚军向他扑来正过泓水的时候，本是一次歼灭对方的极好机会，但他却宣布不踞险隘、不重伤、不擒二毛的三不政策，结果大败。在今天的

我们看来极其迂腐，不可理喻。但这其中正体现出宋襄公的贵族精神：其一，不乘人之危，不占便宜，公平决斗；其二，尊重对手，也自信自尊。在宋襄公看来自己是仁义之师，何必踞关凭险，踞关凭险胜之不武；其三，关爱生命，不重伤，不擒二毛，保持了古人公平相争的礼治精神。这种君子风度在孔子的时代一直受到重视，《论语·八佾》载有孔子一段重要的话："君子无所争，必也射乎。揖让而升，下而饮。其争也君子。""无所争"并非不争，而是不要失去风度，失去礼让，不要无序地争，他以当时六艺（礼、乐、射、御、书、数）之一的"射"为例，说明君子立身处世的风度。二人上场时，对立行礼，表示礼让和谐，然后进入比赛程序，比赛结束，不论输赢，彼此对饮一杯，赢者曰"承让"，输者曰"领教"，这就是儒家所设计的君子之争。

　　这种君子意识深深地渗透到苏轼的骨髓中。东坡是一个性情豪迈，大度宽容的人。他尊重对手，不泄私愤。如他与王安石的关系就足以说明他的为人磊落倜傥。在先富民还是先富国的问题上他与王安石产生了尖锐矛盾，出于他的民本思想对王安石的一些新法害民表示了激烈的反对，因而被贬。但他对王安石从来都表示出尊重。元丰七年（1084）七月，刚离开黄州贬所的东坡，特意会晤了已经失势退居江宁八年的王安石，尽弃政治上之前嫌，把酒论诗，谈之尽欢，虽然也偶涉时政，但从不谈旧怨。王安石甚至邀他卜宅钟山，比邻而居。东坡的豁达宽容如光风霁月，赢得了王安石的称许。又如他与章惇的恩怨也表现出他的坦荡荡胸襟。章惇是他在从政之初的凤翔结识的朋友，但此人后来对苏轼的加害是十分刻毒的，据《山谷诗集注》卷十七《跋子瞻和陶诗》所云："子瞻谪岭南，时宰欲杀之。"[7]这个时宰就是章惇，也就是说，章惇曾对他动了杀心。但即使如此，东坡仍然不忘自己与他的交情。元符三年（1100），哲宗卒，徽宗赵佶继位，苏轼被赦北归，章惇失势，贬为雷州司户参军。当时据传，此时苏家兄弟出任宰相呼声甚高，章惇子章援向还在北归途中的东坡写了求援信，希东坡网开一面，放其父一马，苏轼马上回信安慰他说："某与丞相定交四十余年，虽中间出处稍异，交情固无所增损也。闻其高年寄迹海隅，此怀可知。但以往者更说何益，惟论其未然而已。"（苏轼《与章致平书》）在信中表明了自己的态度：两人虽政见稍异，但交情仍在，不提旧恶，惟论未来。言辞甚为恳切。东坡并以自己寓居海南的体验安慰他，不要过分担心："主上至仁至信，草木豚鱼所知也。建中靖国之意，可恃以安。又海康风土不甚恶，寒热皆适中。"建议章惇常服些当地药，并为章惇开了一个白术方。[4] 105 不斤斤计较于个人得失,不睚眦必较于个人恩怨,一笑泯恩仇,心比天宽。

东坡能原谅对手,尊重对手,不计私怨,除了他的心宽容人外,也与他的倜傥不羁的个性及自信有关。东坡是一个热爱生活的人,他对生活充满了乐观自信心,对自己也充满了信心,他从小就胸怀大志,《宋史本传》记载说:"苏轼自为童子时,士有传石介《庆历圣德诗》至蜀中者,轼历举诗中所言韩、富、杜、范诸贤以问其师,师怪而语之,则曰:'正欲识是诸人耳。'盖已有颉颃当世贤哲之意。"很早就有"颉颃当世贤哲"的大志。即使后来仕途淹蹇,碰壁多多,即使年龄渐长,他也不曾颓废。在黄州写的一首《浣溪沙·游蕲水清泉寺》词就很能说明他的自信,其中有几句云:"谁道人生无再少?门前流水尚能西,休将白发唱黄鸡。"从眼前的流水感悟出生命的真谛,不要徒哀老大。随着后来的继续南贬,他从来没消沉过,在惠州他生活艰难,但他知足常乐,随遇而安。在惠州他有首《撷菜》诗说:"秋来霜露满东园,芦菔生儿芥有孙。我与何曾同一饱,不知何苦食鸡豚。"把自己的食野菜与何曾的富贵食鸡豚等同,不必羡慕。他常常能为自己的艰难处境自解,如,明明是贬处惠州,他却干脆把自己看成原是惠州人:"今北归无日,因遂自谓惠人,渐作久居计"[4] 1349(《与孙志康书》之二);明明是痔疾缠身,死生不测,他却说"北方何尝不病,是病皆得死人,何必瘴气"[4] 324;明明动辄得咎,身不自由,他偏认为自己是如脱钩之鱼。何等的豁达与超旷!穷达得丧,死生祸福他已完全看破,这是一种境界很高的人生智慧和倜傥风流,正是凭着这种智慧和风流,他冰释了所有痛苦。所以林语堂先生称他"是个秉性难改的乐天派,是悲天悯人的道德家"[8] 5。这种快乐与自信,倜傥与旷达正是贵族们能战胜黑暗,战胜流氓,敢于蔑视困难,敢于尊重对手的精神力量。

五、东坡贵族精神在当今社会的价值

精神是一个时代与社会的支柱,是支撑一个民族的脊梁。大厦没有了钢筋会轰然坍塌,人没有了精神就会失魂落魄,民族与国家没有了精神就会乱象丛生。东坡贵族精神髓传了中华优秀传统文化之精华,它是东坡留给我们的一笔丰厚的文化精神遗产,在当今社会仍有它的价值。

其一,光大东坡贵族文化精神,提升全民族的文化修养。文化修养是培养贵族精神的土壤,在一个文化沙漠地带是不可成长贵族精神的。如前所述,东坡贵族精神之形成,除了与他的家庭教养即文化世家对他的影响有密切关系外,也有他自身努力学习传统之精华有密切之关系。一个人离不开优秀文化的滋养,一个民族也离不开优秀文化的滋养。孔子的伟大正是在于他十分注重人的修养,在他看来,君子人格之形成,首先必须正己,正己才能正人,在这方面他有很多论述:"为仁由己"(《论语·颜渊》),"我欲仁,斯仁至矣"(《论语·述而》),自己修养好了,才能正人,"其身正,不令而行;其身不正,虽令不从"(《论语·子路》)。孔子的"正己正人、成己成物"思想被儒学所继承与发展,宋理学家朱熹就曾说:"治道者本于正修身。"(《朱子语类》卷一〇八),又说:"孔子所以有克己复礼之云,皆所以正吾此心而为天下万事之本也。"[9] 107(《戊申封事》,《文集》卷十一)深受传统文化影响的东坡也十分注重修身,他立身刚正、一身正气,无论在朝在野都心系苍生,正髓传了古代士人的"穷则独善其身,达则兼济天下"的君子精神。今天我们光大东坡精神,可以借机提升全民族的文化修养,引导国民对正心诚意等修身的注重。从这一点来说,东坡精神永远不死,永远具有它的价值。我们应该言正明顺地提倡东坡贵族精神,提升全民族的文化修养,杜绝产生一切贪婪罪恶的土壤。

其二,光大东坡贵族精神,培养国民的责任感和敢于担当的精神。以儒道互补为主要内容的中国文化,关注社会、服务社会,敢于担当,不忘责任一直是它的基本精神。儒学尤其如此。其所倡导的内圣外王、正己正人、成己成物,都鲜明地表现出一种重参与的人生态度。孔子早就说过:"士不可以不弘毅,任重而道远,仁以为己任。"(《论语·泰伯》)士重弘毅,士要正视"任重道远",要以仁作为自己身上的责任,要关怀天下,要承担自己的责任。孟子也说过:"得志,泽加于民;不得志,修身见于世。"(《孟子·尽心上》)意即在朝得志要恩泽于民,做出一点对民有益的事;居野不得志以修身养志为世之榜样。孔孟的这种儒学精神为后世所发扬光大,范仲淹在其《岳阳楼记》一文所提出的那句名言"居庙堂之高,则忧其民;处江湖之远,则忧其君……先天下之忧而忧,后天下之乐而乐",深入文人士大夫骨髓中。宋代理学大儒张载更是提出"为天地立心,为生民立命,为往圣继绝学,为万世开太平"的口号,成为很多士人的座右铭。可见刚健有为,敢于担当,不忘责任是中国文化的核心。即使主张无为、不争的道家文化,也并没有忘记天下和自己的责任。他的无为并非不为,而是出于"尊天道""法自然""惟道是从"观而已。在他们看来，圣人无为，人民自然顺化；无欲，人民自然纯朴。因此，无为，反而能成就其所为；不争，反而"天下莫能与之争"（《老子》二十二章）。可见，道家是以"无事取天下"（《老子》五十七章），通过无为达到无不为。说得通俗点，他们是以另一种迥异儒学的方法表现出自己的责任与担当。儒道两者不过殊途而同归而已。东坡就是一个深受儒道文化影响颇深的人，他身上明显道其表，儒其里，他以儒修身，以道相济。表面上倜傥达观，游心于物外，骨子里表现出一种强烈的责任与忧患心。无论得志与否，都在关注苍生与天下，诚如他在《与滕达道书》一书中所说："虽废弃，未忘为国家虑也。"（《苏轼文集》卷五十一），也无论他在朝还是在野，一刻也未曾忘记人民之疾苦，在《初到杭州寄子由》一诗中他就说："眼看时事力难任，贪恋君恩退未能。"即使后来被贬到十分偏远的惠州，且无任何权力，完全可做一个闲人不闻世事，但他仍为苍生而忧念，《荔支叹》一诗他就说："我愿天公怜赤子，莫生尤物为疮痏。雨顺风调百谷登，民不饥寒为上瑞。"清人纪昀评此诗"貌不袭杜而神似之"。确实神似杜甫，因为他继承了杜甫的现实主义精神。在惠州赋闲的日子里，仍尽他最大的能力为惠州人民做出了不少有口皆碑的好事。这种责任与担当其实就是他在继承文化传统时无形中对贵族精神的传承。

当前社会我们太需要这种精神了。众所周知，随着改革开放不断深入，经济高速发展，社会矛盾在不断扩大，各种社会问题相继出现，精神文化的滞后是重要方面。要使人本质上成为贵族，就得提升他的文化修养。要使整个社会道德升华，也有赖于贵族文化的弘扬，只有整个社会尊重贵族精神，才能根除流氓文化；也只有整个社会人人都有了责任意识与担当精神，我们的社会才不会沦于以互害为荣的社会。东坡身上的责任感与担当精神是留给我们的最有价值的文化遗产，因此，光大东坡文化，培养全体国民的贵族精神是我们必须呼吁与提倡的。

其三，光大东坡贵族精神，培养国人的批判精神。如前所述，贵族是一群最勇敢的人，在中国古代他们曾是一群武士。虽然这个群体后来慢慢消失，但是他们无私无畏的精神却存在中国文化的血脉中。由于他们有担当精神，有责任意识，因此能注意维护自己的声誉，保持自己的独立人格，能坚持己见，不屈己、不由人，具有敢唱反调的桀骜不驯的个性，保持世人皆醉我独醒、世人皆浊我独清的品格，敢于说真话，具有批判精神，疾恶如仇，不改初衷。在中国古代有很多这样的士人，他们为民请命，从不说违心的话，商朝的比干以死谏纣,春秋时史鱼的尸谏卫灵公,唐代白居易的与宪宗皇帝的廷争,都表现出直臣的批判精神。这都是古代贵族文化精神的一种遗存。批判精神在苏轼身上表现得最为突出。他"一肚皮不合时宜"(费衮《碧溪漫志》),总是直来直去,说话不绕弯。正是这种个性与做派常让自己不堪。他一生仕途淹蹇,都与此有关,诚如苏轼自己所说"受性刚褊,黑白太明,难以处众"(《论边将隐匿败亡宪司体量不实札子》)。即使难以处众,他也不改初心,他在《张九龄不肯用张守珪中仙客》一文中就说:"士大夫砥厉名节,正色立朝,不务雷同以固禄位,非独人臣之私义,乃天下国家所恃以安者也。若名节一丧,忠信不闻,乱亡随之,捷如影响。"[4]295 苏辙在《东坡先生墓志铭》也指出了他的这种个性:"平生笃于孝友,轻财好施。……见义勇于敢为,而不顾其害用,此数困于世,然终不以为恨。"数困于世而终不悔,可见他的执着精神。批判社会当然是有风险的,他并非不知,他也常因文章有批判精神故而得罪权贵,但他仍我得我素,如苏辙《初发彭城有感寄子瞻》诗中说得很明白:"念昔各年少,松筠閟南轩。闭门书史丛,开口治乱根。文章风云起,胸胆渤澥宽。不知身安危,俯仰道所存。"[1]29 因文章起风云,即指文章批判权臣而产生了风波,但他"俯仰"唯道存,不改批判精神。令人敬佩。

当今社会,文人应该不忘使命,批判精神是我们的灵魂,是作为贵族精神的一种象征。我们应该光大东坡的贵族精神,构建有益于批判生存的土壤,培育国人的批判精神,回归批判的理性。让批判精神永远存活在我们的文化血脉之中。诚如是,我们则无愧于东坡之后人,无愧于东坡贵族精神之传承。

注 释

[1] 孔凡礼《苏轼年谱》上,中华书局 1998 年版。
[2] 四川大学中文系唐宋文学研究室编《苏轼资料汇集》第二集,中华书局 1994 年版。
[3]《东坡文集》卷三十二,录自《苏东坡全集》第五集,珠海出版社 1996 年版。
[4] 曾枣庄、舒大刚《三苏全书》十二,语文出版社 2001 年版。
[5]〔清〕梁廷楠《东坡事类》,汤开建、陈文源点校,暨南大学出版社 1992 年版。
[6]〔宋〕李焘《续资治通鉴长编》卷四百三十七。
[7]〔宋〕黄庭坚《黄庭坚诗集注》,中华书局 2003 年版。
[8] 林语堂《苏东坡传》,百花文艺出版社 2006 年版。
[9] 李宗桂《中国文化概论》,中山大学出版社 1998 年版。

接过"苏学"概念，系统研究发展
——读王水照先生《走近"苏海"——苏轼研究的几点反思》

◇李公羽[*]

王水照老先生《走近"苏海"——苏轼研究的几点反思》[1]一文，发表整整20年了。文中许多观点、立场、方法，正是我们今天传承中华优秀传统文化，深入研究苏学的指导思想、基本态度和实践要求。中华书局2015年6月版《王水照说苏东坡》，书中许多观点与意见正是沿着《走近"苏海"》一文层层揭示、步步深化并且更为系统严整的。

一、"研究苏东坡自然也有'苏学'"

1978年，王水照先生调入上海复旦大学任教，即在刚刚复刊的《文学评论》杂志发表《苏轼的政治态度和政治诗》。这被认为是"文革"后第一篇为苏轼"辩诬正名"的文章。文章指出苏轼的许多政治诗其实与新法无关，"这些诗篇表明苏轼的政治视野比较广阔，敢于揭露社会矛盾和政治弊病，反映了下层人民的一些苦难生活"[2]42—50。几近同时，曾枣庄《论苏轼政治主张的一致性》[3]、匡扶《苏轼的政治思想和他的政治态度》[4]等文章进一步从思想政治方面客观评价苏轼，实事求是，拨乱反正。

1989年王水照先生开风气之先，率先从东坡人生思想对中国文化的影响角度开始研究苏学。"出处和生死问题，是中国文人面临的两大人生课题。前

---

[*] 作者简介：李公羽，海南省新闻工作者协会副主席，浙江传媒学院、海南大学等院校新闻与传播专业硕士研究生导师。

者是人对政治的社会关系,后者是人对宇宙的自然关系。"从这一领域研究东坡思想中儒释道多种因素的阶段性消长及其丰富而独特的人生体验,并且细致入微地剖析了他狂放谐适的文化性格,从人生思考和文化性格的文艺创造方面总结东坡留给后代的珍贵遗产。[5] 87

王水照先生是屈指可数的几位就"苏学"概念进行专门研究并提出方向和指导意见的大家之一。历史上对"苏学"基本定义为苏轼的文学研究,这是比较狭隘的。王水照先生说:"苏东坡有多方面的才能、深邃精微的人生思考、丰富的文化性格。就像研究《红楼梦》有'红学'、研究《文心雕龙》有'龙学',研究苏东坡自然也有'苏学',这是清朝人提出来的。苏东坡多方面的文化创造为历来研究'苏学'的人不断地提出新问题。"[6] 24 因此,先生指出:历史上"所谓的'苏学'似主要指苏诗而言","我们不妨接过这一概念,用以规划和设计苏轼研究的整体格局,力求研究的系统性与严整化,以争取苏轼研究的更大突破"。

先生指出:"研究苏东坡自然也有'苏学'。"然而近千年来,"苏学"只是民间俗指,且界定不一,未成体系,缺少理论,没有组织,没有官方或正式的名分。新时代苏学研究,要系统准确地推进,不仅是研究苏轼及其诗词书画艺术,更不仅是研究三苏,而是要规划和设计苏学研究的整体格局,将研究三苏的文化和三苏相关文化的研究扩大、丰富和提高为苏学体系研究。

苏学专家曾涛先生在论文《从〈三苏文化大辞典〉的编纂看当代"苏学"的任务》中也指出:"苏学"并非单指苏轼,而是包括三苏等;主要并非指文学,而是包括经学等。"[7] 11 新时代苏学研究极大地拓宽了苏学研究的范围:应是以东坡文化为重点,以三苏及相关文化为主体,以"推动中华优秀传统文化创造性转化、创新性发展"、促进东方文化融入人类命运共同体为主旨的学问。研究范围上自苏洵及其先祖,下至苏轼、苏辙和儿孙辈乃至其他后裔;主要目标与任务是确立和奠定苏学的理论基础、学术框架和组织体系,系统准确地发掘、整理、传承和弘扬与三苏相关的历史文化,考证鉴定史实,研究思想与艺术,探讨历史意义和当代价值。

二、苏学是民众自主传承的传统文化代表

关于苏学,王水照先生在文中说:"对这一研究领域进行回顾与前瞻,我们仍感差距甚远,深感与研究对象本身所具有的研究价值与意义颇不相称。"这应是与他十多年之后在《王水照说苏东坡》一书中提出"说不全的苏东坡""说不完的苏东坡""说不透的苏东坡"的思路一脉相承的。

先生在文中指出:"在我国古代作家中,能够持久地跟同时和后世人们建立起亲切动人关系者并不多,苏轼却是其中突出的一位。李白的天马行空、脱略羁绊,固然使人心折倾倒,但不免太高太远,难以企及;杜甫忠悃诚笃,感时伤世,人们不能无动于衷,但学起来又太难太苦,苏轼则是现世性与超越性水乳交融在一起的一位智者。"以东坡文化为核心的苏学,曾在朝廷极尽打压除毁之列,大量东坡诗文碑刻损毁,印板焚灭,但民间私藏东坡诗文不能禁绝,甚至越禁越多,私会刊刻,文人传赠,愈演愈烈。"禁愈严而传愈多,往往以多相夸。士大夫不能诵坡诗,便自觉气索,而人或谓之不韵。"[8]曾枣庄先生指出:"其诗文生前刊刻之多、流传之广,在中国历史上似乎很难找到第二人。""苏轼诗文被书贾大量刊刻,除反映了北宋印刷业的发达外,主要是因为他的作品具有深刻的社会意义和感人的艺术魅力,从而赢得了大量的读者。这就是苏轼一生虽屡遭贬责,作品虽被严加禁毁,却仍获得广泛流传的原因。"[9] 82

王水照先生说:"苏轼是我国文化史上一位罕见的全才,是人类知识和才华发展到某方面极限的化身。""全才""极限",这类极端化词语本不是学者应当使用的,然而王水照先生用到东坡身上,我们只感到贴切和准确。近千年来,不同观念、不同立场、不同道路的民众与官员,都从东坡身上获得了精神慰藉、美学熏陶与意志涵养。在社会变革、制度更迭、文化动荡中面临抉择的文人乃至市民,效法东坡旷达审美、乐观无思的天人境界,应对颠沛流离,以求心理平衡、生命平和。东坡"持久地跟同时和后世人们建立起亲切动人的关系",东坡文化是由民众自我选择、自动接受与自主传承的中华优秀传统文化的杰出代表。

在中国历史名人中如评选士大夫和平民共同喜爱、雅俗共赏的国民楷模,一生能够坚守本真、苦中作乐、风趣幽默的苏东坡肯定会当选。

三、苏学的"无用之用"在当下独具大用

王水照先生指出:"在时下商品大潮汹涌的环境中,苏轼的全部文化创造并没有失去它的价值和作用。固然,这种作用不是也不可能是急功近利式的,毋庸说是一种无用之用。而无用之用正是一种大用,它是能够成为当代文化资源的组成部分的。对于苏轼文化遗产的当下意义和现代转换,也有待于研究者们的共同探索。""时下商品大潮汹涌"是先生在 20 世纪末所说的,而今愈演愈烈。

在这样汹涌的大潮之中,党的十九大对新时代文化建设提出了坚持创造性转化、创新性发展的基本要求。习近平总书记要求:"要从弘扬优秀传统文化中寻找精气神。"[10]苏东坡是民族传统文化中最深沉的精神追求与最深厚的文化软实力的杰出代表。在新时代优秀传统文化创造性转化、创新性发展进程中,紧密结合社会主义核心价值观建设和精神文明建设,从执政理念、民生情怀与世界观、幸福观、价值观等方面,传承苏学,弘扬苏学,具有重要的政治意义和时代价值。

王水照先生创造性地提出了"对于苏轼文化遗产的当下意义和现代转换"的理念。习近平在中国文联十大、中国作协九大开幕式上的讲话中指出:"要加强对中华优秀传统文化的挖掘和阐发,使中华民族最基本的文化基因同当代中国文化相适应、同现代社会相协调,把跨越时空、超越国界、富有永恒魅力、具有当代价值的文化精神弘扬起来,激活其内在的强大生命力,让中华文化同各国人民创造的多彩文化一道,为人类提供正确精神指引。"[11]优秀传统文化如何"同当代中国文化相适应、同现代社会相协调",正是苏学研究"当下意义"和"现代转换"的问题。

习近平在讲话、文章和著作中经常引用东坡诗文名句,主要用于表达民生情怀、治国理念、改革思维和廉政建设的愿望与要求。他也多次引用苏辙、苏洵的诗文名句。早在 1989 年撰写的《干部的基本功——密切联系人民群众》一文中,就引用了苏辙《上皇帝书》中"去民之患,如除腹心之疾"[12] 16 一句,说明去掉老百姓的祸患如同除去自己的腹心之疾一样。北宋熙宁二年(1069)二月,王安石任参知政事,开始推行新法。因对王安石变法持不同意见,苏辙于是年三月上书神宗皇帝,力陈对新法的看法。苏

辙向宋神宗提出这一观点，是希望神宗推己及人，与民同忧，设身处地地为百姓着想；而把百姓疾苦提升到"腹心之疾"的高度，说明"去民之患"之刻不容缓。在十八届二中全会第二次全体会议上的讲话中，习近平再次引用苏辙这句话。[13] 2015年5月27日，习近平在浙江召开的华东七省市党委主要负责同志座谈会上，引用苏洵"彼不先审天下之势而欲应天下之务，难矣"，强调只有先审时度势，才能因势利导，借势发展。"天下之务"如此，经济建设亦如此。[14]

优秀传统文化是社会主义核心价值体系的文化渊源，也是社会主义精神文明建设的观念源泉。2017年1月，中办国办印发的《关于实施中华优秀传统文化传承发展工程的意见》开篇指出："中华文化独一无二的理念、智慧、气度、神韵，增添了中国人民和中华民族内心深处的自信和自豪。"苏学正是"中华文化独一无二的理念、智慧、气度、神韵"的杰出代表，集中展示着中华优秀传统文化传承发展的核心思想理念、中华传统美德和中华人文精神。加强精神文明建设，需要从东坡文化所蕴含的民族优秀传统中汲取养分，坚定基础，增强自信。

中华优秀传统文化的支柱和灵魂，是民族精神。苏学中蕴含的丰富的传统文化、爱国主义、民族精神、道德情操、意志理念、情趣情怀、家风家训、价值观念等，都是民族优秀传统文化的精髓，是社会主义核心价值观的本源和本质，也都是我们今天全面加强精神文明建设的题中应有之义。

四、规划和设计苏学研究的整体格局

王水照先生提出：我们不妨接过"苏学"这一概念，"用以规划和设计苏轼研究的整体格局，力求研究的系统性与严整化"。同时，他不无忧心地说："处于世纪之交的历史时刻，对这一研究领域进行回顾与前瞻，我们仍感差距甚远，深感与研究对象本身所具有的研究价值与意义颇不相称。"

努力缩减这一差距，使苏学研究与对象本身所具有的研究价值相称，在"规划和设计苏轼研究的整体格局"的基础上，力求研究的系统性与严整化，应是当代苏学研究的宗旨。当我们仍在阶级斗争的理论政策制约下谨小慎微地仅从诗词书画方面研究东坡之际，国际社会把东坡置于人类思想发展史和世界科技进步史的大背景下研究已经取得影响世界的成果。这也是先生在苏学研究方面"仍感差距甚远"的原因之一。

王水照先生进一步指出了苏学研究的主要方向和路径:"我们要走近'苏海',就应努力缩短古与今的时间隔阂,追踪和品味苏轼的生活遭际与心灵律动,重视他的文化创造与外部环境、人文生态的密切关系。"先生此文,还就新时期苏学研究的若干具体问题,提出中肯而详细的指导意见。试归纳如下:

(一)苏学研究重点不仅是文学领域

"进一步地探讨苏轼的信仰生活及其与政治等的关系,对深入认识他的思想面貌或许会有所助益的。"从政治方面系统研究东坡和东坡文化,王水照先生可谓我国现代史上的先行者。当今天我们更多地从东坡的执政理念、民生情怀、改革思维和科技实业等角度研究苏学时,就进一步深刻地体会到,先生40年前从政治态度和政治诗的角度入手的研究,是多么需要政治魄力、政治智慧和政治勇气。

(二)要有清醒的"问题意识"

"问题意识"确是治学之肯綮。王水照先生指出:"在苏轼研究中,与其简单重复一些老生常谈的大题目,不如切实地开掘出一批富有学术内涵的中、小型课题,有根有据地予以研讨与阐明,必能提高我们研究的总体水平。"近年来,我们在组织纪念苏东坡诞辰980周年暨登陆海南920周年等系列活动时,面向海内外的理论研讨会与学术论坛的选题及选编文章都充分注意富有学术内涵的中、小型课题。有的课题,只是针对东坡一句诗文或一个时期的一个行为,提出的仅是千年苏学研究与传承中的一个小问题,但都强调"问题意识","有根有据地予以研讨与阐明",收到很好的效果。

(三)关于新材料的鉴别使用

材料是一切研究的基础和前提。有新的材料,固然于新的研究大有裨益,但对新材料的挖掘和鉴别,务须谨小慎微。王水照先生说:"就苏轼研究而言,其最基本的材料,如作品、生平传记等背景资料,应该说已大致完备,但也不是说没有再发现的可能。"然而,"对所谓新发现的一些'珍贵材料',必须采取慎重的态度"。这一教诲,既有历史唯物主义观点,又有实事求是的思想路线、基本方法,是苏学研究务必坚持的重要原则。

（四）准确解读历史文本

王水照先生认为："作家研究与作品研究大致是同时并举，互为表里的。存在问题的是对文本的准确解读，常因考察不周而影响结论的科学性。"或许每一位研究者都有准确解读文本的志向与决心，但遇到具体文本，则往往各有各的解读。何况还有许多历史文献，因版本不同而各存异议。这就更需要对不同的文献版本、不同时代的记载、不同研究者的结论反复研讨，认真对照，做到周全而准确。

（五）研究成果的项目策划

苏学体系，博大精深；千年研究，浩如烟海。但王水照先生仍提出了具有重要研究价值的具体项目。他提示："譬如说，在已有研究的基础上，可否出版一套苏学研究丛书，不仅可以涉及苏轼文学方面的种种贡献，也可涉及诸如苏轼与党争，苏轼与文学结盟，苏学接受史乃至苏轼在日本、在朝鲜等专题。"当然，这类项目的难度之大，可想而知。

先生表露情怀说："一部翔实全面的苏轼大传也是人们久所期盼的。"2017年5月，由李吉荣任编委会主任、宋明刚任编撰组主编、曾枣庄撰写《寄语》的《苏轼全传》十五卷，作为四川省重点社科项目已经结项出版，为先生和"人们久所期盼"带来一些慰藉。

（六）发挥群体研究的优势

学术固然可以独立进行，然而，有效组织的学术团队，或是在长期合作基础上自然形成的研究群体，抑或针对某一研究方向而有机整合形成的研究团队，更是充分发挥群体优势、"以争取苏轼研究的更大突破"的重要方式。

目前各东坡遗址纪念地均已建立学术研究组织，群体研究势如燎原。省级的、地市县级的；专项研究的、综合研究的；学术为主的、宗亲为主的；社会团体的、院校教学的……多渠道、多角度、多层次、多方位的苏学研究，方兴未艾。许多东坡当年并未到过的地方，也积极创建东坡文化研究组织。这种广泛而全面研究苏学的形势，正是王水照先生当年所期盼的"发挥群体研究的优势"的喜人局面。

先生在文中以关于《西园雅集图》真伪之争为例，提出从"一个饶有兴味的题目"，深入挖掘"研究颇有意义的内容和史料"的方式。这个例子创造性地提出,以群体研究的多视角,打破单个作家的研究局限,形成突破性研究成果的新模式。

习近平多次视察海南,每一次在海南的重要讲话,都讲苏东坡。2018年4月13日,习近平出席海南建省办经济特区30周年大会,并发表重要讲话。他强调指出:"海南的青山绿水、碧海蓝天自古就为文人雅士所称道。"他引用苏东坡的诗句"不似天涯,卷起杨花似雪花"来赞美海南。海南全岛建设自由贸易试验区、探索建设中国特色自由贸易港,是习近平亲自谋划、部署、推动,并且代表党中央在现场亲自宣布的重大国家战略。

在海南全省以空前的热情投入自贸区、自贸港建设之时,2018年12月,"海南省苏学研究会"(Hainan Su's Research Association)在海南大学召开成立大会。该研究会是海南省全面研究三苏及与三苏相关历史文化的研究者爱好者自愿组成的学术性社会团体,由单位会员和个人会员组成。该会确立了"以东坡文化为基础,以三苏及相关文化为研究主体"的方向和任务,研究范围则包括苏学中的政治学、经济学、军事学、哲学、宗教学、历史学、语言学、文学、艺术学、博物学、工程学、地理学、医学等,也包括历史上关于苏学研究之研究;主要目标是系统准确地发掘、整理、传承和弘扬与三苏相关的历史文化,考证鉴定史实,研究思想与艺术,探讨历史意义和当代价值,全方位地纳入中华优秀传统文化范畴,"争取苏轼研究的更大突破",努力建立起一门适合并推进新时代文化发展需要的学问。该会是我国第一个以"苏学"命名、系统研究苏学的学术专业组织。

王水照先生20年前"研究苏东坡自然也有'苏学'"的嘱托和期望,在新时代以一个省级学术组织的形式,落实在海南,具有时代的必然性。东坡居儋3年,达到了中国传统士大夫人格的最高境界,将中国儒、释、道文化的精髓发挥到了顶峰,为我们弘扬中华优秀传统文化树立了鲜活的样本。东坡文化是唯一由所谓蛮夷之地、孤悬海外之地产生,又反哺中原、影响世界的文化。苏学是海南文化的千年高峰,是中华优秀传统文化的杰出代表。

丰厚深邃的传统文化高峰和优美独特的自然环境资源,必将成为海南新时代稳健发展的双翼,成为海南自贸区、自贸港建设中最为重要的国际旅游消费中心的文化引领。千年苏学,将在当年"饮咸食腥、凌暴飓雾",而今云散月明、天容海色的海南岛,涵养国际旅游消费胜地的文化内涵。

五、以苏学接受史研究推进传统文化"再生根"

作家的身后接受史与作家的生前创作史同等重要,但从社会发展、文化传承与人类进步等角度来看,接受史往往更具有现实意义、社会价值与指导作用。王水照先生提出的"对于苏轼文化遗产的当下意义和现代转换"的观点,应当看作他在新时期苏学接受史方面发出的动员令。习近平关于"使中华民族最基本的文化基因同当代中国文化相适应、同现代社会相协调"的要求,正是苏学接受史研究的指导思想和实践方向。

以东坡文化为基础,以三苏和三苏文化为主体的苏学研究,是一个审美生产和审美接受的完整过程。苏学思想史、史学史、艺术史和家族史等综合研究与传播,都是苏学接受史研究的重要方面,在新时代接受者的阅读、评点、传播等具体过程中,不断生成新的理解认知、发展脉络及价值体系,适应当代文化,协调现代社会。伴随社会发展和人类进步,这种接受史的发展是动态的、连续的,也是步步深入、广泛联系、层层扩展的过程。在历史无尽的长河中,苏学研究与发展的全貌,其规律与特色,都将在接受过程中展示得越来越完整、清晰与深刻。

王水照先生提出的"以审美陶冶、理性阐释和创作滋养为内容的苏学接受史",是指此前近千年的苏学研究与传承的历史。而今,我们仍然要坚持以"审美陶冶、理性阐释和创作滋养为内容"的苏学研究、传承与接受,在新时代通过不断走近苏海的研究过程,实现社会的审美陶冶、政治的理性阐释与文化的创作滋养。

再过十多年,我们即将纪念东坡诞辰1000周年。即将到来的东坡文化第二个千年的历史,将由我们承继、研究、书写与弘扬。

王水照先生很谦逊地说:"我们不想与批评专书方面的'龙学'、小说方面的'红学'等显学相攀比,但展望新世纪的苏轼研究,怀有这一设想,大概不算奢望吧。"我们作为晚生学者,是否可以响亮地回答:这是一定要做,而且一定要做好、一定能做好的!

注 释

[1] 王水照《走近"苏海"——苏轼研究的几点反思》,参见《文学评论》1999 年第 3 期。本文凡引王水照先生语录而未标注出处的,均出自该文。

[2] 王水照《评苏轼的政治态度和政治诗》,参见《文学评论》丛刊 1978 年第 3 期。

[3] 曾枣庄《论苏轼政治主张的一致性》,参见《文学评论》丛刊 1979 年第 7 期。

[4] 匡扶《苏轼的政治思想和他的政治态度》,参见《甘肃师大学报》1979 年第 4 期。

[5] 王水照《苏轼的人生思考和文化性格》,参见《文学遗产》1989 年 5 月。

[6] 王水照《王水照说苏东坡》,中华书局 2015 年版。

[7] 曾涛《从〈三苏文化大辞典〉的编纂看当代"苏学"的任务》,参见《第 3 届东坡居儋文化思想研讨会暨第 22 届苏轼全国学术会议论文集》(苏学·人格编),海南大学 2018 年 4 月编。

[8]〔宋〕朱弁《风月堂诗话》(丛书集成初编),中华书局 1991 年版。

[9] 曾枣庄《屈于生而伸于死——中日苏轼研究对谈录》,参见《文艺研究》2011 年第 1 期。

[10] 李斌、霍小光《习近平同人大代表政协委员共商国是纪实》,2015 年 3 月 http://www.xinhuanet.com//politics/2015-03/14/c_1114640244.htm.

[11]《习近平同志在中国文联十大、中国作协九大开幕式上的讲话》,2016 年 11 月 http://www.xinhuanet.com//politics/2016-11/30/c_1120025319.htm.

[12] 习近平《摆脱贫困》,福建人民出版社 1992 年版。

[13]《习得(官德篇)——习近平引用的古典名句》,参见《人民日报》(海外版) 2014 年 5 月 21 日第 5 版。

[14]《习近平为"十三五"做的精彩预告》,2015 年 10 月 http://www.chinanews.com/gn/2015/10-26/7590346.shtml.

开放发展的苏轼研究

◇方永江*

自南宋学者李涂在《文章精义》中首倡:"韩如潮,柳如泉,欧如澜,苏如海。"至清朝杨毓辉在《郑观应〈盛世危言〉跋》中为之张目:"观其上下五千年,纵横九万里,直兼乎韩潮苏海,则不啻读《经世文编》焉。""韩潮苏海"成为文艺评论史上的定论,气势磅礴、汪洋恣肆则引为苏轼文章风格的特征。

海纳百川,有容乃大;江海不择细流,故能成其大。开放包容,是大海的属性,亦是苏轼、苏轼研究的品格。中国苏轼研究学会自成立以来,学会历届领导都在践行:只做加法,不做减法,凡是热爱苏轼、关心苏轼研究的,都可以加入进来。所以,会员才能由最初的81人发展到目前的350余人,召开了国际性与全国性苏轼学术研讨会30余次,出版了以《三苏全书》《苏轼全集校注》等为代表的著述,渐呈浩瀚气象。

一、开放合作形成合力之美

眉山生三苏,草木自葱茏。开放发展的眉山向远方的朋友发出一个恒久而走心的邀约——从苏祠出发,从全世界回来。

(一)合作理念深入人心

中国·眉山东坡国际文化节发布《眉山宣言》,确立了"合作发展,和谐共进"的主题。宣示:围绕主题我们将继承好、保护好、弘扬好东坡文化,坚持在继承中创新,在弘扬中继承,不断赋予其新的内涵,永葆民族性,体

---

* 作者简介:方永江,眉山市三苏文化研究院院长、中国苏轼研究学会秘书长。

现时代性；我们要定期举办形式多样、内容丰富的东坡文化学术研讨活动，不断增强东坡文化的国际影响力；我们将加强国家之间、城市之间的文化交流，扩大经贸合作，促进共同发展。

俟后，眉山学者在全国第十六届苏轼学术研讨会暨全国苏轼遗址景园旅游发展论坛上发表《苏轼遗址缔结文化旅游联盟的战略构想》，科学论证了缔结文化旅游联盟的必要性和可行性，阐释了文化旅游联盟的发展路径选择；成立专门职能机构，精心编制详规；探索联合申报世界文化遗产的可行性；对联盟内市民实行同等居民待遇，免费开放各自苏轼文化景园、景区；在文化旅游产品和产业中，更多地注入东坡文化元素。在此基础上，立足苏轼研究为苏轼遗址地的文化发展、文化繁荣、资源整合、品牌提升等诸多方面带来了千载难逢发展机遇的实际，深入开展"苏轼遗址地合作机制研究"，诠释了合作应当遵循"平等—首席""合作—博弈"的原则，提出了"采取倡议、协议、主导的合作关系，采用研究、传播、应用的合作方式，选择多边、双边、区域的合作途径，形成政府、企业、社会的合作主体"五大理念，使开放合作有了更加明晰的思路。

秉承这些理念，2018年9月，在深入实施"文化立市"战略，强力推进东坡文化传承创新"七个一"工程的重要节点，眉山成功举办了以"东坡文化与新时代的开放合作"为主题的2018眉山东坡文化国际学术高峰论坛。

苏轼研究开放合作的理念更加深入人心。

（二）主导合作有声有色

眉山是东坡故里，是苏轼文化的发源地、发祥地。学会地处眉山自当主动扛起苏轼研究的大旗，发挥纽带桥梁作用。依托高校、整合地方，切实落实市委东坡文化传承创新"七个一"工程学术活动"请进来""走出去"要求，充分发挥学会组织、协调、主导作用，形成了强大活力，一批重大学术活动有声有色开展。

"请进来"，开放的眉山喜迎嘉宾。眉山市人民政府与中国苏轼研究学会联合主办了两次学术会议，即2017年11月22至26日第八届（眉山）东坡文化节暨首届东坡文化国际学术高峰论坛和2018年9月28至30日2018眉山东坡文化国际学术高峰论坛，均出版了主题突出、观念新颖、价值丰厚的论文集。

"走出去",合作的眉山广交朋友。学会还参与苏轼相关的考察、纪念、学术交流等活动,今年相继参加了上海诗歌节并做主旨发言《苏轼文艺创作的时代价值》;四川大学"曾枣庄三苏研究丛刊"出版座谈会暨版权捐赠仪式;眉山市与四川大学"东坡书院"筹备组赴贵阳、湖南、山东考察学习。

特别加强了与苏轼遗址地的合作交流。与平顶山学院共同主办纪念苏轼葬郏915周年暨全国第21届苏轼学术会议;与海南大学共同主办东坡居儋文化思想研讨会暨全国第22届苏轼学术会议。参加广东省苏轼研究会成立一周年学术报告会议暨东坡文化学术论坛;参加石家庄市栾城区纪念苏味道诞辰1370周年活动暨栾城三苏祖籍文化研讨会;参加海南省话剧《苏东坡》海口巡演活动;参加海南省儋州第九届(儋州)东坡文化节暨东坡文化研讨会。

在四川历史名人研究会建设推进工作中,完成了四川省首批十大历史文化名人学术读本《苏轼》的撰写;撰写了传记读本《苏轼》,并资助了川大在读博士研究生陆雪卉出版《此心安处是吾乡——苏东坡的心路依归研究》(九州出版社2017年版),资助学会理事、眉山职业技术学院退休副教授胡先酉出版《龙川略志译注》(西南交通大学出版社2018年版)。

(三)部门协作多姿多彩

2017年至今,学会相继与眉山市纪委合作研究东坡清廉思想;与眉山市教体局、职业技术学院合作研究东坡教育思想;与眉山市地方志办合作研究地方名人文化;与四川工商学院合作研究东坡文化与社会主义核心价值观关联性研究;与税务部门合作研究苏轼税收思想;与市委党校开展筹办东坡干部学院等。

校地合作成绩斐然。我们联手乐山师范学院立足眉山实施"文化立市"战略,建设"千湖之城"目标,有针对性地进行苏轼理水遗迹、思想始基、意象谱系深入研究,最终完成了材料丰富、题旨鲜明、文辞雅致、论证充分的《东坡西湖研究》(专著)。由于其融知识性、趣味性与可读性一体,在东坡文化的普及和生态文明中国的建设中都提供了宝贵的历史参照。

2018年,对于中国人民大学古典文学教研室主任、博士生导师,中国苏轼研究学会副会长冷成金教授及其团队来说,具有特殊意义。从年初到岁末,他们针对儋州、眉山以东坡文化引领文化旅游融合发展,进行了深入研究。1月8日,在海南纪念苏东坡诞辰981周年座谈会及第九届东坡文化节和此后的专题研讨会上，冷教授激情解读东坡文化对儋州文化旅游产业开发的意义，对儋州市经济社会文化发展的现实作用和历史价值，重点阐述了儋州东坡文化的特质和东坡精神的意义，明确指出东坡文化是当今弘扬中华优秀传统文化的鲜活样板，东坡文化旅游是海南旅游的一大亮点。提出了"建立国家级东坡文化馆"和"创办东坡诗词文化节"的建议，把东坡以及苏过在海南的整个生活过程都复原出来，把苏学文化完整、全面、系统地展示出来，成为海南走向世界的特殊名片，成为参与"一带一路"国际合作交流的"海南话语"，成为未来海南发展强大的内生动能。9月29日，在2018眉山东坡文化国际学术高峰论坛上，冷教授应邀做了"把东坡文化文旅项目建成蓉南、川南的旅游目的地"的主题演讲。明确指出东坡文化文旅项目可以根据眉山的选址地形能动地充分地借鉴已有的表现形式和表现方法（包括借鉴台湾等地和国外的文旅项目经验），但与其他儒、释、道文化主题公园相比，东坡文化文旅项目应该有机地整合东坡的思想、生平和诗文，使之成为表现儒、释、道文化的更独特更鲜明更有力的形式，既能更好地显现出儒、释、道文化的吸引力，又能充分表现东坡精神。他们的"量身定制"，充分发挥了智库作用，为社科研究组织与个人如何有效对接地方政府及其职能部门，树立了范式，富于启迪意义。

（四）沙龙活动渐入佳境

学会注重开放性研究。研究工作不限于眉山，聚集全国乃至全世界的研究力量，包括发挥市民的作用，组织文化沙龙。每年端午、中秋，我们都会举办群众性文化沙龙，"苏轼与美好女性""苏轼与经典诵读"等形式新颖、内容丰富的研究活动，令人回味无穷。今年我们又成功举办了端午"品荔枝"、中秋"赏秋月"苏轼文化沙龙活动。由于受众广、反响好，被市委确定为重要会节活动。

二、创新发展锻造活力之魂

创新是民族进步、国家强盛的不竭动力，也是苏轼研究的活水源头、活力之魂。

（一）组织机构的创新

经四川大学、省社科联同意，中国苏轼研究学会回迁眉山，市委随之成立三苏文化研究院作为学会的办事机构(秘书处)，用党政的力量推动苏轼研究，具有较强的权威性和影响力，是四川省乃至全国的首创，被学界称为"眉山模式"。在市委的坚强领导下，在省委宣传部、省社科联的热情关心和支持下，苏轼研究已经发展成为一个"三位一体"的"眉山模式"：研究院既是市委的一个职能部门，又是学会的办事机构；周裕锴先生既是学会会长又是四川大学苏轼研究中心主任，可以有效地对接川大、整合资源。在四川历史名人工程和眉山"七个一"工程实施中，我们完全可以率先建成在全国具有影响力的学会和中心。

我们又在学会下设东坡学校工作委员会，把全国近百所东坡学校联系起来，共同开展东坡文化校园普及活动。并于2017年11月成功召开了全国第四届东坡学校与东坡文化交流活动暨"传承东坡文化，提升教育品质"眉山论坛，发布了全国东坡学校《眉山宣言》，定期进行校际交流与学习，营造优雅的校园文化环境，让东坡文化根植于中华大地，让"乐学、创新、仁爱、清正"的东坡精神，滋润学生心田。

（二）普及方法的创新

我们与《眉山日报》合作，专门开辟"文化传承"专栏，定期推出"探秘苏东坡""苏东坡粉丝"系列报道，取得了很好的效果。互联网深刻地改变了世界改变了我们，在竭力办好《苏轼研究》会刊的同时，及时推出苏轼研究公众号、苏轼研究微信群，以苏轼+的模式共建传播平台。同时，我们加强了与其他名人研究会的互动，参加了四川省李冰、扬雄研究会成立大会和首届学术研讨会；参加了纪念杨升庵诞辰530周年学术论坛征文专家评审会和学术论坛。

2017年9月，又与东坡区教体局合作，开展"东坡文化讲师团培训班"活动。这个为期两年的活动，旨在通过课堂学习、现场学习、体验学习等方式，使讲师团学员会做指导、会搞活动、会作讲座，使其成为传承东坡文化的骨干力量，进而引导整个系统乃至社会大众大力普及优秀传统文化，实现"星星之火，可以燎原"的愿景。截至目前，刘小川、王晋川、刘川眉、刘清泉等为学员们进行了数十场东坡文化专题讲座，围绕三苏生平、作品和思想进行讲解，毫无保留地将他们自己的三苏文化研究成果分享给他们；已有15位学员做了实习演讲，社会反响非常不错。

百尺竿头，更进一步。我们将努力把讲师团培育这个"从专家到学员、从学员到大众"立体式弘扬东坡精神的活动，办成传承东坡文化的品牌，让东坡文化产生更加广泛的影响。

苏轼文化联通世界，音乐点亮美好生活。市委、市政府去年和今年把东坡文化国际学术高峰论坛与四川音乐周结合起来，用广大青年朋友喜闻乐见的方式传承弘扬东坡文化，创新了苏轼研究普及的形式，拓展了苏轼研究普及的渠道，昭示着苏轼研究更加光明美好的明天。

（三）服务功能的拓展

我们牢固树立"两个服务"意识（苏轼研究服务于党和政府中心工作，服务于苏轼研究学者和广大爱好者），较好地发挥了智库作用。近一年来，我们在地方经济文化建设中注入东坡文化元素方面，紧紧抓住建设历史文化名城、历史文化名镇的契机，不断拓展社科研究服务大局的功能。重大文化项目提前介入、主动介入。我们依托高校、特约研究员构成的人才优势，先期进行文化论证，使文化项目不走弯路、少走弯路；项目进行中，全程实施文化策划；竣工后，组织专家团队对文化转换项目进行验收。相继成功开展了东坡城市湿地公园亲水平台和苏母公园的文化策划。眉山三苏镇、徐州利国镇、黄冈黄州区等相关文化工程建设指挥部门主动要求与我们合作，实现了"有为有位"的价值追求。

这些活动的开展，苏轼研究充满活力和生机，不仅在眉山、四川，以及苏轼遗址地形成蓬勃发展之势，而且影响延伸到了"北上广深"这些看似与苏轼没有直接关联的城市和这些城市的高校。

（四）国际视野的确立

眉山实施东坡文化传承创新工程，突出强调的就是国际性：精品博物馆成为全世界"苏迷"的"朝圣地"；研讨会开成国际性的盛会；高层次人才培养把眉山打造成全球苏学研究高地……为了加快苏轼研究中心、资料中心、交流中心国际性建设，2018年9月14至16日，中国苏轼研究学会会长周裕锴精心筹备、周密谋划，在四川大学苏轼研究中心成功举办"东亚汉文化圈中的苏轼研究学术论坛"，海内外苏轼研究学者积极参与。

眉山更在不到一年时间内，相继成功举办两次东坡国际学术高峰论坛，美国、法国、韩国、新加坡等国的苏轼研究学者接踵而至。特别是首次请来了法国《世界报》记者皮埃尔，他《千年英雄苏东坡》的主题发言，带来了对"千年英雄"的深情回眸，解密了苏轼入选世界十二位千年英雄的林林总总。2019年，新加坡南洋理工大学教授衣若芬做了《在新加坡和美国学习苏东坡》的主题演讲。他们的演讲，深刻地揭示了苏轼的代表性、影响力和国际性。

9月29日，周裕锴先生做了《东坡精神的当代价值》主旨演讲后，第二天即赴莫斯科参加9月30日至10月6日由俄罗斯科学院远东研究所主办的"中俄文化对话"国际学术研讨会，他做的《苏轼眼中的杜甫——两个伟大灵魂之间的对话》的报告，引起俄罗斯学者的极大兴趣，展示了苏轼研究的实力，开启了世界了解眉山的又一扇窗口。而武汉科技大学国学研究中心主任孙君恒与美国西华盛顿大学荣誉退休教授唐凯琳因缘际会，更是传为学界佳话。孙先生在美国探亲期间，写下了苏轼在美国研究和传播综述，第一个介绍的就是唐凯琳。不久，唐女士即应邀飞赴眉山参加东坡文化国际学术高峰论坛，做了《英国牛津网页数字化书目里的"苏轼"》的主题演讲。她特别指出，眉山创办的《苏轼研究》是该数据库中最重要的中文专题学报。

这些学术论坛和文化交流，扩大了眉山苏轼研究的国际影响力，提升了眉山苏轼研究的整体水平，发挥了引领国内外苏轼研究的示范效应。

开放合作、创新发展，苏轼研究走向国际化。

党的各项事业的持续健康发展，关键在党，关键在人，苏轼研究也不例外。之所以能开创今天的繁荣兴盛局面，我们有如下启示：

各级党政精心呵护、主管部门倾心支持、友好协会无私帮扶。市委、市政府人、财、物充分保障，为秘书处广泛开展"请进来""走出去"活动奠定了坚实基础，为能在把苏东坡"拍出来"、把眉山"拍出去"中发挥作用创造了条件，为三苏研究（创作）成果的不断涌现、有效转化搭建了平台，为在三苏文化重大项目上发挥建设性作用提供了机遇。

老一辈学人率先垂范。耄耋之年的刘尚荣、邱俊鹏、曾枣庄、张志烈诸先生，笔耕不辍，佳作迭出；只要身体允许，苏轼研究的每一项活动，总是不辞辛苦，千里万里奔赴而来。21人的特约研究员队伍，既是苏轼研究的探路人、先锋队、引领者，又是围绕中心、服务大局的"智囊团""人才库"，更是苏轼研究出人才出成果的传道者、授业师、解惑人。他们的标杆作用，使苏研群体具备了超强的辐射功能。

中青年学者勇于担当。年富力强的学者不是学校、单位的领导，就是业务骨干，教学、科研任务十分繁重，但凡眉山有邀约，总是积极主动参加，并且对年轻学子悉心指导、热情提携，倾注了大量心血。

青年学子茁壮成长。根据秘书处统计，在去年和今年的眉山东坡文化国际学术高峰论坛上，在读本、硕、博同学就达28人，受到四川大学周裕锴教授和武汉大学张思齐教授嘉许的台湾东吴大学硕士研究生卓夕又、南京大学博士研究生杨曦就是其中的佼佼者。

苏轼研究代不乏人，真是令人兴奋不已。